Claude DÉSIRAT et Tristan HORDÉ

Agrégés de Lettres Modernes
Assistants à l'Université de TOURS

LA LANGUE FRANÇAISE
AU XXe SIÈCLE

COLLECTION **ÉTUDES**
Série langue française

dirigée par Jean BATANY

Bordas

Nous tenons à remercier Jean Batany, à qui nous sommes redevables de l'idée même du présent travail, Nicole Gueunier, Émile Genouvrier et Abdelhamid Khomsi qui nous ont aidés de leurs conseils et se sont partagé la lecture et la correction du manuscrit, René Kochmann et Simone Delesalle pour leurs précieuses indications bibliographiques.

Nous remercions également M. Choley, responsable du Fonds Brunot de la Bibliothèque universitaire de Tours, d'avoir, dans des conditions difficiles, mis à notre disposition une importante partie de la documentation nécessaire.

© Bordas Paris 1976
ISBN 2.04.015613,5

PRÉFACE

A côté des ouvrages consacrés à un domaine particulier de la langue française (Introduction à la dialectologie française, Le français en Afrique Noire, Introduction à la phonétique du français), *il nous a paru nécessaire de proposer aux lecteurs des synthèses historiques sur la situation globale du français à diverses époques. Un premier volume a abordé la période classique dans sa partie la plus méconnue* (La langue française au XVIIIe siècle), *un autre fut consacré au tournant capital entre l'ancien français et la langue moderne* (La langue française aux XIVe et XVe siècles) ; *mais il était urgent d'offrir au grand public, aux étudiants et aux enseignants une étude de la langue actuelle, vue par l'œil du linguiste mais aussi et surtout par celui de l'historien, c'est-à-dire distinguée de la langue des périodes précédentes et replacée dans son environnement social et institutionnel. Une synthèse de ce genre n'ayant jamais été tentée (l'*Histoire de la langue française *de Brunot s'arrête au milieu du XIXe siècle), Tristan Hordé et Claude Désirat ont dû dépouiller des centaines d'ouvrages dont la perspective était différente, et des études de détail dispersées dans des revues ; la bibliographie du volume ne donne qu'une idée partielle de leurs lectures. Ils ont trié et enrichi cette documentation grâce à leurs recherches personnelles et à leur expérience pédagogique dans l'enseignement secondaire, dans les Écoles Normales, et dans une Université où l'équipe de linguistique est particulièrement active.*

*J'ai parlé de l'« œil de l'historien ». Mais, s'agissant d'Histoire contemporaine, il serait peut-être déraisonnable d'exiger constamment une objectivité de façade qui risquerait de marquer quelque propagande insidieuse ou quelque idéologie inconsciente. Comme Jean-Pierre Makouta-Mboukou dans son *Français en Afrique Noire, *Tristan Hordé et Claude Désirat ont donc parfois pris parti, ou du moins laissé voir vers quel type de jugements ou de solutions pratiques allaient leurs sympathies. Certains lecteurs pourront en être déçus, ces sympathies leur paraissant trop conformes aux tendances en vogue dans les milieux intellectuels. Excellente occasion pour eux de les discuter, et de proposer des perspectives qui leur paraîtront plus originales ou plus approfondies sur tel ou tel problème : la langue littéraire, les différenciations sociales, les institutions normatives, l'enseignement, l'orthographe... A condition, bien entendu, que ces discussions partent d'une réflexion approfondie et non d'un traditionalisme vague et impulsif, et qu'elles se fondent sur les faits qui sont abondamment décrits ici à partir d'un choix d'enquêtes méthodiques, inspirées par le goût de la science ou la passion pédagogique, et dont les résultats resteraient valables dans des perspectives doctrinales différentes.*

Nous pensons que ce volume apportera aux étrangers qui apprennent notre langue des renseignements essentiels, leur permettant de voir le français comme un être vivant et non comme une structure abstraite. Quant aux francophones, il s'agit aussi de les informer, mais surtout de les faire réfléchir sur des problèmes qui les concernent dans leur vie quotidienne et dans les grandes orientations culturelles de leurs différents pays. Il va de soi que nous accueillerons avec plaisir les remarques des uns et des autres.

Jean BATANY

AVANT-PROPOS

Donner aux étudiants de linguistique, de langue et de littérature française un instrument de travail qui leur permette, au début ou au terme de leur formation à l'étude du français, d'avoir quelque idée des grandes tendances actuelles de l'évolution de leur langue : c'est dire qu'une des directions de notre projet est de donner des éléments sur ce qu'en termes saussuriens on nomme *la diachronie*.

La seconde caractéristique de notre travail est constituée par son découpage en niveaux linguistiques : phonique, morpho-syntaxique, lexical. A cela rien d'original, et si nous avons procédé ainsi, c'est par commodité, parce que toute une tradition descriptive nous y a poussés.

Qu'il nous soit tout de même permis de glisser ici l'expression rapide — et sur laquelle nous ne reviendrons pas — d'un certain regret dû à deux motifs principaux :

1º les recherches linguistiques contemporaines et notamment celles des générativistes proposent désormais à la grammaire des langues un itinéraire dont le point de départ n'est plus la phonologie, et le « couronnement » la sémantique, mais très exactement l'inverse. Si le temps et l'avancement de nos recherches nous l'avaient permis, nous aurions été tentés de suivre, dans cet « état présent » des recherches sur l'évolution du français, le même itinéraire scientifique auquel nous sommes par ailleurs attachés. L'inconvénient, on le devine, est que l'ambition d'un tel projet eût été disproportionnée par rapport aux dimensions du présent travail, par rapport aussi au niveau de formation de ses destinataires, étudiants, débutants ou avancés, enseignants de tous les degrés ;

2º le « tour d'horizon » que nous avons effectué sur l'évolution actuelle du français nous confirme dans l'hypothèse, formulée ailleurs, selon laquelle ce qui détermine les performances linguistiques, ce n'est pas seulement la « compétence » chomskyenne au sens le plus strict, — c'est-à-dire mathématique et peut-être psycholinguistique — du terme ; est déterminante aussi l'influence, sur cette compétence, de l'histoire, vécue par le locuteur en tant que membre de classes et de groupes sociaux, acteurs de rôles précis et descriptibles, dans chaque situation de communication et d'action.

L'importance que nous accordons à ce qu'on appelle communément les facteurs socio-linguistiques a risqué en plus d'un point de troubler la sereine ordonnance d'un plan découpé suivant les niveaux de la linguistique descriptive. Nous aurions pu, certes, régler son compte à la socio-linguistique en lui assignant quelque chapitre marginal où auteurs et lecteurs auraient pu se donner la facilité de la cantonner strictement. Nous avons choisi d'opérer autrement, au risque de choquer certains lecteurs. Pour nous, c'est en effet à chaque niveau linguistique (et non pas en introduction, en conclusion, ou en précautions rhétoriques) que le lecteur doit être confronté aux problèmes de la variété linguistique et des conditions de production du discours. C'est la raison pour laquelle nous avons pris des décisions telles que celle de séparer nettement l'étude de l'orthographe de celle de la phonie, ou de situer notre présentation des vocabulaires techniques au centre même de l'étude du lexique. Nous avons voulu ainsi être fidèles à la conception que nous nous faisons et de la langue et de son enseignement, plus qu'à la facilité et à l'habileté rhétoriques. Mais nous regrettons que les recherches socio-linguistiques soient encore trop récentes pour pouvoir fournir à des ouvrages tels que celui-ci un plan tout fait et aussi bien tracé que celui des descriptions classiques.

Outre ces problèmes qui tiennent à la situation générale de la linguistique actuelle, nous avons rencontré des difficultés spécifiques qui doivent inviter à considérer cet ouvrage non comme un état définitif sur la question traitée, mais comme un ensemble encore tâtonnant de questions posées par les recherches présentes et peut-être aussi aux chercheurs d'aujourd'hui qui s'intéressent à l'évolution du français.

Notre première difficulté pourrait se formuler d'une façon plaisante : nous ne sommes ni Brunot, ni ses héritiers. Alors que les auteurs de mises au point sur le français des siècles précédents pouvaient disposer de l'extraordinaire instrument de travail auquel un F. Brunot a consacré sa vie, nous avons travaillé, il faut le dire, dans des conditions moins favorables, puisque nous avons dû réunir nous-mêmes toute la documentation correspondant au champ immense que recouvre le titre de l'ouvrage. A part quelques bibliographies récentes, mais assez minces, comme celles de R. Martin et, bien entendu, les bibliographies courantes, qui donnent quelque mille titres annuels, on ne dispose actuellement d'aucun ouvrage comparable non pas même à ce qu'un Brunot avait, ou aurait pu accumuler, mais par exemple seulement à l'importante *Bibliographie de la syntaxe du français* (1840-1905) de P. Horluc et G. Marinet.

Cette lacune que nous constatons dans l'état actuel des descriptions du français au xxe siècle nous incite à formuler un premier souhait : que l'on rassemble sous une forme accessible une documentation bibliographique qui soit intermédiaire entre une spécialisation extrême et la généralité non moins extrême.

La seconde difficulté est celle que rencontre toute personne qui, placée au centre d'une histoire, prétend s'interroger sur elle et non sur un lointain passé. C'est celle de tout projet diachronique appliqué à une situation contemporaine. Par ailleurs, la plupart des linguistes descripteurs du français contemporain, phonéticiens et dialectologues exceptés, s'intéressent plutôt à l'étude de la synchronie qu'à celle de la diachronie contemporaine. Nous avons donc dû en bien des cas, extraire d'études synchroniques des éléments pour une étude à mener en diachronie, ce qui n'est pas sans présenter quelque inconvénient méthodologique, certains paramètres, tels que l'âge et la génération du locuteur, ayant souvent été négligés. C'est pourquoi nous nous sommes bien gardés, sauf dans quelques cas précis (enquêtes des grammairiens du *Français fondamental*, ou de Genouvrier-Establet sur l'orthographe) de donner des indications quantitatives qui auraient été insuffisamment fondées. D'où notre second souhait : que des enquêtes très ponctuelles et très précises soient prévues, programmées, et, ce qui ne dépend pas des chercheurs, financées, sur des points importants où l'on peut déjà percevoir les manifestations de tendances nouvelles dans l'évolution du français. Faute de quoi, on risque de ne pouvoir dépasser le niveau de l'a priori et de l'impressionnisme.

La troisième difficulté — et nous en arrêterons là l'inventaire —, est celle du niveau de généralité ou de spécialisation auquel il faut situer nos exemples : dans le domaine de la phonologie française, par exemple, la documentation, quoique abondante, reste possible à maîtriser et les enquêtes entreprises (Martinet, Reichstein, Deyhime) présentent entre elles suffisamment de points communs pour pouvoir donner lieu à une exploitation dans un ouvrage tel que celui-ci. Mais on le sait, rien de tel ne se produit dans le domaine de la syntaxe, d'où notre embarras devant les choix que nous avons dû opérer. On ne doit en tout cas pas s'attendre à trouver ici un « état présent » de tous les problèmes posés par l'évolution des systèmes syntaxiques ; il y aurait fallu une véritable encyclopédie. Nous avons résolu cette question en nous bornant à étudier quelques exemples d'évolution qui nous ont paru particulièrement spectaculaires.

On devra donc utiliser ce livre comme un instrument de travail limité à la présentation de quelques hypothèses que nous avons cru pouvoir reprendre à notre compte sur l'évolution actuelle du français, et un certain nombre d'exemples destinés à illustrer ces hypothèses. Ces hypothèses, nous les avons élaborées non seulement à l'aide de la documentation réunie dans les conditions que nous avons signalées plus haut, mais aussi à partir de notre propre conception des rapports entre la langue et la société : c'est dire que ce livre ne se veut pas seulement un manuel d'information, clos sur lui-même, et qu'il reste ouvert à la discussion. En tant qu'instrument de travail, ce livre doit, selon nous, répondre à un certain nombre d'exigences qui en rendent accessibles la lecture, la consultation et l'appareil de références. C'est pourquoi nous avons cru indispensable de donner une table des matières très détaillée.

Première partie

FACTEURS DE LA VARIATION LINGUISTIQUE

1 LES FACTEURS TRADITIONNELS

1.1 LES DIFFÉRENCIATIONS LINGUISTIQUES : LES CLASSES D'ÂGE

Toute communauté linguistique est composée d'individus qui appartiennent à des classes d'âge différentes ; chacun de nous peut relever sans difficulté, à écouter la conversation d'un homme né dans les dernières années du XIXe siècle avec un adolescent de 1970, des différences marquées dans l'usage du matériel lexical ; on notera même, en y prêtant attention, la présence chez le premier d'oppositions phoniques que le second ne connaît plus. Il n'empêche que tous deux parlent le « français » ; ils ne prennent conscience de ces variations que lors d'un mauvais fonctionnement de la communication. Il faut garder à l'esprit ces données d'évidence pour aborder les notions de diachronie et de synchronie. A. Meillet (1918) constatait le lien étroit entre la grammaire descriptive d'un état de langue et la grammaire historique ; il précisait à ce sujet :

« Si un que soit le groupe social où une langue est parlée, les divers sujets qui le composent sont, à certains égards, à des degrés différents de l'évolution qui emporte constamment chaque langue : chaque génération nouvelle apporte quelques menues innovations, si bien que le parler des vieillards diffère souvent d'une manière sensible de celui des jeunes gens. »

L'existence de ces formes concurrentes est la trace, dans l'usage actuel du français, de changements linguistiques récents ; ce peut être aussi le point de départ d'une évolution prochaine.

1.1.1 LA VARIÉTÉ DES IDIOLECTES

Le parler des générations âgées comporte des traits propres à l'usage du français de leur jeunesse. Ces éléments morphosyntaxiques, lexicaux, phonétiques, se perpétuent grâce aux échanges avec des locuteurs des mêmes générations. Cependant, la fréquence de ces échanges diminuant, ces formes, abandonnées par les plus jeunes, se constituent peu à peu en une connaissance passive, disponible mais de moins en moins utilisée.

Le volume de la communication linguistique entre les jeunes et les générations moyennes est plus important et privilégie un système linguistique dont les formes vieillies sont exclues. Des innovations y apparaissent, intégrées plus ou moins rapidement, plus ou moins durablement ; même quand elles sont rejetées, elles peuvent persister à côté des formes admises ; le fait est patent dans le domaine lexical ; toujours condamnées par les puristes, les formes verbales en -*onner* continuent à apparaître et restent en usage : *émotionner* (1829), *réceptionner* (fin XIXᵉ siècle), *visionner* (milieu XXᵉ siècle). Néanmoins les plus jeunes n'ignorent pas totalement les états antérieurs de leur langue, soit par les contacts directs avec les générations les plus âgées, soit indirectement, — et essentiellement à l'écrit —, par leur pratique scolaire et (ou) extra-scolaire des textes plus anciens. Ainsi, un état de langue, par exemple le français d'aujourd'hui, n'est jamais homogène, et chaque idiolecte même se stratifie en usages vieillis, courants, néologiques.

Dans la conversation courante, ces écarts, rarement relevés par les locuteurs, sont perceptibles dans leurs hésitations, leurs rectifications, parfois même dans la simple reprise du terme suspect :

Mˡˡᵉ M., 82 ans, originaire du milieu paysan, Savoyarde.
« Comme... attends ! Je vais vous raconter ce qui se passait dans les veillées autrefois, les *veillées* à la campagne... on couvrait la table alors de nombreux récipients pour mettre *le... comment est-ce que je dirai...* les *(? mot patois)...* » (Gougenheim et *alii*, 1956.)

Le dialectologue qui interroge des témoins pour établir le glossaire d'un parler, obtient souvent des commentaires sur les termes dialectaux ; le sujet affirme qu'il n'utilise pas lui-même le mot, « qu'il n'est pas français », ou que seuls les vieux de la génération précédente l'employaient de façon habituelle.

« Le parler régional ou local, dans la mesure où il tranche sur la masse du parler tout court, fait figure de *sous-catégorie incorrecte, déformée,* sans intérêt. » (J. Chaurand, 1968.)

Parfois le locuteur privilégié peut prendre conscience des modifications intervenues dans son idiolecte dans le temps, et les décrire précisément. Ainsi, le linguiste A. Martinet (1969) constate que l'opposition phonologique brève/longue (entre /y/ et /y:/ ou entre /œ/ et /œ:/), qu'il avait décrite d'après son propre usage en 1933, « pour présenter une analyse phonologique du français », était disparue quelques années plus tard, « sous l'influence de (son) entourage parisien ». On remarque dans ce cas précis, l'interférence des facteurs temporels et sociaux.

1.1.2 LES GÉNÉRATIONS ET LA NORME

L'homogénéité de la communauté linguistique ne peut se réaliser que par le rejet de l'usage des générations extrêmes. La norme socioculturelle existe grâce à un double jeu ; on se réfère à la tradition pour interdire une forme nouvelle : *émotionner* et *solutionner* sont condamnés puisque *émouvoir* et *résoudre* sont déjà dans le lexique ; on oublie que ces verbes dépérissent. A l'inverse, à des formes archaïques ou simplement vieillies, on préfère des termes nouveaux :

« *Clôturer* (un débat ou une discussion) ne dit sans doute rien de plus que *clore*, mais il le dit sous une forme plus aimable et plus sûre : *clôturer* appartient en effet au premier groupe (verbes en *-er*), tandis que *clore* est un verbe défectif dont la conjugaison est délicate. » (R. Le Bidois, 1970.)

« *Sélectionner* n'est pas le synonyme exact de *choisir* : il éveille l'idée d'un choix rationnel et scientifique, d'où le caprice est exclu. *Ascensionner, auditionner, émotionner* peuvent remplacer avantageusement « faire une ascension », « donner une audition », « causer une émotion » (...) du moment qu'on admet le substantif, pourquoi répudier le verbe, qui est formé par un procédé aussi français que *raisonner* ? » (A. Dauzat, 1908.)

Entr les usagers des différentes générations, ce sont les mass-media qui ar] trent implicitement et les institutions comme l'école, les académies (cf. *infra*, 3.1 et 3.2), qui arbitrent explicitement, quoique dans un sens différent, mais les exclusions n'éliminent pas immédiatement, ni définitivement les variantes anormales. L'histoire de la langue n'est donc pas la succession linéaire d'états de langue, de systèmes fermés et figés, pas plus que l'histoire générale n'est la suite de séries autonomes — d'événements, de régimes politiques, d'institutions, etc. — qui servirait de scène à l'évolution linguistique. Dans la synchronie, des micro-systèmes déterminés par la génération des locuteurs, et aussi par leur situation géographique, leur position sociale, entrent ou sortent du cadre de la langue unique. Par exemple, seul à conserver des traits dialectaux, l'usage des générations les plus âgées, en province, recule sous la pression du pouvoir d'état centralisateur, qui s'est progressivement mis en place en France et dispose de moyens de plus en plus puissants : radio, télévision, école, etc. Du même coup, les échanges entre générations extrêmes, qui s'effectuaient préférentiellement dans les parlers locaux, tendent à se réaliser dans la langue nationale. On peut donc conclure à l'heure actuelle, sans trop de risques d'erreur, que l'évolution du français au XXᵉ siècle tend à une certaine atténuation des différences d'usages dues aux classes d'âge.

1.2 LES DIFFÉRENCIATIONS GÉOGRAPHIQUES

Au milieu du XXᵉ siècle, la presque totalité des locuteurs sont unilingues de langue française, pratiquent une langue supra-locale, une koïnè encyclopédique. Cela ne signifie pas que les langues autres que le français et les dialectes aient tout à fait disparu, qu'ils ne soient plus que l'objet d'étude des chercheurs, mais ces parlers, avec leur syntaxe, leur morphologie et leur lexique propres ont perdu le rôle d'assise de la vie sociale qui leur permettrait de s'opposer à la langue centrale. La mise en place de l'enseignement primaire obligatoire, les profondes transformations de la société française ont porté un coup fatal à l'existence des anciens parlers ; que l'on passe d'une région à l'autre, le français écrit reste le même ; le langage oral conserve encore des caractères particuliers qui le distinguent du français central et justifient les appellations de français régional et local.

I.2.I LANGUE ET DIALECTE

Le *dialecte*, mais tout aussi bien une *langue* comme le breton, apparaît être une déformation de la norme reconnue par tous ; on parle souvent de façon péjorative de *patois* pour dénommer tout usage autre que celui de Paris. Il faut classer à part des *langues* qui, comme le basque ou le breton, occupent une place secondaire dans les échanges culturels et sont pratiquées par une minorité de locuteurs. Bien que l'usage de ces langues s'amenuise peu à peu, on n'en peut traiter de la même façon que des parlers d'oc ou d'oïl, *dialectes* du roman. « La langue : on va dans un autre pays et on trouve que les hommes communiquent entre eux à l'aide de mots et de phrases que le visiteur ne comprend pas. » (J. Fourquet, 1968). La langue officielle a acquis sur l'ensemble du territoire la prééminence sur les autres parlers, les a peu à peu évincés. Nous définirons les *dialectes* comme des parlers aux caractéristiques suffisamment délimitées pour que l'un s'oppose à ceux qui l'entourent, mais l'ensemble des particularités propres à tel dialecte d'oïl, n'empêche pas que l'on reconnaisse les liens qui l'unissent à tel autre dialecte voisin. Ainsi, le picard s'est longtemps distingué du francien par le maintien devant une voyelle du /k/ occlusif latin, devenu /ʃ/ en Île-de-France : à *char, champ, cheval*, correspondaient *kar, kamp, keval ;* il ne reste que des débris de cet usage.

Le mépris dans lequel on tient le dialecte est dû au fait que les traditions locales ont été peu à peu absorbées dans un ensemble plus vaste et qu'alors la question de la langue a été — est encore — identifiée à celle de la nationalité. Après la première guerre mondiale, pendant laquelle le souci de reconstituer l'unité du territoire avait été obsédant, des grammairiens se réjouissaient de la rapidité du délabrement des dialectes au profit de la langue unique :

« Cette décadence équivaut à un triomphe de la notion de patrie en ce qu'elle a de plus élevé : elle cimente en effet de façon définitive notre unité nationale sans pourtant toucher en rien aux franchises intellectuelles des différents pays de France. » (Damourette et Pichon, 1927)

Pour A. Dauzat, on pourrait distinguer le patois de la langue et du dialecte selon des critères sociaux ; tout idiome est « socialement déchu » dès que l'élite intellectuelle ne l'emploie plus, qu'il est « devenu purement oral, et parlé par les seuls paysans » (A. Dauzat, 1927). Nous emploierons indifféremment les termes de *dialecte* ou de *patois* à la suite des dialectologues contemporains.

I.2.2 DÉLIMITATIONS GÉOGRAPHIQUES AU XXe SIÈCLE

Les limites entre les différents dialectes apparaissent beaucoup moins nettes que celles entre langues ; on l'a souvent remarqué, « un voyageur traversant (le) pays d'un bout à l'autre ne constaterait, de localité en localité, que des variétés dialectales très minimes, mais ces différences s'accumulant à mesure qu'il avance, il finirait par rencontrer une langue inintelligible pour les habitants de la région d'où il serait parti. » (F. De Saussure, 1916). Les éléments d'un parler pénètrent les parlers voisins et les *isoglosses* (« ligne idéale séparant deux aires dialectales qui offrent pour un trait donné des formes ou des systèmes différents » (J. Dubois et *alii*, 1973) se déplacent selon le volume des communications : les cartes linguistiques permettent de reconstituer le mouvement des formes le long des voies de communication, celui par exemple du méridional *abeille* vers Paris par l'axe Rhône-Bourgogne.

La complexité des faits est telle que l'on exclut aujourd'hui l'hypothèse d'un arbre généalogique dont le latin représenterait le tronc et dont les parlers locaux seraient les rameaux ; image rassurante, organiciste ; on y substitue l'idée que des cellules multiples ont réagi sans cesse les unes sur les autres. Aussi les regroupements opérés n'ont-ils qu'un caractère relatif ; on s'accorde cependant à définir des types de parlers et à délimiter des aires d'emploi d'une certaine uniformité. L'aire d'utilisation de ce que furent ces parlers n'a guère changé depuis plusieurs siècles ; les enquêtes menées depuis la publication de l'*Atlas linguistique de la France* (1902-1912, Gilliéron) n'ont fait que confirmer les résultats des analyses philologiques conduites au XIXᵉ siècle. On a pu établir qu'à partir du XVIᵉ siècle « il ne se constitue plus de nouvelles familles de parlers particuliers : ceux-ci se maintiennent » (J. Chaurand, 1972). Les cartes actuelles ne diffèrent pas de celles tracées au début de notre siècle.

Nous distinguerons dans les parlers non romans[1] :

— *l'alsacien.* L'annexion de l'Alsace et de la Lorraine, après 1870, avait fait perdre au français ses positions, surtout dans les campagnes. A l'issue de la première guerre mondiale « une minorité seulement parle ou comprend le français » (A. Dauzat, 1927). Les dialectes alsaciens, rattachés aux parlers du haut pays de Bade et de la Suisse alémanique, sont encore utilisés par 1 300 000 usagers.

— *le basque.* Il n'appartient pas au groupe des langues indo-européennes. A. Dauzat estimait en 1927 que les trois dialectes principaux du basque étaient parlés par près de 140 000 personnes ; en 1970, on en compte moins de 100 000.

— *le breton.* Il comprend quatre variétés, le léonais restant le plus répandu. P. Sebillot évaluait à 1 300 000 les usagers du breton en 1886 ; la moitié d'entre eux étaient bilingues. Le breton est en recul constant dans les campagnes et serait pratiqué aujourd'hui par environ 800 000 personnes.

— *le flamand.* Il représente une avancée du flamand occidental de Belgique (groupe germanique). L'industrialisation des départements du Nord a hâté sa disparition mais il était encore connu de 150 000 personnes en 1940.

Les parlers romans se divisent en quatre groupes principaux :

— *les parlers d'oïl.* Ils occupent des zones assez difficiles à délimiter dans la mesure où ils tendent de plus en plus à disparaître.

---

1. Nous citons ici les chiffres généralement avancés, mais ils ne reposent pas sur des statistiques rigoureuses, et semblent parfois optimistes sur la survie de certains parlers. Il faudrait distinguer entre usagers passifs, comprenant le parler et l'employant à l'occasion, et usagers actifs (de plus en plus rares) l'employant quotidiennement.

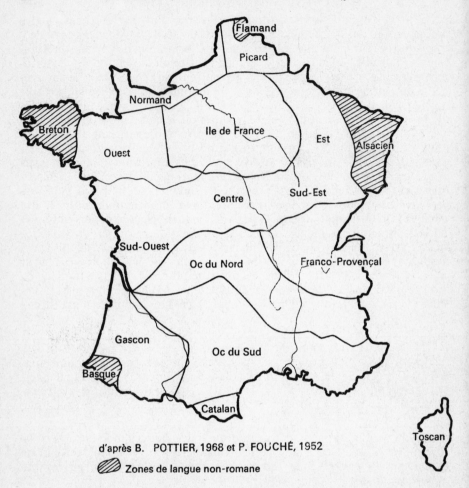

d'après B. POTTIER, 1968 et P. FOUCHÉ, 1952

Zones de langue non-romane

Nous reprenons les divisions admises (cf. carte), mais en précisant qu'il s'agit d'une commodité ; les partages en zones linguistiques tranchées correspondent en effet à un état révolu. L'observation de J. Chaurand (1968) ne s'applique pas seulement à la Thiérache et au Laonnois :

« De plus en plus il y aurait intérêt à suivre le langage, non plus selon des répartitions géographiques qui dans beaucoup de cas sont devenues illusoires, mais à l'intérieur de familles, où lexique et prononciation des générations successives offrent déjà de très nombreux sujets de différenciation et d'opposition. »

— *les parlers d'oc.* Les diverses variétés subissent une influence importante du français central ; on évalue à quelque 7 millions le nombre de locuteurs qui les parlent ou les comprennent.

— *le catalan.* La population du Roussillon est liée géographiquement au domaine hispanique et la zone du catalan est relativement homogène.

— *les parlers corses.* Ils sont encore vivants pour 200 000 locuteurs ; le toscan occupe le Nord de l'île, il a subi des influences sardes dans le Sud.

1.2.3 LE DÉCLIN DES DIALECTES

Les situations sont très variables selon la région considérée. La grande enquête de 1806, conduite pour connaître précisément l'état des parlers en France, permit de recenser dans l'Yonne, l'Aube, la Marne, etc., c'est-à-dire dans la zone d'oïl, des patois différenciés : on n'en trouvait que des traces à la fin du XIXᵉ siècle. En 1925,

« une grande partie des patois des langues d'oïl (avaient) disparu, les autres (étaient) fort mal en point et plus ou moins paralysés dans leurs forces vives ; plus éloignés géographiquement et linguistiquement, les parlers du midi (avaient) mieux résisté bien qu'ils (eussent commencé), eux aussi, à être fort atteints, surtout vers le nord, dans la vallée du Rhône et au voisinage des grandes villes. » (A. Dauzat, 1927.)

Dès cette époque, même les parlers d'oc n'étaient plus qu'un « signe de reconnaissance entre gens du terroir et gens de la terre. » (A. Brun, 1946). D'une façon générale, les gens âgés de plus de cinquante ans s'exprimaient plus volontiers en langue d'oc, mais les femmes de la génération suivante préféraient le français ; quant aux enfants, ils ignoraient le plus souvent le dialecte même s'ils le comprenaient. A Ranrupt, en 1959, la génération de vingt à quarante ans comprend le patois vosgien, mais ne s'en sert que pour parler aux vieux du village ; les enfants, eux, usent d'expressions patoises isolées (G. Aub-Buscher, 1962).

Pour les parlers d'oïl, plus ou moins proches de la koinè, O. Bloch (1935) notait leur recul, souvent leur disparition devant le français. Le morvandiau, le poitevin, le saintongeais, le berrichon, etc., étaient dans un état avancé de délabrement. Évoluant sans frein, ils variaient d'un canton à l'autre et même de village à village. Les secteurs linguistiques étudiés ne pouvaient être que très exigus et ne constituaient plus à proprement parler des aires homogènes. La mobilité des populations et la modification générale des conditions de vie ont accentué ce phénomène de dépérissement sans que l'on puisse dire que les parlers locaux ont disparu.

La Révolution française avait proclamé qu'une même langue devait être parlée sur tout le territoire national ; c'est aussi le grand thème de l'école de la Troisième République. L'obligation scolaire inscrite dans la loi a défait les parlers autres que la koinè ; les ouvrages scolaires, le plus souvent élaborés par des usagers parisiens, sont les mêmes pour tous les écoliers. La pénétration de la radio, puis de la télévision dans toutes les campagnes a également unifié les usages. A l'opposition rural/urbain, il faut superposer l'opposition entre milieux sociaux ; la bourgeoisie ne connaît plus le parler local. L'intérêt d'une minorité, souvent universitaire, pour l'apprentissage et la diffusion du breton et de la langue d'oc, est un phénomène relativement récent. On peut affirmer que les besoins de la civilisation technique exigent une cohésion culturelle accrue pour une grande partie des locuteurs ; de ce fait, les particularités dialectales deviennent les « symboles d'un statut inférieur ». Autrefois,

« la culture qui peu à peu parvenait des grands centres urbains était instinctivement considérée comme quelque chose d'étranger et de superficiel malgré le prestige dont elle était toujours parée. Le parler local était associé à des liens de parenté et aux premières expériences émotionnelles de l'individu. » (E. Sapir, 1968.)

Au cours du XXe siècle, l'esprit de communauté s'est affaibli ; les veillées d'hiver, avec leurs chansons et leurs contes, appartiennent à un autre temps. Dans le village de Ranrupt (Vosges), même à l'époque où le patois était la seule langue employée par les habitants dans les rapports quotidiens, « on chantait presque exclusivement en français » (Aub-Buscher, 1962).

1.2.4 LE FRANÇAIS RÉGIONAL ET LE FRANÇAIS LOCAL

Damourette et Pichon (1927) appelaient *usance* les caractères particuliers donnés au français par les habitants d'une province. On parle aujourd'hui de français régional et de français local, selon que le parler conserve plus ou moins de particularités anciennes liées au dialecte de substrat. « Le fossé ne se creuse plus entre un patois qui est d'un effet décidément exotique et une langue qui a cessé d'être inaccessible ; c'est seulement un phénomène de tenue qui intervient. » (J. Chaurand, 1968.) Par exemple, les habitudes phoniques héritées des générations qui parlaient le dialecte sont partiellement transférées en français ; à Forcalquier, A. Brun (1946) relève que *à la maison* est prononcé : /alamaizɔ̃/ (*à l'oustaù* dans le dialecte). Nombre de vocables et de tours syntaxiques locaux contaminent aussi le français : *Quelle heure sera-t-il* (Corse), *On éclaire le phare* (pour *on allume le feu*, dans la région de Saint-Étienne). Les emprunts lexicaux sont faits quand la notion est « sans équivalent dans la langue officielle » (P. Barkan, *in* REHA, 1961-1967) : ainsi le vendéen utilise encore *la ningle*, perche en frêne ou en sapin, pour sauter les fossés ou diriger la yole. L'usager peut ne connaître qu'un emploi archaïque du français central : dans l'Orléanais, *guetter* garde encore le sens ancien de *garder, surveiller*. Dans le Poitou, *quitter* est pris pour *laisser*.

1.2.5 LES FRANÇAIS RÉGIONAUX ET LA NORME

Il importe de tenir compte du sentiment des locuteurs vis-à-vis de leur parler pour apprécier l'évolution de leur patois. Pour tel usager d'Anizy-le-Château, « on dit *grouzelle* au lieu de *groseille* quand on parle mal » (J. Chaurand, 1968). Pour un autre, seuls les vieillards ou les habitants du village voisin emploient telle tournure dialectale. Les mots du patois, même quand ils sont encore employés, sont souvent chargés de connotations négatives ; beaucoup se défendent d'user de ces termes d'autrefois, de ces « mots du temps passé », propres au langage des ignorants. Le patois ne s'écrit pas, et cette absence de l'image graphique « corrobore une infériorité de nature qui se constate dans certaines expressions apparemment incompatibles avec toute langue écrite. » Quand plusieurs formes coexistent, les locuteurs établissent une hiérarchie entre elles : l'une est considérée comme plus ancienne ou plus dialectale que l'autre ; son emploi est péjoré ou propre à un milieu restreint. Ainsi, au français -*eau (chapeau)* correspondent -*iau* et -*ieu*, *chapieu* étant plus patois que *chapiau* pour l'usager. La patiente collecte des débris de dialectes ne laisse aucun doute : « L'emploi d'un terme *susceptible d'être appelé dialectal* et senti comme tel est devenu un luxe qui caractérise l'individu plutôt que le groupe dans la plupart des cas. » (J. Chaurand, 1968, souligné par nous.)

1.2.6 L'APPRENTISSAGE DES PARLERS AUTRES QUE LE FRANÇAIS

Les travaux de Le Gonidec sur le breton (1848) ou la renaissance du félibrige — le *Tresor dou Felibrige* de F. Mistral, dictionnaire provençal-français embrassant les divers dialectes de la langue d'oc moderne, est paru en 1878 — ont surtout eu un intérêt littéraire. La doctrine officielle a très longtemps été défavorable à l'apprentissage des parlers régionaux. A. Dauzat, concluant à la supériorité politique et intellectuelle du français, affirmait en 1926 :

« Tous les méridionaux sont devenus bilingues, à l'exception de quelques vieillards, dans les recoins *les plus arriérés* (...). En Bretagne celtique, les progrès du français ont été considérables depuis un demi-siècle : le breton ne se parle plus dans les grandes agglomérations et a disparu de la plupart des communes côtières au sud de Vannes ; il reste encore, toutefois, un certain nombre de paysans qui ne connaissent pas le français dans les monts d'Arrée et la Cornouaille. » (Souligné par nous).

La suppression des parlers régionaux a été dans la politique scolaire un objectif poursuivi par la Troisième République. L'inspecteur d'Académie Dautzer proposait en 1903 de créer « pour l'amélioration de la race bretonne *(sic)* quelques-unes de ces primes que nous réservons aux chevaux » et de faire en sorte « que le clergé nous seconde en n'accordant la première communion qu'aux enfants parlant le français » (cité par Elgoet, *in* TM, 8, 1973).

Depuis 1930 et surtout après 1945, les mouvements se sont multipliés pour préserver les parlers dangereusement menacés : ainsi, l'Institut d'études occitanes voit le jour dès 1945. « On a cessé de croire que la connaissance et l'emploi quotidien du français fût incompatible avec la connaissance de la langue locale (...). On peut dire que c'est au fur et à mesure que la connaissance du français s'est *imposée à tous*, à la campagne comme à la ville, que l'opinion a pris conscience de la valeur et de la dignité de la langue d'oc » (Camproux, 1953, souligné par nous). Dans les mêmes années, se sont développés les mouvements folkloristes et c'est dans ce contexte dépolitisé qu'a été adoptée la loi Deixonne (11-1-1961). Elle permettait l'enseignement facultatif de certains parlers (breton, basque, catalan, occitan), mais excluait l'apprentissage de l'alsacien, du corse et des créoles parlés dans les départements d'outre-mer. La loi stipulait que l'instituteur pouvait utiliser les parlers locaux à la condition que cela constitue une aide pour l'acquisition des matières au programme, « notamment pour l'étude de la langue française ». L'instituteur devait faire une demande pour consacrer une heure par semaine à cette étude du parler local. Les élèves entrés dans les lycées avaient permission d'occuper le temps des activités dirigées à l'étude du breton ou du catalan. Les conditions nécessaires pour que la loi soit appliquée n'ont pas été remplies : pour les langues autorisées, il n'existe pas de licences, on ne peut donc nommer les professeurs qui les enseigneraient.

Aujourd'hui, un centre de dialectologie alsacienne existe à Strasbourg ; des chaires de breton sont tenues à Rennes et à Brest, de basque à Bordeaux et à Pau, et la langue d'oc est enseignée dans les universités du Midi ; le Mouvement laïc des cultures régionales a été fondé en 1958. Bien que ces différents signes indiquent que les parlers régionaux ne sont pas en voie d'extinction, les assises économiques manquent pour que ces parlers se développent. Une culture se maintient et même s'enrichit, mais ces parlers ne sont pas tournés vers la pratique. Aussi certains refusent maintenant que l'usage du parler régional soit seulement considéré comme un élément de culture. En Bretagne, Yann Pohier, dirigeant la revue *Al Falz* (1933), a posé que le breton était la langue d'un peuple opprimé ; avec la création des différents partis nationalistes (basque, breton, occitan), les demandes linguistiques ne sont plus dissociées des revendications autonomistes (*cf.* « Minorités nationales en France », *in* TM, 8-9, 1973).

A la question : Existe-t-il un français « standard », « neutre », par rapport aux différenciations géographiques, nous ferons donc une réponse nuancée ; ces différences subsistent, mais leur rôle relatif est en très forte diminution par rapport au xixe siècle, et plus exactement à la période historique que clôt la première guerre mondiale. On est donc conduit à se demander si d'autres facteurs différentiels n'interviennent pas dans la définition « du » français ou « des variétés » du français.

1.3 LE FRANÇAIS DANS LE MONDE

Si nous choisissons de présenter la situation du français dans le monde sous la rubrique « Critères géographiques de définition du français », c'est par commodité et non pour privilégier abusivement le facteur géographique au détriment des éléments économiques, politiques et événementiels dont on sait l'importance dans l'évolution, au cours du xxe siècle, de la situation socio-linguistique du français hors de France. Outre l'argument de commodité, nous avancerons que c'est tout de même aussi le facteur géographique qui permet de rendre compte, à l'intérieur d'un certain nombre de variétés du français, des différences existant par exemple entre le français canadien et le français mauricien. Bien que ce point de vue puisse paraître discutable, nous considérons « les » français du monde non-métropolitain comme des variétés régionales du français.

On ne peut prétendre présenter en quelques pages l'évolution de la connaissance du français dans le monde depuis le début du siècle ; tout au moins essaiera-t-on de donner des indications générales et de reprendre quelques-unes des questions propres aujourd'hui à l'expansion du français. On ne pouvait rappeler, même de façon sommaire, quels traits particuliers présentent les français parlés dans le monde ; la bibliographie des travaux consacrés à cette question par Hollyman s'est considérablement allongée depuis sa parution. On consacrera une place assez large aux pays qui ont pour langue maternelle le français ou une de ses variétés, mais on se limitera à des notations rapides pour ceux où le français est une langue seconde. On ne pourrait qu'aligner des statistiques relatives au nombre de francophones, que dresser la liste des lycées français ouverts à l'étranger, suivre le détail de la politique gouvernementale en ce domaine ; il nous a paru plus pertinent de chercher à comprendre pourquoi les positions du français ont changé en moins d'un siècle. En simplifiant beaucoup les données, il semble que les bouleversements de la carte politique depuis la première guerre mondiale, l'accession de nombreux pays à l'indépendance, la conquête de la suprématie économique par les États-Unis et partant l'importance de la connaissance de l'anglais dans les relations internationales, sont les facteurs qui nous aideront à rendre compte des changements quant à la diffusion du français dans le monde.

1.3.1 LE FRANÇAIS, LANGUE MATERNELLE

Dans quelques pays, le français est la langue maternelle d'une partie importante de la population. On négligera le fait qu'il existe des différences notables, surtout quant au lexique et au système phonologique, par rapport au français parisien ; on suppose qu'un locuteur de Paris et un usager du Québec ou de Bruxelles, par exemple, peuvent communiquer sans difficulté majeure.

La Belgique

Il n'existe plus beaucoup d'irréductibles comme Albert du Bois qui, en 1902, réclamait le rattachement de la Wallonie à la France. Les problèmes linguistiques divisent encore Wallons et Flamands mais une loi de 1963, remaniée en 1965, a fixé de façon nette la frontière linguistique. La Belgique est aujourd'hui un État bilingue (trilingue même puisque deux districts, à l'est, Eupen et Saint-Vith sont de langue allemande) : la Flandre occidentale, la Flandre orientale, la province d'Anvers et le Limbourg sont d'expression flamande ; le Hainaut, les provinces de Namur et de Liège, le Luxembourg belge ont le français pour langue maternelle ; le Brabant est partagé entre les deux langues. L'obligation scolaire (1919), la diffusion de la presse et l'expansion des moyens audio-visuels ont conduit à l'extinction des dialectes (le rouché, le gaumais). A Bruxelles, en 1930, « la langue familière courante d'une majorité croissante est le français » (F. Schoell, 1936) ; aujourd'hui la capitale est une métropole française : le nombre de francophones y était de 38 % en 1846, de 63,5 % en 1930, de 72 % en 1947. Le district de Bruxelles a un statut officiel particulier qui y impose le bilinguisme.

La place du français doit être appréciée par rapport à celle du flamand. Les Flamingants ont lutté fort longtemps pour que leur langue devienne l'égale du français. Ce n'est qu'en 1898 que le flamand a pu être utilisé au même titre que le français dans les débats législatifs et que l'on a rédigé des lois dans ces deux langues. Dans l'enseignement, une loi de 1883 stipulait que le flamand devait être employé comme langue véhiculaire pour l'enseignement des langues germaniques et dans deux autres cours au moins dans les écoles d'État. La loi fut étendue aux écoles libres en 1910. A la même époque, certains proposent de supprimer l'enseignement en français à l'Université de Gand ; l'établissement est entièrement flamand en 1930. Dès avant 1914, l'Université catholique de Louvain ne donnait plus tous ses cours en français. Nous n'avons rappelé que quelques-unes des péripéties de ces revendications des Flamingants ; elles sont un des aspects du changement des rôles entre les deux groupes. Le nombre des Wallons a fortement décru et ne représente plus aujourd'hui que 33 % de la population ; l'économie wallonne, avec le déclin des bassins houillers, est devenue stagnante. On peut voir dans ce nouveau partage des zones linguistiques la consécration de l'autonomie des provinces flamandes. Le prestige du français n'a pas empêché qu'il perde une partie de ses positions ; ici comme ailleurs, la revendication linguistique ne fait que traduire une prise de position politique.

Le Luxembourg

Au début du siècle, les Luxembourgeois parlaient encore un dialecte franco-mosellan, rameau du moyen allemand ; il reste la langue véhiculaire des familles, de l'Église et de l'école primaire, mais il est contaminé par de nombreuses locutions françaises. La grande majorité des usagers connaissaient autrefois l'allemand et parlaient, souvent lisaient, le français, langue principale de l'enseignement secondaire. En 1946, conséquence en partie du conflit mondial, le français a supplanté l'allemand comme langue officielle. Pourtant, si une station de radio diffuse ses émissions en français, presque toute la presse est rédigée en allemand et les étudiants ont de plus en plus tendance à se diriger vers les universités anglo-saxonnes.

La Suisse

Un article de la Constitution fédérale de 1848, qui subsiste dans l'actuelle constitution (1874), précise que « les trois principales langues parlées en Suisse, l'allemand, le français et l'italien, sont les langues nationales de la Confédération ». Le français est la langue majoritaire en Suisse romande, c'est-à-dire dans les cantons de Genève, de Vaud et de Neuchâtel ; il est pratiqué aussi dans le Valais, à Fribourg et dans le Jura bernois. On peut distinguer un parler paysan, proche de celui des terroirs bourguignons, jurassiens et un « beau parler » défendu par les milieux conservateurs. On comptait 20 % d'habitants qui avaient le français pour langue maternelle au début du siècle ; il n'apparaît pas que les proportions aient changé. Un problème politique aigu a été posé dans le canton de Berne, dont la zone jurassienne francophone, mais minoritaire dans un canton de langue allemande, n'a obtenu la reconnaissance de ses droits linguistiques que par la création d'un nouveau canton.

Hautes vallées piémontaises (Val d'Aoste)

A partir de 1860, les hautes vallées ont été fortement italianisées ; en 1880, l'enseignement de l'italien est devenu obligatoire. Le français fut entièrement supprimé dès le début du fascisme. Il reste très partiellement la langue du foyer, mais il est émaillé d'italianismes. La loi constitutionnelle de 1948 admet que « la langue française a les mêmes droits que la langue italienne » ; son enseignement a été rétabli, de façon facultative, à l'école primaire en 1965, mais les journaux, la radio et la télévision sont italiens et il faut descendre à Turin pour trouver du travail.

Les îles anglo-normandes

Depuis 1830, l'immigration anglaise, surtout dans les villes, est importante à Jersey et Guernesey. Le français s'est longtemps conservé dans les tribunaux et reste la langue de l'Église. En 1918, le collège des Jésuites fermait ses portes, le séminaire de philosophie a subsisté jusqu'en 1945. Les îles communiquent plus facilement avec la Grande-Bretagne qu'avec les côtes françaises ; de ce fait l'anglais prédomine largement aujourd'hui.

Le Canada

Le Canada est un état officiellement bilingue (Constitution de 1876), mais, face aux six millions et demi de Canadiens français en 1970, on comptait douze millions d'anglophones — appuyés sur le bloc des 200 millions d'Étatsuniens. Montréal rassemblait le tiers de la population du Québec en 1930, elle est toujours la seconde ville française du monde. L'importance du clergé a été et est encore déterminante pour la diffusion du français. « Groupés autour de leur évêque (les Canadiens français) sont restés fidèles à leur langue pour rester fidèles à leur foi » (M. Blancpain, in RDM, 4, 1957). Jusqu'à la récente création d'un ministère de l'Éducation, le clergé avait à peu près le monopole de l'enseignement ; il a conservé jusqu'aux environs de 1970 une très forte influence sur la presse et l'édition de langue française.

L'analyse de la situation linguistique au Canada est complexe : ce sont des français qui se maintiennent et non une langue unique. La langue pratiquée par la population rurale, les pêcheurs et les bûcherons, est truffée d'archaïsmes ; la population urbaine intègre une grande quantité de vocables américains ou de calques en les prononçant plus ou moins à la française : « sauver de l'argent » (expression américaine « save money »), « opérer un départ » (operate), « c'est le fonne » (fun) pour « c'est bien, ça va ». Les bases syntaxiques, dans ce dernier cas, restent celles du français, mais le lexique, la phonétique, subissent de plus en plus l'influence de l'américain. Le « joual » est revendiqué par les jeunes qui affirment ainsi leur identité québecoise. Seuls quelques groupes professionnels, — avocats, médecins, écclésiastiques par exemple —, peuvent se targuer de pratiquer un français à peu près identique à celui de Paris.

La diffusion et même le maintien du français ne vont pas sans difficulté. Par comparaison avec les U.S.A., l'enseignement ne paraît pas suffisamment ouvert à l'évolution technique du monde contemporain ; le grec et le latin y gardent encore une place sans rapport avec les nécessités économiques ; l'Université de Montréal, créée en 1920, ne comporte pas une faculté des sciences aussi importante que celle de théologie. Les États-Unis investissent beaucoup de capitaux dans les entreprises industrielles et commerciales et la connaissance de l'anglais est indispensable à qui veut travailler. Il faut ajouter que la langue anglaise est de plus en plus au Québec la langue des loisirs. Des tentatives sont faites par le ministère de l'Éducation pour « dégager l'enseignement de la langue et de la littérature de leur gangue passéiste et de programmes calqués servilement sur les programmes secondaires français » (L. Chambard, in BF, 1973).

Mais il est difficile, au Canada, d'échapper au « passéisme » sans ouvrir largement la porte à l'influence des U.S.A., et donc à l'expansion de la langue anglaise.

La Louisiane

Le français a longtemps été la langue maternelle d'une partie de la population en Louisiane, mais, dès avant 1930, son rôle comme langue de communication avait disparu : dans l'enseignement, il occupait la même place que dans les autres États de l'Union. A la Nouvelle-Orléans, « les enfants (étaient) élevés dans une ambiance absolument américaine et ne (parlaient) pas volontiers le français, à supposer qu'ils en aient assez entendu à la maison pour l'avoir appris » (F. Schoell, 1936). *La Gazette*, l'hebdomadaire français publié à La Nouvelle-Orléans a cessé de paraître en 1923. Le français pratiqué dans cette ville était encore proche de celui de la métropole, mais la population rurale conservait un parler archaïque. Beaucoup de Noirs parlaient le franco-nègre ou « gombo », semblable à l'origine au créole d'Haïti. Encore ce franco-nègre et ce français rural étaient-ils des vestiges et tendaient à s'effacer. Aujourd'hui, le français est appris comme langue étrangère et le français rural, comme le créole, est devenu « le lot des analphabètes » (A. Viatte, 1969).

1.3.2 LES CRÉOLES

Haïti, les départements d'outre-mer, l'île Maurice

Haïti, devenant un État libre (1804) a choisi le français pour langue officielle, mais le créole était la langue véhiculaire. Le créole est apparu avec la traite : on sait que les Noirs achetés sur les côtes d'Afrique étaient issus de groupes ethniques très différents (Ouolofs, Mandingues, Bambaras, Congos, Ibos, etc.) et n'avaient pas de langue commune. La langue de communication a été celle des maîtres, le français des XVIIe et XVIIIe siècles, parlé par les négriers, les marins et les soldats. Le créole paraît être un français dialectal, simplifié et déformé, auquel se sont intégrés des vocables anglais, caraïbes, espagnols, portugais et africains. En Haïti, seule la classe dirigeante établie à Port-au-Prince pratique une langue proche de celle de la métropole : les religieux français ont eu pendant longtemps le monopole de l'enseignement secondaire. L'instruction primaire a été rendue obligatoire en 1910, mais le taux d'analphabètes a peu varié depuis cette date : de 90 % il est passé à 75 % en 1965 ; en 1949, un dixième de la population de Port-au-Prince parlait le français. L'UNESCO a mené une expérience limitée d'alphabétisation (1949) en utilisant le créole : la tentative, mal reçue, a échoué. Depuis l'occupation de l'île par les États-Unis (1915-1934), des anglicismes pénètrent fortement le français encore parlé à Haïti.

Dans les départements d'outre-mer, l'usage du français s'est développé lentement ; dans les Antilles et la Guyane, il n'était pas possible de savoir précisément qui parlait le français, qui le créole, entre les deux guerres. A la Réunion, où « 80 familles (françaises) possèdent héréditairement le monopole des grandes affaires », plus de la moitié de la population était illettrée en 1915. Une enquête récente parmi les recrues a permis d'établir que 50 % d'entre elles étaient encore illettrées en 1955. Le créole reste d'un emploi général à la Réunion; pour A. Viatte, « la langue française correcte n'a pas pénétré dans l'île au même point qu'en Gascogne ».

L'île Maurice connaît un statut particulier quant à son peuplement. Aux descendants des colons français (XVIIIᵉ siècle) et anglais (XIXᵉ siècle), se sont ajoutés les descendants des esclaves noirs, des Indo-Mauriciens, des Chinois, quelques Arabes et Malais. L'anglais était d'usage dans les rapports politiques et commerciaux, le français dans les relations mondaines, jusque vers 1900 ; en 1930, la langue française restait, selon F. Schoell, « très pure, parfois même un tantinet précieuse, et remarquablement exempte d'anglicismes ». Elle est toujours obligatoire dans l'enseignement primaire et la quasi-totalité des élèves la choisissent pour première langue étrangère ensuite. Mais elle n'est conservée que par une aristocratie française très fermée qui fréquente les collèges religieux de l'île. La langue véhiculaire est un malayo-créole, marqué par divers parlers, le malgache, le mozambique, l'anglais, divers idiomes malabarais et, à un moindre degré, par le chinois. La création d'une Académie mauricienne (1964), la présence de centres culturels français, n'empêchent pas que le français parlé dans l'île soit émaillé d'anglicismes et subisse l'influence du créole. A consulter le *Ne dites pas... Dites...* de C. de Rauville (1967), on constate, en suivant la classification discutable de l'auteur, que les anglicismes (166) sont presque aussi nombreux que les « barbarismes » (134) et les « mauricianismes » (192). La suppression de l'article et de la préposition dans le groupe nominal complément prouve l'influence du créole : « tu manges piment », « nous avons pris bain » ; de nombreux « barbarismes » ne feraient pas sursauter un usager français : « elle a cassé avec Pierre », « ces laitues viennent du jardin ». Les échanges économiques s'effectuent avec des pays qui, comme l'Afrique du Sud, l'Australie, utilisent l'anglais ; de plus, l'aide de la France en moyens d'enseignement est à peu près nulle.

1.3.3 LA DÉCOLONISATION

Paradoxalement, ce n'est guère que depuis l'accession des pays de l'Afrique à l'indépendance que l'on peut y parler d'une diffusion généralisée du français ; F. Schoell ne consacre aux anciennes AOF et AEF qu'une page dans un ouvrage qui en comprend plus de trois cents. L'annuaire statistique de la Société des Nations donnait pour l'ensemble des colonies françaises, en 1934-1935, un total de soixante millions d'habitants. On évaluait à un peu plus d'un million le nombre de blancs descendants d'Européens en Afrique du Nord ; quelque deux cent mille colons, fonctionnaires et militaires occupaient les autres territoires. « Les quelque cinquante millions restants (étaient) en immense majorité des agriculteurs — voire, en AFN, des nomades — qui (avaient) très peu de contacts avec les résidents blancs, dont les enfants ne (fréquentaient) aucune école franco-indigène, soit officielle, soit missionnaire, et qui (ignoraient) à peu près tout de la langue française » (F. Schoell, 1936). La situation était fort diverse selon l'implantation des missions : par exemple, en AOF, un enfant sur cinquante fréquentait l'école.

L'Afrique du Nord

Les facteurs extra-linguistiques jouent évidemment un rôle primordial quant à la diffusion du français et en rendre compte conduirait à retracer certains aspects de l'histoire des pays du Maghreb. Dans l'Algérie de 1892, le français, langue maternelle, était principalement implanté dans les villes ; en 1935, moins d'un dixième des enfants non Européens scolarisables fréquentaient l'école. Les Algériens apprenaient le français à l'armée ou parce qu'ils émigraient dans la métropole — on en recensait une centaine de mille à la fin de 1930. Une grande partie des « milieux sociaux élevés » arabes ou kabyles a longtemps rejeté toute la civilisation française.

« Non sans quelque naïveté, les Français avaient cru que, dès qu'ils auraient organisé collèges et lycées et fondé à Alger une bonne Université selon leur formule habituelle, ils rallieraient les élites sociales à leur culture. Il a fallu déchanter. En 1900, après 70 ans d'occupation, il n'y avait dans toute l'Algérie que 88 élèves dans les établissements français d'enseignement secondaire. » (F. Schoell, 1936.)

Au Maroc, le français est enseigné à égalité avec l'arabe depuis 1958 : à l'école primaire, les deux premières années sont consacrées à l'arabe, ensuite le français est enseigné 10 heures par semaine et est la première langue étrangère dans l'enseignement secondaire. En Tunisie, la grande réforme de l'enseignement (1958) a permis de faire à peu près disparaître l'analphabétisme. Le français est introduit la troisième année de l'école primaire et reste ensuite la langue véhiculaire, sauf pour les matières islamiques. En Algérie, les Espagnols, les Italiens et les Maltais ont afflué dès les débuts de l'occupation : ils ont été rapidement intégrés grâce à l'école ; la population juive a acquis la nationalité française en 1870 (décret Crémieux). Mais les tentatives d'assimilation de la population arabe et berbère ont échoué ; pour F. Buisson, « instruire une population indigène, c'est avant tout lui apprendre notre langue » ; selon ce principe tous les enseignements furent donnés en français à partir de 1883. Pourtant, en 1954, le service des statistiques estimait que seulement 20 % des hommes et 10 % des femmes parlaient le français. Une ordonnance du gouvernement français de 1958 avait prévu l'implantation de 1 800 classes primaires en huit ans (A. Lanly, 1962) ; mais la guerre n'a pas permis de réaliser ce programme ; on comptait encore en 1966, 75 % d'illettrés parmi les enfants de plus de dix ans.

La nécessité de donner un enseignement en français, langue qui facilite l'acquisition des techniques nouvelles, était reconnue par les pays du Maghreb, comme une étape :

« Au départ, nous ne pourrons avoir de cadres ou de techniciens uniquement formés en arabe. Nous aurons certainement un enseignement supérieur français. Et, par conséquent, obligation d'enseigner le français dans les écoles secondaires et dans les écoles primaires, dès le jeune âge. Il nous faudra des quantités d'instituteurs et de professeurs français. Et puis, il faudra continuer à développer la connaissance des deux langues : que tous les apprennent partout. » (R. Davezies, 1959.)

La plus grande partie des modifications enregistrées par le français colonial est l'œuvre des Européens eux-mêmes. Le français parlé a évolué de façon importante, utilisé par les nouveaux venus, espagnols et italiens. L'étude de ces changements a été conduite de façon détaillée par A. Lanly dans son *Français d'Afrique du Nord* (Bordas, 1970, 1re éd. 1962).

L'Afrique noire

En 1900, le nombre de Français établis en Afrique noire était insignifiant ; les colons formaient quelques îlots dans des ports comme Dakar ou Conakry. La situation du français, très variable aujourd'hui, exigerait que l'on établisse pour chaque pays une monographie. Très récemment des travaux ont permis de transcrire nombre d'idiomes africains. Certains ont préconisé l'adoption d'une seule langue africaine pour chaque État, voire pour l'ensemble du continent, malgré l'extrême division linguistique actuelle ; il faut se souvenir que les anciens colonisateurs se sont souvent appliqués à maintenir les langues locales, c'est-à-dire les motifs de division entre les différents groupes ethniques. Aucune langue, même celles largement pratiquées comme le swahili ou le haoussa, n'a pu faire l'unanimité. L'ensemble des pays francophones manquent toujours d'enseignants : en 1965, 88 % des postes de professeurs étaient occupés par des Français. Une enquête récente découvre la diversité des situations : au Sénégal, 10 % des habitants comprennent le français, 1 ou 2 % le parlent couramment ; au Congo et au Gabon, 80 % des enfants fréquenteraient l'école, 10 % en Mauritanie. Divers organismes, — le BELC[1], l'AUDECAM, — tentent de promouvoir une pédagogie particulière pour l'enseignement du français ; pour l'ensemble de l'Afrique noire, le nombre d'élèves qui fréquentent l'école primaire a plus que doublé entre 1960 et 1968.

Madagascar

L'île n'a pas connu un afflux de colons comme par exemple l'Afrique du Nord. En 1930, les programmes stipulaient qu'à la sortie de l'école, l'enfant de quatorze ans devait avoir « la pratique de la langue française courante » ; le projet est resté sur le papier. Il existe une langue nationale, le malgache : contrairement à ce qui se passe dans les pays d'Afrique noire, les langues locales ne sont pas hétérogènes ; on constate des différences phonétiques sensibles du nord au sud, sans qu'il y ait impossibilité de compréhension. Aujourd'hui, le français est appris à l'école, mais la scolarisation, en dehors de quelques grandes villes, est très variable.

Indochine

Les Français étaient surtout groupés à Hanoi, Saigon et Vientiane. La langue française a toujours été la langue d'un très petit nombre. Les diverses fondations, — l'école de Pāli pour l'étude des textes sacrés, l'École française d'Extrême-Orient —, n'ont pas été des moyens de diffusion massive du français. Au Cambodge, le khmer est la langue officielle depuis 1967 ; à cette date, un millier d'élèves (pour six millions d'habi-

---

1. Bureau d'études et de liaison pour la diffusion de la langue et de la culture françaises à l'étranger.

tants) fréquentaient le lycée Descartes de Pnom Penh. Au Laos, le collège
de Vientiane a fermé ses portes en 1945. Au Viêt-nam, le français est
une langue étrangère comme une autre, au Nord depuis 1950, au Sud
depuis 1952. Les guerres de libération dans ces trois pays ont modifié
profondément les données : 30 000 ressortissants français demeuraient
encore dans la péninsule en 1960, mais plus d'un demi-million d'Américains occupaient la place en 1968. Cela n'a pu être sans conséquence
sur la diffusion de l'anglais : l'économie, la survie même de plusieurs
régimes dépendait en effet de l'aide des États-Unis ; partant, la connaissance de l'anglais était indispensable à une partie de la population.

1.3.4 LE FRANÇAIS, LANGUE D'APPOINT

Nous nous limiterons, pour éviter une revue fastidieuse, au rappel de
faits saillants, pour dégager quelques tendances. Dès l'entre-deux-
guerres, passé le canal de Suez, on parle surtout l'anglais : pendant
tout le XIXe siècle, l'océan Indien et les mers de Chine ont été dominés
par la Grande-Bretagne. F. Schoell *(op. cit.)* remarque que les nouvelles générations ne se préoccupent pas d'acquérir une culture, mais
veulent maîtriser les techniques, — qui viennent des États-Unis. Le
français occupe la seconde place, loin derrière l'anglais, sauf au Liban.
Prenons l'exemple de l'Iran ; après la première guerre mondiale, les puits
de pétrole sont exploités par l'*Anglo-Persian Oil C*° et la compagnie
offre du travail à une main-d'œuvre nombreuse. L'enseignement littéraire et scientifique donné par les ordres religieux français a vite cessé
de répondre aux besoins du pays ; le collège américain, ouvert en 1914,
a beaucoup plus attiré les enfants des dirigeants. En Syrie et au Liban,
les lycées de la Mission laïque, les collèges des Lazaristes et les Maristes,
ont eu longtemps plus d'élèves que les écoles américaines ou anglaises ;
après 1945, l'anglais a occupé la première place en Syrie ; au Liban, le
français reste un signe de distinction sociale. En Égypte, le français a été
la langue commune pour le monde cosmopolite des affaires qui vivaient
dans les grandes villes ; la Basse-Égypte était « un creuset où se (fondaient)
toutes les races latines ou riveraines de la Méditerrannée, celles mêmes
qui constituent la clientèle naturelle de la langue française » (F. Schoell,
op. cit). Après la crise de Suez (1956) les écoles laïques furent toutes natio-
nalisées ; seuls ont subsisté les établissements catholiques.

En Amérique du Sud, la bourgeoisie d'affaires a longtemps envoyé
ses enfants dans les collèges des Maristes ou des Assomptionnistes. Après
1930, on assiste à des transformations profondes : sauf en Argentine,
la souche européenne ne représente plus qu'une partie infime de la population et « la culture française apparaît quelque peu démodée à la jeunesse
des nouvelles couches démocratiques, éprise de mécanique, de cinéma et
de romans policiers nord-américains » (F. Schoell, *op. cit.*).

En Europe centrale, avant la seconde guerre mondiale, on apprenait
d'abord l'allemand (Hongrie, Pologne, etc.), le russe (Bulgarie, Tchéco-
slovaquie) ou l'anglais. Le français n'était la première langue qu'en Rou-
manie. Aujourd'hui, le russe et l'anglais viennent avant le français : ce
sont les langues des échanges économiques. En Russie, avant 1917,
l'aristocratie apprenait le français ; l'organisation de l'enseignement des

langues vivantes en 1926 donne la première place à l'allemand, puis l'URSS établit des relations diplomatiques avec les États-Unis en 1933 et l'anglais gagne du terrain.

1.3.5 LE FRANÇAIS, LANGUE INTERNATIONALE ?

Les Français ont longtemps cru à une universalité de nature de leur langue ; depuis le XIXᵉ siècle, la France n'est plus qu'une partie du monde. Quand le moment vint de rédiger différents traités, à l'issue du premier conflit mondial, il y eut débat (janvier 1919) pour le choix de la langue officielle. Le ministre français des Affaires étrangères Pichon expliqua que l'on devait adopter une langue intelligible « par nature » afin que les textes soient clairs et précis ; selon lui le latin avait longtemps rempli les conditions nécessaires et le français seul pouvait prétendre à sa succession. Lloyd George et le Président Wilson répondirent que les États anglo-saxons étaient en majorité, et que l'anglais, utilisé par des esprits clairs, avait les mêmes qualités que le français. Le Pacte à Quatre de 1933 fut rédigé en quatre langues : la clause de style de l'article 6, — le texte français fera foi en cas de divergence —, n'empêchait pas que le français avait dès lors perdu sa suprématie.

La Société des Nations avait son siège à Genève, ville de langue française, et beaucoup de diplomates étaient en même temps en poste à Paris. Le corps diplomatique ne fut pas touché pendant longtemps par les changements de régime ; de plus il ne pouvait pas négliger les actes passés écrits en français. La situation a bien changé depuis 1945. A la Conférence de San Francisco, il s'en fallut d'une voix pour que le français disparût des conférences internationales. A l'ONU, en 1949, l'anglais et l'espagnol étaient des langues de travail au même titre que le français ou le russe. Si une vingtaine d'États africains ont retenu le français pour langue officielle, il ne faut pas dissimuler que « ces nations pèsent moins lourd pourtant qu'une demi-douzaine d'États anglophones, plus peuplés et plus riches à eux seuls que tous les pays francophones réunis de l'Afrique noire » (G. Tougas, 1967).

Dans les congrès internationaux, le français est plus ou moins bien connu, selon la nature de la discipline. Jusqu'en 1930, il était la langue la plus utilisée pour les matières telles le droit, la médecine, la littérature ou les mathématiques. Il est à peine besoin de souligner que, depuis plusieurs années, la majorité des colloques scientifiques a l'anglais pour langue de travail. Quelques données numériques de l'UNESCO (P. Burney, 1962) ne laissent pas d'être éloquentes, — encore se rapportent-elles à l'année 1952 et la situation est sans doute moins favorable aujourd'hui ; les livres anglais représentaient à cette date 21,8 % de la production mondiale, ceux en français 9,8 % ; 4 000 titres anglais étaient traduits en seize langues, contre 2 000 titres français.

1.3.6 LES ORGANISMES DE DIFFUSION

M. Blancpain (*in* RDM, 4, 1957) constatait que la langue française était relativement moins répandue en 1953 qu'en 1914. C'est à la fin du XIXe siècle que l'on prend des initiatives pour répandre le français à l'étranger : signe que la diffusion « naturelle » ne s'effectue plus.

L'Alliance française pour la propagation de la langue française dans les colonies et à l'étranger est créée en 1883 ; elle avait pour but de «grouper à l'étranger, en des réunions mondaines, les personnalités sachant le français ou attirées vers cette langue, et de recruter sous leur patronage de nouveaux adeptes pour le français » (F. Schoell, *op. cit.*).

En 1893, l'Alliance française ouvre des cours pour étrangers à Paris ; les effectifs de cette école pratique, après avoir baissé pendant l'entre-deux-guerres, se sont accrus à partir de 1945. L'Alliance rassemblait moins de 30 000 élèves en 1934 ; les effectifs s'établissaient à 180 000 en 1968. D'autres organismes effectuent les mêmes tâches que l'Alliance depuis 1900 : la Mission laïque, l'Alliance israélite universelle et surtout les missions catholiques de tous ordres qui possèdent des milliers d'établissements scolaires dans le monde.

Avant 1939, le service des œuvres du ministère des Affaires étrangères apportait son aide à la Mission laïque et à l'Alliance française. Depuis 1944, le même ministère dispose d'une Direction générale des Affaires culturelles et techniques ; récemment a été fondé un Haut-Comité pour la défense et l'expansion de la langue française. Ce ne se sont pas cependant des qualités intrinsèques du français qui permettront sa diffusion plus large. Les discours nostalgiques n'y changeront rien et l'on peut s'étonner de les entendre prononcer encore par un ministre des Affaires culturelles : le français fut « la langue universelle, remplaçant le latin à la demande des élites et pour les relations internationales (...). Rien n'empêcherait que le français n'assumât à nouveau ce rôle. C'est *la langue la plus appropriée à l'expression de la pensée, irremplaçable par sa précision dans la variété*. Bien employé, le français ne permet pas aux hommes de se mentir, notamment dans le domaine de l'information ». (*Le Monde*, 6/7-5-1973 ; M. Druon, ouverture du 6e congrès mondial de l'Alliance française ; souligné par nous.)

1.3.7 CONCLUSION

On a longtemps voulu croire que le français avait des qualités particulières qui suffisaient à assurer sa diffusion. L'expansion d'une langue tient à d'autres causes. Au XXe siècle, les nationalismes se sont développés ; la plupart des États européens n'acceptent plus que soit donné un enseignement primaire en langue étrangère : consacrer des horaires importants à l'étude de la civilisation française ne peut se faire qu'au détriment de la culture nationale. Toutes les langues sont devenues des langues de culture et la notion de « langue auxiliaire de culture » est peu à peu abandonnée. L'évolution politique des États, européens ou non, a conduit à l'accession au pouvoir d'une bourgeoisie pour laquelle la nation, c'est aussi la langue ; le français a longtemps été la langue d'une « élite mondaine » mais « il n'existe plus de classe sociale qui tienne à honneur de savoir le français » (F. Schoell, *op. cit.*). Le choix du français comme langue officielle par des États africains ne doit pas faire illusion ; il n'y a pas là situation irréversible : les dirigeants ont été pour la plupart formés dans les universités françaises ou dans nos prytanées, mais ils ne représentent qu'une minorité dans leur pays ; bien que le nombre d'écoles se soit accru depuis l'accession à l'indépendance de ces États, peu d'autochtones pratiquent le français.

Nous ne méconnaissons nullement les difficultés que poseraient à l'Afrique de l'Ouest l'officialisation comme langue véhiculaire d'une de ses langues actuelles, fût-elle majoritaire, comme l'est le swahili en Afrique de l'Est. Mais ces difficultés-là ne sont pas d'ordre linguistique, elles sont d'ordre politique et social, dans le contexte africain d'une part, dans le contexte des relations entre l'Afrique et les grandes puissances d'autre part. Si l'on se place sur le strict terrain linguistique, affirmer, comme on le fait souvent, qu'une langue africaine ne peut être utilisée dans le monde contemporain à cause de ses déficiences lexicales, c'est oublier que « le lexique d'une langue est ce qu'elle a de moins spécifique, ce qu'elle peut étendre à l'infini sans que sa structure fondamentale en soit réellement affectée » (A. Martinet, 1969). On se souviendra que l'hébreu est devenu langue nationale sans que les Israéliens éprouvent de difficultés à compléter leur lexique. Le français ne peut connaître une large diffusion dans les États africains que si, langue d'appui, il aide à résoudre les problèmes de communication intercommunautaires ainsi qu'internationaux.

C'est là une des conclusions des débats de la rencontre internationale organisée par l'AUPELF à Québec en 1972. Que la langue française soit plus répandue qu'elle ne le fut entre les deux guerres mondiales n'est pas douteux, mais cette situation favorable n'est pas due à on ne sait quelle qualité particulière : « Nous devons cette amélioration à l'énergie déployée par la France dans son redressement technique et économique, à la place que nous avons su prendre dans les organismes internationaux, à l'assistance technique que nous avons donnée à tant de nations, à l'élan des entreprises françaises dans certaines régions du globe. » (M. Blancpain, in RDM, 4, 1957.) Si pénible que cela puisse paraître aux idéalistes, il semble donc que la « vocation internationale » de la langue française soit liée à une sorte de néo-colonialisme plus économique que culturel. Une publicité radiophonique chante : « dans 149 pays, les gens parlent français... » ; mais la suite de la phrase nous apprend que ce n'est pas pour réciter du Victor Hugo : c'est pour commander un célèbre apéritif...

1.4 LES IMMIGRANTS

« Depuis plus de vingt-cinq ans, la France (...) utilise le travail de milliers d'hommes ignorant notre langue, vivant dans des conditions inhumaines, exploités à tous les échelons. » (G. Mauco, in Le Monde, 23-3-1973.) Une telle affirmation a de quoi surprendre ; pourtant, le français n'est pas seulement à répandre dans le monde, il est peu pratiqué par les étrangers qui vivent en France.

L'immigration n'est devenue un phénomène important qu'au XIXe siècle ; l'accueil dans les écoles ne soulève de problèmes difficiles à résoudre que depuis une vingtaine d'années. Les étrangers qui fuient leur pays d'origine pour des raisons politiques, ceux qui s'établissent en France pour des motifs culturels, n'ont jamais été suffisamment nombreux pour que leur assimilation ne puisse s'effectuer. Les travailleurs étrangers représentent, eux, une masse considérable et leur rôle dans l'économie française s'est étendu : une étude du Centre national du patronat français a établi que la population active de la France, sans l'accroissement de la population active étrangère, aurait régressé de 1901 à 1968. La réglementation du recrutement et de l'accueil de ces travailleurs, leur statut légal, l'ouverture d'écoles adaptées : autant de domaines qu'il faudrait explorer. Les études se développent pour ce qui est des conditions de travail des immigrés, mais c'est depuis peu que l'on se préoccupe des difficultés particulières des enfants — et des adultes — pour apprendre le français.

1.4.1 L'IMMIGRATION POLITIQUE ET CULTURELLE

Au XIXe siècle, les luttes contre les régimes monarchiques ou autocratiques se sont multipliées en Europe ; la France, comme la Grande-Bretagne et la Suisse, a largement ouvert ses frontières aux exilés. Au XXe siècle, avec la montée des fascismes, des Allemands et des Italiens se réfugièrent en France ; les Républicains espagnols vaincus franchirent les Pyrénées ; en 1930, les anarchistes des Balkans gagnèrent la France. Après la seconde guerre mondiale et l'établissement des démocraties populaires en Europe Centrale, des Hongrois, des Tchèques, des Polonais, etc. émigrèrent vers notre pays. Plus récemment, une partie des jeunes Américains qui refusaient de combattre au Viêt-nam, a pu vivre à Paris plus ou moins illégalement. « Ces réfugiés politiques constituent des groupes aux effectifs très inégaux (et d'ailleurs très mal recensés) ; la durée de leur séjour varie beaucoup ; nombre d'entre eux sont des immigrés plutôt temporaires que définitifs. » (R. Mandrou, 1972.)

L'immigration culturelle, toujours individuelle, importante jusqu'en 1925, « s'essouffle sans nul doute dans la seconde moitié du XXe siècle » (R. Mandron, op. cit.). Elle représente un contingent peu élevé en regard du nombre des travailleurs chassés de leur pays par la misère, attirés par les salaires des pays fortement industrialisés.

1.4.2 LES TRAVAILLEURS ÉTRANGERS

L'organisation de l'immigration

Dès les débuts de la révolution industrielle, la France a manqué de main-d'œuvre, mais les besoins sont devenus vraiment importants après la saignée de 1914-1918. La France connaissait un déficit démographique tel qu'une reprise des activités économiques ne pouvait s'effectuer sans apport extérieur de main-d'œuvre.

A partir de 1911, le Comité des Forges crée un service de recrutement et signe lui-même un accord provisoire avec l'Italie. « La grande majorité des étrangers étaient des ouvriers, et des ouvriers assumant les tâches ingrates particulièrement désertées par les Français » (G. Mauco, 1932). Dès 1915, l'administration, par réquisition, fait venir en France la main-d'œuvre des colonies ; la plus grande partie de cette population est rapatriée en 1920 « en raison de l'impossibilité de l'assimiler » (G. Mauco, *op. cit.*). Après la création de divers services, une Commission interministérielle de l'Immigration se charge d'élaborer des conventions et négocie des accords avec divers pays : Pologne (1919), Italie (1919), Belgique (1921), etc. En 1924, est mise en place la Société générale d'immigration agricole et industrielle, dominée par des intérêts privés. A la seconde génération, les éléments étrangers étaient francisés (à peu près cinq millions de 1830 à 1940).

En 1938, l'afflux des travailleurs justifia la création d'un sous-secrétariat d'État à l'immigration. Une ordonnance de 1945 établit enfin un Office national de l'immigration (ONI) ; dans cet organisme, les représentants de l'État, des syndicats et du patronat avaient la charge de contrôler les entrées. Trois ans plus tard, le conseil d'administration de l'ONI ne se réunissait plus ; la politique du laisser-faire prévalait de nouveau : le patronat demande avant tout « une main-d'œuvre aussi docile et aussi qualifiée que possible » (Calame, 1972). Depuis 1968, l'ONI n'est guère plus qu'un bureau d'enregistrement des cartes de travail ; il régularise la situation des clandestins, c'est-à-dire près de 75 % des cas.

Données numériques

L'absence d'organisation a pour conséquence que l'on ignore le nombre exact des travailleurs étrangers en France. Nous empruntons nos chiffres à G. Mauco (1932 et 1973) et aux publications du CNPF. Au 1er janvier 1972, les autorités évaluaient à 3 628 000 unités la population étrangères ; les chiffres sont sans doute inférieurs de 10 % à la réalité.

Données numériques : Population active étrangère (en milliers).

	1911	1962	1971
Algériens	—	425	754
Allemands	63,5	?	46,4 (en 1968)
Belges	170	?	66,7 (en 1968)
Espagnols	61	450	590
Italiens	257	700	589
Marocains	—	49	194
Polonais	—	159	99
Portugais	—	70	694
Tunisiens	—	34	106
Yougoslaves	—	15	65
Autres	79	?	235 (en 1968)

L'intégration des travailleurs étrangers

Les données quantitatives ne sont pas inutiles à noter ; on comprend mieux les difficultés à résoudre pour répandre le français parmi les travailleurs immigrés. On peut s'inscrire en faux quand certains prétendent que la France assimile aisément les étrangers ; ce qui a pu être vrai ne l'est plus : il semble qu'il y ait une incapacité du milieu français à reconnaître les différences culturelles des immigrés. La plupart des migrants, pauvres et illettrés, ne peuvent se loger de façon décente et mener ainsi une vie familiale correcte : cette crise profonde du logement « condamne toute politique cohérente d'accueil » (Calame, 1972).

L'école, les enfants

Les enfants d'immigrés sont astreints à la fréquentation scolaire comme les Français (loi du 28-3-1882) ; mais l'obligation scolaire « gagnerait à être plus nettement affirmée pour l'ensemble des étrangers et surtout à être appliquée plus strictement qu'elle ne l'est » (G. Mauco, 1932). Les enfants ne fréquentent pas souvent ou trop tard les écoles maternelles ; celles de la région parisienne sont surchargées et le tiers des immigrés est établi dans les banlieues nord et est de Paris depuis le début du siècle ; les parents ignorent quelles démarches suivre pour y inscrire leurs enfants. Beaucoup de jeunes arrivent à l'école élémentaire sans connaître le français ; en 1972, innovation, 250 classes d'initiation accueillaient des enfants de 7 à 16 ans : ils y apprennent, pendant un an, la pratique du français oral, puis sont remis dans des classes qui correspondent à leur niveau de connaissances. Peu d'enseignants ont reçu une formation particulière et ils ne savent comment tenir compte de l'existence d'une culture propre à un Portugais ou à un Algérien. Pour certains, l'école n'est qu'une machine à franciser et non un milieu où les enfants apprendraient à vivre avec deux cultures. Beaucoup d'immigrés, venus avec leur famille, finissent par s'installer définitivement en France et, dans ce cas, la langue d'origine devient une langue seconde ; mais les créations d'école avec moniteurs étrangers ont toujours été des plus rares — en 1924 les Polonais obtenaient de recevoir pendant la moitié de l'horaire un enseignement dans leur langue.

L'école, la formation des adultes

Alphabétiser les adultes est une préoccupation relativement récente. D'une part, la vie des ouvriers étrangers a longtemps été « celle des couches les plus misérables de la population » (G. Mauco, 1932) — cette situation n'a guère changé. D'autre part, la formation de cette main-d'œuvre ne préoccupe que depuis peu de temps les autorités et les employeurs. Des cours pour adultes se sont ouverts dans quelques grandes villes après 1918 ; une œuvre privée, le Foyer Français, a été créée en 1924 et a travaillé à l'assimilation des étrangers par le biais de cours gratuits de langue française : en 1927, elle rassemblait 3 000 élèves.

On estime aujourd'hui à environ un million le nombre de travailleurs analphabètes et/ou ignorant le français. Les cours organisés dans les entreprises, dans les écoles primaires ou les locaux paroissiaux, touchent entre 50 et 100 000 personnes ; les travailleurs étrangers peuvent apprendre à lire et à écrire pour diverses raisons : c'est d'abord pour s'intégrer dans le milieu de travail, pour acquérir une meilleure qualification, ensuite pour ne pas rompre avec les enfants scolarisés. Depuis peu de temps, quelques enseignants reçoivent une formation appropriée pour répondre aux besoins des immigrés. Nous ne pouvons analyser les différentes méthodes d'apprentissage de la langue. La plus ancienne est celle du CREDIF[1], mise au point pour apprendre à lire et à écrire aux adultes d'Afrique du Nord (1957). Elle utilise pour l'acquisition du lexique les listes du *Français fondamental* ; les auteurs donnent la priorité à l'acqui-

---

1. CREDIF = Centre de Recherche et d'Étude pour la Diffusion du Français.

sition orale de la langue : l'apprentissage de la lecture et de l'écriture supposent en effet que l'élève comprenne la langue. *Lire en français* (1969) est une méthode publiée, selon des principes identiques, par l'Amicale de l'enseignement pour les étrangers. Le projet est de parvenir à intégrer rapidement les travailleurs immigrés dans la société française. On ne s'étonnera pas du choix des phrases données à étudier à l'adulte ; l'ouvrier étranger apprend à lire et à écrire des énoncés qui correspondent à sa situation et l'invitent à l'accepter : « Bachir est parti, Mouloud couche à sa place ; l'ouvrier étranger est sobre, sérieux, travailleur, adroit... » (sur ces problèmes, *cf.* Baudelot et Establet, 1971). Une méthode récente (Collectif d'alphabétisation, 1972-1973), fondée elle aussi sur l'apprentissage de la langue parlée, construit les textes d'étude à partir de la situation réelle des immigrés et leurs problèmes spécifiques. Pour les auteurs, la progression doit permettre aux adultes « d'aborder et de discuter les problèmes qui se posent à eux, dans leur pratique de tous les jours, à partir de leur situation de classe dans le pays d'origine et en France ». La méthode est accompagnée de fiches d'information et de formation sur l'immigration.

D'autres expérimentateurs, qui se fondent sur la même analyse de la situation socio-linguistique du travailleur immigré, tentent d'élaborer des méthodes qui tiennent davantage compte du facteur de contact entre les langues : la progression est alors fondée sur l'étude des interférences phonologiques, syntaxiques, lexicales entre le français et la langue étudiée. Ces initiatives rejoignent l'effort actuel de certaines universités françaises, par exemple Grenoble, Limoges, qui tentent, dans le cadre des missions de formation continue, de mettre sur pied une formation linguistique et socio-linguistique à destination des travailleurs immigrés.

1.5 LES DIFFÉRENCIATIONS SOCIALES

Les différenciations régionales de l'usage linguistique ne sont pas les seules à s'opposer au français central. L'exclusion des parlers géographiquement périphériques se combine à la condamnation de formes déviantes, considérées par les grammairiens, ou par l'usager non linguiste, comme déterminées plus ou moins clairement par la situation sociale de celui qui les émet. Mais leur imbrication avec les premiers facteurs de différenciation, leur complexité interne, leur instabilité diachronique et synchronique, posent des problèmes difficiles au descripteur, dont la position même est déterminante pour le choix des critères de classement.

Dès l'âge classique, les reconstructions littéraires de parlers populaires sont en même temps des caricatures d'usages locaux. Entre le patois, l'argot et la langue populaire, la frange paraît indécise. Les paysans de Molière *(Dom Juan)*, de Marivaux *(La double inconstance)*, les poissardes de Vadé *(Les bouquets poissards)* usent d'un vernaculaire, plus ou moins conventionnellement restitué, caractéristique de leur situation géographique mais aussi de leur statut social, reconnu généralement comme celui des « basses classes » ou du « bas peuple », voire du « peuple » tout court comme chez Vaugelas. La norme est donc centrale par rapport à une double variation, à la fois géographique et sociale.

1.5.1 L'IMBRICATION DES FACTEURS DE DIFFÉRENCIATION

Aujourd'hui encore, le linguiste, s'efforçant de mettre en rapport les formes linguistiques observées dans son corpus et les données sociologiques sur ses informateurs, ne dispose pas d'une théorie lui permettant de hiérarchiser ces multiples déterminations, ni même de repérer leurs limites. D'une part, les idiolectes observés comportent de nombreuses formes linguistiques concurrentes et ne sont jamais homogènes ; d'autre part, les données sociologiques non hiérarchisées s'additionnent, se mêlent sans qu'on puisse délimiter leur action ni leur importance relative. Prenons par exemple, le cas d'un locuteur de la frange Normandie-Picardie, qui dit en parlant d'un enfant : [ʃtjokamɛ̃mɛ̃], (littéralement « le petit chat à maman », formule hypocoristique); ce faisant, il ne marque pas seulement son appartenance à une aire dialectale. Le facteur « classe d'âge » se combine ici avec la détermination géographique, l'idiolecte des jeunes ne comportant que peu de traits dialectaux. Par ailleurs, la situation géographique renvoie à la fois à la région (périphérique/vs/centrale) et au milieu (rural/vs/urbain). Le message véhicule donc un ensemble d'informations non-linguistiques, que le linguiste ne peut actuellement qu'énumérer :

1° l'appartenance du locuteur à un milieu rural, par opposition à la pratique linguistique des habitants des bourgs, plus proche de la langue centrale (à l'exception des vieillards);
2° le niveau socio-culturel de l'émetteur, qui ne craint pas de « déchoir » en usant de formes dialectales : il s'agit de la séquence prononcée par un ouvrier verrier, qui fait une double journée entre l'usine et les champs ; mais un éleveur de la même région pourrait émettre le même énoncé ;
3° la situation de communication, qu'on peut qualifier de « familière », où cette séquence a été prononcée, et qui met aussi bien en jeu : le sujet de conversation, le cadre spatial, le « rapport interpersonnel » avec des interlocuteurs socialement déterminés, etc.

En fait l'idiolecte de l'informateur, c'est moins l'usage du « patois » ou d'un niveau de langue unique dans cette situation particulière, que l'ensemble complexe des formes linguistiques qu'il est capable d'émettre ou de recevoir dans différentes circonstances. Le même locuteur use :
— d'une langue plus centrale, pour ses démarches administratives par exemple, encore qu'il lui faille parfois recourir à l'aide d'un voisin pour la lecture et la rédaction de sa feuille d'impôts ou d'un questionnaire officiel ;
— d'un registre comportant de nombreux termes techniques ou d'argot de métier, dans l'exercice de sa profession ou dans ses relations extraprofessionnelles avec les autres verriers.

On voit comment se superposent les déterminations d'âge, d'appartenance sociale, de situation géographique, de situation de communication, pour induire une pratique linguistique propre à chaque membre de la communauté. Ainsi le fermier-éleveur du même village ne dispose pas du registre technique des métiers du verre, ni l'épouse de notre informateur qui, elle, use d'une thématique liée à son travail de rempailleuse à domicile, etc. De ces idiolectes complexes, le grammairien ou le linguiste ont abstrait la notion de « niveaux de langue », notion dont la définition varie pour chaque auteur. Nous conservons au moins provisoirement ce terme, parce qu'il est d'un emploi courant et révèle bien l'organisation idéologique des langages en usages « bas » et « relevés », conformément aux catégories rhétoriques classiques qui répartissaient les styles en « noble », « commun » et « bas ».

1.5.2 LA FORMATION DE LA NOTION DE NIVEAU DE LANGUE

En fait, la reconnaissance et la hiérarchisation des niveaux de langue s'opèrent par comparaison avec un niveau idéalement neutre, choisi et reconstruit par l'observateur d'après sa propre pratique linguistique. Les traits « populaire » ou « familier » sont répertoriés comme des écarts (d'où leur définition de marques « stylistiques » par certains auteurs), par rapport à un usage privilégié, la *norme*, qui n'est guère différente de ce qu'on a baptisé plus récemment le « français neutralisé ». Ces deux notions masquent plus ou moins une procédure d'exclusion des usages, pathologiques selon les premiers, périphériques ou marginaux selon les seconds.

La *norme* (usage linguistique réglementé et socialement valorisé) et les autres niveaux de langue (par exemple « populaire ») sont finalement définis par l'origine sociale du locuteur, origine elle-même déterminée d'après la correction de son parler. Le tour de passe-passe est décrit par M. Cohen (1970) :

« Voici (...) les paroles explicites et circonstanciées d'un bourgeois de métier intellectuel (non universitaire) ; 'des fois', cas typique du 'français de classe'. Dans mon monde, celui ou celle qui dit *'des fois'* est immédiatement 'classé' ou plutôt 'déclassé' et étiqueté comme d'origine 'populaire'. Si on demande : Qu'est-ce que le peuple ? Eh bien, justement tous ceux qui disent *'des fois'* au lieu de *parfois* de manière habituelle, et sans y mettre un ton ironique. Telle est la règle, non écrite mais d'autant plus impérieuse de la ' bonne société '. Quant à ' quelquefois il arriverait ' c'est le langage des chiffonniers et des marchandes de quatre saisons. »

La même opération est déjà pratiquée par Vaugelas (*Remarques sur la langue française*, 1647, Préface), suivant une démarche circulaire, plus apparente encore : « Selon nous le peuple n'est que le maître du mauvais usage, et le bon usage est le maître de notre langue. »

C'est surtout au xixe siècle, sous les influences contradictoires ou complémentaires de l'institution de la langue française (unique) par la généralisation de l'enseignement primaire, de l'entrée en jeu sur la scène politique des « basses classes », des recherches sur les parlers locaux qui allaient aboutir à la constitution de la dialectologie, des pratiques littéraires de la couleur locale ou du réalisme-naturalisme, que se sont développées les études consacrées au « langage populaire ».

Nous ne pouvons marquer ici que les temps forts de ce mouvement, qui mène de la notion de « bon usage », toujours vivante d'ailleurs, à celle de *français neutralisé* ou de *norme standard*.

1.5.3 DU PATOIS PARISIEN AU LANGAGE POPULAIRE

L'une des premières observations d'un langage *socialement* marginal (si l'on excepte les simples lexiques) est un long article de Charles Nisard, paru en 1872, dans la *Revue de l'Instruction publique* (belge) et intitulé : « Étude sur le langage populaire ou patois de Paris et de sa banlieue ». Le titre marque assez comment on passe de la différenciation locale, neutralisée par le caractère géographiquement central du parler décrit, à une différenciation socio-culturelle opposant «le peuple» à une catégorie sociale non définie explicitement, mais reconnue par l'auteur comme disposant du « bon usage ». En fait l'observation ne porte que sur des *reconstructions littéraires* d'un parler vieux d'un siècle au moins, tel qu'il apparaît dans les textes « de Vadé et de son groupe ». C'est un patois « mort », selon Nisard, et ses origines composites interdisent d'y voir un vrai patois, c'est-à-dire un usage uniquement différencié sur le plan géographique. « Ce langage, que j'appelle patois, pour être bref, ne mérite guère ce nom, pris surtout dans le sens de dialecte ; il n'en a ni l'unité, ni l'originalité, ni les règles ; c'est une marquetterie où les diverses pièces qui le composent sont si pressées qu'on ne distingue pas toujours le fond sur lequel elles sont ajustées. Il met largement à contribution le bourguignon, le normand et le picard, anciens et modernes. » (Nisard, 1872.)

Puisque le statut dialectal de patois lui est refusé, nous devrions reconnaître, dans ce parler, un sociolecte marqué par le tempérament propre aux Parisiens d'extraction modeste et donc anormal par rapport à l'usage socialement admis : « C'est un patois mort et s'il n'a pas la sottise de revendiquer une chaire où on l'enseigne, il mérite au moins ce degré d'attention que les anatomistes scrupuleux ne font pas difficulté d'accorder aux produits anormaux de la création. » Le langage populaire parisien apparaît comme un produit pathologique, asocial, ce qu'indiquent les métaphores de Nisard :

« Tantôt, il garde tels qu'ils sont les mots qu'il (leur) dérobe, tantôt il les dénature comme il fait aussi des mots français, mais ceux-ci plus brutalement à la manière des voleurs qui dénaturent les objets qu'ils se sont appropriés. La cause en est l'organe vocal du peuple de Paris, tour à tour empâté et élastique, brusque et traînard, fin et grossier. » (Nisard, 1872)

Les observateurs actuels du français populaire usent encore fréquemment de ces considérations sur le relâchement des organes et le laisser-aller des couches sociales qui le pratiquent. Parler constitué d'éléments hétérogènes et dénaturés, il peut faire l'objet d'un dictionnaire, c'est-à-dire d'une liste, mais non d'une grammaire, car il « est l'inconséquence et le dérèglement même. » Pour Nisard, la description du langage populaire ne peut être systématique ; socialement anormal, il est aussi linguistiquement anormal. Curieusement, et par un juste retour des choses, le peuple parisien privé de langue s'est vengé et l'aboutissement de la tentative de Nisard est un article intitulé « De quelques parisianismes populaires et d'autres locutions non encore ou mal expliquées », constitué des restes d'un « Dictionnaire du langage populaire parisien, brûlé en manuscrit à l'Hôtel de Ville de Paris par les suppôts de la Commune ».

Nous écartons, par manque de place, les manuels correctifs à l'usage des étrangers : par exemple, Kron : *Le Petit Parisien*, 1909, ou Scharfenort, *Petit Dictionnaire des difficultés grammaticales*, 1905 ; ou des Français : l'*Almanach Hachette* de 1899 consacre une double page à un « Dites... Ne dites pas », violemment critiqué par R. de Gourmont (1899). On retrouve comme dans Nisard la confusion entre traits régionaux et traits sociaux dans le *Parlons français*, de Pludhun, paru en 1887. Tous ces ouvrages sont constitués d'une longue liste de locutions vicieuses, selon un ordre généralement alphabétique, assortie de conseils du type : « Lisez la colonne de gauche *(Ne dites pas)*. Lisez surtout et relisez la colonne de droite *(Dites)* ». La colonne de gauche fournit un témoignage, parfois suspect, sur les formes anormales, que les censeurs d'aujourd'hui continuent à pourchasser : *traverser* à la place de *passer, se rappeler de, faire très attention* au lieu de *grande attention*, etc. Ces *fautes*, qui ne sont pas des régionalismes, sont aujourd'hui comme hier dénoncées comme relevant des niveaux « populaire, familier, vulgaire, etc. » Considérées comme des écarts, des parasites de la langue française, elles ne relèvent donc pas, pour les puristes, d'une description systématique et autonome.

1.5.4 LES TENTATIVES DE DESCRIPTION SYSTÉMATIQUE

Les mêmes faits sont pourtant regroupés, analysés, interprétés différemment par d'autres observateurs, dès le premier quart du XXe siècle, jusqu'à prendre un caractère exemplaire qui les destinerait à devenir des modèles du français à venir (*cf.* L. Bollack, 1903). Certains opposent au « bon usage », un *français populaire*, constitué comme une *autre* langue, fonctionnant de façon autonome à côté du français « littéraire » ou « bourgeois ». En 1929, H. Bauche réunit dans *Le langage populaire* (ouvrage couronné par l'Académie française) d'importants matériaux sur le sujet ; on y retrouve les faits relevés par les puristes, regroupés sous la notion de « langage populaire », notion qui n'est jamais définie que comme langage du « peuple » :

«Dans chaque pays, le peuple parle un langage qui diffère non seulement du langage littéraire écrit, mais plus ou moins de celui qui est parlé habituellement dans les classes supérieures, parmi les gens de la bonne société. » (Bauche, 1929.)

Bauche insistait sur la séparation de fait entre ce langage populaire et le bon français ; il s'agit, pour lui de deux *langues*, qui ont la même source « naturelle » — le latin —, et une vie parallèle ; mais le bon parler est modifié par le parler populaire, pratiqué par le plus grand nombre. Pour le « peuple », le français prescriptif n'existe pas ; alors que le Parisien cultivé, lui, a conscience de la correspondance entre l'usage linguistique et l'appartenance à une classe sociale.

L'homme cultivé peut jouer à imiter l'ouvrier, peut mimer le comportement linguistique propre à une autre classe sociale que la sienne — les tours s'acquièrent aisément selon Bauche —, mais il reste seul à disposer de la norme, que le peuple ne peut pas atteindre. Ainsi, la séparation des deux langages est un fait acquis :

« Le langage populaire est l'idiome parlé couramment et naturellement dans le peuple, idiome que l'homme du peuple tient de ses père et mère et qu'il entend chaque jour sur les lèvres de ses semblables ». (Bauche, *op. cit.*)

Symétriquement à l'usage ironique du langage populaire par l'homme cultivé, il existe, d'après Bauche, un usage emprunté de la langue soutenue par les individus issus des « basses classes » et parvenus à un statut social plus élevé (nouveaux riches, petite bourgeoisie...). Ce langage, n'étant pas acquis naturellement, présente certains traits caractéristiques qui le dénoncent comme parlure vulgaire, « commune(s) pour les gens des classes supérieures » : « *Messieurs-dames, votre dame, votre demoiselle, le deuxième étage* (et jamais le second), *ananass,* etc. »

Ainsi le « peuple », selon Bauche, est défini par opposition à un milieu (et non à une classe) social : celui des Parisiens cultivés, déterminé moins par la situation de fortune (les parvenus sont exclus parce qu'ils pratiquent un langage vulgaire) que par un parler conforme à la norme socio-culturelle. Malgré la volonté de systématiser la description d'un usage non normatif, d'étendre cette description, du vocabulaire à la grammaire, Bauche constitue son « langage populaire », comme une liste d'écarts par rapport à la langue cultivée, et non comme un usage autonome où les éléments « normaux » et les « vulgarismes » sont unis en un tout homogène.

L'aspect systématique de la description de l'usage déviant est encore accusé dans la *Grammaire des fautes* de H. Frei, parue en 1929. Sous ce titre paradoxal, il prétend faire de la grammaire « avec ce qui en est la négation ». Se référant moins à Saussure qu'à Meillet et Bally, il oppose à l'attitude des puristes le point de vue du linguiste, qui recueille sans les condamner ni les exalter « les façons de parler les plus spontanées et par suite les plus barbares », et recherche « en quoi les fautes sont conditionnées par le fonctionnement du langage et comment elles le reflètent ». Ce n'est donc plus une tentative de description, comme *Le langage populaire* de Bauche, mais un essai d'explication, fondé sur une linguistique « fonctionnelle » :

« La faute, qui a passé jusqu'à présent pour un phénomène quasi pathologique, *sert à* prévenir et à réparer les déficits du langage correct. »

Le classement des formes considérées comme déviantes par la société s'opère dans la *Grammaire des fautes* d'après l'ordre « des besoins fondamentaux qu'une langue quelconque est amenée à satisfaire ». Le changement linguistique s'explique de même, par la modification du dosage de ces besoins, déterminé par les changements sociaux, selon la thèse de Meillet (1921) : « Le seul élément variable, auquel on puisse recourir pour rendre compte du changement linguistique, est le changement social. » Pour Frei, les « fautes » ou formes nouvelles ont la même origine sociale ; elles proviennent de l'adaptation du langage aux besoins linguistiques d'une classe sociale, ou d'une époque :

« Le facteur essentiel (du dosage des besoins)semble être la plus ou moins grande étendue spatiale (milieux étroits ou étendus) et sociale (milieux fermés ou ouverts). »

Ainsi s'opposeraient les langues de petite communication et les langues de grande communication. Le « français fautif » apparaît alors comme le produit d'une tendance d'adaptation de la langue à certains de ses usages sociaux. Cette analyse revient à opposer :

1º les langues de civilisation modernes, caractérisées par une forte tendance à l'économie linguistique (appauvrissement du lexique, simplification des catégories grammaticales, interchangeabilité des éléments du système, etc.) ;

2º les langues de milieux plus fermés, plus restreints, marqués par « le besoin de différenciation et le conformisme » (pullulement des différences lexicales, complication des catégories grammaticales, etc.). La ligne de partage ne correspond pas à la distinction : français correct, français fautif ; les deux usages comportent des traits contradictoires ; nous serions dans une période de transition, le français « correct » perdant son statut de grande communication, les « fautes » seraient les prémisses des modifications nécessaires à l'adaptation de la langue. La *Grammaire des fautes* ne constitue donc pas un modèle du français à venir. Elle présente une tentative intéressante pour proposer une autre catégorie que le pathologique, pour décrire les usages populaires.

S'inspirant de ces premiers essais, P. Guiraud (1965) a donné une description des usages populaires : « Notre français populaire n'est ni une langue technique, ni un argot, dans la mesure où il est commun à une vaste partie de la population et non à un métier particulier ou à un cénacle fermé. » P. Guiraud fait un pas de plus que ses prédécesseurs en reconnaissant l'existence de formes écrites du français populaire, aussi différentes de l'expression orale correspondante, que le sont entre elles les formes écrites et parlées de la langue « bourgeoise ». On peut, comme pour toutes les études plus anciennes, et plus partielles, douter de l'exactitude de certaines descriptions de détail (*cf.* les formes de l'interrogation en « -ti », la généralisation de l'emploi de l'article défini : *la Marie, les ceux*, etc.). D'une façon générale, il semble que l'auteur, qui prétend traiter de « l'usance parisienne » actuelle, rende compte de certains usages, déjà relevés par Bauche, qui sont plus régionaux que populaires et en recul dans la capitale depuis le début du XXᵉ siècle. Cette rapide étude présente pourtant le mérite d'inventorier de nombreux phénomènes, très répandus et pourtant tenus à l'écart des descriptions du français dit « standard ».

Le plus grave défaut de ce travail provient des présupposés de Guiraud, quant à la nature des deux grandes tendances de l'usage linguistique :

« Entre le français populaire et le français cultivé, il y a la distance de la Nature à l'Art, mais on évitera pour l'instant d'attacher à cette opposition un jugement de valeur (...). La différence essentielle tient au fait que le français cultivé est défini par des *règles* tirées à la fois d'une réflexion sur l'idiome et de l'expérience d'une tradition, alors que le français du peuple n'est soumis qu'aux *lois* naturelles qui gouvernent tout système de signes. »

Le linguiste a découvert son « bon sauvage » à sa porte. Le langage de cet heureux représentant d'un âge d'or révolu n'est point soumis à d'autres « règles » que celles de son bon plaisir. Les régularités, le retour de certaines formes contraignantes que l'on peut y remarquer sont sans doute les effets d'un hasard pittoresque. Seule, la pratique linguistique des classes dominantes est considérée comme soumise à des règles dignes de ce nom, et reconnue comme constitutive d'une culture..

Il est alors possible de prêter au langage populaire « la simplicité, l'homogénéité, la vigueur et la naïveté », qui lui permettront d'assumer un rôle régénérateur dans l'évolution de la langue. Son origine naturelle, non savante, répond de sa vitalité : « C'est pourquoi la plupart (mais non la totalité) des fautes imputées par la grammaire normative au français populaire finissent par forcer le barrage des règles et sont des formes de ce qu'on appelle quelquefois « le français avancé ». Par la rançon payée à la barbarie de l'usage populaire, la France cultivée et bourgeoise retrouvera ses forces ; on retrouve ici l'expression naïve de la politique culturelle de la démocratie bourgeoise. Et déjà, constate Guiraud, « nous assistons à une intégration des classes sociales ». On touche à l'ambiguïté de la notion de niveau de langue, fondée sur une conception sociologisante des « classes sociales » assimilées aux catégories socio-professionnelles ou aux signes extérieurs de richesse ; nous y reviendrons. Cependant, malgré les carences théoriques, l'imprécision et la rareté de ces descriptions, reconnaissons qu'elles signalent un mouvement général dans la pratique et la conscience linguistique des Français.

1.5.5 L'INSTABILITÉ DES « NIVEAUX DE LANGUE »

Comme témoignages de la sensibilité des locuteurs à la valorisation et à la dévalorisation de l'usage linguistique, les meilleurs matériaux sont encore les répertoires lexicographiques (dictionnaires, glossaires, etc.), dont nous avons signalé l'arbitraire. Néanmoins, les sondages qu'on peut y opérer révèlent l'instabilité synchronique et le mouvement diachronique des différenciations sociales de la langue. Nous prendrons pour exemple un ensemble de dictionnaires où nous distinguerons deux sous-ensembles :

1º Trois dictionnaires de 1863 à 1910 (*Littré*, *Larousse du XIXe siècle*, *Petit Larousse* de 1910), situés hors de notre synchronie (*cf.* J. Rey-Debove, 1971) ;
2º Quatre dictionnaires de 1953 à 1972 (*Grand Robert, Dictionnaire du français contemporain, Petit Larousse* 1970 et *Petit Robert*, 1972).

Le langage populaire de Bauche (1929) comporte un lexique, que nous avons pris comme témoin, puisqu'il se situe d'un autre point de vue, excluant les termes normés. L'examen rapide de deux séries synonymiques, la première autour de TRAVAILLER, activité socialement admise, la seconde à partir de VOLER, activité illicite, socialement condamnée, fait apparaître l'imprécision et la fragilité de la notion de niveau.

La norme

Dans les deux séries, les termes non marqués, dont l'usage est considéré comme *normal* ou *neutre* (signe = dans nos tableaux), semblent pouvoir être définis d'après des critères objectivement repérables.

1º Ils sont stables diachroniquement : ce sont les seuls termes du tableau qui font l'unanimité des lexicographes de 1863 (Littré) à 1972 (P.R.). Leur absence dans Bauche confirme qu'ils sont hors du « langage populaire ». En un siècle, la frontière qui les sépare des termes marqués inférieurs (ou non répertoriés) est nette puisqu'elle ne souffre que deux écarts :

le *Petit Larousse* 70, plus conservateur que *Littré*, et le *Petit Robert*, plus libéral que ses prédécesseurs.

2⁰ Ils s'opposent aussi à l'instabilité en synchronie des vocables marqués. Dans chaque tableau, deux termes seulement sur douze font l'unanimité des lexicographes contemporains : CAROTTER et CHAPARDER, familiers ; BÛCHER, familier et BOSSER, populaire. Un seul mot fait l'accord entre les dictionnaires plus anciens : BÛCHER, considéré par tous comme populaire.

A la stabilité des termes reconnus comme normaux par les lexicographes devrait correspondre leur fréquence d'emploi. Ainsi TRAVAILLER est un terme de haute fréquence, qui apparaît au 185ᵉ rang de l'enquête du *Français fondamendal* avec 204 occurrences ; aucun de ses synonymes marqués n'est répertorié. Mais l'absence de VOLER dans cette liste (et de DÉROBER) marque les limites d'une enquête qui, en toute objectivité, exclut certains sujets (politique, religion, sexualité et probablement les conduites asociales). L'enquête statistique apparaît plus sensible encore aux tabous que l'étude normative, qui se contente de péjorer les termes « bas ». Ses limites signalent du même coup l'importance du choix du corpus et de l'échantillon sociologique interviewé. Les données observables, et donc la norme ou le français standard, ne seraient pas les mêmes si les lexicographes avaient construit leur corpus en tenant compte de la répartition sociologique des différents locuteurs et des différentes situations de communication, sans privilégier l'écrit littéraire (comme le Littré ou le Robert), le parler de certains milieux urbains (comme le *DFC* qui s'appuie justement sur les résultats du *Français fondamental*). Quant au sentiment des lexicographes qui reste le critère principal, il fonde la norme sur l'usage linguistique du milieu auquel ils appartiennent, corrigé par le purisme des uns (*Petit Larousse* 70) ou par le laxisme des autres (*Petit Robert*). La stabilité de la norme dans les dictionnaires apparaît comme le simple reflet de la commune appartenance sociale des lexicographes.

Les termes marqués

A l'inverse, les vocables « bas » peuvent apparaître, dans notre tableau, caractérisés par leur mobilité.

1⁰ Le glissement diachronique de la frontière entre « familier » et « populaire » ne doit pourtant pas faire illusion ; il faut tenir compte de « l'indulgence » des lexicographes contemporains — si l'on écarte les rédacteurs du *Petit Larousse* 70 —, indulgence qui doit provenir tout autant de l'évolution de l'attitude des linguistes que de celle des mœurs en général. Cependant la mobilité accrue des catégories sociales depuis le siècle dernier induit certainement un déplacement de l'usage linguistique. J. Rey-Debove (1971) constate : « dans une démocratie, l'enseignement public obligatoire, l'accession libre à toutes les professions, mettent en contact des personnes issues de milieux très divers et favorisent le passage d'une classe à l'autre. Il devient extrêmement difficile, dans ce brassage du lexique, de caractériser un mot par la classe des personnes qui l'emploient. » On peut s'expliquer ainsi que la qualification des termes en niveaux soit beaucoup plus stable à la fin du XIXᵉ siècle qu'aujourd'hui.

L'examen des termes qui ont massivement changé de niveau montre

	1 Littré 1863	2 Lar. XIXᵉ siècle 1867	3 PL 1910	4 Bauche 1920	5 GR 1953	6 DFC 1966	7 PL 1970	8 PR 1972
OUVRER	=	=	=	Ø	vx ou dial.	Ø	=	vx ou dial.
ŒUVRER	=	vx.	Ø	Ø	↗ mot noble	soi.	=	litt.
BESOGNER	=	ATF	=	Ø	=	Ø	=	=
TRAVAILLER	=	=	=	Ø	=	=	=	=
PIOCHER	(écolier)	FAM	FAM	Ø	FAM	FAM	FAM	FAM
BRICOLER	Ø	POP	FAM	= POP	=	FAM	FAM	POP
TRIMER	Ø	POP	POP	= POP	=	FAM	ARG/FAM	=
BÛCHER	POP	POP	POP	= POP	FAM	FAM	FAM	FAM
GRATTER	Ø	Ø	Ø	= POP	POP	FAM	POP	POP
BOULONNER	Ø	Ø	Ø	= POP	POP	POP	POP	FAM
BOSSER	Ø	Ø	Ø	= POP	POP	POP	POP	POP
TURBINER	Ø	Ø	Ø	= POP	ARG/POP	POP	POP	ARG/POP

	Littré 1863	Lar. XIXe siècle 1867	PL 1910	Bauche 1920	GR 1953	DFC 1966	PL 1970	PR 1972
DÉROBER	=	=	=	ø	=	=	=	=
VOLER	=	=	=	ø	=	=	=	=
FILOUTER	=	=	=	ø	=	=	FAM	=
RATIBOISER	ø	ø	FAM	= POP	ARG	ø	FAM	FAM
CAROTTER	BAS	ø	FAM	ø	FAM	FAM	FAM	FAM
CHAPARDER	(bivouac)	ARG	POP	= POP	FAM	FAM	FAM	FAM
CHIPER	(écolier)	POP	POP	= POP	FAM	FAM	POP	FAM
CHOPER	ø	ARG	ø	= POP	POP	T. FAM	POP	FAM/POP
FAUCHER	ø	o	ø	= POP	FAM	POP	POP	FAM
CHAUFFER	ø	ø	ø	= POP	ARG (pop, à dérober)	ø	POP	FAM
PIQUER	ø	ø	ø	ø	POP/ARG	POP	POP	FAM/POP
BARBOTER	ø	ARG	ARG	= POP	POP	POP	POP	FAM/POP

N.B. Le signe ø indique que le mot ne figure pas dans le dictionnaire considéré.
Le signe = signifie que le mot figure sans précision sur le niveau de langue.

bien comment s'opèrent, dans la pratique sociale, ces glissements lexicaux :
BÛCHER est donné, dans les dictionnaires anciens, sans citation, comme
« populaire ». Dans les dictionnaires modernes, les contextes de BÛCHER
désignent tous des activités scolaires ou universitaires : « bûcher son programme de physique » *(DFC)*, « bûcher la chimie » *(PL 70)*. Les activités
intellectuelles appellent donc des dénominations familières, mais non
populaires ; le fait devient évident quand on compare à PIOCHER, déjà
marqué par Littré comme appartenant à l'argot des écoliers, passé à *familier*, exclu de Bauche qui ne retient que le langage populaire, et reconnu
comme neutre par le *Petit Robert*, plus libéral que jamais. Dans le tableau
de VOLER, le glissement de CHAPARDER, de l'*argot militaire* chez Littré,
de l'emploi *argotique* ou *populaire* au XIXᵉ siècle, s'opère vers le *familier*
dans la mesure où il désigne maintenant la maraude des enfants ou les délits mineurs. Cependant le passage au français neutre ou commun paraît
plus rapide pour les termes désignant le travail que pour les synonymes
de VOLER.

2º La fragilité des termes familiers ou populaires semble moindre qu'on
le prétend généralement ; Bauche relève à une exception près, en 1929,
tous les termes recensés comme populaires ou familiers cinquante ans plus
tard. L'absence des mêmes mots dans les dictionnaires antérieurs peut
tenir à l'exclusion de la langue parlée dans le corpus, et pour le Littré
à la sélection des seuls textes littéraires, le plus souvent antérieurs au
XIXᵉ siècle.

3º Enfin, il faut noter qu'un certain nombre des termes marqués ne sont
pas des vocables étrangers à la langue commune, mais des emplois de
mots comportant, dans d'autres contextes, des valeurs non marquées
socialement : PIOCHER, GRATTER, BOULONNER, FAUCHER, CHAUFFER,
PIQUER, BARBOTER. On trouve aussi dans l'usage dit « populaire » nombre
de termes provenant des argots (*cf. infra*, 1.6.).

Niveaux de langue et champs lexicaux

L'examen des séries synonymiques révèle la « richesse » du langage
populaire, son caractère « vivant », « sauvage », qui le porte à la luxuriance.
La multiplication des vocables recouvrant un champ notionnel est caractéristique du parler populaire (ou de l'argot), et, d'une façon plus générale,
des lexiques périphériques. La désignation des tabous présente un cas
limite ; le tabou étant exclu des situations de communication dites « normales », la langue commune comporte des cases vides, pour le lexique de la
sexualité par exemple, alors que certains parlers marginaux y multiplient
les dénominations. Les institutions ont longtemps exclu de l'usage courant
toute évocation des activités sexuelles, des organes génitaux même ;
ainsi, il n'y a pas, en français « standard » de terme spécifique pour désigner
le *phallus*, vocable technique ; la langue centrale ne connaît que des
hyperonymes comme SEXE ou MEMBRE ou la métaphore VERGE, restée
d'un faible usage, malgré les pieux efforts des précurseurs de l'éducation
sexuelle.

Le langage familier, ou plutôt familial, multiplie au contraire les
désignations bêtifiantes par diminutifs hypocoristiques : ZIZI, QUÉQUETTE,
BIBICHE, BISTOUQUETTE, etc, ou par métaphores d'animés : BIQUETTE,
OISEAU, MOINEAU... ou d'inanimés : BOUTIQUE, ROBINET, etc. ; tous

tendent à voiler le rôle sexuel de l'organe. La langue populaire (ou argotique, on ne sait ici la limite) reprend à son compte les métaphores animalières d'une autre façon : QUEUE, (ou DARD, vieilli), et même les personnifications : POPAUL (autrefois MAÎTRE-JACQUES, etc.) ; le tabou glorifié dans les métaphores belliqueuses : SABRE, CHIBRE, BRAQUEMARD ou BOUTE-JOIE..., n'élimine pas les termes spécifiques (parfois d'origine métaphorique, mais effacée) : BITE, BIROUTE, PINE, VIT (qui était le mot courant en ancien français), etc. La censure s'exerce pourtant aussi dans les niveaux familier et populaire, par le déplacement vers le scatologique, moins subversif sans doute : « *c'est une histoire de fesse* », « *c'est une affaire de cul* ». Chaque individu ne se tient pas à l'un de ces termes, mais, dans les limites fixées par sa soumission à certains des tabous, usera sélectivement de ses possibilités linguistiques selon la situation de communication.

Dans les usages dits familiers, populaires ou argotiques, la synonymie est de règle, et les termes sont spécifiés moins par leur référence que par leurs connotations d'une part et leur usage syntagmatique, d'autre part. Dans les vocabulaires techniques ou scientifiques, qui connaissent à leur origine (*cf. infra*, 6.4.4.) une concurrence synonymique, la multiplication des vocables s'opère davantage par différenciation référentielle : hyperonymie/hyponymie, distinction des différentes fonctions ou parties d'un objet, détermination de la discipline, etc. Quant à l'usage soutenu, également soumis aux tabous, il tend à emprunter, en cas de nécessité, aux autres niveaux, et plus particulièrement aux langages techniques ; il reste que l'usage littéraire, par exemple, emprunte de plus en plus à l'ensemble des niveaux : il cherche à donner une impression de renouvellement par l'appel à des niveaux qui sont « marqués » par rapport à la « langue littéraire » traditionnelle.

Il faut se rendre à l'évidence : l'idée de langue commune (français neutralisé, standard, norme, etc.) est une réduction fictive de l'instrument vernaculaire. L'usage courant mêle constamment les niveaux, déjà liés entre eux par des emprunts réciproques, complémentaires dans leurs destinations sociales, concurrents dans la recherche des effets de sens.

1.5.6 LA LANGUE OFFICIELLE

En réalité, la seule distinction stable est faite, ou à faire, entre la langue officielle (TRAVAILLER, VOLER, DÉROBER, etc.) et l'usage non officiel du langage où ces vocables sont en concurrence avec les termes marqués par rapport à eux. L'homogénéité de la langue officielle tient à ce qu'elle est liée à une pratique sociale réglée, déterminée par un cadre institutionnel défini, par son extension nationale, son fonctionnement (qui privilégie l'usage écrit) et par sa fonction politique de préservation et de régulation des structures sociales, imposant même son terrain et son langage aux organes légaux de contestation.

La langue (et les sous-langues : sociolectes), utilisée dans les échanges sociaux non réglés par ce cadre qui fixe la place des interlocuteurs, ne peut être distinguée en usages linguistiques stabilisés, attribués à des classes sociales particulières. Les classes sociales se définissent par leur position dans les luttes de classes, par exemple par leur rôle dans l'affrontement qui oppose constamment la classe ouvrière et la classe dominante. C'est donc moins le matériel linguistique qui caractérise ces positions, que les formes discursives où s'opèrent la représentation et le jeu des places dans la situation d'énonciation. En un mot, ce qui est en cause, c'est moins le choix d'un lexique ou de tournures grammaticales, marqués d'un certain niveau une fois pour toutes, que leur rôle dans un certain type de discours. De même, ce qui classe ou déclasse n'est pas tel ou tel terme, (VEINE, CHANCE, POT) tel ou tel tour (DES FOIS, PARFOIS, QUELQUEFOIS), mais leur emploi dans tel contexte socio-linguistique, par tel locuteur déterminé socialement et historiquement. Il est possible cependant qu'un ensemble de traits linguistiques (et non tel trait) puisse caractériser au moins tendanciellement les discours. Mais les recherches dans ce champ ne sont encore qu'à leur début.

La langue unique n'a de réalité et de stabilité que dans son usage institutionnalisé. Des origines de la République à la Cinquième, l'appareil d'État de la démocratie bourgeoise s'est mis en place, avec un juridisme envahissant toute la vie sociale et enserrant les initiatives individuelles dans des stéréotypes linguistiques. Ainsi, l'aide sociale d'une entreprise « charitable », en faveur de « miséreux » marginaux, est devenue l'organisation étatique du soutien à la famille (politique de natalité) et à l'ensemble des citoyens : la forme intermédiaire des Bureaux de bienfaisance municipaux a laissé place aux organismes centralisés de la Sécurité Sociale et des Mutuelles. Le développement d'un secteur tertiaire public, privé et semi-privé, a multiplié la production et la consommation de textes officiels ou officieux ; personne n'échappe plus aujourd'hui à la lecture des circulaires, notes de service, affiches officielles, bulletins, etc., ni à la rédaction de réponses aux enquêtes, questionnaires, ou de demandes aux administrations. La pratique de la langue écrite s'est élargie sans cesse depuis un siècle.

Le développement des moyens audio-visuels (*cf. infra* 2.2.4) a concouru plus récemment à répandre les formes orales des mêmes discours : diffusion d'informations politiques, comptes rendus... Les bulletins d'information, d'abord parlés, puis télévisés, maintenant plus ou moins l'unité de ton, gardent certaines caractéristiques (lexicales ou syntaxiques) de la langue officielle écrite, avec les décalages propres au langage parlé. Le monopole d'État sur la télévision ou la radio, tout autant que l'institution scolaire, tendent à maintenir et à diffuser la langue officielle.

Ainsi, les parlers sociaux, thématiques ou régionaux, en marge de la langue officielle, sont refoulés dans les situations de communication non institutionnalisées ; ils sont éclatés, dispersés, au point de ne plus survivre que dans des suridiolectes[1], affaiblis devant l'expansion de la langue unique. L'usage d'un langage apparemment relâché, de formes populaires ou argotiques ou de traits dialectaux (voire de langues ou de dialectes), a pris d'ailleurs valeur contestataire dans un journalisme d'opposition marginale. *Le Père Duchesne* a une nombreuse postérité en dehors de l'opposition des partis constitués et de leur presse, qui prétend à la dignité du discours institutionnel. Aujourd'hui, ce rejet de la langue officielle par certains journaux ne caractérise ni l'opposition de

---

1. On entend par *suridiolecte* l'ensemble des variantes en usage dans des groupes restreints (bandes, familles, etc.).

gauche *(Charlie-Hebdo, La Gueule ouverte, Le Torchon brûle)*, ni celle de l'extrême droite *(Minute, Carrefour)*, encore que cette dernière affectionne aussi le purisme archaïsant. *Le Canard enchaîné*, quant à lui, mêle la parodie des *Mémoires* de Saint-Simon et le relâchement affecté qu'on prête à l'usage populaire.

Inversement, l'expansion de la langue officielle produit sa diversification. La prolifération des administrations, l'organisation de secteurs nouveaux (aujourd'hui l'environnement, par exemple), induisent à la création de langages techniques et à leur diffusion dans le cadre officiel. La langue officielle se diversifie ainsi en usages ou domaines spécifiques, nettement distincts, et développant des vocabulaires particuliers (*cf.* la Sécurité Sociale) ou empruntant leur terminologie aux langues techniques des domaines nouvellement investis.

Avant de conclure sur la question essentielle qui nous préoccupe : quels sont les facteurs d'unité ou de diversité permettant de définir l'évolution du français contemporain, il nous faut présenter un des éléments traditionnellement impliqués dans cette définition, la question des argots.

1.6 LES ARGOTS

1.6.1 DÉFINITIONS

Ce n'est que dans la seconde moitié du XIXe siècle que l'on ne réserve plus l'appellation d'*argot* au seul parler des malfaiteurs :

« 1º Langage particulier aux vagabonds, aux mendiants, aux voleurs, et intelligible pour eux-seuls. — 2º Par extension, phraséologie particulière, plus ou moins technique, plus ou moins riche, plus ou moins pittoresque, dont se servent entre eux les gens exerçant le même art et la même profession. » (*Littré*, 1863).

Cette acception plus large du terme rend compte d'un changement d'attitude vis-à-vis des langages de groupe, plus ou moins marginaux, longtemps écartés des dictionnaires. Van Gennep (*in* REES, 1908) en tentera la théorie ; pour J. Vendryes (1923) le mot « argot » recouvre une réalité mal définie : « Ce n'est qu'un autre nom de la langue spéciale, et il y a autant d'argots que de groupes spécialisés ». Mais la définition de la langue spéciale inclut aussi bien le latin, langue religieuse, que la langue des tribunaux ou les vocabulaires techniques. Dans son livre sur les argots, Dauzat (1939) donne une acception plus précise du terme :

« Au sens étroit du mot, l'argot, pour le linguiste, est le langage des malfaiteurs. *Par extension*, il désigne aussi un certain nombre de langages spéciaux qui offrent *des traits communs* avec le précédent. »

Les études qui suivent cette définition ne retiennent en fait de langues spéciales que l'argot des malfaiteurs et, secondairement, les argots de métier.

Ce n'est que depuis peu que l'on dispose d'un dictionnaire (Esnault, 1965) qui rassemble des données utilisables sur les différents argots.

Nous emprunterons à Esnault la définition par laquelle débute son ouvrage : « Un argot est l'ensemble *oral* des mots *non techniques* qui plaisent à un groupe social. » (Souligné par nous.)

Dès qu'un groupe connaît des préoccupations communes, ce qui n'est pas le seul cas des malfaiteurs, mais est propre à tous les groupes notamment professionnels, s'élabore un vocabulaire non technique qui remplit des fonctions diverses. On a beaucoup insisté sur le rôle cryptologique de ces vocabulaires marginaux ; sans qu'on puisse nier cette fonction, on ne peut comprendre la persistance des argots si on ne retient que cet aspect. Le langage de groupe, aussi bien que le dialecte des paysans, permet d'affirmer la connivence des membres du groupe et d'en assurer en partie la solidarité ; il est un des signes de la cohésion du groupe. On ne négligera pas non plus le caractère ludique de l'argot : l'usager joue avec les mots, selon des règles définies, autrement qu'il peut le faire dans les échanges en langue commune où les innovations lexicales sont souvent réprimées.

Les gens d'une profession usent de mots particuliers dans des situations de communication définies ; cet usage suppose la connaissance de la langue commune : étudier un argot, ce serait d'abord décrire un lexique. Cela ne signifie pas que tous les termes du vocabulaire général ont un équivalent argotique, loin de là ; seuls certains domaines sont altérés. Larchey (1872) notait que « l'argot des classes dangereuses ne se parle pas en réalité comme on s'est plu à l'écrire jusqu'ici (...). Qu'on le sache bien, nos argotiers ne sont pas si exclusifs, (...) leurs phrases admettent encore 50 pour cent de français intelligible ».

Nous ignorons en fait de quelle façon tel argot est utilisé. Si nous limitons en effet l'étude à une description du lexique, c'est admettre qu'il s'agit seulement d'un langage parasitaire et restreindre fort les fonctions qu'il remplit. Un ouvrier spécialisé de l'industrie automobile désigne une petite butée par BITONIAU et la graisse par MARMELADE ; la couturière nomme RETAPIN la vieille robe qu'elle doit remettre en état ; il serait nécessaire de connaître les contextes d'utilisation de ces mots dont le rôle n'est pas seulement de doubler les termes usuels. Si l'on peut parler d'un vocabulaire parasitaire, c'est au sens où les usagers attribuent à un mot du lexique commun une signification qui double l'acception habituelle ; l'opération ne peut être dissociée de la pratique sociale qui la permet : dire SINGE pour *chef d'entreprise* évoque des rapports sociaux avant de renvoyer à l'expressivité du « bas peuple ».

1.6.2 L'ARGOT DES MALFAITEURS

Malgré les réserves que nous venons de faire sur ce point, nous introduisons par commodité la séparation entre l'argot des malfaiteurs et les argots des métiers. Les matériaux relatifs à l'argot des malfaiteurs sont plus nombreux et apparemment plus cohérents. Il faut pourtant préciser que l'on doit se défier des dictionnaires ; pour Dauzat (1939) :

« Les glossaires d'argot moderne représentent surtout le langage populaire, dans lequel l'argot des malfaiteurs a déversé une grande partie de son vocabulaire. Un assez grand nombre de leurs matériaux sont d'origine livresque, empruntés à leurs prédécesseurs, plus ou moins lointains. »

De nombreux termes relevés par Bruant (1901) sont accompagnés de citations littéraires ; chaque article présente souvent une liste fournie de vocables pour désigner la même notion, — pour COUP, et VOLÉE DE COUPS : 94 mots —, sans que l'on sache s'ils étaient contemporains et quelles étaient leurs possibilités d'emploi dans une situation donnée. Souvent des termes proposés comme synonymes n'ont été employés qu'à une époque déterminée et par un milieu restreint : BOUTANCHE apparaît au XVIIᵉ siècle et est repris au XXᵉ siècle, BOUTROLLE à la fin du XVIIIᵉ siècle et BOUTOQUE au XIXᵉ (Vidocq). On relève dans le diction-naire d'Esnault des mots, suivis de la mention *populaire*, sans que l'on sache ce que ce terme recouvre ; certains des mots sont issus de l'argot des malfaiteurs et ont pris un autre sens, mais le cas inverse est aussi représenté : AIGUILLE désigne un outil des ouvriers du bâtiment (1914) avant de nommer l'outil dont usent les malfaiteurs pour ouvrir leur entrave (1952). On ne peut qu'interroger les principes qui autorisent à délimiter un domaine argotique et un domaine populaire (*cf. supra*, 1.5.2).

Après la disparition des dernières grandes bandes de truands, — celle d'Orgères a été jugée en 1800 —, les conditions d'utilisation de l'argot se modifient. Les malfaiteurs ne constituent plus des microsociétés plus ou moins closes ; dans les grandes villes, les quartiers qui accueillaient de longue tradition les malfaiteurs sont en partie détruits dans la seconde moitié du XIXᵉ siècle ; enfin les bagnes où se formaient des groupes très fermés ont été abolis. Tous ces facteurs rompent un isolement réel et contribuent à diminuer le cloisonnement linguistique qui en résul-tait, à intégrer une partie de l'argot dans le langage commun. La notion même de malfaiteur a évolué : il est avéré que la plupart des activités délictueuses ne sont plus aussi apparentes aujourd'hui qu'autrefois. Cela ne signifie pas que l'argot disparaît au XXᵉ siècle ; les délits se diversifient : aux langages de groupe des souteneurs s'est ajouté par exemple celui des trafiquants de drogue ou d'armes ; ceux qui pratiquent l'escroquerie immobilière ont aussi un parler spécifique. Une activité sociale comme la prostitution a pris des formes très diverses, les appel-lations de ceux qui fréquentent la prostituée aussi : MICHÉ est devenu livresque ou au moins ironique, CLIENT est largement utilisé quel que soit le lieu de la pratique, INVITÉ ne s'applique qu'aux clients aisés, etc. Les formes de l'activité changent et les termes qui la dénomment en même temps ; les mots spécifiques du bagne ont peu à peu disparu : ainsi l'AGAMIE (1921) qui désignait la supérieure des religieuses affectées aux reléguées.

La composition des groupes a, elle aussi, évolué ; pour Bauche (1920), il était difficile de distinguer la langue populaire de l'argot :

« L'argot des malfaiteurs, l'argot des prisons, entrent pour une part importante dans la formation de la langue populaire. *La cause en est évidente* : le crime naît plus souvent du besoin et de la misère des classes inférieures que parmi les gens qui ne manquent de rien. »

On comprendra que nous ne pouvons souscrire à cette appréciation des causes de la criminalité ; le lumpen-prolétariat n'a jamais été la seule catégorie où se recrutent ceux qui tournent la loi. Des groupes sans liens établis avec ce qu'il est convenu d'appeler le milieu ont de plus en plus une part importante dans l'accroissement des délits ; des habitudes linguistiques dont nous ignorons tout se créent dans ces cellules restreintes qui ne sont pas toujours formées d'éléments des « classes populaires ».

Les procédés de formation

Le caractère partiellement cryptologique de l'argot des malfaiteurs impose un certain renouvellement lexical, mais il semble que le vocabulaire de l'argot s'enrichisse peu au XXᵉ siècle. L'évolution des formes de la délinquance explique peut-être le tarissement néologique lexical : l'accroissement des significations nouvelles l'emporte sur celui des unités. Il ne faut pas oublier que la difficulté à rassembler des documents non écrits empêche l'établissement de relevés complets ; un spécialiste contemporain estime que « les 2/3 du vocabulaire datent du XIXᵉ siècle » (Guiraud, 1973). Les procédés de formation de l'argot ne diffèrent pas de ceux en œuvre dans la langue commune. On s'en convaincra à la lecture des exemples donnés et, de ce fait, nous ne leur consacrerons pas de section particulière ; on trouvera dans divers ouvrages une description de ces procédés d'enrichissement : Casciani (1948), D. François (1968), Guiraud (1967 et 1973), Prigniel (in FM, 4, 1966).

L'un des modes fréquents de formation d'unités nouvelles est directement lié à ce que Jakobson appelle la fonction poétique du langage. Il consiste à nommer un objet par une de ses caractéristiques, par métaphore ou métonymie : L'AUBERGE pour *la prison* (1953), L'ABOYEUR pour *le gardien qui rythme les pas pendant la promenade* (1921), L'AVOCAT pour *le compère éloquent* (1960), etc. La substitution synonymique, « une des principales lois de la création argotique » (Guiraud, 1973), permet d'accroître de façon importante le lexique : ainsi beaucoup de noms d'objets durs peuvent recevoir la désinence-ER et évoquer l'acte sexuel ; on obtient une série synonymique : TRINGLER, AIGUILLER (1954), TRIQUER. Les mots dialectaux sont sollicités : le bressan ARGOUGNER est introduit sous la forme ARGOUINER (1953) et signifie *piquer, attaquer* ; interviennent aussi les mots archaïques qui conservent leur sens ancien ou changent de signification.

1.6.3 LES ARGOTS DE MÉTIER, DE GROUPE

Un milieu de travail a tendance à user d'un vocabulaire particulier qui assure son homogénéité et exclut qui n'y appartient pas. On connaît plusieurs des argots en usage à la fin du XIXᵉ siècle (Boutmy, 1878 ; Dauzat, 1917 ; Eudel, 1893) ou au début du XXᵉ siècle (Dauzat, 1919 ; Esnault 1919). Le changement des conditions économiques a fait disparaître à peu près les métiers artisanaux et les parlers de ceux qui les pratiquaient ; par exemple, les progrès rapides de l'industrie textile, à la fin du XIXᵉ siècle, la disparition progressive du travail à domicile, la substitution du coton au chanvre, ont conduit à l'effacement du BELLAUD, argot des peigneurs de chanvre du Jura. Jusqu'à 1900, il semble que la région franco-provençale ait été l'un des lieux d'élection des argots de métier ; Dauzat (1917) constatait que les argots de Savoie (tailleurs de pierre, colporteurs, ramoneurs, etc.) « ont disparu à l'heure actuelle, sauf celui des ramoneurs, qui toutefois se perd peu à peu : la plupart des jeunes l'ignorent ».

Dans la mesure où une partie du vocabulaire technique propre à un groupe professionnel est doublé par un vocabulaire argotique, les changements des conditions de production ont une influence importante sur le renouvellement des argots. La division de plus en plus accusée du travail laisserait supposer que les langages de métier se multiplient ; il semblerait que, depuis un siècle, ces parlers empruntent beaucoup à l'argot des malfaiteurs, dont une partie du lexique est devenue disponible ; le *Dictionnaire des imprimeurs* de Boutmy (1878) comprend beaucoup de vocables argotiques, parfois fort anciens : CASQUER, GAIL ` (GAYE), MASTROQUET, CHIPER, FOUAILLER, etc. Quantité de vocables passent dans le lexique général même s'ils sont tenus pour marginaux ; Boutmy décrit la langue verte typographique comme un ensemble d'« expressions énergiques ou pittoresques dont plusieurs ont franchi les limites de l'imprimerie ». On peut évoquer l'exemple de BEURRÉ, NOIR, pour *ivre* et de BARBOTTER, littéralement *voler des* « *sortes* » dans la casse de ses camarades.

Les mouvements d'emprunt d'un vocabulaire argotique à un autre sont mal connus ; « il faudrait des monographies par profession, alors qu'on ne dispose que des confidences dispersées et bien imparfaites » (Prigniel, *in* FM, 4, 1966).

De telles monographies se situent d'ailleurs à la frontière de la dialectologie et de l'ethnologie, ce qui est naturel dès lors que les activités professionnelles considérées revêtent souvent un caractère régional. Citons l'étude de R. Lepelley (*in* LF, 5, 1973) sur « le vocabulaire des pommes dans le parler normand du Val-de-Saire (Manche) ». On s'aperçoit en fait que nombre des termes étudiés appartiennent au français et non strictement au parler normand, mais relèvent plutôt d'un argot de spécialiste que du français commun ou technique. Ainsi le terme BEC D'OIE, lié au dialectal BÉDAN, mais inconnu du français commun, aussi bien que des listes officielles du négoce des pommes. De même, doit-on classer comme « régional » ou « argotique » le terme FOURCHIER par lequel les habitants de Sauve (Gard) désignent le *micocoulier*, arbre qu'ils font pousser en lui donnant la forme nécessaire au façonnage d'un certain type de fourche ? (*cf.* J. Bruhnes-Delamarre, 1972).

Le dictionnaire d'Esnault contient des échantillons des multiples argots de métier, des sports, de l'école, mais ces documents ne suffisent pas si l'on veut étudier le fonctionnement des divers parlers. On peut constater que tel argot emprunte au lexique des malfaiteurs : AGRICHER (1910) signifie *s'accrocher* pour les bagnards ; on le trouve en 1920 dans les milieux de la boxe avec le sens de *faire un gros effort pendant l'entraînement*, en 1927, dans le vocabulaire des coureurs cyclistes ; si la relation entre les trois emplois apparaît nette, on ne sait rien du passage du mot des bagnes au domaine sportif, ni de ses conditions d'emploi. ASSIETTE (1927) désigne *une piste de vélodrome* aux virages peu relevés ; en 1931, les photographes l'emploient pour nommer une figure trop blanche sur un cliché ; en 1941, les malfaiteurs nomment ainsi la Cour d'Assises ; s'agit-il de trois emplois sans aucun rapport entre eux, de procès de métaphorisation indépendants ? On accumulerait aisément des exemples de ce type.

On peut affirmer que les procédés de formation des argots de métier,

— quelles que soient les fonctions qu'on leur attribue —, sont identiques à ceux de la langue générale, mais on ignore si tels procédés se sont développés au détriment d'autres, et si le fond commun aux différents argots s'est ou non accru. Nous pouvons constater que les argots, de plus en plus, cessent de se confiner à un groupe professionnel ; « ils sortent des ateliers, des usines, des écoles, des salles de jeu, des ports, des prisons, mais pour les passages, les seuils et les frontières ne sont pas toujours nets » (Prigniel, *in* FM, 4, 1966).

1.6.4 LES ARGOTS ET LA LANGUE COMMUNE

Dès le début du XXe siècle, certains affirmaient que les mots d'argot et le « jargon populacier » (Dauzat, 1912) envahissaient le vocabulaire général. Cela ne signifie pas que le phénomène était nouveau, simplement on ne s'était jusqu'alors soucié que de la langue parlée par certaines catégories sociales, ou même on avait refusé de considérer que les usagers ne parlaient pas toujours comme le recommandaient les grammaires. Il suffit pourtant de lire par exemple le *Journal* de Stendhal pour se convaincre que le parler argotique n'est pas réservé à certaines couches sociales ou qu'il n'est pas seulement utilisé pour obtenir un effet canaille. Bruant usait souvent de mots argotiques comme G. Couté de termes dialectaux ; ce n'est plus aujourd'hui le seul fait des chanteurs que d'employer un vocabulaire marqué. Le langage poli de « l'honnête homme » n'est plus le seul à exister comme objet d'étude. De plus en plus, on prend conscience que « les particularités de prononciation, les tours de phrase caractéristiques, les formes argotiques, les terminologies professionnelles de toutes sortes constituent autant de symboles des multiples façons dont la société s'organise (et) sont d'une importance cruciale pour notre connaissance de la formation des attitudes individuelles et sociales. » (E. Sapir, 1968).

La question n'est pas seulement de savoir qui utilise les termes argotiques, mais de connaître dans quelles situations de communication ils sont employés, quels mots sont plus ou moins privilégiés par une catégorie sociale déterminée. L'idiolecte d'un ouvrier spécialisé et celui d'un professeur de Première Supérieure accusent peut-être des différences importantes, quand ils conversent sur le même sujet ; il serait intéressant de préciser de quels mots argotiques, devenus familiers, l'un et l'autre usent de préférence. Nous ne disposons, à ce propos, que de remarques très brèves. Pour Bauche (1929) :

« Des mots comme *moche, tourte, godasse, pinard* (...) sont employés dans la conversation par les Parisiens cultivés, mais toujours, sinon avec ironie et par plaisanterie, du moins avec conscience de mal parler. Pour le peuple au contraire c'est là le vrai français. »

C'est toujours à l'intuition que recourt J. Rey-Debove (1971) quand elle écrit :

« *Il nous semble* (...) que *bidule, connerie, emmerdant, foutre, fric, rouspétance, sympa* sont fréquemment utilisés par la bourgeoisie alors que c'est plus douteux pour : *boumer, cuistance, falzar, mirette, mec, mollard, tire-jus.* »

Un sondage dans les dictionnaires autorise à affirmer qu'un nombre important de mots argotiques est entré dans la langue générale ou, tout au moins, que les lexicographes les acceptent plus volontiers. Dans le *Dictionnaire général* (1890-1900), de Darmesteter *et alii*, les auteurs ne retenaient que vingt-cinq mots issus des argots : les uns appartenaient à la langue familière (BAGOUT, FRUSQUIN, GUIBOLE, LARBIN, MIOCHE, TRIMER), d'autres étaient intégrés au lexique commun (CAMBRIOLEUR, GUEUX, NARQUOIS), quelques-uns étaient des termes encore peu répandus (FLOUER, GOUAPER, GOURER, ESCARPE). Dans le dictionnaire de Bruant (1901), nous avons retenu les mots désignant l'acte de porter des coups ; quelques-uns sont dans les colonnes du *Nouveau Petit Larousse* (1972) avec la mention « familier » (PEIGNÉE, PILE, « vieilli », TREMPE) ; d'autres sont considérés d'emploi « populaire » (DÉGELÉE, FROTTÉE, RACLÉE, TRIPOTÉE) ; mais des mots non retenus comme AVOINE, PATÉE, PIQUETTE, RATATOUILLE, VALSE, etc., ne nous paraissent pas avoir disparu de l'usage des locuteurs, sans appartenir pourtant exclusivement à l'argot. On peut donc s'interroger sur les critères des lexicographes.

Nous avons procédé à une petite enquête sur les mots commençant par A dans le lexique de Bauche (1929) ; selon l'auteur, le lexique regroupe « tous les mots et locutions propres au langage populaire parisien, employés couramment et habituellement par le peuple de Paris ». Les mots d'argots sont retenus sans que la distinction entre populaire et argotique soit introduite. Nous avons comparé cette liste à celle qu'on obtient par le même procédé dans le *Dictionnaire historique* d'Esnault (1965) ; les *dictionnaires d'argot* de La Rue (1946) et de Sandry et Carrère (1951) présentent un choix intéressant mais les principes de sélection ne sont pas indiqués ; nous les avons conservés pour mémoire. Il est intéressant de chercher quels mots, pris en compte par l'un des trois dictionnaires d'argot cités et figurant déjà dans le lexique de Bauche, apparaissent dans quelques dictionnaires contemporains :

— le *Petit Robert* (1972) fait précéder la définition d'une marque d'usage qui « précise la valeur de l'emploi (...) dans la société ».
— Le DFC (1966) retient les mots familiers ou populaires et indique « avec le plus de précision possible » les niveaux de langue ;
— le NPL (1972) « accompagne chaque mot familier, populaire ou argotique » d'une mention ;
— le *Dictionnaire Bordas* (1972) accepte « l'argot familier, en progression dans l'usage ».

On constate que de nombreux mots considérés comme argotiques ne sont pas refusés par les lexicographes. Les mentions qui les accompagnent indiquent l'importance attachée au « bon parler » ; tout ce qui ne correspond pas à la norme socioculturelle est qualifié de populaire ou d'argotique, selon des critères de classement difficiles à cerner (*cf. supra*, 1.5.). L'usage de certains vocables reste l'indice de l'appartenance à une catégorie sociale. Il serait peut-être plus pertinent de le considérer comme un comportement verbal d'agression, de défense, de compensation. Ce qui enfreint les règles codifiées par le bon usage et transmises par l'école,

obtient pour certains locuteurs un statut particulier : rejeter le lexique esti-
mé « correct » marque souvent le refus des autorités qui le consacrent. Il
semble que les usages non retenus dans la définition du « bon français »
tendent à se multiplier ; alors qu'au début du siècle, Dauzat recommandait une étude de l'argot, du « parler de la populace », pour mieux le combattre, on reconnaît aujourd'hui que l'argot « tend à *se fondre* dans le
code commun dont il contribue à accélérer le renouvellement » (D. François, 1968, souligné par nous).

Mots communs à Bauche, Esnault, La Rue, Sandry, Carrière	PR	DFC	NPL	Bordas	
ABAT(T)AGE	Argot, vieux	Pop.	Pop.	Fam.	
ABATTIS	Fig. et pop.	Pop.	Pop.	Fam.	
ABOULER	Arg.	Pop.	Pop.	Arg. et fam.	
S'ABOULER	—	Pop.	Pop.	—	
ACCOUCHER	Pop.	Fam.	—	Fam.	
ACRAIS ou ACRÉ(E)	—	—	—	—	Attention !
ACROBATE	—	—	—	—	Original
ADJUPETTE	Arg.	Pop.	Pop.	Argot fam.	Adjudant
AFFRANCHI	—	Fam. (autre sens)	Pop.	—	
AGRAFER	—	—	—	—	
AILERON	Pop.	—	—	—	bras
AIR (l'avoir en l'air) dans diverses expressions	—	—	—	—	être excité
ALBOCHE	—	—	boche : pop. et péjor.	—	Allemand
ALLER (emplois divers)	—	—	—	—	déféquer ; forniquer.
ALLONGER	Fam. ou Pop.	Fam. ou Pop.	Fam.	Fam.	prendre ; subir.
S'ALLONGER (emplois divers)	—	—	—	—	
ALLUMER	Pop.	—	—	—	exciter
AMÉRICAIN (Avoir l'œil —)	—	—	—	—	Découvrir du 1er coup d'œil
AMINCHE	Pop.	Pop.	Pop.	Fam.	Ami
AMOCHER	Pop.	—	—	—	
ANAR	—	—	—	—	
ANGLAIS (Avoir ses)	—	—	—	—	Avoir ses règles menstruelles

Mots communs à Bauche, Esnault, La Rue, Sandry, Carrère	PR	DFC	NPL	Bordas	
ANGLAISE (capote)	—	—	—	—	condom
ANGLICHE	—	—	—	—	Anglais
APACHE	vieilli	vieilli	aucune remarque	vieilli et Fam.	
APÉRO	—	Pop.	—	—	
(S)'APPUYER	Pop.	Pop.	Pop.	—	
ARDOISE	—	—	Fam.	—	urinoir ; dette
ARIA	Fam.	Fam.	—	—	
ARMOIRE (havresac)	Fam. (autre sens)	Pop. (autre sens)	Pop. (autre sens)	Fam. (autre sens)	
ARPÈTE	Pop.	—	Pop.	Fam.	
ARPION	Pop.	—	—	Fam.	pied
ARRANGER (populaire)	Pop.	Fam.	Fam.	Fam. (autre sens)	
ARROSER	Fam.	Fam.	Fam.	Fam.	
AS (divers sens)	Pop., Fam.	Pop., Fam.	Fam.	Fam.	
ASPHYXIER	—	—	—	—	
ASSEOIR	Fam.	Fam.	—	Fam.	
D'ATTAQUE	Pop.	Fam.	aucune remarque	Fam.	
AT(T)IGER	—	Pop.	Pop.	Argot fam.	
AUBERT(T)	—	—	—	—	Argent
AUVERPIN	—	—	—	—	Auvergnat
AVARO	—	—	—	—	avarie
AVOIR	une femme : pas de remarque qqn : Fam.	—	—	qqn : Fam.	
AZTÈQUE, AZTEC	—	—	—	—	Avorton

N.B. Certains des mots relevés appartiennent évidemment, avec d'autres sens, au lexique commun : s'ALLONGER : « se coucher » dans le lexique commun, /vs/ « avouer », dans l'argot des malfaiteurs.

Le signe — indique que le mot de la 1re colonne ne se trouve pas dans le dictionnaire consulté.

2 LES FACTEURS NOUVEAUX

L'étude des facteurs géographiques et sociaux qui contribuent à faire évoluer le français, ainsi que l'étude des usages traditionnellement appelés argotiques, montrent l'influence croissante du paramètre *situation de communication*. Il faut ici insister sur l'importance, de plus en plus grande de nos jours, que prend la différence entre situations de communication écrite et situations de communication orale. C'est pourquoi, après avoir donné de brèves indications sur le français oral et le français écrit, nous étudierons les principales situations où l'un ou l'autre de ces usages est normalement et fréquemment favorisé. On commencera par inventorier les nouveaux moyens de communication linguistique dont dispose le Français du XXᵉ siècle pour s'adresser à ses contemporains, et l'on consacrera un soin particulier à s'interroger sur le statut actuel de ce que l'on peut appeler « le français littéraire ».

2.1 L'ÉCRIT ET LE PARLÉ

On constate une première rupture entre les différents usages de la langue française, lorsqu'on compare le système linguistique parlé et l'écriture. Les tentatives pour rendre compte de l'écriture française comme d'un simple transcodage des formes orales ont toujours échoué. Si l'on interprète les graphies comme une transcription des séquences phonologiques du français, on ne tient pas compte des contraintes propres au message écrit d'une part, à l'énoncé oral d'autre part. Or, ces contraintes jouent à plusieurs niveaux pour l'un et pour l'autre.

La première différenciation tient à la nature même des unités distinctives, et non significatives, de l'un et l'autre système, qu'on peut considérer comme unités de deuxième articulation. Le système phonologique français, ensemble de phonèmes et oppositions distinctives, a évolué, évolue encore tandis que notre écriture est fondée sur l'alphabet latin à peine retouché (*cf. infra*, 7.1.3), dont l'emploi, longtemps libre ou relativement mobile, s'est figé depuis le dernier siècle. Les graphèmes ont leurs propres règles d'usage, en partie autonomes des règles phonologiques : l'usage du graphème « *m* » pour les voyelles nasales suivies de *m*, *b*, ou *p*, ne correspond plus aujourd'hui à aucune contrainte phonologique dans *bombe* ou *pompe*, comme le prouvent les graphies de *bonbon* ou *embonpoint*.

Au niveau morphologique, seconde différenciation : l'écriture française signale idéographiquement, puisque sans équivalence phonologique

un certain nombre d'oppositions paradigmatiques disparues de la prononciation : *chante, chantes, chantent* (*cf. infra*, 5.4.2.3., les formes personnelles
du verbe). Ces informations grammaticales ont été décrites comme
redondantes par Jean Dubois (1965) puisqu'elles doublent généralement
l'indice de personne donné par le pronom de conjugaison (*je, il, ils*) ;
l'économie du système écrit de la conjugaison française apparaît donc
comme redondante par rapport au système oral, qui ne répète l'information de personne que pour les deux premières personnes du pluriel :
/nuparlɔ̃/, /vuparle/. Cette redondance de l'écrit par rapport à l'oral est
presque de règle, (sauf des cas comme *il chante/ils chantent*), puisque le
nombre de marques morphologiques (de genre, de nombre) est toujours
plus élevé — ou au moins égal — à l'écrit qu'à l'oral.

Au niveau lexical, troisième différenciation : on retrouve la même
tendance de l'écrit à maintenir ou à multiplier les oppositions significatives que l'oral n'a jamais connues ou qu'il efface. Pour une même suite
phonologique /tã/ le français dispose de cinq graphies : *tant, taon(s),
temps, tend, tends.* Si les deux dernières distinguent les formes d'un même
paradigme (les formes personnelles du verbe *tendre*, au présent), ces deux
graphies sont elles-mêmes opposées à des homophones lexicalement distincts. L'écriture maintient certes ici une information « étymologique » :
temps de « *tempus* », *tant* de « *tantum* », *taon* de « *tabonem* ». Mais on peut
constater que l'écriture en prend à son aise avec d'autres termes relevant
d'un même étymon, dont l'orthographe est distincte : *conter* et *compter*
tous les deux de « *computare* », ou *dessein* et *dessin* dont les doublets
orthographiques n'ont été spécialisés qu'au XVIIIᵉ siècle. Le système
graphique, aussi bien au niveau lexical qu'au niveau grammatical, apparaît bien comme relativement autonome de la langue parlée.

Si l'on prétend que la syntaxe, au contraire, est commune à l'écrit
et à l'oral, c'est que l'on efface abusivement un certain nombre de traits
caractéristiques de chaque type de message. Alors que la cohésion syntaxique de la phrase orale est assurée par la continuité du débit, par l'ensemble des traits suprasegmentaux, par l'addition d'informations extra-
linguistiques (code gestuel, référence implicite à la situation de communication, etc.), la phrase écrite doit souvent essentiellement son unité à la
redondance des marques morphologiques, à la ponctuation qui est loin
de transcrire les pauses de l'énoncé parlé, à la distinction graphique des
homophones qui lèvent les ambiguïtés lexicales ou grammaticales. Ajoutons que la comparaison n'est jamais opérée qu'entre les phrases écrites
et les énoncés d'un français soutenu, sans tenir compte de la diverstié
syntaxique des réalisations orales, de leur caractère souvent segmenté,
inachevé, parfaitement incompréhensible sans référence à la situation de
communication.

Mais ces différences strictement linguistiques ne déterminent pas à
elles seules les caractéristiques propres à l'écrit et à l'oral. La fonction
sociale de l'écriture est tout aussi déterminante, dans notre système
graphique, que l'origine et la nature du matériau alphabétique ou l'économie de ses règles grammaticales et lexicales. Il ne fait aucun doute
que l'écriture française s'est formée sous l'influence des différents types
de discours qu'elle a dû véhiculer, à l'exclusion de certains autres. Le
latin est resté pendant assez longtemps la seule forme écrite utilisée par
la société française, pour ne plus demeurer que dans les discours parascien-

tifiques (de la médecine, par exemple) ou philosophiques. L'écriture française a pris peu à peu le relais dans les domaines littéraires, juridiques, administratifs, pédagogiques. Si le développement du français littéraire écrit a connu une relative liberté, la langue administrative et juridique a tendu ensuite à figer les formes écrites dans ses cadres réglementaires et traditionnels. Il a fallu cependant attendre l'extension de l'imprimé, la centralisation du pouvoir d'État sous l'Empire, la diffusion de l'enseignement pour que soit fixée la norme orthographique, sans considération pour l'évolution poursuivie de la langue orale. C'est ainsi que les usages les plus dynamiques de la langue française, dans ses marges qu'on dit « familières », « vulgaires », « dialectales » ou « populaires », ont été exclus des réalisations écrites, si l'on excepte les effets de couleur locale ou d'exotisme recherchés par les littérateurs, de Molière à Victor Hugo, de Vadé à Bruant, de Richepin à Queneau. L'usage vernaculaire du français écrit est constamment tenu en marge, considéré comme fautif, incorrect, et n'a jamais fait l'objet d'études suffisamment étendues, assez systématiques pour qu'on puisse en tenir compte.

Depuis quelques décennies pourtant, les observateurs de la langue française, pourvus de nouveaux moyens techniques d'enregistrement de l'oral, d'un nouvel appareil théorique, sollicités par les besoins de la pédagogie du français langue seconde, ont consacré leurs efforts à l'étude du parlé et clairement établi l'hétérogénéité des deux usages. Ils tentent de décrire les règles d'une grammaire délaissée jusque-là parce que trop mouvante, trop éloignée de la grammaire de l'écrit, trop contaminée par les usages familiers ou vulgaires, populaires ou argotiques. Cet intérêt pour l'oral, et la reconnaissance de sa spécificité, remonte d'ailleurs au développement de la description des parlers populaires dès le siècle dernier (*cf. supra*, 1.5.), mais surtout à l'essor des études de dialectologie dès 1880. Cette direction des études linguistiques depuis le début du siècle s'est accusée au point de privilégier l'aspect phonique du langage, quitte à repousser l'écriture hors du champ linguistique et à refuser comme le fait André Martinet d'y voir autre chose qu'un code de transcription de l'oral. Par contre, la grammaire traditionnelle et les manuels scolaires, conservent pour objet essentiel, la morphologie, ne reconnaissent finalement que le modèle écrit (*cf. infra*, 3.2., l'institution scolaire).

On constate chez les générativistes, issus de Chomsky, la même tendance à redonner à l'écrit une place prédominante, dans la mesure où la composante centrale de la grammaire devient la syntaxe, dans la mesure aussi où, abandonnant le point de vue essentiellement descriptif des post-saussuriens, le grammairien ne peut fonder son explication que sur des exemples stables c'est-à-dire, fondés dans la compétence d'un sujet idéal. Cette tendance est nette chez S.A. Schane (1968) qui dans *Morphophonologie du français*, prend en considération la forme écrite comme réalisant des éléments phonologiques latents à l'oral : la base phonologique de « petit camarade » comportant un /t/ : /pətit ≠ kamarad/, qui ne se réalise à l'oral que dans la liaison : /pətit ≠ ami/. On relève la prédominance de la forme écrite chez Schane, et la limitation des exemples aux phrases relevant de la norme officielle chez Kayne (*in* FM, 1, 1973) par exemple, (cf. *infra*, 5.6, l'interrogation).

Ainsi, l'orientation théorique des études linguistiques contemporaines privilégie un des aspects de la langue française et tend à constituer l'un de ces usages comme la base linguistique, dite langue ou compétence. Ce qui importe, c'est que soit reconnu l'hétérogénéité de la langue française et la relative autonomie qui distingue ces deux modalités : l'écrit et l'oral.

Relative autonomie, car on ne peut conclure à l'existence de deux langues strictement étrangères, indépendantes. Nous reparlons plus loin de l'influence de l'orthographe sur la prononciation (*cf. infra*, 4.7.) et aussi de la tendance de l'enseignement du français à constituer l'écrit comme modèle de la langue orale (*cf. infra*, 3.2.1). Mais, au-delà, il faut noter la formation d'un domaine intermédiaire, qui concerne moins l'orthographe que la syntaxe, où certaines réalisations orales reprennent les formes de l'écrit (*cf. infra*, 5.5.2, le passé simple) et où réciproquement, certains discours écrits empruntent des traits caractéristiques du parlé (multiplication des phrases segmentées) et même du parlé relâché (discontinuité de la syntaxe, emploi des appuis de discours, phrases inachevées). Cet usage, qu'on peut qualifier de scriptural, comme l'a proposé Peytard (*in* LF, 5, 1970), joue en quelque sorte un rôle de relais entre les deux langages, réduisant moins l'hétérogénéité qu'il ne la multiplie. L'imitation des formes parlées dans la littérature écrite et l'influence de l'écrit sur le discours oral sont anciennes ; mais on constate aujourd'hui une extension de ce domaine intermédiaire, assurée par la diffusion des messages oraux (cinéma parlant, disques, radio, télévision, etc.) conçus d'abord sous une forme écrite, mais en fonction même de leur réalisation à l'oral.

Ainsi se développe un courant d'échanges entre les deux « codes » par la voie de ces discours, écrits pour être lus ou représentés, parlés, fixés par les nouveaux moyens d'enregistrement, et largement diffusés. Ce phénomène, s'il n'est pas nouveau, s'accélère par le jeu des moyens de communication de masse.

2.2 LA LANGUE ET LES NOUVEAUX MOYENS DE COMMUNICATION

2.2.1 INTRODUCTION

Comme nous l'avons trop rapidement indiqué, la transformation des structures économiques, sociales, institutionnelles et idéologiques n'a pas été sans laisser de traces sur la langue et surtout sur ses usages, déplaçant la norme malgré les résistances, estompant certaines différenciations, en renforçant d'autres. Pour l'essentiel, ces transformations n'ont agi sur la langue qu'en modifiant les situations de communication où se trouvent engagés les membres de la communauté linguistique, en assurant les progrès du français officiel sur le territoire national par la généralisation et la « démocratisation » de l'enseignement et le développement des échanges institutionnalisés (centralisation administrative, rôle accru de l'État dans la vie économique et sociale, structuration politique de la nation par la naissance et la croissance des partis, syndicats, associations, etc.).

A cette évolution socio-économique correspond une accélération du progrès technique et scientifique, qui trouve aussi ses applications sur les moyens de la communication linguistique. Le développement des liaisons à distance (téléphone, téléscripteur, radiophonie, etc.), les nouvelles possibilités d'enregistrement de l'oral (rouleaux, disques, bandes magnétiques, cassettes, etc.) et de diffusion de l'écrit (machine à écrire, duplicateurs, photocopie, nouveaux moyens d'impression, etc.) ou de complexes audio-visuels (cinéma, télévision) ont permis l'apparition combinée de nouvelles situations de communication et la multiplication des échanges linguistiques.

Dans un mouvement inverse, certains types d'échanges ont reculé. L'introduction de la télévision et de la radio dans le cadre familial a réduit la masse des contacts interindividuels ou en petits groupes. La participation à des réjouissances collectives qui concouraient à la cohésion des petites communautés (famille, voisinage, village...) a régressé devant la consommation passive de spectacles.

Cependant la description des progrès techniques ne peut être conduite indépendamment de l'examen des facteurs socio-politiques qui régissent leur développement et leur application. Par exemple, le monopole d'État en France sur la radio-télévision tend à privilégier encore le rôle d'une langue officielle qui se modifie en raison même de son expansion. Le développement de la grande presse écrite, et la rapidité des transports ont favorisé la mainmise du capital financier et industriel sur l'ensemble des organes de presse nationaux et des journaux régionaux, et entraîné du même coup une récession relative de l'expression journalistique en parler local. Le phénomène de concentration, à Paris même, qui aboutit à la réduction du nombre de quotidiens de 1900 à 1970, redouble les effets de centralisme politique.

La complexité de cette évolution, l'intrication des facteurs concurrents, l'absence d'études approfondies, ne nous permettent pas d'évaluer précisément l'influence de ces nouvelles données sur la langue française et ses usages. Nous nous contenterons de relever quelques tendances de la langue qui semblent liées à ces transformations.

2.2.2 LE DÉVELOPPEMENT DE LA COMMUNICATION ORALE

L'apparition du téléphone et de la radio a permis d'étendre la diffusion à distance des messages oraux, alors que la télégraphie avait limité la transmission à l'expression écrite codée. Les liaisons à distance ont créé de nouvelles situations de communication. L'échange oral, hors situation, a provoqué l'apparition de nouveaux traits ou le développement de certaines tournures dans l'usage de la langue ; par exemple, l'insistance sur la fonction phatique du langage a provoqué la création (par emprunt) d'un outil lexical, le « allo » téléphonique. Plus profondément, la nécessité d'identifier dans le message oral même, les interlocuteurs, actifs ou passifs, a multiplié l'usage des référents situationnels (personnels, locaux, temporels) sous des formes empruntées à l'écrit (épistolaire en particulier) : « *mes chers auditeurs* », « *chers téléspectateurs et téléspectatrices* », ou sous des formes orales jusque-là peu usitées : « *Ici, X, qui vous parle de Y, pour vous faire assister, Mesdames et Messieurs, à... »*, « *C'est X qui vous appelle de... ».* Les formules de mise en relief (présentatifs), l'usage des adverbes de lieu, de temps, des déictiques, prennent une place importante dans ces messages oraux, lorsque le destinataire est privé de toute information extra-linguistique, et ne peut, dans les cas de diffusion collective, solliciter d'informations complémentaires.

Les améliorations techniques apportées au matériel d'enregistrement et de diffusion (allègement des appareils, miniaturisation, mobilité, sensibilité, etc.) imposent aux utilisateurs (radio-reporters, enquêteurs, etc.) un discours souvent à chaud, caractérisé par la discontinuité, l'émotion feinte ou réelle, etc. On ne peut ignorer le rôle idéologique de la participation fictive des auditeurs/spectateurs à l'événement. Sur le plan strictement linguistique, il faut retenir la diffusion massive d'un langage oral, narratif et descriptif, plus ou moins soutenu, plus ou moins relâché, sous l'influence des conditions d'enregistrement. Ne revenons pas sur les imprécations puristes, qui s'expriment à longueur de colonnes, dans les journaux ou les chroniques spécialisées, contre le français de la radio ou de la télévision. Cette réduction de l'écart entre français officiel et langage vernaculaire, l'emploi concurrent de formes soutenues et de termes ou tours, de prononciations, réputés familiers ou populaires, favorisent la généralisation et la transformation du français central dans l'ensemble de la communauté linguistique française. La passivité des consommateurs s'en trouve renforcée, ainsi que leur adhésion linguistique (et idéologique).

2.2.3 DÉVELOPPEMENT ET TRANSFORMATION DE L'ÉCRIT

Les besoins croissants de l'administration publique et privée ont stimulé la production de textes écrits (correspondances, circulaires, questionnaires, etc). Sténographie et dactylographie ont été les premiers moyens techniques de reproduction et de duplication des messages écrits (ou enregistrements écrits de l'oral) nécessaires aux échanges commerciaux, à l'organisation des relations entre appareils (publics et privés), entre appareils et individus. Un personnel spécialisé (sténo-dactylo) s'est créé en même temps qu'une nouvelle pratique de l'écriture, liée aux données techniques du code second (sténo) et de la frappe (dactylo), et aux caractéristiques particulières du texte dactylographié. Les pratiques écrites ont tendu à se standardiser, à se généraliser, empruntant certains traits à l'imprimé (marges, disposition...), d'autres à l'usage manuscrit. Par cette voie, se fixent et se multiplient les clichés propres au langage administratif ou les procédés d'abréviation et de siglaison déjà anciens dans la langue.

L'amélioration des moyens de duplication (polycopie, ronéotypie, photocopie, imprimerie légère, offset, etc.) ont assuré une diffusion accrue des productions écrites. Les administrations de l'État, des entreprises industrielles ou commerciales ont aujourd'hui à leur disposition des services de reproduction, leur permettant de multiplier les échanges écrits internes ou externes. C'est un facteur à ne pas négliger dans la généralisation d'un certain type de discours en français central.

Les techniques s'allégeant, on assiste à la multiplication parallèle d'une presse de petite diffusion, produite par des groupes restreints ou des personnes privées avec des visées de publicité, de propagande : prospectus, tracts, bulletins, journaux ronéotypés, etc., tendent à populariser des usages particuliers aux langages de la publicité ou de la politique. Les techniques de tirage et de reproduction de l'image ont permis l'apparition, ces dernières années, de revues de bandes dessinées à diffusion quasi confidentielle. Les enfants sont familiarisés, dès l'école, avec les procédés de reproduction (duplicateurs à alcool, sérigraphie, photocopie, imprimerie scolaire,...).

Le développement de l'affiche au XXe siècle a répandu un style particulier, marqué par la combinaison des procédés graphiques et typographiques. La redondance entre l'image et le texte écrit permet la mise en relief de certains éléments du message ou l'effacement de certains autres. La nominalisation (cf. infra, 5.3, le groupe nominal), la phrase segmentée, la phrase inachevée sont caractéristiques du style de l'affiche ; la transgression réelle ou apparente des règles orthographiques, par exemple, peut y être recherche d'effet, ainsi, l'annonce publicitaire d'un film d'Hitchcock : les Oiseaux arrive (le sens était : « le film [les Oiseaux] arrive », mais l'absence de guillemets pour le titre « Les Oiseaux » donnait l'impression que le verbe aurait dû être au pluriel).

Tenue d'abord pour un genre mineur, l'affiche a été intégrée par l'usage littéraire. Mallarmé, Apollinaire ont, de façon décisive, introduit les procédés typographiques dans le texte poétique. M. Butor, en 1962, transposant la techniques des collages, utilise les prospectus d'agence de voyage comme trame de Mobile ; et le procédé est déjà ancien. L'intégration de ces langages particuliers atteint là un degré supérieur, dans la mesure où le texte est continu, alors que les montages surréalistes ne dépassaient pas généralement la dimension de la phrase : slogans, proverbes... L'approfondissement et la systématisation des techniques de lancement des produits (commerciaux ou politiques) par des professionnels de la publicité ou de la propagande, le développement des supports de diffusion, mettent au service des organismes publics ou privés de puissants moyens de manipuler l'opinion par des discours spécifiques, qui ne sont pas sans agir sur la forme et l'usage de la langue.

2.2.4 LE DÉVELOPPEMENT DE L'AUDIO-VISUEL

L'invention du cinématographe a permis l'accession d'un nouveau public, d'abord urbain, puis provincial et rural, à des formes de spectacle jusque-là peu diffusées. Le texte linguistique du cinéma muet, réduit aux cartons, caractérisé par sa brièveté, souvent limité à l'indication des circonstances de l'action (lieu, moment, intention, etc.) s'apparente au langage de l'affiche par le rôle du titre, l'effacement (ou la redondance) des éléments plastiquement représentés. La forme écrite de ces messages, par ailleurs accessoires, ne leur a pas donné grande influence sur la communication ordinaire, le plus souvent orale, ni même sur l'écrit familier, puisque la lettre personnelle ne comporte pas de concurrence message écrit/message plastique.

L'apparition et le triomphe du cinéma parlant dans les années trente ont joué un rôle important dans la diffusion du français central. C'est qu'en effet les énoncés oraux intégrés dans le film sont en relation avec des situations fictives impliquant une grande diversité de protagonistes et l'adéquation relative des messages linguistiques aux personnages, aux cadres situationnels, en même temps que leur adaptation aux publics visés. Le théâtre filmé popularise plus ou moins des textes littéraires écrits dans leur réalisation orale, souvent soutenue. Le cinéma emprunte à la littérature écrite, au roman en particulier, où se multiplient les reconstructions orales (*cf.* la vague de cinéma populiste avant la dernière guerre). Le texte cinématographique tend à mimer (et non à reproduire) l'usage réel du langage dans ses différents registres, surtout le langage dit familier. Si les productions cinématographiques favorisent généralement l'expression linguistique des couches dominantes, la possibilité et même la nécessité pour le cinéma d'exploiter sa mobilité, sa liberté, entraînent l'intervention de personnages secondaires marqués par leur « situation inférieure » et la présence d'un usage linguistique relâché. Des rares discours paysans ou populaires du théâtre classique, caricaturaux et « déplacés » sur la scène où ils voisinent avec le langage « commun » des maîtres (de Molière à Marivaux) on passe, avec le cinéma, à des textes entiers, sans contrepartie, en langue familière ou même populaire. Cela ne tient pas seulement, il est vrai, à la souplesse technique des moyens cinématographiques, mais aussi à la modification des données socio-économiques et de leurs représentations idéologiques, qui tendent à masquer le caractère de classe de la société démocratique bourgeoise. Néanmoins, le cinéma a une place importante dans le rapprochement entre langue officielle et français vernaculaire.

Le succès de la télévision a accentué ce courant en diffusant plus largement encore les productions cinématographiques et, du même coup, les modèles linguistiques qu'elles véhiculent. En outre, la vocation de la télévision pour le « direct », les possibilités d'information « sur le vif » ont imposé un nouveau pas vers un usage plus relâché, plus familier du langage. Des traits phonétiques ou morphologiques (liaisons irrégulières, épenthèse de l'[oe] comme dans « match*e* nul », effacement des oppositions vocaliques sur le modèle parisien), syntaxiques (phrases inachevées, coordination ou subordination superflues, absences d'accord, etc.), lexicaux (multiplication des mots techniques, emplois abusifs, etc.), marquent le discours de la télévision et sont dénoncés par les puristes comme les signes du relâchement général de l'usage. Ces multiples transgressions de l'usage soutenu de la langue officielle ont suscité la création d'un comité de surveillance.

On ne peut en déduire cependant que le fossé se comble entre la langue officielle et les parlers français. Les notions de langue centrale ou de norme *linguistique* demeurent des fictions, dans la mesure où elles s'articulent sur les notions politiques ou idéologiques d'unité nationale, d'égalité sociale et de liberté individuelle. Leur rôle n'est pas seulement d'assurer la communication linguistique entre les membres « égaux » de la communauté nationale, mais aussi de véhiculer les valeurs de la société libérale et de fournir les critères d'une hiérarchie sociale à préserver. Les structures de l'appareil scolaire montrent bien la fonction essentielle jouée par la langue officielle dans les mécanismes de répression, d'intégration et de sélection, de notre démocratie.

2.3 LE FRANÇAIS LITTÉRAIRE

Peut-on parler aujourd'hui d'un « français littéraire » qui comporterait des traits définitoires suffisamment spécifiques pour faire pendant à ce que, pour le xviiie siècle, A. François (1959) appelait « la langue cultivée » ? Le présent chapitre ne pourra tenter sur ce vaste sujet qu'une mise au point provisoire et problématique, qui consistera surtout à *diviser* un champ de questions, plutôt qu'à fournir des réponses catégoriques. En effet, les facteurs qui permettraient de construire la notion de « français littéraire » (ou de lui contester toute espèce de validité) sont en pleine évolution et il est difficile, à cette frontière de la langue et des styles — ou des « écritures » —, de fixer un tout que caractérise surtout son mouvement. Au moins essaierons-nous de repérer le mieux possible la direction de celui-ci, que nous avons choisi délibérément d'appeler « mouvement » de préférence à « dynamique ». En effet, la question qui nous semble importante à poser dans ce chapitre est : si l'on peut parler d'un « français littéraire » au xxe siècle, faut-il considérer qu'il est en progrès ou en déclin par rapport à ce qu'on est convenu d'appeler le « français commun », ou par rapport à des registres spécialisés, scientifiques et techniques ?

Pour que notre question soit correctement posée, nous tenterons, malgré les difficultés de l'entreprise, de définir, même approximativement, l'objet dont nous prétendons traiter. Le français littéraire d'aujourd'hui est donc, pour nous, le français *écrit par les écrivains du XXe siècle* dans *certaines situations bien particulières de communication*, et qui *fonctionne comme une norme pour certaines institutions* et *certaines personnes occupant dans la société française une situation déterminée*.

Nous nous excusons de la lourdeur de cette définition dont nous allons maintenant expliquer brièvement les six termes-clés.

Le français littéraire est un français *écrit*. Ne peut-on objecter que la littérature radiophonique et télévisée est d'abord orale ? Pas plus, selon nous, que les textes dramatiques, qui sont toujours d'abord écrits et font d'ailleurs très fréquemment l'objet de publications antérieures, contemporaines ou postérieures à leur sortie au théâtre, à la radio ou à la télévision. Objection plus importante : ne peut-on penser que le français parlé par un écrivain ou un critique littéraire (ou toute personne ayant reçu une culture littéraire), lorsqu'il est interviewé à la radio ou à la télévision, est aussi, bien qu'oral et improvisé, du « français littéraire » ? Nous ne pouvons bien entendu ici que donner des hypothèses pour répondre à cette question qui mériterait une enquête approfondie. Après avoir écouté quelques émissions littéraires à la radio (« Le Masque et la Plume », de F. R. Bastide, « Un livre, des voix », de P. Sipriot), nous proposons de travailler sur l'hypothèse que le français oral des écrivains interviewés, ainsi que des responsables de ces émissions, est très fortement influencé par leur pratique de l'écrit et de l'écrit littéraire.

Le français littéraire que nous avons à étudier est-il seulement français *du XXe siècle* ? Tout le monde n'est pas de cet avis. Ainsi, l'équipe qui a réalisé le *Trésor de la langue française* a procédé, pour inventorier le lexique du français cultivé (qui comprend d'ailleurs aussi des éléments de français spécialisé), à une périodisation entièrement différente : les relevés de textes littéraires ont été effectués entre 1789 et 1960. Il n'est naturellement pas question pour nous de critiquer, ni dans sa conception ni dans sa réalisation, l'admirable travail que constitue ce monumental ouvrage, dont nous nous servons d'ailleurs constamment pour enseigner l'histoire du vocabulaire français, mais nous pensons malgré tout que l'image qu'il donne de celui-ci ne correspond pas à celle que les gens cultivés se font du français littéraire actuel. Par exemple, il est intéressant de constater que l'adjectif « abortif » au sens factitif (drogue, manœuvre « qui fait avorter ») est exemplifié par une citation de Proust : « la puissance abortive du froid... », parfaitement métaphorique, que deux colonnes entières sont consacrées aux mots « acagnarder » et « acagnardé » (exemples empruntés à A. Theuriet, Huysmans, R. Dorgelès, Colette), que l'on consacre une entrée au mot « achôcre » (citations de Chateaubriand, Barbey d'Aurevilly) dont Chateaubriand lui-même écrit : « Je ne sais pas ce que c'est qu'une tête d'achôcre, mais je la tiens pour effroyable .» Nous sommes très heureux de trouver tous ces renseignements dans le *Trésor de la langue française* ; nous voulons seulement signaler que l'image du français littéraire actuel donnée par cet ouvrage est beaucoup trop archaïsante et que celle que nous proposerions de construire se voudrait plus restrictive par rapport au passé et moins par rapport au présent : nous n'avons jamais lu sous la plume de R. Vailland, Malraux, P.H. Simon ou J. Kristeva, pour citer quelques écrivains ou critiques modernes, le terme « acagnarder ».

Le français littéraire n'est-il écrit et parlé que par des *écrivains* ? Non, bien sûr, si nous entendons exclusivement par là les membres de la Société des gens de lettres, du Syndicat national des auteurs et compositeurs ou de l'Union des écrivains. Oui, si nous étendons la définition du terme *écrivain* à toute personne ayant publié un livre ou même un article dans une revue littéraire, dans la chronique littéraire d'une revue ou d'un quotidien non littéraire. Ainsi, un enseignant qui aura rédigé un cours sur Kateb Yacine ou sur *Dom Juan* de Molière est-il un écrivain ? Nous pensons que oui, en raison des considérations suivantes : pour rédiger ce livre, cet article, pour faire ce cours, la personne considérée est pratiquement contrainte d'employer le français dit « littéraire ». Que se passe-t-il si elle ne le fait pas ? Ou bien nul (sauf quelques initiés) ne comprend le message (nous reviendrons sur cela un peu plus loin), ou bien l'effet produit est, si l'on peut dire, super-ou méta-littéraire : parler d'Agrippine et de Néron comme s'il s'agissait d'ouvriers de Bobigny, c'est un exercice de style, c'est du pastiche, c'est le nec plus ultra de l'intertextualité littéraire. On admettra donc que le français littéraire est écrit et parlé par les écrivains et assimilés.

Le français littéraire est-il limité à *certaines situations* ? Nous croyons que oui, sans exclusive absolue, bien entendu. Sans tomber dans un anecdotisme de mauvais goût, nous pouvons conjecturer que le registre phonologique ou graphique, syntaxique et lexical utilisé par tel ou tel écrivain est différent selon les séries de situations. Prenons quelques exemples ; dans les situations faisant intervenir un réseau relationnel large (public plus ou moins restreint) : livres, articles, lettres destinées à la publication, conférences, interventions dans des colloques, etc., le français aura tendance à être *plus* littéraire. Au contraire, dans les situations faisant intervenir un réseau relationnel étroit : entretiens familiaux ou amicaux, instructions données à l'employée de maison, coup de téléphone pendant lequel l'émetteur se trouve dans sa baignoire, altercation entre automobilistes, interjections monologuées dans le cas d'une situation de bricolage domestique, le français aura tendance à être *moins* littéraire. Cela signifie que la littérarité du français employé est liée étroitement au type de situation considéré et au type d'énoncé qui en résulte. Il découle de ce qui précède que le français littéraire est une sous-classe du français « surveillé » ou « contrôlé », ce que confirment aussi bien les analyses d'un poéticien comme Jakobson que celles d'un socio-linguiste comme Labov. Selon le premier en effet, la fonction poétique du message résulte de la focalisation sur sa forme, et selon le second, il faut, si l'on veut obtenir de bons exemples de langage « vernaculaire » (c'est-à-dire non contrôlé), que le locuteur testé cesse le plus possible de faire attention à la forme de son discours.

En écrivant que le français littéraire *fonctionne comme une norme pour certaines institutions*, nous voulons surtout parler de l'institution scolaire. Pour les enfants d'origine bourgeoise, il n'y a pas de contradiction entre la norme littéraire scolaire et celle qui leur est proposée par leur milieu culturel extra-scolaire. Au contraire, les enfants qui, à l'extérieur de l'école, se voient proposer, ou bien rien du tout, ou bien la para-littérature au sens péjoratif du terme (ciné-romans, romans-photos, feuilletons, romans d'espionnage, etc.), se trouvent-ils tout naturellement en difficulté. Nous pensons donc que la surestimation de la norme littéraire *actuelle* dans l'institution scolaire présente de graves inconvénients, et que l'école devrait pour cette raison valoriser d'autres normes, ou modèles. Mais nous ne pensons pas du tout qu'il faille renoncer à l'enseignement de la littérature.

Enfin, nous avons dit précédemment que le français littéraire fonctionne actuellement comme une norme non seulement pour certaines institutions, mais encore au profit de *certaines personnes occupant dans la société française une place bien déterminée*. Ces personnes sont définies par les critères suivants ; ce sont : 1° celles qui prennent plaisir à lire les textes littéraires ; 2ᵉ celles qui prennent plaisir à les écrire, ou bien à parler ou à écrire à leur sujet, dans un but de communication et d'échange. On peut dire que le premier groupe de personnes est défini uniquement par le critère de *plaisir*, parfois dévalorisé (et à notre sens indûment) par le terme métaphorique de « consommation ». Le second groupe est défini à la fois par le critère du *plaisir* éprouvé et du *travail* produit, que ce travail soit ou non rémunérateur. Nous faisons l'hypothèse que ces personnes sont en nombre très restreint dans notre société, et qu'elles y occupent sinon une place prépondérante (on sait qu'à l'intérieur de la classe dominante la culture littéraire est relativement dévaluée), tout au moins une place marginale à l'intérieur de la classe dominante. Nous croyons pouvoir dire que la connaissance au moins superficielle et le respect de la norme littéraire sont des conditions nécessaires, mais *non suffisantes* d'appartenance à cette classe. En effet, on ne remarque guère, à les lire ou à les écouter parler, que nos grands industriels, financiers ou hommes politiques, fassent des fautes de français, ou omettent de citer les classiques.

Le français littéraire a donc bien à nos yeux une certaine existence au moins en tant que norme sociale. Il nous faut maintenant nous demander sur quoi est fondée cette norme. Peut-on donner un statut spécifique au français littéraire, et, dans l'affirmative, comment le définir ?

Alors que dans son ouvrage sur le français au XVIIIᵉ siècle, J. P. Seguin pouvait parler de la langue post-classique comme d'une « koïné à dominante littéraire », on peut affirmer sans trop de scrupule que par rapport aux français scientifique, technique, publicitaire, le français littéraire, tel que nous l'avons défini plus haut, n'est plus quantitativement majoritaire. Certes, au Dépôt légal de 1970, la rubrique « Littérature générale » constitue encore 31 % de l'ensemble des dépôts (Cain, Escarpit et Martin, 1972). Mais le chiffre d'affaires de cette rubrique a diminué par rapport à celui de la décennie précédente, et il faut en outre tenir compte du fait qu'y sont aussi comptabilisés ce que nous avons appelé la para-littérature, l'histoire et la géographie. Il est cependant assez difficile de tenir compte de ces statistiques qui n'ont pas été établies de façon à mettre en valeur le statut différentiel du français littéraire, mais nous nous permettons d'y faire allusion, dans la pensée qu'il s'agit là d'un sujet fondamental pour la recherche tant littéraire que linguistique.

Si nous considérons maintenant le sort des organes de diffusion pouvant jouer un rôle privilégié dans la promotion du français littéraire, nous ne pouvons manquer d'être impressionnés par le nombre important de revues ou d'hebdomadaires littéraires qui ont disparu récemment : *Les Cahiers du Sud, Le Mercure de France, Les Lettres françaises, La Gazette littéraire de Lausanne, Le Figaro littéraire.* Nous nous apercevons également que les nouvelles revues littéraires de fondation récente s'orientent très rapidement vers des secteurs autrement spécialisés, notamment politiques ; c'est — en gros et avec des nuances selon les revues — le cas de *Tel Quel, Manteia, Promesse.* Les revues qui essaient de subsister en restant surtout littéraires ont des difficultés, ainsi *La Quinzaine littéraire.* En revanche, de plus en plus, les quotidiens ou hebdomadaires publient, à des périodicités diverses, mais assez fréquentes, des chroniques et articles de littérature : ainsi, « Le Monde des livres » (4 à 8 pages hebdomadaires du *Monde*) ou même certaines chroniques dans les journaux et hebdomadaires féminins. On peut se demander si cette double évolution est significative. Ne tendrait-elle pas à montrer que la littérature et par conséquent le français littéraire, tout en subsistant dans une certaine mesure, perdent une partie de leur spécificité ancienne ? Encore une fois, nous ne voulons ici que poser la question sans préjuger en aucune façon des réponses qui demanderaient des recherches et des enquêtes interdisciplinaires très approfondies. C'est seulement en tant que linguistes que nous allons essayer d'apporter quelques éléments sur un éventuel statut linguistique du français littéraire. D'abord, il faut lever une ambiguïté gênante. Il existe des vocabulaires de la dissertation, des manuels de commentaires de textes, des initiations au vocabulaire et à la pratique de la critique littéraire. On peut se demander s'il faut classer le type de français qui y est utilisé et enseigné sous la rubrique « technique » ou sous la rubrique « littéraire ». Bien qu'il existe des arguments pour et contre l'une et l'autre solution, nous choisissons de parler dans ce cas de « français littéraire » pour deux motifs :

1º Dans la plupart des revues de bibliographie française (notàmment la *Bibliographie de la France*, le *Bulletin critique du livre français*), les rubriques « critique littéraire » et « littérature » sont, sinon confondues, au moins voisines ;

2° la tendance de la littérature française moderne est à la « mise en abyme » et à la critique, sinon à la méta-critique. Il faut aujourd'hui très longtemps chercher pour trouver un écrivain français qui se soit abstenu de se critiquer lui-même ou de critiquer ses confrères.

Nous choisissons donc d'appeler français littéraire aussi bien le français technique de la critique que le français des écrivains et des écrits qui font l'objet de ladite critique. Pour formuler notre question en termes linguistiques, nous nous demanderons d'abord si le français que l'on appelle littéraire possède, par rapport aux français technique, scientifique, standard, un degré d'homogénéité que l'on puisse évaluer par rapport à des facteurs syntaxiques ou lexicaux. Ensuite nous chercherons si le statut de l'éventuel français littéraire est celui d'une sorte de moyenne d'idiolectes, celui d'un dialecte ou celui d'un ou de plusieurs sociolectes.

Il est bien évident qu'aujourd'hui le français littéraire ne se caractérise plus, comme au XVIIIe ou même encore au XIXe siècle par son intolérance syntaxique et lexicale. Alors que la langue littéraire post-classique proscrivait — dans le lexique — les mots « bas », les « jargons » spécialisés, et dans la syntaxe, les constructions fautives, régionales ou trop proches de l'oral, le français littéraire contemporain (qui est en avance par rapport à celui qui sert de norme scolaire) se définirait plutôt par son refus de tout exclusivisme.

On observera également que le français de la critique littéraire subit très fortement l'influence des langages scientifiques spécialisés (cf. notamment, Coquet, 1973). On dira certes qu'il en a été ainsi de tout temps, que Zola critique invoquait la biologie, Brunetière l'évolutionnisme et Renan « la » science tout court. Le français technique de nos critiques littéraires actuels — dont beaucoup sont, comme on l'a vu, des écrivains — est pourtant d'une autre espèce, même si quelques abus prétentieux tendent à le discréditer. Il témoigne, avec ses néologismes et ses formules parfois approximativement et hâtivement empruntées aux mathématiques, d'une recherche tendant à construire d'une façon plus autonome le champ du travail littéraire. On peut seulement se demander si, dans certains cas, la polarisation sur des questions de terminologie, alors qu'il s'agit, en littérature, non d'un discours mathématique abstrait, mais d'une pratique sociale, n'est pas de nature à contredire les projets révolutionnaires éloquemment brandis (cf. Kristeva, 1969).

Du point de vue du lexique, l'évolution du français littéraire nous semble donc se caractériser par une ouverture progressive. Ainsi, alors qu'au XVIIIe siècle, la langue poétique, avec ses périphrases et ses métaphores obligatoires, était presque une langue spécialisée, la révolution romantique, puis réaliste du XIXe, a simplement consisté à introduire le vocabulaire du français standard ; à vrai dire, si l'on trouve chez Victor Hugo : « J'ai dit au long fruit d'or : mais tu n'es qu'une poire », on y lit aussi l' « onde qui bout dans une urne trop pleine ». Au XXe siècle, on trouve aussi bien, dans la prose et la poésie, le vocabulaire noble que les mots « bas », le lexique commun que les termes techniques (pensons au *Chant du Styrène* et à la *Petite cosmogonie portative* de R. Queneau), les archaïsmes que les néologismes (N. Gueunier, *in* CL, 1967), les mots français que les emprunts.

Dans la syntaxe, on assiste à des phénomènes parallèles. Alors que l'on se préoccupe d'élaborer des grammaires élémentaires, à l'usage des traductrices automatiques ou des cadres scientifiques pressés (Salkoff, 1973), la syntaxe des textes littéraires développe au contraire un aspect ludique et contestataire de sa propre existence. Deux points sont surtout à remarquer :

— L'introduction du modèle codique oral dans la langue littéraire, à la suite de Céline et de Queneau. Il faut naturellement remarquer à ce sujet qu'il s'agit d'une oralité entièrement conventionnelle, fictive et ludique.
— Le développement d'un genre discursif caractérisé par l'apparence d'une certaine asyntaxie : le monologue intérieur, que certains font remonter à l'influence de E. Dujardin, d'autres à celle de J. Joyce, non sans faire intervenir le « courant de conscience » de Bergson et une pincée de psychanalyse (récit de rêve). Pour nous, cela importe peu, mais ce qui importe, c'est de bien voir le caractère hautement contrôlé, travaillé de cette apparente asyntaxie. On sait bien, par exemple, que les vrais récits de rêves sont généralement d'une syntaxe extrêmement rigide, en raison des effets de l'élaboration secondaire et de la rationalisation. Alors... les récits de rêves littéraires, surréalistes par exemple (R. Char, R. Desnos, M. Leiris), s'ils « détruisent » la syntaxe, c'est croyons-nous, parce que c'est elle qui les a construits. De même, lorsqu'on étudie des textes romanesques comme ceux de Robbe-Grillet *(Dans le labyrinthe)*, ou de C. Simon *(La route des Flandres)*, ce qui saute immédiatement aux yeux du linguiste, c'est que l'apparence de désordre, de désarticulation syntaxique est, au sens plein du terme, un « effet de l'art » et que le point de départ de cet art, c'est — toujours et uniquement de ce strict point de vue syntaxique — la syntaxe la plus classique.

Si nous développons ce point de vue, ce n'est nullement dans l'intention de minimiser la part d'originalité des écrivains ou de la littérature modernes. C'est au contraire pour montrer avec quel matériel elle travaille. Elle travaille avec le matériel qui lui a été fourni à l'école et à l'école secondaire, ainsi que dans et par les milieux de la bourgeoisie cultivée. C'est là que nos écrivains ont appris à aimer les dictionnaires et les mots français, étrangers, techniques, tabous ou nobles qu'ils utilisent, soit pour les promouvoir, soit pour les contester. C'est là qu'en faisant des versions latines et des analyses logiques, ils ont intériorisé les structures syntaxiques qu'ils actualisent ou « démolissent », mais toujours en les reproduisant.

Le français littéraire contemporain est caractérisé également par un trait qui ne lui est d'ailleurs pas propre et qu'on pourrait définir comme une tendance à la sortie de la représentation, ou encore une tendance au refus du figuratif. C'est, du point de vue sémantique, un phénomène parallèle à celui que l'on constate du point de vue syntaxique. Dans la littérature post-classique, romantique, réaliste et même symboliste, on s'attendait à ce que les mots, les phrases et les énoncés aient un sens, c'est-à-dire désignent un référent extra-textuel, texuel ou intertextuel. Il existe aujourd'hui des tendances littéraires qu'on pourrait, par métaphore, appeler autistiques, centrées uniquement sur les formes ou même les substances de leurs signifiants. Le lettrisme, les genres paragrammatiques *(cf.* Kristeva, 1969) en sont de bons exemples. Là encore le fait n'est pas isolé et on le retrouve dans les arts plastiques et musicaux. D'un point de vue linguistique, l'étude de ces genres est d'un très grand intérêt. Bien que nous ne puissions ici administrer de preuves, nous faisons l'hypothèse que la structure linguistique sous-jacente à ces types d'actualisations est très rigide et prégnante et que sa destruction, là encore, n'est qu'un effet fictif. Mais nous tenons à dire que nous n'accusons pas, ce faisant, les auteurs de supercherie. Bien au contraire, ce genre de réaction nous semble le comble de la niaiserie. Et nous pensons que si les auteurs et les lecteurs trouvent leur commun plaisir à la contestation — même apparente — de la culture et en particulier de la langue qui les a formés, il y a là un ensemble de faits qui mérite d'être observé et étudié avec la plus grande attention.

Après avoir évoqué les facteurs qui nous semblent constitutifs de l'évolution du français littéraire au XXe siècle, nous allons maintenant essayer de répondre avec les éléments ainsi rassemblés, à la question que nous avons posée plus haut : le français littéraire est-il un dialecte (ou régiolecte), une moyenne de différents idiolectes, ou un sociolecte ?

Écartons tout de suite la réponse : dialecte ou régiolecte. Nous avons tout de même tenu à la formuler car c'est dans son cadre que l'on devrait étudier les littératures de la francophonie, que nous préférons pour notre part appeler les littératures étrangères d'expression française, notamment les littératures maghrébines, africaines et malgaches, créoles, canadiennes. Nous ne pouvons naturellement ici qu'effleurer cette question. En effet, malgré l'essor de certains mouvements linguistiques et politiques régionaux, il faut bien dire qu'il n'existe en France métropolitaine, aucune tradition régionale qui puisse donner lieu à des effets linguistiques et littéraires comparables à ceux que produisent, en Italie par exemple, l'emploi des différents dialectes (napolitain, florentin, sicilien, bolonais) dans un livre comme L'affreux pastis de la rue des merles (C. E. Gadda, 1963).

Le français littéraire est-il alors assimilable à une moyenne des idiolectes de tous les écrivains du siècle considéré ? On sent bien qu'une telle solution n'est qu'une fausse fenêtre. Où est la moyenne entre Bernanos et Luc Étienne ? Sans parler de San Antonio, du R. P. Bruckberger et de S. de Beauvoir... Et nous avons déjà dit, plus haut, combien la notion du siècle pouvait être discutable dès lors que l'on s'occupe de périodisation littéraire. Même la notion de génération est bien insuffisante : entre un Bernanos, un Apollinaire, un Éluard, un Jarry, un Reverdy, tous nés entre 1880 et 1890, lesquels appartiennent en fait au XIXe et au XXe siècles ? De plus la réponse à la question varie également en fonction des genres textuels pratiqués par les écrivains dont on parle. Ainsi, on n'appréciera pas le traitement de la langue orale de la même façon, selon qu'il s'agit d'un genre dramatique ou d'un genre romanesque. Et même à l'intérieur de l'un des genres traditionnels, le théâtre par exemple, on s'exposerait à de sérieux déboires, si l'on s'avisait de comparer des énoncés comme : « O ma fiancée à travers les branches en fleur, salut ! » (Claudel, L'Annonce faite à Marie) et « Encore une journée divine. (...) Jésus-Christ Amen » (Beckett, Oh les beaux jours). La fausseté d'une telle comparaison ne vient pas seulement de ce que les dénotations et les connotations des deux énoncés ne sont pas les mêmes, du fait qu'ils sont artificiellement extraits de deux textes très différents et complètement étrangers l'un à l'autre. Elle vient du fait que les *usages* de la langue dramatique orale (d'ailleurs préalablement écrite, comme nous l'avons vu plus haut) n'assument pas la même fonction dans chacun des deux textes. On se rappelle en effet que chez Claudel la verbalisation, le souffle, matérialisés par le fameux verset étudié par G. Antoine dans *Les cinq grandes odes* (Antoine, 1959) jouent un rôle essentiel, alors que le décor (« un Moyen Age de convention ») n'est que du carton. Au contraire, dans *Oh les beaux jours*, on pourrait dire que c'est le corps et la voix des deux acteurs qui ne sont que du carton, et que seul est vivant — et mortel — le sable qui les recouvre et les enterre.

Ce n'est donc pas en cherchant de cette façon les marques linguistiques d'un éventuel français littéraire que l'on arrivera à connaître le statut de celui-ci. Nous pensons pour notre part que le statut du français littéraire actuel est bel et bien celui d'un sociolecte et d'un sociolecte bourgeois. Comment concilier cette hypothèse avec les observations précédemment alléguées, suivant lesquelles ce sociolecte se caractériserait par une large « tolérance » linguistique, une tendance, libérale et généreuse, à refuser toute exclusion fondée sur des critères explicitement sociolinguistiques ?[1]

Le français littéraire comme sociolecte assume une double fonction. Il est d'abord un « dialecte social » parce qu'il n'est écrit et lu en gros, et sauf exception, que par les représentants de la bourgeoisie. Seules en effet, en raison de leur éducation scolaire et extra-scolaire, les personnes issues de ce milieu ou celles qui s'y sont assimilées peuvent trouver du plaisir à produire ou à lire les textes écrits en français littéraire moderne. C'est également dans ce milieu que se recrutent les personnes qui admettent que la production et l'étude de textes littéraires est un travail. Cela n'est d'ailleurs pas obligatoire et l'on trouve fréquemment un rejet de la littérature et comme travail et comme plaisir chez des personnes de milieux « aisés », mais de formation scientifique ou technique. Ce rejet semble surtout dû à la faible rentabilité financière du travail littéraire par rapport aux activités commerciales, industrielles, etc. Mais, nous l'avons vu, même ceux des représentants de la bourgeoisie qui rejettent la littérature et l'usage du français littéraire, en sont pourtant imprégnés et ne la rejettent qu'après en avoir retiré un profit, accompagné ou non de plaisir. Pour eux, le français littéraire a fonctionné, au moins un temps, comme norme sociale *inclusive* : la dissertation littéraire du baccalauréat, de ce point de vue, ne joue-t-elle pas en un sens, et mutatis mutandis, le double rôle de clôture symbolique de l'enfance et de rite initiatique de passage à une autre phase de la vie, que l'on reconnaît à certaines cérémonies d'initiation dans les civilisations africaines, et à la communion « solennelle » dans la nôtre ? Pour les autres, c'est-à-dire ceux qui n'ont jamais accédé au réseau « secondaire-supérieur » (*cf.* Baudelot-Establet, 1971), le français littéraire fonctionne aussi comme norme, mais comme norme *exclusive* : dans les C.E.T, les élèves, même âgés de 16 ans comme leurs condisciples de seconde classique, ne liront pas Mallarmé, ne se verront pas proposer de sujets littéraires, ni d'exercices

---

1. N.B. : Il ne s'agit là que d'une tendance de l'évolution du français littéraire, étant bien entendu qu'il reste de nombreux auteurs et œuvres représentatifs du français littéraire du XIXᵉ siècle et que nous n'en traiterons pas.

où l'on apprend à manipuler la langue « pour le plaisir », comme les jeux poétiques issus du surréalisme (« le cadavre exquis ») ou bien, dans un genre plus classique, le pastiche ou même la simple imitation de textes, traditionnellement proposée dans les classes où l'on étudie les *Caractères et portraits* de La Bruyère.

Que l'on nous comprenne bien : nous ne demandons nullement que l'on aligne, sous prétexte de démocratie, les programmes littéraires des C.E.T. sur ceux des lycées. Et nous ne demanderons pas non plus l'inverse. Ce que nous trouverions pour notre part souhaitable, c'est que l'on reconnaisse nettement au français littéraire (avec les six traits définitoires que nous lui avons attribués au début de ce chapitre) le statut de sociolecte. Une fois cette étape franchie, et nous savons qu'elle n'est pas pour demain en France, nous voudrions que ce sociolecte cesse de servir de norme d'expression et de communication écrite et même orale comme il le fait encore actuellement — positivement ou négativement, ainsi que nous l'avons vu — dans la pratique scolaire. Nous souhaiterions que l'on reconnaisse à la littérature la double fonction de travail et de plaisir linguistique qu'une littérature véritablement populaire pourrait assumer *pour tous*. Aujourd'hui, la littérature d'avant-garde est savante, lettrée, byzantine même. Autistique, centrée sur son splendide passé, son présent problématique et son obscur avenir, elle est complètement coupée des masses et c'est pour cela que le français littéraire est un sociolecte bourgeois. C'est peut-être pour cela aussi, entre autres, que son chiffre d'affaires baisse et que bientôt nous ne lirons plus de romans. On s'en passera. Mais ce dont on ne se passera pas si facilement, c'est de plaisir, et précisément, dans le domaine linguistique, où tout usager de la langue française devrait pouvoir en prendre. Qu'est-ce à dire ? Eh bien, que le plaisir que les uns prennent aux calembours de l'almanach Vermot est de même nature, sinon de même forme, que le plaisir pris par les autres au pastiche de Racine, à la réécriture de *Finnegans Wake* ou au *Portrait de l'artiste en jeune* (et peut-être plutôt en vieux) *singe*. Tous deux peuvent se définir comme du plaisir littéraire. Dans son *Rabelais et la culture populaire au Moyen Age et à la Renaissance* (1970), Bakhtine a très bien montré cela. Chez Rabelais, la culture lettrée, ésotérique, fermée, existait certes, mais sans cesse confrontée et affrontée à une culture et à une langue accessible à tous. On ne pourrait en dire autant de l'œuvre, au demeurant fort passionnante, de P. Sollers et de la majorité des écrivains contemporains célèbres.

Nous nous sommes demandé au début de ce chapitre si le français littéraire était en déclin ou en progrès. Notre réponse — que nous savons discutable et que nous proposons à la discussion — est : en tant que sociolecte, il semble actuellement stationnaire. Il a certes perdu le bastion des sciences et des techniques, où il est battu en brèche par les langages symboliques et l'informatique. Mais il lui arrive aussi de gagner, par exemple sur le terrain toujours en expansion des genres textuels publicitaires. Sans doute peut-on expliquer le phénomène par le fait que la nouvelle génération de rédacteurs publicitaires a suivi quelques études littéraires ? Toujours est-il que l'on ne voit guère de publicité pour les voyages exotiques ou les parfums de luxe qui ne s'inspire des extraits les plus connus de la poésie baudelairienne. De plus, comme nous venons de le montrer, le français littéraire est, en tant que sociolecte, le fondement d'une norme sociale. Mais on peut se demander si, en tant que sociolecte *littéraire*, il n'est pas en régression. Régression quantitative en tout cas, comme on peut le penser en considérant la diminution du chiffre d'affaires du livre « littéraire », qui témoigne de la désaffection du public à son égard. Et sur ce point, l'histoire même du français ne devrait-elle pas inciter à la méditation les linguistes et les Français qui s'intéressent à l'évolution de leur langue ? Le latin était autrefois une langue vivante, orale et parlée par tout un peuple. Puis elle est devenue, à la faveur il est vrai d'importants bouleversements sociaux et géographiques, à la fois une langue de pouvoir, un sociolecte et une langue écrite. Nous savons la suite : après être longtemps restée une langue littéraire, puis sacrale, le latin est une langue morte. Mais quant à nous, nous pouvons vivre sans latin, et il est vraisemblable que nos descendants pourront eux aussi vivre sans « français littéraire ». Une telle évolution nuirait-elle à l'existence de la littérature ? On peut se demander si elle n'en favoriserait pas plutôt la renaissance.

3 LES FACTEURS INSTITUTIONNELS QUI INTERVIENNENT DANS LA DÉFINITION DU FRANÇAIS

Pour définir le français et pour nous prononcer sur l'épineuse question de son unité ou de sa diversité, nous avons fait jusqu'ici appel à des critères extra-linguistiques de type traditionnel (âge, géographie, milieu socio-professionnel), de type nouveau (changements de civilisation entraînés par l'évolution technologique). Reste une série de facteurs culturels fort importante, bien que de nature non technique : la langue est en effet l'objet d'un investissement affectif qui ne se traduit pas seulement au niveau individuel mais aussi en termes institutionnels : loin d'être un objet d'étude neutre, donnant lieu à des recherches sereines se déroulant dans un milieu aseptisé, elle est l'objet de prises de position et de polémiques violentes dans lesquelles interviennent des institutions, officielles ou non, spécialisées ou non dans ce domaine exclusif, mais qui lui consacrent toujours une part très importante de leur activité. Nous pouvons distinguer parmi elles deux catégories : les institutions non scolaires, et l'institution scolaire à laquelle nous consacrerons une étude relativement détaillée, en raison de l'importance du rôle qu'elle joue dans la définition et l'évolution du français.

3.1 LES INSTITUTIONS NON-SCOLAIRES

3.1.1 LE PURISME

3.1.1.1. Norme évaluative et norme prescriptive

Les énoncés appréciés comme corrects relèvent d'une norme objective qui, fixée par la structure socio-culturelle à un moment donné, n'a qu'une valeur relative (*cf. supra* 1.5). Cela signifie que des phrases telles : *je vais au coiffeur, j'en veux pas, c'est l'homme que je t'ai parlé*, appartiennent à la langue française. Elles sont effectivement émises et ne correspondent pas à des lapsus, au même titre que : *je vais à coiffeur*. Ces phrases relèvent du système de la langue dont la grammaire doit pouvoir énumérer toutes les suites acceptables pour les locuteurs natifs. Rejetées, elles dénotent l'appartenance à un milieu social. Selon les groupes sociaux considérés, on relèvera des variations plus ou moins importantes dans les réalisations du français ; certaines phrases familières à l'ouvrier parisien, pour différer de celles d'un membre de l'Académie française, n'en sont pas moins constitutives d'*une* norme objective du français. Que la plupart des locuteurs jugent la norme enseignée à l'école plus prestigieuse que les normes rejetées, n'empêche pas que les usages sociaux variés devraient être pris en charge par un modèle commun : *je vais chez le coiffeur* et *je vais au coiffeur* ne sont que des réalisations différentes du même système.

Il est certain que seule la pratique linguistique conforme à la norme officielle permet l'accès à l'enseignement long ; l'école ne peut actuellement reconnaître l'existence d'usages concurrents. « Le (...) Français n'a guère conscience (...) que l'écart creusé au fil des temps, entre la langue naturellement apprise dans la vie quotidienne et la langue normalisée, devient le symétrique de l'écart socio-culturel qui sépare l'individu favorisé de l'individu défavorisé — l'accès à la culture supposant l'accès à la langue normalisée, et inversement » (Genouvrier, *in* LF, 2, 1972). L'attitude normative ne se limite pas à prescrire les formes qui n'appartiennent pas à la norme sociale, mais elle porte sur elles un jugement évaluatif. Elle prétend qu'il n'existe qu'une réalisation correcte parmi celles possibles : *l'homme dont je t'ai parlé* serait la seule phrase recevable en français. Les catégories normatives et puristes tendent à se recouvrir ; à la pluralité des modèles d'énonciation et des usages, il est substitué une norme unique, confondue avec la langue. Entre diverses possibilités, une seule est choisie qui est nommée le bon français, le bon usage :

« La correction du langage s'harmonise naturellement avec celle de la tenue. L'une et l'autre sont de ces valeurs conventionnelles qu'on observe avec d'autant plus de soin qu'on se fait une idée plus haute de la politesse. Elles ornent l'homme partout où des gens de goût s'efforcent de donner un 'style' à la vie en société. Ce style change d'ailleurs avec les époques et les milieux. Les conventions du bon usage sont peut-être moins durables que celles de la bonne tenue ; mais, sous toutes les formes que la mode leur a successivement fait prendre, on les respecte sous peine de déchoir. » (Wagner et Pinchon, 1962.)

Cet avant-propos, à mi-chemin du lieu commun et des consignes à l'usage des étudiants, n'implique pas que les auteurs de la *Grammaire du français classique et moderne* soient des puristes : ils constatent l'étroitesse de la marge entre norme prescriptive et norme évaluative.

Le défenseur du bon usage s'appuie sur un parler qui marque un niveau social et qu'il perfectionne artificiellement pour en faire « un modèle sain », et combat tout ce qui s'en écarte. Tout autre est le point de vue des « dirigistes » qui acceptent l'hétérogénéité des usages : pour eux, le projet est de faciliter la communication. Les dirigistes proprement dits tiennent pour indispensable de contrôler les changements ou même d'en provoquer, tandis que d'autres affirment qu'il faut aller dans le sens de l'évolution.

Sur chaque problème particulier, l'*Encyclopédie du bon français* de Dupré (1972, 3 vol.) fournit une série de citations de lexicographes, de puristes et de grammairiens qui donnera une idée des raisonnements des théoriciens. Les « conclusions » présentées ensuite par cet ouvrage sont assez diverses d'un article à l'autre, et peuvent se ranger, suivant les cas, dans les trois tendances que nous venons de définir.

3.1.1.2. La continuité du discours puriste.

Les moyens d'action des puristes et dirigistes se sont développés, mais on ne peut qu'être surpris, à lire les chroniques de langage parues depuis 1900, de leur air de parenté. Dès la fin du XIXᵉ siècle, pour ne pas remonter plus avant, on a découvert que le français était en crise. « *La langue française, à présent, est comme saccagée* » (Deschanel, 1898). « *Notre langue nationale, si claire, si nuancée, si logique et si distinguée est en train de s'obscurcir, de s'épaissir, de se déformer et de se vulgariser* » (Vincent, 1910). Une enquête sur les résultats du baccalauréat, menée par P. Crouzet en 1906, concluait à la disparition de la connaissance d'une bonne langue ; on ne savait plus écrire, pas plus les candidats à l'Agrégation des lettres que les futurs licenciés. Plus près de nous, un éditorial de rentrée annonce que le « *combat va reprendre autour de la langue française, magnifique édifice, fruit d'un amour séculaire de la raison et de la beauté, que l'on veut maintenant démolir pour construire à sa place une Tour de Babel ' ultra-moderne '* » (DLF, 10, 1971).

Des observateurs mieux informés, prenant acte des changements réels, n'ont pas conclu à la dégénérescence de la langue française. En effet,

« Les sujets parlants ne ressentent que les secousses à fleur de sol ; ce qui frappe, ce sont les mots nouveaux, les emprunts aux idiomes étrangers, de menues particularités de syntaxe, des hardiesses de style ; voilà ce qui alarme et indigne, et quand la tempête fait déborder... le verre d'eau, on parle de crise du français. » (C. Bally, 1930.)

Plus récemment, G. Antoine (1958) remarquait dans une conférence que « l'historien, lecteur assidu des textes, peut du moins attester que chaque génération, depuis le début du XVIIIᵉ siècle, crie au massacre ou à la déchéance de notre ᵢdiome. A ce compte, il devrait être déjà mort une bonne dizaine de fois ! » Pour les uns, il est nécessaire de lutter contre les éléments corrupteurs, de les vaincre en rappelant les « vrais » principes, ou, pour les autres, sans céder sur l'essentiel, il est nécessaire de tenir compte des modifications qui s'opèrent. Nous distinguerons fortement le purisme du dirigisme, beaucoup plus sans doute qu'ils ne le sont dans les faits. Nous étudierons les interventions des puristes comme s'il s'agissait d'un seul texte, plus intéressés par les discours tenus à un moment donné que par leur auteur ; pour les écrits des dirigistes, nous nous attacherons au contraire à quelques auteurs qui nous ont paru représenter les diverses tendances exprimées depuis 1900.

3.1.1.3. Les tours critiqués

La plupart des tours critiqués aujourd'hui étaient déjà couramment employés il y a un siècle, — et condamnés. Les nouveaux venus sont surtout d'ordre lexical. Le défenseur de la langue française voit apparaître des formes qui diffèrent de celles relevées par Littré, des mots qui ont perdu peu à peu leur filiation par rapport au latin. Il se soucie rarement de ce que l'unité nouvelle ait été formée selon les principes qui règlent la transformation des mots en français ; pour lui, la langue ne présente aucun caractère systématique.

Notre objet n'est pas de réunir les tours litigieux et de comparer le contenu des listes, ni même d'expliquer en quoi ces tours se justifient ; ce travail a déjà été entrepris (Bengtsson, 1968, a dépouillé les chroniques de langage parues depuis 1937). Quelques phénomènes retiennent plus particulièrement les chroniqueurs depuis 1900. Nous citerons pour mémoire : le passage d'une construction à l'autre *(partir à / partir pour ; parler à / parler avec ; pallier / pallier à)* ; la « substantivite » ; l'accumulation des épithètes ; la tendance à utiliser *que* pour *où* et *dont, pas* pour la négation complète *(cf. infra,* 5.7.). La plus grande part des chroniques est cependant consacrée aux questions lexicales : les glissements de sens *(réticence* pour *hésitation),* la spécialisation des mots *(interrompre* pour *mettre fin)* ; les vocabulaires techniques et les emprunts *(cf. infra,* 6.4 et 6.5).

Plus que le relevé des tours, nous semble intéressant à commenter le discours tenu sur les causes des changements linguistiques, les jugements portés sur les faits de langue, les solutions proposées. Les implications idéologiques du discours des puristes sont évidemment trop complexes pour que nous puissions les examiner dans le détail *(cf.* sur ce point, A. Rey, *in* LF, 12, 1972).

3.1.1.4. Le changement

Il est peu de puristes pour nier la possibilité des changements, mais ils y voient une déformation, une atteinte au génie de la langue. La langue défendue est une langue fictive, la langue des pères, pure, parée de toutes les qualités, ensemble où chaque élément a sa place une fois pour toutes. Le français « ne peut survivre qu'au prix de sa stabilité absolue (...). Il y a *un seul* bon français qui reste, *à peu de choses près, celui de toujours* » (Thérive, *in Le Temps,* 4-7-1930, souligné par nous). Portée à son plus haut degré de perfection au siècle de Louis XIV, la langue française perdrait de son génie depuis le triomphe du romantisme ou depuis Littré, selon le moment où le chroniqueur écrit. Le vocabulaire polémique utilisé par les puristes recouvre une théorie de la langue qui a fait époque : la langue est assimilée à un organisme vivant « qui dépérit aussi facilement qu'il s'embellit » (Almanach Hachette, 1899). Partant, on ne s'étonnera pas de la fréquence des métaphores militaires et médicales dans les chroniques ; il s'agit de « soigner » un français qui « se meurt », de le « guérir », de le protéger des « microbes », des « infections », pour qu' « il se porte bien » ; il faut le garder des « massacreurs », prévenir « les crimes quotidiens », se battre « sur tous les fronts », faire en sorte que « le français ne recule pas », mener « la guerre aux anglicismes » et s'imposer pour toutes ces tâches « une discipline sans faille », etc.

Tout l'effort consiste à freiner l'évolution de la langue ; c'est que l'objectif n'est pas tant de défendre la langue française que des valeurs identifiées à elle. Maintenir la langue du passé, c'est « rester en communication avec la pensée de ceux qui nous ont précédés », ceux-là qui possédaient toutes les vertus morales absentes aujourd'hui. Une rubrique « Dites... Ne dites pas » *(Almanach Hachette,* 1899) portait en épigraphe une phrase de Viney : « Le respect de la langue est presque de la morale ».

« Les fautes contre la langue sont graves parce qu'elles portent témoignage d'une décadence des mœurs et de l'esprit public » (Georgin, 1951). Pour beaucoup, la langue aurait dû être fixée au XVIIIe siècle, incarnation à cette époque de la raison (Rivarol) et de la beauté (De Gourmont) ; le français, langue de la clarté et de l'équilibre : le thème reste inépuisable.

Divers facteurs interviennent qui expliquent l'abondance des fautes contre la langue. Le développement des sciences et des techniques paraît être le grand coupable. Les savants, aussi bien que les techniciens, sont des « jargonautes » qui créent des vocables « barbares », « laids », des « horreurs linguistiques ». Sous leur influence, c'est tout un « argot » qui se répand, « mal terrible », « gangrène » ; les changements de sens foisonnent, les néologismes se multiplient, et les images « contraires à la réalité concrète ». On argue en second lieu de la baisse de qualité de l'enseignement. Les instituteurs d'autrefois, recrutés dans chaque département, pratiquaient une langue « incorrecte, viciée de nombreux provincialismes ». Les nouveaux programmes de 1902 ont été violemment critiqués, parce qu'ils accordaient une place moins importante qu'auparavant au latin et au grec. Pour beaucoup, le ministère conduisait le français à sa ruine ; la parenté des littératures françaises et latines risquait de ne plus être sentie et l'on en viendrait à proposer Mallarmé en exemple. C'est que

« Nous parlons latin (...). Notre vers, notre prose littéraire sont latins, et seuls échappent à cette affirmation les différents jargons que les besoins de la science et de l'industrie nous ont imposés (...). Privée de ce soutien (le latin), la langue française redeviendrait assez rapidement un patois ; elle y est portée par ces origines mêmes, qui sont exclusivement populaires. » (De Gourmont, 1920.)

La dégénérescence prétendue de l'idiome a d'autres racines, celles-là plus difficiles à extirper :

« Le grand brassage des classes qu'a été la première guerre mondiale, puis, entre les deux guerres, le développement et la puissance de diffusion de la radio, dont les ondes répandent le langage le plus impropre et le plus prétentieusement maladroit, la surproduction littéraire, l'abaissement du niveau moyen des classes dites dirigeantes et des milieux politiques, enfin la « drôle de guerre » et ses suites, tout a contribué à accentuer (le) fléchissement. » (Georgin, 1951.)

Ce qui apparaît n'est pas seulement un refus des changements en langue, mais aussi du temps historique, de l'évolution de la société. Les puristes les plus intransigeants n'acceptent pas même la sanction de l'usage : PAS est utilisé de plus en plus non pour renforcer NE, mais pour nier toute une expression (cf. infra, 5.7., la négation) ; évolution explicable que le puriste déclare irrecevable :

« Je ne reconnais pas à l'usage le pouvoir de se sanctionner lui-même. C'est à l'Académie de sanctionner l'usage, en vertu non pas d'une doctrine linguistique, mais d'une tradition nationale (...). Il ne s'agit pas de changer l'usage mais, au contraire, de revenir à l'ancien, à celui de la belle époque de la langue, en annulant un changement fâcheux. » (DLF, no 25, souligné par nous)

Au refus de tout changement s'allie un nationalisme exigeant ; *la langue française est une patrie :* c'est là une des formules constantes du discours puriste.

3.1.1.5. Le nationalisme linguistique.

Les causes socio-économiques de l'emprunt sont plus souvent analysées aujourd'hui qu'en 1900. Mais on dénonce toujours volontiers la paresse des locuteurs, le snobisme, qui pousseraient à adopter sans discernement des termes anglo-saxons. Faute d'estimer l'importance des emprunts, les auteurs bâtissent des listes où les mots qui n'ont· apparu qu'une fois dans un texte sont mis sur le même plan que les emprunts réels (Étiemble, 1964). Au début du siècle, on accusait la « science chimique allemande moderne » d'exporter sa terminologie dans les textes scientifiques français. Dans le discours puriste, l'image du viol était souvent présente : « Un peuple qui laisse envahir son idiome subit déjà l'humiliation de la passivité, la honte de ses frontières ouvertes. » (Thérive, 1923). Accepter d'utiliser un mot d'origine étrangère, c'était faire la preuve que l'on perdait la conscience de la patrie. Une *Société nationale pour la défense du génie français* fut même fondée en 1911 pour se consacrer à la « défense du génie français et de. la tradition nationale contre les influences qui pourraient les altérer ». Composée surtout de généraux et d'amiraux (*dixit* Thérive), la société voulait défendre la langue contre l'introduction de mots étrangers « qui font tomber en désuétude des mots de vieille souche française ».

Ce qui n'entre pas dans le patrimoine national prend allure d'agression ; ce n'est plus le vocable allemand, le calque de l'anglais, qui sont rejetés, mais tout ce qui est au-delà des frontières. Le nationalisme devient xénophobie : « Si l'on remonte au symbolisme et si l'on examine les diverses extravagances (littéraires) des dernières années, ce sont des *étrangers* qui souvent mènent le cœur (sic) » (Thérive, 1923, souligné par nous). Ne pas respecter les règles du bon usage, c'est pratiquer le sabir, le baragouin, le charabia, c'est parler le chinois, le petit nègre, l'hébreu, c'est introduire le fragnol, le franglais.

Nationalisme exigeant : les positions de la France sur la scène internationale étaient à défendre ; elles le sont toujours et l'expansion d'une langue s'effectue contre d'autres langues. Certains auteurs du début du siècle dénonçaient dans le cubisme littéraire une idée allemande et la volonté de créer un style traduisible immédiatement dans tous les idiomes européens. La langue française perdait son unité et ses caractères spécifiques. Les mêmes chroniqueurs vantaient l'universalité de la langue française, quand il s'agissait d'assurer la présence économique de la France dans les colonies. On entend toujours parler du français comme de LA langue de la clarté, de la précision et de la variété ; la défense et l'expansion de la langue sont des thèmes liés ; en décembre 1965, le Président du Conseil, évoquant Rivarol, a créé un Haut Comité qui a pour but de répandre dans le monde une langue « pure », mais la référence au XVIIIᵉ siècle est-elle plus qu'un masque ? « L'universalité de la langue française, écrit un défenseur de la francophonie, doit être interprétée comme le résultat d'une exigence d'universalité caractéristique du siècle des Lumières » ; le XVIIIᵉ siècle adopte « pour l'usage international, la langue qui jouit *en fait* de la diffusion la plus large » (Gusdorf, 1971). Or la puissance politique est à tout le moins partagée, depuis longtemps, par d'autres pays et la situation de la francophonie a quelque peu changé depuis le siècle des Lumières. En réponse à ces changements, le nationalisme linguistique des puristes revêt des formes violentes. Il explique, ainsi que son corollaire, l'utopie d'une langue unifiée et hégémonique, le ton polémique de bien des écrits. Ajoutons que, pour le puriste, l'étranger n'est pas seulement celui qui est au-delà des frontières.

3.1.1.6. Purisme et enseignement

Le bon usage ne peut être que le fait d'une élite, « subtile connivence faite de mille et un mots de passe qui permet aux écrivains authentiques de se reconnaître et de se distinguer » (Desonay, 1964).

Le puriste ne se préoccupe pas de la variété des situations linguistiques ; le tour employé est correct ou incorrect ; on feint de croire que tout locuteur a la possibilité de choisir à tout moment entre les différents usages.

Les implications sociales du jugement porté sur la langue apparaissaient peut-être plus nettement au début du siècle qu'aujourd'hui. L'enseignement obligatoire était un acquis récent et l'on pouvait accuser l'école, — et même la forme de gouvernement qui l'avait mise en place —, d'être responsable de tous les maux : « Par une vulgarisation superficielle de la culture, (l'extension de l'instruction) a nivelé en l'abaissant la qualité de ce qui se dit et s'écrit » (Thérive, 1923). Cette prétendue dégradation justifiait les mises en garde, la publication des « Ne dites pas, mais dites », la multiplication au cours du siècle des chroniques qui tentent à grands frais de maintenir ce qui peut l'être. Ouvrir les écoles au grand nombre, c'était introduire un facteur de déséquilibre pour la langue : le peuple, disent les puristes, parle mais ignore la beauté et la complexité de l'outil qu'il utilise, trop subtil pour lui ;

« Ce sont (la clarté et la précision) qui avaient fait du français la langue diplomatique. La langue parlée, c'est la langue de la foule, souvent ignorante, superficielle et irréfléchie. Si la loi du nombre triomphait, le français s'en irait à vau-l'eau. Une langue de culture et de vieille civilisation comme la nôtre, qui a derrière elle tout un passé glorieux de chefs-d'œuvre littéraires, se doit de lutter contre l'invasion de la barbarie, contre le flot des incorrections, des déformations, des contresens qui finiraient par la submerger. » (Georgin, 1951)

La démocratisation relative de l'enseignement a obligé à des réformes ; c'est sans doute contre ces adaptations successives de l'appareil scolaire que la violence verbale atteint son paroxysme. L'Arrêté du Ministre de l'Instruction publique Leygues (1901) proposait quelques tolérances, quant à l'accord du participe passé. On avait alors prétendu que « supprimer des subtilités de notre langue » n'avait pour but que d' « en rendre l'étude plus facile aux étrangers ; (...) la germanisation du français ne pourrait sans doute que plaire à Dreyfus, Reinach et autres illustres francmaçons » ; l'auteur en appelait pour venger notre belle langue à « l'Académie française, gardienne-née de notre patrimoine intellectuel ».

Récemment, la publication du « Plan Rouchette » a suscité des réactions puristes qui ne le cèdent en rien par leur violence aux textes cités. Faute de pouvoir s'en prendre aux juifs, on assure que la réforme est due à une Commission « composée de bons staliniens ». L'ensemble des propositions du Plan ne peut avoir pour but que de « préparer la dissolution de la langue française ». Constater, après Piaget et tant d'autres, que la maîtrise de l'écrit (lecture et écriture) ne peut être assurée sans une maîtrise de la langue parlée, et en tirer les conséquences, c'est tout bonnement signifier « la mort du français » ; dans peu de temps, affirme sans rire P. Gaxotte (*in Le Figaro*, 31-10-1970), « il ne restera plus à parler qu'anglais ou russe ».

3.1.1.7. L'influence des puristes

La défense de la langue, nous l'avons dit, implique une certaine idée du bon usage qui est le français « des meilleurs prosateurs d'aujourd'hui qui respectent les traditions d'honnêteté et de clarté du français » (Georgin, 1951). Les prises de position, au fil des chroniques, mais aussi par le biais d'associations, ne sont pas sans effet sur l'usage du français. Les milieux puristes contribuèrent à empêcher les diverses réformes de l'orthographe d'aboutir. Proclamant la responsabilité des usagers vis-à-vis du passé littéraire de l'Occident tout entier, ils freinent autant qu'ils le peuvent toute modification des contenus de l'enseignement. Ils préconisent, — pour une élite au moins —, la connaissance du latin ; la tradition classique, « c'est l'honneur de notre race, quel que soit le régime politique, quelle que soit la forme sociale sous laquelle nous vivons » (*Manifeste de la ligue pour la culture française*, cité *in* Dauzat, 1912). La langue est considérée comme une fin, et non comme un moyen de communication.

« Les Français n'osent plus parler leur langue parce que des générations de grammairiens, professionnels et amateurs, en ont fait un domaine parsemé d'embûches et d'interdits. Dans un monde qui change à un rythme chaque jour accéléré, les Français, comme tous les humains, ont sans cesse besoin de nouveaux mots et de nouveaux tours. Or, on les a dressés à obéir, à respecter le précédent, à n'innover en rien ; ils n'osent pas forger un mot composé, utiliser librement un suffixe de dérivation, procéder à des combinaisons inattendues. » (Martinet, 1969).

Les puristes se déclarent gens de goût et non hommes de science ; une longue tradition veut que pour eux les philologues et les linguistes soient des démocrates et des démagogues. L'un d'eux recommandait de « prendre les œuvres des philologues et (de) s'asseoir dessus pour lire Abel Hermant » (Thérive, 1923). Condamnant les discours qui ne respectent pas la norme fictive établie par eux, les puristes se sont toujours fiés à leur culture pour juger de l'acceptabilité d'une tournure : « *S'ennuyer de*, plus correct que *s'ennuyer après*, ne me choque pas, non plus que : *le jour que*, tour autorisé par les meilleurs écrivains du passé » (*DLF*, 3, 1970).

Pour les linguistes, les usages différents apparaissent comme des déplacements à l'intérieur d'un système, comme des moments d'une évolution. Des formes peuvent s'écarter du bon usage sans être jugées fautives ; la langue a pour fonction essentielle de servir à la communication. Ce n'est donc pas la phrase de l'écrivain qui sera l'objet d'étude principal.

3.1.2 LE DIRIGISME

Les ouvrages des dirigistes sont contemporains des campagnes menées contre l'enseignement obligatoire par les puristes conservateurs ; ils sont parfois même publiés pour balancer l'influence des « Ne dites pas, mais dites... » qui pullulent à la fin du XIXe siècle. Les dirigistes, sans négliger les aspects esthétiques du langage, ne fondent pas leurs remarques sur le bon goût et les seuls textes des écrivains. Quand ils ne sont pas linguistes eux-mêmes, ils citent leurs sources ; Bollack, militant pour une langue universelle, renvoie à Darmesteter *(La vie des mots)*, Bréal *(La sémantique)* ou Whitney *(The science of language)*. Un F. Brunot, H. Yvon, A. Sauvageot, spécialiste des langues finno-ougriennes, M. Cohen l'élève de Meillet, représentent les diverses tendances du dirigisme français.

Les dirigistes préconisent tous des moyens pour orienter l'évolution ; les uns proposent d'aller au-devant du changement (Bollack), les autres recommandent de privilégier le parlé et de supprimer ce qui freine l'unification de la langue, — l'orthographe, les formes archaïques —, (M. Cohen), d'autres, plus nombreux, entendent, grâce à une action cohérente, diriger le mouvement de façon conforme selon eux aux tendances générales qui ont guidé l'histoire de la langue (F. Brunot, A. Sauvageot). C'est sans doute résumer bien sommairement les diverses attitudes dirigistes ; R. Le Bidois, par exemple, prétendait se « tenir à mi-chemin entre un purisme intransigeant et vétilleux, qui s'oppose à toutes les innovations, et le libéralisme, prétendument scientifique, qui autorise toutes les licences langagières ». C'est qu'il voyait dans la langue non seulement « un moyen d'expression et un instrument de communication, mais un héritage à protéger contre les ennemis de l'intérieur et de l'extérieur, un patrimoine à conserver précieusement et à transmettre aux générations futures ». Pour rendre compte de cette diversité relative des points de vue, nous décrirons quelques thèmes du dirigisme en nous référant à ses représentants les plus notables.

3.1.2.1. Les changements

Bollack, en s'appuyant sur les travaux linguistiques contemporains, en accumulant les observations, essaie de prédire « quelle sera la contexture de la langue française » en l'an 2003. Selon lui, le combat entre les principes conservateurs et les éléments novateurs produit une « résultante », dont l'examen autorise que l'on dessine l'évolution probable du français. Les langues, loin de connaître une dégradation progressive, — thème cher aux puristes, repris à une des théories du langage du XVIIIe siècle —, deviennent des instruments de plus en plus précis. Bollack cite Humboldt pour défendre l'idée qu'un objet n'a pas besoin d'être dénommé par des mots polysyllabiques, si les monosyllabes suffisent à nos besoins.

Les points de départ de Sauvageot sont un peu différents. Il faut se mettre à l'écoute des usagers, accumuler les observations, confronter les données ; l'étude scientifique des faits du langage autorise le spécialiste à dégager des tendances, à prévoir les grandes lignes de l'évolution du français. Le brassage de la population, l'influence des moyens audiovisuels, conduisent peu à peu à la perte de traits importants de la structure du français qui devient « une langue commune et non plus un idiome dominé par une élite » (1962). L'enquête qui a abouti à la publication du *Français fondamental* présupposait cette homogénéité relative de la langue. Les principes de M. Cohen ne sont pas très éloignés de ceux de Sauvageot, si les conclusions diffèrent comme en témoigne la publication du *Français élémentaire ? Non* (1955). Pour Cohen, le spécialiste doit étudier « la grammaire de tout le monde », en rassemblant beaucoup d'exemples pour les classer et les comparer ; il s'attache aux « petits phénomènes isolés », « aux détails de langue ». Il ne privilégie pas les textes littéraires, mais « les documents du parlé, sous la forme orale et sous la forme écrite des lettres, des notations du type journal et mémoires » (1954). Grâce à ces travaux patients, ces observations tolérantes, on peut discerner le sens des évolutions en cours et agir en accord avec les grands changements.

Si la langue évolue, c'est que le langage est avant tout un instrument de communication, « produit d'un lent devenir » (Schleicher, cité par Bollack). La langue subit la loi du moindre effort mais non parce que les locuteurs seraient paresseux ; on parle pour communiquer une information à autrui et *métro* est aussi compréhensible que l'entier *métropolitain*. Les abréviations, courantes dans la langue orale, ne sont qu'un aspect particulier de la tendance générale à l'économie ; les sigles indiquent « nettement » l'évolution racourcissante : si l'on nous demande : « Par quelle ligne partez-vous en voyage ? », nous n'aurons pas la moindre hésitation à répondre : « Par le péelèm » (Bollack, 1903). La « force de la logique » intervient pour que les exceptions tombent en désuétude : le nombre de la plupart des substantifs est marqué par la présence d'un prédéterminant, rien n'empêche, selon Bollack, que les pluriels du type « les chevaux » soient rapportés au type général et deviennent « les chevals ».

Ces principes sont à quelques nuances près ceux des dirigistes contemporains. L'évolution anarchique de la langue entraîne cependant, pour Sauvageot, des pertes dommageables : le futur formé avec « aller + infinitif » se substituera bientôt au futur simple ; l'emploi des prédéterminants, pour exprimer la notion de nombre se développera ; on usera de plus en plus de synonymes, de vocables empruntés, etc.

« Le résultat de tous ces développements sera que la langue commune deviendra de plus en plus incohérente, morcelée qu'elle sera en éléments d'origines diverses, plus ou moins adaptés ou acclimatés. Les masses éprouveront une difficulté accrue à s'en servir correctement. » (1962)

Selon M. Cohen, les censeurs tentent de maintenir ce qu'ils s'imaginent être des positions acquises, quand ils ne font que défendre la langue littéraire. Il faut comprendre que les usagers de la langue française ne sont plus aujourd'hui les mêmes qu'au XVIIᵉ siècle, que l'idiome est utilisé sur l'ensemble du territoire et dans de nombreux pays d'outre-mer. L'unification linguistique en France, achevée au XXᵉ siècle, exige que l'on fasse du français une langue adaptée aux besoins de tous les usagers.

3.1.2.2. Les recommandations

Bollack dresse la liste des « simplifications qu'il convient d'introduire, aussi bien dans la grammaire que le vocabulaire, pour que notre idiome devienne un langage à la fois « plus praticable et plus pratique ». Nous ne nous attarderons pas aux corrections proposées ; bien que Bollack ait été guidé par la notion d'économie, il était trop éloigné de considérer la langue comme un système et a seulement fait œuvre de fiction.

Dans son cours de méthodologie (1908-1909) professé à la Faculté des lettres de Paris, F. Brunot propose des modifications dans l'enseignement du français à l'école primaire, intéressant notre propos. Il faut modifier la description du français et abandonner les « définitions prétentieuses et néanmoins le plus souvent vides, (les) énumérations indigestes », fonder l'enseignement du français sur une connaissance précise du parlé et de l'écrit, enfin savoir retrancher l'accessoire pour sauver l'essentiel :

« Si on venait à dire : *Je pars à la campagne*, ou *Je sors de le voir*, le mal serait moins grand que d'autres qui nous menacent. Pendant qu'on s'attarde à de si insignifiants détails, les barbares sont à nos portes ; l'argot, cent jargons des métiers ou des sports, des façons de parler populacières s'implantent et se généralisent. »

Ce souci de sauvegarde est aussi celui de Sauvageot. Il faut « éliminer ce qui représente une complication superflue et donner par ailleurs la préférence aux procédés d'expression les plus courts, les plus rapides, ceux aussi qui permettent les communications les plus nombreuses en même temps que les plus simples » (1962). Des formes et des valeurs sont à peu près abandonnées, par exemple l'imparfait du subjonctif, et vouloir les perpétuer, c'est obliger les usagers à effectuer des acrobaties, sans profit pour la transmission des informations. P. Guiraud (1958) fait des remarques identiques à propos de formes désuètes :

« Il n'est évidemment pas possible de songer à abaisser la règle au niveau de la masse ; mais il semble que le grammairien doive freiner la prolifération des constructions qui, encore que grammaticalement justifiables ne sont point nécessaires et encombrent inutilement la langue. Qu'avons-nous à faire d'une forme sur laquelle l'Académie, la Sorbonne et la Littérature n'arrivent pas à se mettre d'accord ? »

Mais accepter l'évolution, pour Sauvageot et d'autres dirigistes, n'est pas accueillir toutes les innovations, bien au contraire. « Le dirigisme ne se soucie pas d'interdire ou de conserver à tout prix, mais il veut discerner ce qu'il est utile de conserver et ce qu'il convient d'innover » (*in* VL nᵒ 85). Il est nécessaire de s'imposer un contrôle de tous les instants pour freiner l'évolution, de telle sorte qu'au moins une partie des changements s'accomplissent « dans des directions connues et admises ». On limitera par exemple l'entrée des vocables étrangers : seuls seront acceptés ceux qui expriment une notion inconnue en français et qu'aucun mot autochtone ne pourra nommer ; l'aire d'emploi du subjonctif ira en s'amenuisant : pour préserver des formes utiles, le subjonctif présent pourrait traduire la subjectivité d'une assertion. Une action consciente, justifiée linguistiquement pour Sauvageot, ne peut être l'œuvre d'individus. « Ce sont les usagers les plus importants (!) et les plus qualifiés (!)

qui donnent le ton », mais, seule une intervention de l'État apporterait à l'entreprise sa valeur, puisque l'État organise l'enseignement. Sauvageot souhaitait la création d'un Institut d'étude de la langue française, d'une Maison de la langue française, « où serait rassemblée toute la documentation concernant notre idiome ».

Les recommandations de M. Cohen sont d'un autre ordre. Il faut modifier le contenu des grammaires et des dictionnaires qui ne rendent pas compte de l'usage. Ce travail empêcherait que l'enseignement fixe « un français distingué, digne de la classe dirigeante, qui bénéficie du maximum d'instruction » (1954), permettrait de réduire l'écart entre l'écrit et le parlé. Si l'on dirigeait l'enseignement dans le bon sens, « la déviation momentanée de l'évolution disparaîtrait sans doute d'elle-même en peu de temps » (1954). Par exemple, les liaisons ont été imposées par l'école au XIXe siècle, mais « la non-liaison a subsisté dans la prononciation populaire ». On peut sacrifier toutes les subtilités et généraliser ce qui n'est que tolérance, ainsi une forme telle : « Malgré qu'il était très fort, il était de caractère doux ». Ces modifications requièrent une prise de conscience collective : la langue est « chose publique » et chacun doit prendre ses responsabilités. M. Cohen applique, quant à lui, les tolérances de l'Arrêté de 1901 et n'use pas du subjonctif imparfait : « Nous devons chacun, en raison de ce que nous savons et percevons, nous faire aussi consciemment que possible une règle de conduite (qui peut avoir toutes sortes de souplesses). »

Le projet des dirigistes, rendre la langue « meilleure », est lié à des motifs extra-linguistiques. Les puristes condamnent toute innovation pour que soit préservée dans un monde changeant une langue « pure ». Les dirigistes, eux, veulent aider à l'évolution du français pour qu'il se répande. Pour eux, le nationalisme ne conduit pas à isoler la France mais à faire en sorte qu'elle soit présente partout. La concurrence des autres langues vivantes — l'anglais et l'allemand en 1900 — exige, selon Bollack, que l'on se hâte de devancer l'histoire, sinon « si nous n'y prenons garde, c'est un Sedan nouveau, aux conséquences plus funestes encore, qui se prépare pour nous » (1903). C'est aussi le seul moyen de répandre le français dans les provinces où l'enfant ne parle qu'une langue étrangère (flamand, breton) ou un dialecte roman. Brunot et Sauvageot évoquent le monde francophone dans son ensemble ; Cohen (1955) ne néglige pas les territoires coloniaux, mais insiste plus souvent sur l'expansion intérieure de la langue : la classe ouvrière doit pouvoir s'exprimer sans gêne dans sa langue, le français.

3.1.3 LES ORGANISMES

Nous rapporterons l'activité d'organisations qui se sont donné pour tâche de défendre la norme et (ou) de diriger l'évolution de la langue. Elles se sont surtout développées après 1945 et portent le plus gros de leurs efforts sur le domaine du lexique.

L'Académie française

Les puristes se réfèrent volontiers à la dernière édition du Dictionnaire de la Compagnie pour rejeter un mot ou un tour. Les principes qui ont régi l'élaboration du dictionnaire rappellent en effet ceux des puristes les plus conservateurs. L'Académie « constate et enregistre le bon usage, celui des personnes instruites et des écrivains qui ont souci d'écrire purement le français. En consacrant cet usage, elle le défend contre toutes les causes de corruption, telles que l'envahissement des mots étrangers, des termes techniques, de l'argot ou de ces locutions barbares qu'on voit surgir au jour le jour, au gré des besoins plus ou moins réels du commerce, de l'industrie, des sports, de la publicité » (Préface du *Dictionnaire*, 1932). L'usage familier n'existe pas dans les colonnes du dictionnaire, seul le vocabulaire technique très courant, donc ancien, a droit de cité. G. Matoré (1968) avait brossé le portrait du lecteur idéal de cet ouvrage ; il ne lui attribuait plaisamment que des caractères négatifs : ce lecteur « n'est pas dépourvu de culture, mais il est étranger à toute technicité, il réprouve la grossièreté et les mauvaises mœurs, il ne lit ni Marot ni Mallarmé, ni la page économique du *Monde* ».

La *Grammaire de l'Académie française* (1932) s'est vendue aussi bien que les romans de Pierre Benoit. Rédigée par A. Hermant, chroniqueur conservateur du *Temps*, elle a été fortement critiquée par les linguistes de l'époque. F. Brunot (1932) résume assez brutalement son sentiment : « Le papier en est beau, l'impression nette. » A. Hermant n'a jamais fait le départ entre l'écrit et le parlé ; l'absence de notions historiques est flagrante ; une place considérable est réservée à la conjugaison (59 pages) quand 29 suffisent pour la syntaxe de la phrase ; « les lacunes sont énormes et innombrables », selon Brunot. L'entreprise dénote un fort appétit de restauration : le refus des tours nouveaux a très souvent la forme des « Dites... Ne dites pas » : « On dit, mais on ne devrait pas dire : *j'ai très soif.* »

Depuis 1954, l'Académie française publie des mises en garde, diffusées par la presse ; quelques-unes de ces remarques ont été réunies en volume en 1967. On y trouve des commentaires à propos de mots ou expressions « contraires au bon usage ». Certaines confusions de mots gênantes sont dénoncées : *acception/acceptation ; démythifier/démystifier ; rabattu/ rebattu.* Parmi les tours condamnés, il en est que les puristes commentent depuis un siècle : *pallier à une défaillance, se rappeler de quelqu'un ;* d'autres plus récents sont rejetés sans explication : *présenter un examen* (anglicisme), *ramener des choses.* Quelques changements de sens non admis par l'Académie sont pourtant enregistrés par les dictionnaires contemporains : *commémorer un anniversaire* pour *un événement* et *décade* pour *décennie.*

L'Office de la langue française (OLF)

En 1923, A. Therive proposait la création d'un organisme de défense de la langue française, qui aurait regroupé des personnalités d'opinions diverses : « Que l'État ou simplement les associations de presse s'en rapportent à un Conseil de philologues et d'écrivains qui jugent non de l'usage présent, mais de l'usage futur, pour les mots à lancer en circulation. » Après la publication du *Dictionnaire de l'Académie*, il renouvelle sa proposition. F. Brunot reprend cette idée (1932) et demande la mise en place d'un « bureau d'observation qui se composerait de techniciens, d'hommes de lettres et aussi d'usagers, simples gens de goût et de bon

sens, et qui, sans constituer un bureau de police, donnerait des consultations, serait un instrument de progrès réglé ». Le 3 mai 1937, l'Office de
la langue française est fondé ; F. Brunot et P. Valéry en sont les coprési-
dents ; les membres en sont C. Bruneau, A. Dauzat, G. Gougenheim, etc.
L'Office discutait des questions posées par des particuliers ou par des
administrations. Il n'avait pas de bulletin et publiait ses avis dans les
pages du *Figaro littéraire*, du *Français moderne* et de la *Revue universitaire*. Ses membres furent dispersés pendant la guerre et l'Office disparut
en 1942. Les tâches de l'OLF étaient trop diverses pour qu'un organisme
semblable soit créé après 1945. Il limitait en principe son activité à
l'examen de l'usage actuel, mais devait répondre aux besoins multiples
des techniciens, trancher quant à la création de mots nouveaux ou à
l'introduction d'emprunts, assurer les contacts avec les pays francophones. Vis-à-vis des vocabulaires techniques, l'OLF avait une attitude
plus ou moins résignée. Il a proposé pour certains mots anglais des
francisations : *conteneur* pour *container*. Pour juger de l'influence des
décisions prises, on relèvera que le NPL (1973) donne *container* ou *conteneur*, le DFC (1966) et le PR (1972) *container*.

L'Office du vocabulaire français (OVF)

A partir de 1945, l'influence économique des États-Unis a entraîné
l'adoption d'un nombre considérable de mots anglais (*cf. infra*, 6.5., les
emprunts). C'est pour faire face à ce danger « extérieur » que l'OVF a été
fondé en 1957. L'Office organise par l'intermédiaire de *Vie et Langage*
(revue disparue en 1974) des consultations auprès d'un certain public
(professeurs, journalistes, ingénieurs, etc.) sur les néologismes et les
emprunts. Il s'attache seulement aux vocables entrés dans la langue
commune et limite chaque consultation à quelques mots très utilisés ;
il est demandé aux usagers de proposer des équivalents français. Les
résultats sont publiés, commentés et des propositions faites : en 1960
par exemple, *chef*, *dirigeant* pour *leader ; parc de stationnement à voitures*,
parcage pour *parking ;* en 1961, *annonceur*, *présentateur* pour *speaker*.
L'OVF cherche l'appui de la presse et décerne depuis 1959 la coupe
E. de Girardin au journal le mieux écrit. Il prépare des journées d'étude
en collaboration avec les comités spécialisés dans l'examen des nomenclatures techniques. En 1963, l'OVF a organisé le regroupement des
divers comités de défense de la langue dans une Fédération internationale
pour la sauvegarde et l'unité de la langue française, plus connue sous
le nom de *Fédération du français universel* (*cf. Annexe*, p. 93). Dans
plusieurs textes qui définissent les objectifs de la Fédération, est développée la fiction du français langue universelle par nature :

« Le français international (...) implique deux notions étroitement
conjointes : une notion « quantitative », si je puis dire, le français universel
étant celui qu'emploient, de la même manière, tous les francophones,
et une notion qualitative, ce français-là devant demeurer fidèle à ses
caractères traditionnels de netteté, de précision, de telle sorte qu'il joue
le rôle d'outil de communication commode entre les hommes d'une part,
et d'instrument de mieux en mieux adapté à traduire les réalités du monde
moderne, d'autre part. » (A. Clas et P. A. Horguelin, 1971).

La Fédération organise des biennales (Namur, 1965 ; Dakar, 1973 ; Luxembourg, 1975) au cours desquelles un thème est étudié. A l'occasion de la 3ᵉ biennale (1969, « de la Norme à l'Usage ») l'OVF organisa une enquête auprès des lecteurs de *Vie et Langage*. Le projet dirigiste est affirmé dans le texte de présentation du questionnaire ; la notion de « norme raisonnable » est posée comme équivalente aux « règles du bon langage », que l'on peut connaître « à la lecture de maints ouvrages ou articles de presse ». Les dirigeants de l'OVF se défendent souvent d'être des « mainteneurs », et établissent la distinction entre dirigisme et purisme ; mais le public qui les soutient est attaché assez aveuglément aux « traditions ». Par exemple, à propos de l'enseignement des langues anciennes, un rédacteur de *Vie et langage* (9, 1971), en présentant la quatrième biennale, évoquait ainsi les suites de mai 68 : « On pouvait croire que les programmes allaient consacrer la prééminence des fameux 'trois langages' : le français, les langues vivantes, les sciences.» Fort heureusement, le Ministère a « reconnu l'utilité de ces disciplines, latin et grec, prétendues périmées, pour un meilleur enseignement du français ». L'inscription de ce thème au programme de la biennale donnait satisfaction aux traditionalistes ; en compensation, on y inscrivait aussi « les acquis de la linguistique moderne et l'enseignement du français ». Ce n'est pas un hasard si la plupart des spécialistes français de cette linguistique moderne ont refusé de participer au congrès.

Le Comité d'étude des termes techniques français

En 1933, une commission de la terminologie technique avait pour but de « défendre la langue contre les invasions fâcheuses et désordonnées » et d'unifier les vocabulaires techniques. Ses propositions, peu diffusées, ont été rarement adoptées : elle a traduit, par exemple, *topping* par *étêtage* en 1934 ; la même traduction a été reprise en 1955, preuve que le mot n'avait pas été reçu. En mars 1952, le Comité consultatif du langage scientifique commence à tenir des réunions à l'Académie des sciences ; il ne se préoccupe que du vocabulaire des sciences et a pour tâche de résoudre les problèmes posés par les savants. Ses avis sont publiés dans le compte rendu des séances de cette compagnie.

Le Comité d'étude des termes techniques français, né en avril 1954, reprend une des tâches de l'OLF et semble avoir une audience plus large que cet organisme. Il réunit des personnalités scientifiques, mais aussi des grammairiens et des linguistes ; il élabore ses fiches en liaison avec divers organismes : l'AFNOR, l'UNESCO, l'Association nationale de la recherche technique, la Direction des carburants, etc. Le Comité entend lutter contre l'envahissement des emprunts dans toutes les langues thématiques. Il cherche des équivalents aux mots étrangers sans pour autant défendre un « nationalisme linguistique stérile » (Agron, *in* RGSPA, 9, 1957). Nous retiendrons les trois principes qui dirigent le travail du Comité. Le terme étranger adopté ne doit pas être ambigu si l'on veut maintenir la précision des vocabulaires techniques ; ainsi *reforming*, utilisé à la fois par les pétroliers et les gaziers, renvoie à des opérations chimiques tout à fait distinctes dans chaque branche d'activité; le Comité a donc traduit *reforming* par *reformage* pour les pétroliers, par *conversion* pour les gaziers. En second lieu, il est indispensable de conserver au vocabulaire d'une technique sa cohérence : on retiendra de préférence des vocables à partir desquels on peut former des dérivés. Enfin, dans la mesure du possible, le Comité essaie de maintenir le caractère international des vocabulaires techniques. Il a publié en 1972 un essai d'orientation de la terminologie ; il propose pour les emprunts de chaque spécialité une traduction après un essai de définition.

Association française de normalisation

L'AFNOR est une société privée chargée légalement de traiter des questions de normalisation. Elle s'applique à définir très précisément tous les termes techniques en usage dans une norme donnée, afin de répondre aux besoins des techniciens. Pour chacune des notions étudiées, une commission propose une définition qui met en évidence « l'aspect spécifique (que la notion) a dans la branche en cause et qui la différencie le plus souvent du langage courant : *ruban, cocon* ou *gâteau*, par exemple, ont un sens particulier dans le langage de l'industrie textile, tout différent de celui de l'homme de la rue ».

Défense de la langue française (DLF)

En 1953, le Cercle de presse Richelieu regroupait quelques journalistes soucieux de préserver le « bon usage ». Le Cercle s'élargit et présenta, en 1959, pour toucher un plus vaste public, un manifeste placé sous les auspices de l'Académie française ; l'association « Défense de la langue française » était née, qui publie depuis janvier 1959 une revue confidentielle. Pour Bengtsson (1968), DLF découvre un « souci de la correction associé à un refus d'élargir le langage commun ». Les positions de DLF sont en effet très conservatrices : contre toutes les nouvelles techniques, DLF voudrait freiner le plus possible toute évolution de la langue. « C'est le XVIIe siècle qui a fixé la langue française, c'est à lui que nous allons demander des conseils » (DLF, 10, 1962). DLF se plaît à collationner des « fautes » dans la presse ou les interventions radiodiffusées et télévisées ; peu importe l'usage, il faut revenir au sens étymologique des mots et bannir le moindre changement.

Autres organismes

Dans deux articles (RDP, 3 et 11, 1963), A. Sauvy, reprenant à son compte les principes du purisme, se plaignait de la « désertion de la langue par les Français » (!). Il appelait à une intervention de l'État pour que soit créé un Comité qui déciderait des mots nouveaux à adopter. Ce vœu a été partiellement comblé en 1965, par la création d'un Haut Comité pour la défense et l'expansion de la langue française, en 1967 par celle d'une Association pour le bon usage du français de l'administration. Des « commissions de terminologie » ont été créées dans chaque ministère à partir de 1970.

Dans le domaine francophone, diverses associations ont été fondées ; la plupart font partie de la Fédération du français universel. (*Cf. Annexe*, p. 93). Le Conseil International de la Langue Française est présidé par le belge Joseph Hanse.

ANNEXE

Académie mauricienne (île Maurice).
Association canadienne des éducateurs de langue française (Montréal).
Association internationale des journalistes de langue française (Neuchâtel)
Club de la grammaire (Genève).
Comité d'étude des termes médicaux français, « Clair-Dire » (Saint-Étienne).
Comité d'étude des termes techniques français (Paris).
Comité linguistique de Radio-Canada (Montréal).
Communauté radiophonique des programmes de langue française de l'O.R.T.F. (Paris).
Commission de la langue française. Académie internationale du tourisme (Monaco).
Fédération internationale de la presse de langue française (Paris).
Fichier français de Berne.
Office du bon langage (Bruxelles).
Office du vocabulaire français (Paris).
Société française des traducteurs (Paris).

3.2. L'INSTITUTION SCOLAIRE

3.2.1. LE CADRE INSTITUTIONNEL

F. Buisson, l'un des collaborateurs les plus proches de J. Ferry lors de la fondation de l'école républicaine des années 1880, souligne dans le *Dictionnaire de pédagogie* (1882), la place éminente de l'enseignement du français dans le nouveau système scolaire :

— Article « Langue maternelle », écoles primaires élémentaires : « On peut dire sans exagération de la langue maternelle qu'elle est le fond même de l'enseignement à l'école primaire. Elle domine et pénètre toutes les autres études. Par là (l'élève) devient, même s'il reste dans la sphère la plus humble, *un élément de valeur pour la société, une force utile mise par l'école au service du pays.* » (Souligné par nous.)

3.2.1.1. L'institution de la langue unique

A la fin du XIXe siècle, l'usage de la langue française, sous ses différentes formes, écrites et parlées, à ses différents niveaux, officiels et vernaculaires, n'est pas encore assez assuré sur l'ensemble du territoire national : Langues régionales, dialectes, parlers locaux, argots de métier ou de milieu, concurrencent encore dans une large mesure la langue nationale. En 1880, l'analphabétisme écarte 20 % des Français de la pratique de l'écrit, lecture et écriture, malgré les progrès de la scolarisation au cours du siècle : 20 734 écoles primaires en 1817 pour 75 635 en 1881 (Prost, 1968).

Après les débuts difficiles de la Troisième République, la fraction républicaine de la bourgeoisie française, ayant enfin assuré son assise électorale en 1877, peut mettre en place, non sans remous, son appareil d'État. La politique scolaire qu'elle institue dans ce cadre tend à généraliser l'enseignement, et singulièrement celui de la langue, pour ses propres intérêts de classe, intérêts économiques, politiques et idéologiques. L'institution de l'enseignement primaire obligatoire, gratuit, laïque, par les lois fondamentales de 1881 à 1889, a permis la consolidation et le développement de la communauté linguistique, indispensables à l'expansion de l'économie française et à la stabilité de la démocratie bourgeoise.

Les textes officiels qui fondent et organisent alors l'enseignement public, ne laissent aucun doute sur l'objectif premier de l'enseignement du français. En 1923, les Instructions Officielles pour l'enseignement primaire rappellent la permanence de cette finalité de l'école élémentaire : « Nos instituteurs (...) sentent bien que donner l'enseignement du français, ce n'est pas seulement travailler au maintien et à l'expansion d'une belle langue et d'une belle littérature, *c'est fortifier l'unité nationale.* » (souligné par nous).

C'est que, pour le législateur, la nation, entité géographique et historique, économique et politique, repose en partie sur l'existence et la cohésion d'une communauté linguistique, trait d'union entre le manuel et l'intellectuel, le rural et le citadin, l'ouvrier et le patron. L'histoire de la diffusion de la langue française sur le territoire national, les efforts du pouvoir central pour l'imposer au détriment des parlers locaux et des langues spécialisées, remontent loin dans le passé. C'est la Première République qui essaie d'organiser l'enseignement de la langue nationale, garant de l'indivisibilité de la République. La circulaire du 14 août 1925 rappelle la fidélité de la Troisième République au modèle révolutionnaire : « Aussi bien, c'est un Strasbourgeois, Arbogast, qui inspire le texte du 5 brumaire an II, où il est dit : ' L'enseignement public est partout dirigé de manière qu'un de ses premiers bienfaits soit que la langue française devienne en peu de temps la langue familière de toutes les parties de la République. Dans toutes les parties de la République, l'instruction ne se fait qu'en français '. »

3.2.1.2. L'école élémentaire : l'inculcation idéologique

Dès 1792, la finalité proclamée de l'enseignement du français est bien la création d'une communauté linguistique destinée à résister aux tendances centrifuges qui s'expriment sur deux plans différents, par les mouvements politiques du fédéralisme girondin et de la révolte chouanne d'une part, par l'usage linguistique des dialectes et des parlers régionaux d'autre part. En 1881, après un siècle d'efforts pour asseoir définitivement son pouvoir, la bourgeoisie reprendra en partie cet objectif pour fonder l'institution scolaire comme une des pièces maîtresses de son appareil d'État. L'obligation scolaire, — et corrélativement sa gratuité —, vise en particulier à établir l'usage vernaculaire, et non plus seulement officiel de la langue française. Cette entreprise d'unification de l'usage linguistique est dénoncée par certains conservateurs extrémistes, tel Gourmont, en 1899, qui déplore l'instauration d'un modèle scolaire opposé à la *déformation naturelle* de la langue française. Gourmont insiste sur les dangers d'un bilinguisme qui distingue le français officiel, scolaire, du français populaire, réduit à l'argot. Pour lui, il ne peut être question de faciliter l'intégration des classes laborieuses dans l'école ; il faut maintenir dans une bienheureuse ignorance les « enfants du peuple » et réserver à « l'aristocratie intellectuelle », — qu'il oppose à la bourgeoisie dominante —, le rôle de « guide du peuple » dans son usage linguistique. Gourmont pressentait que les fondateurs de l'enseignement public cherchaient à instaurer, tout autant qu'une communauté linguistique, une communauté morale et politique. Les deux projets sont complémentaires. Entre 1870 et 1914, la morale républicaine repose pour l'essentiel sur le patriotisme, pour aboutir à la veille de la Grande Guerre à la réalisation de l'union sacrée. L'usage de la langue française est à la fois l'instrument et le symbole de l'unité nationale ; la circulaire de 1925 déjà citée, signée par De Monzie, marque sans équivoque la continuité des projets : « L'école laïque (...) ne saurait abriter des parlers concurrents d'une langue française dont le culte jaloux n'aura jamais assez d'autels. » L'enseignement de la langue et celui de la morale ont presque toujours été indissolublement liés : sous la Première République, les catéchismes républicains sont des manuels de lecture ; sous la Troisième République, les leçons de morale à l'école communale servent de point de départ à l'exercice d'écriture.

On comprend l'opposition des cléricaux et des antirépublicains au monopole de l'État sur l'enseignement laïque, voué à une morale positiviste et républicaine. Cependant ils partagent avec des nuances une partie des objectifs des défenseurs de l'école publique. L'exaltation des valeurs patriotiques n'est pas le seul point de rencontre ; il faut aussi satisfaire les besoins de l'économie française en pleine expansion. Si pour les uns, le pays a besoin de bons citoyens, et pour les autres de bons catholiques, il lui faut, de l'aveu de tous, des travailleurs pour contribuer à accroître « sa prospérité et sa grandeur ». Les résistances à l'école républicaine proviennent essentiellement de la droite réactionnaire et cléricale qui s'oppose à la liquidation par l'État des valeurs religieuses. Du prolétariat désorganisé par la répression de 1871, ne vient aucune opposition nette, mais non plus aucun soutien à la politique scolaire, jusqu'au début du siècle au moins. Déjà, le vaste courant pour l'éducation populaire, qui se développe sous le Second Empire, n'est pas sans ambiguïté. La Ligue de l'enseignement, fondée par J. Macé en 1866, compte parmi ses adhérents plus de membres de la bourgeoisie libérale que d'ouvriers et de paysans. « Nous redoutons autant les générations abruties par la pédagogie bourgeoise que celles polluées par l'instruction congréganiste », écrivait E. Massard, dans le journal guesdiste *L'Égalité* (1882). C'est seulement au début du siècle que la généralisation de l'enseignement élémentaire est apparue dans les milieux sociaux-démocrates comme un facteur plus ou moins favorable à la construction des organisations syndicales et politiques où pourraient s'exprimer les positions de la classe ouvrière. Peu à peu, l'intérêt d'un apprentissage de la langue pour les militants ouvriers incline certains mouvements de gauche à soutenir, avec réserve, la mise en place de l'instruction « pour tous ».

Le patronat devait y trouver plus directement son compte. La formation professionnelle d'une main-d'œuvre hiérarchisée et spécialisée, indispensable au développement de l'industrie et du commerce, suppose un enseignement préalable des connaissances de base. L'école aura comme objectif premier l'enseignement d'un langage commun, le français scolaire, « neutre », sur lequel pourront se greffer ensuite les langages techniques réservés à l'enseignement professionnel. Le contenu de l'enseignement primaire élémentaire, tel qu'il est encore défini en 1923, rappelle cette fonction de l'apprentissage linguistique, comme son articulation avec l'éducation morale et l'initiation technologique :

« Au cours préparatoire, l'enfant prend possession de l'instrument sans lequel il ne pourrait acquérir aucune autre connaissance scolaire : il apprend à lire. Les autres exercices auxquels on le soumet n'ont d'autre but que d'entretenir les bonnes habitudes physiques, intellectuelles et morales qu'il a contractées à l'école maternelle. Mais l'enseignement essentiel à cet âge, c'est la lecture.
L'enfant sachant lire, le cours élémentaire doit lui fournir en toutes disciplines les « éléments », les faits et les notions simples sans lesquels il ne comprendrait rien à rien. C'est à ce cours qu'on apprend ce qu'est un mot et ce qu'est un nombre, ce qu'est un golfe et ce qu'est un son (...).
Au cours moyen (...), on commence à grouper ces éléments simples. Cette coordination se fait non pas exclusivement mais principalement autour de deux idées : l'idée de la France (langue française, histoire et géographie de la France, voilà l'essentiel du programme littéraire) et l'idée du travail (le programme scientifique a pour objet de fournir à l'enfant les notions indispensables dans la plupart des professions). » (Instructions relatives au nouveau plan d'études des écoles primaires élémentaires, Arrêtés du 23-2-1923)

3.2.1.3. Le « bon usage » à l'école élémentaire

L'apprentissage du français scolaire est lié étroitement à l'exaltation des valeurs que la classe dominante tient à imposer : la notion de travail et la notion de patrie[1]. Le législateur prévoit les obstacles qui s'opposent à ce projet, en premier lieu la pratique linguistique, antérieure ou extérieure à l'apprentissage scolaire :
« Les enfants ont appris de leurs mères, de leurs familles, et de leurs camarades la langue maternelle ; ils ont acquis en parlant les habitudes linguistiques de leur milieu. Ils parlent une langue mêlée de mots d'argot et de termes impropres, indifférents aux accords essentiels de genre et de nombre, ignorant la valeur des temps et des modes. A l'école les maîtres enseignent l'usage correct, le bon usage de la langue (...) Cependant le milieu familial et social résiste à cette action de l'école. » (Programmes et Instructions, 20-9-1938)

---

1. Nous *constatons* ici, au niveau socio-linguistique, l'utilisation qui est faite de ces notions pour la défense d'un certain type de société. Il va de soi qu'il est possible à chacun, selon ses préférences doctrinales, soit de rejeter complètement le « travail » et la « patrie » de la liste des valeurs morales, soit de trouver heureux l'emploi qui en a été fait dans la société que nous décrivons, soit encore de le trouver malheureux dans ce cas et admissible dans d'autres contextes sociaux et politiques.

L'institution familiale peut elle-même être remise en cause, dans la mesure où son langage et sa morale sont hétérogènes au modèle linguistique et théologique de l'école. Cet écart entre la pratique linguistique de l'enfant *dans les familles ouvrières et paysannes* et la langue de l'école place l'enfant des classes laborieuses dans une situation de bilinguisme plus ou moins tranchée selon les milieux sociaux et/ou régionaux. L'aptitude à parler, et plus encore à lire ou écrire le français de l'école est l'un des critères déterminants d'une sélection sociale qui ne s'avoue pas. Le français scolaire, qui devrait être le langage commun à tous dans une école qu'on prétend démocratique, est d'autant plus hors de portée des enfants des milieux défavorisés, qu'il impose le bon usage des siècles classiques, modèle figé et inaccessible :

« Nul n'ignore les difficultés que rencontre l'instituteur dans l'enseignement de la langue française. Lorsque les enfants lui sont confiés, leur vocabulaire est pauvre, et il appartient plus souvent à l'argot du quartier, au patois du village, au dialecte de la province, qu'à la langue de Racine ou de Voltaire. Le maître doit se proposer pour but d'amener ces enfants à exprimer leurs pensées et leurs sentiments de vive voix ou par écrit en un langage correct. » (Instructions du 20-6-1923)

Pourtant le « bon usage » de l'école primaire n'est pas celui de la littérature classique. Les instituteurs de la Troisième République ont échappé pendant longtemps, dans leur grande majorité, à la formation humaniste des écoles secondaires. Issus des Écoles normales départementales, ils ont généralement suivi la voie des Cours complémentaires et de l'Enseignement primaire supérieur dont O. Greard (1900) définissait ainsi l'esprit :

« C'est celui d'un enseignement général tendant à la pratique et ne s'y engageant pas, écartant avec la même rigueur, d'une part les exercices classiques propres à l'enseignement des humanités (...) et d'autre part les exercices professionnels, empruntés aux écoles d'arts et métiers et destinés à former les contremaîtres et artisans. »

Jusqu'à la Seconde Guerre mondiale, les enseignants du primaire sont moins familiers de la culture classique, dispensée aux élites bourgeoises dans les lycées et collèges, que d'une littérature plus récente et plus proche de la morale qu'ils enseignent et à laquelle ils adhèrent. Le français qu'ils imposent à l'école primaire, la langue de la dictée et le modèle de la rédaction, est moins archaïque que ne pourrait le laisser croire le choix des exemples grammaticaux, encore empruntés à La Fontaine. De plus, beaucoup d'instituteurs étaient, ou se sont, implantés dans le milieu rural ou urbain de leur enseignement ; ils ont été sensibles à l'influence des parlers locaux, régionaux ou spécialisés, influence visible dans leur production romanesque qui s'est multipliée depuis la Grande Guerre.

3.2.1.4. Fonctions du primaire et du secondaire

Aux deux enseignements, primaire et secondaire, ont longtemps correspondu deux types de discours, deux modèles rhétoriques sinon de langue, dont la différence constituait justement l'un des éléments essentiels de la barrière opposée au passage des élèves du primaire dans les lycées ; en 1935, moins d'un lycéen sur deux venait du primaire. Jusqu'en 1960 a survécu un enseignement élémentaire des lycées, distinct de l'enseignement primaire par la dénomination de ses classes (de la onzième à la septième), par son implantation géographique (le petit lycée était le vestibule du grand lycée), par le recrutement de ses élèves (c'est un enseignement payant, bien après la gratuité accordée aux élèves de sixième, en 1932), par la sélection de ses professeurs (J. Ferry a créé en 1881 un Certificat d'aptitude à l'Enseignement dans les classes élémentaires de lycée), par ses programmes (jusqu'en 1917, on prévoyait l'initiation à une langue vivante). Le latin y avait été supprimé en 1880, mais l'esprit de l'enseignement se situait dans la perspective des études secondaires classiques, alors que, pour l'immense majorité des élèves du primaire, l'école communale était un cul-de-sac consacré par les classes de fin d'études ou de cours supérieur. A cette dichotomie administrative, la fondant et la justifiant, correspondait la division de deux langages : le discours du primaire, « utilitaire et pratique, simple et concret », celui du secondaire, qui permet d'inculquer « aux lycéens, aux futurs industriels, aux futurs écrivains comme aux futurs ingénieurs le culte de l'âme verbale de leur patrie » (Thérive, 1923). Un linguiste comme Meillet (1918) était sensible à cette différence, qui écrivait :

« La difficulté grandit de jour en jour, à mesure que grandit la différence entre le parler de tous les jours et cette langue fixée, au fur et à mesure aussi qu'on s'éloigne et du temps et des conditions sociales où la langue littéraire a été constituée. Ceux des élèves des lycées qui sont issus de milieux ouvriers ou petits bourgeois ont souvent grand peine pour arriver à écrire d'une manière même à demi correcte le français littéraire, qui diffère profondément du parler en usage dans leur famille. »

La pratique pédagogique des deux ordres d'enseignement, si elle s'unifie progressivement depuis 1938, a longtemps séparé primaire et secondaire. Les Instructions Officielles pour l'enseignement primaire ont toujours longuement insisté sur les méthodes d'apprentissage et d'acquisition. Pour le secondaire, il s'est agi le plus souvent de programmes, traitant des contenus, écartant discrètement les considérations théoriques sur la pédagogie. L'école primaire a été le lieu privilégié, le seul, de la réflexion pédagogique. Aujourd'hui les professeurs du premier cycle reçoivent tous leurs élèves des cours moyens du primaire et déplorent sans cesse l'absence de formation des enfants qu'ils accueillent en sixième. Ces plaintes marquent non seulement le dépit, pour les plus anciens enseignants du secondaire, de devoir accueillir « les moins bons, parfois les médiocres », comme les qualifient les Instructions de 1962, mais encore signalent la coupure toujours non comblée entre les contenus et les modes d'enseignement. Ceci est plus sensible pour l'enseignement du français que dans toute autre discipline.

Dès 1887, la méthode pédagogique du primaire était définie pour l'enseignement du français comme devant être « active, intuitive et pratique, inductive et concrète ». La fidélité à cette doctrine positiviste est réaffirmée dans les Instructions Officielles de 1923 et de 1938, où le modèle de l'enseignement du français ne diffère pas de celui de la leçon de choses. On comprend la place de la description dans l'exercice de composition française, sur le modèle du dessin documentaire, et le rôle de l'observation dans l'apprentissage de la grammaire.

Dans le cadre de la langue unique, de la langue nationale, deux usages s'opposent, deux modèles distincts, dont la grammaire est sans doute commune pour l'essentiel, mais dont la visée est différente. Le primaire doit fournir le minimum linguistique, nécessaire à l'intégration de l'individu dans la vie sociale, privée et publique. L'enseignement secondaire a eu longtemps la charge de donner à l'élite bourgeoise les bases rhétoriques nécessaires à l'exercice de sa domination, économique et politique. Les Instructions Officielles qui ont suivi la grande saignée de 1914-1918 fixent les finalités du lycée en fonction de la pénurie des cadres :

« La génération qui se forme dans nos lycées et collèges sera appelée de très bonne heure à remplir les places que la génération décimée par la guerre laissera vides. C'est presque au sortir de la jeunesse qu'elle devra se trouver en état d'occuper les grands emplois de la politique, des affaires, de l'administration, du commerce, de l'industrie, des carrières libérales. Il faut qu'on lui donne, si l'on veut la préparer à jouer utilement ce rôle, une très solide éducation générale qui convient aux jeunes gens destinés à former les cadres de l'activité nationale. » (Instructions relatives aux programmes de l'Enseignement secondaire dans les Lycées et Collèges, Arrêtés des 3.12.1923 et 8.6.1925.)

3.2.2 LA LANGUE FRANÇAISE DE L'ÉCOLE

La langue nationale, que la Troisième République a enseigné à tous les Français par l'école élémentaire, s'oppose à l'usage de la grande majorité des enfants, en milieu familial. Les tours « familiers », les termes techniques que les parents empruntent à leur milieu de travail, sont exclus de la classe, et surtout de la classe de français ; l'usage populaire est renvoyé à la « récré » (car l'école aussi a son jargon spécifique), les vocables thématiques aux domaines scientifiques ; au cours du siècle, l'écart se creuse avec l'évolution rapide des techniques, avec l'industrialisation et l'urbanisation. Les seuls termes spécialisés acceptés par l'école, par les textes de manuels comme par les maîtres, s'appliquent le plus souvent à la production artisanale, au petit commerce ou à la vie des champs, renvoyant à un âge d'or sans référence à la vie ouvrière des villes, aux problèmes de l'habitat urbain. Alors que les langages périphériques pénètrent le français commun, le français scolaire s'isole.

3.2.2.1. Langue et culture scolaires

En nous appuyant sur les conclusions auxquelles nous sommes arrivés au terme de notre étude sur l'institution scolaire, nous définirons l'usage scolaire du français comme un sous-produit culturel de la classe dominante, qui donne une représentation rassurante, pacifiée de la société et de l'enfant lui-même, futur citoyen d'une démocratie heureuse. Jusqu'au milieu du siècle, ce modèle s'est élaboré : le vice et la vertu s'affrontent dans les manuels de lecture et de grammaire. A l'enfant voleur, peureux, imprudent, mal élevé, au dénicheur, les grammaires opposent l'enfant sage, poli, charitable, obéissant. Parfois le tableau est double :

« LECTURE ET COPIE. — *Économe et Prodigue.*

Henri dépense tout son argent au fur et à mesure qu'il le reçoit.
Suzanne au contraire garde ses sous pour s'en servir à l'occasion. Un jour
qu'ils se promenaient ensemble, ils rencontrèrent une pauvre femme
traînant derrière elle trois petits enfants en guenilles et demandant du
pain. Suzanne tira sa bourse et donna quelques sous à la pauvresse.
Henri voulut en faire autant, mais il venait d'acheter des sucres d'orge,
du chocolat, des pastilles : il n'avait plus d'argent, et il fut désolé.
Le travailleur économe ne manque jamais de rien, et peut encore
donner aux autres.
A quoi vous servirait d'avoir de la richesse,
Si ce n'était, enfants, pour aider le prochain ?
Logés, vêtus, nourris avec délicatesse,
Songez combien de gens n'ont pas même de pain ! »
(C. Augé, *Grammaire enfantine,* 1898).

Ne peut-on penser que le destinataire fictif du poème, l'enfant logé,
vêtu, nourri avec délicatesse, c'est nécessairement le rejeton des classes
aisées. Le « vous » qui désigne les écoliers est exclusif des enfants de la
pauvresse, représentés discrètement sur la vignette qui illustre le texte.

Grammaire enfantine Augé. Larousse,
1898.

L'inculcation des valeurs conformes à l'idéal bourgeois porte même sur
la représentation hiérarchique des sexes. Fondée autrefois sur la théologie
morale du christianisme, celle-ci se voit adoptée dans le système des
valeurs de la République bourgeoise. Ainsi l'économie apparaît, dans
le livre que nous citons, comme qualité féminine ; pour les garçons, il
est des vertus plus nobles :

« *Aux petits Français.*

Quand vous serez devenus grands, vous serez soldats. On n'est un vrai
soldat que lorsqu'on s'habitue de bonne heure à la tempérance, à l'exercice,
à tout ce qui rend fort, robuste et courageux. Il faut aussi vous habituer
à l'obéissance, car la France, pour être bien servie, veut des soldats
disciplinés et des hommes soumis aux lois. » (C. Augé, *op. cit.*)

Chair à canon, piétaille de l'exploitation industrielle, électeur docile,
voilà les troupes que la République se donnait à former. Il n'est pas éton-

nant qu'à cette formation, elle ait consacré tant d'explicite sollicitude (la fondation de l'école obligatoire et gratuite) d'argent (« les palais scolaires » de la IIIe République) et de vertu (nous pensons naturellement à celle qui était exigée des instituteurs, les « hussards noirs de la République », dont parle Péguy). Pour être heureuse, la démocratie ne doit-elle pas être sévère, voire spartiate ? Aujourd'hui, c'est au travailleur immigré qu'on enseigne la même morale, vertu militaire en moins, bien entendu.

3.2.2.2 Le modèle linguistique

Cependant, l'inculcation de l'idéologie dominante, morale positive et humaniste, proche des vertus prônées par le catéchisme, à l'imagerie près, connaît d'autres voies, moins visibles, d'autant plus prégnantes. Son premier objectif est d'exclure le sujet d'énonciation ou de le réduire à sa fonction scolaire.

Le français de la leçon de grammaire est réduit à la juxtaposition de mots ou de phrases, où les seuls liens sont syntaxiques sans égard pour la logique narrative. Les assertions tombent ; le sujet d'énonciation de l'exemple ou de l'exercice, non ancré dans un récit, reste fictif, modèle de vertu, voué à la bonne conduite sociale comme à l'anonymat :

« *Exercice de conjugaison* : Accorder le verbe avec son sujet : Je *donner*. Tu *salir*. Vous *guérir*. Tu *recevoir*. Vous *vendre*... (C. Augé, *op. cit.*)

Les phrases obtenues par l'élève comme celles proposées par le manuel sont de « purs » exemples grammaticaux ; elles restent suspendues hors du discours, incomplètes, irréalisables ou incompréhensibles : *Je donne, vous vendez* (quoi ? à qui ?) ; *tu salis* (quoi ?), etc. Quant à *vous guérissez*, s'agit-il de l'emploi transitif ou intransitif ? Dans d'autres exercices, c'est la tautologie rassurante qui triomphe : *le tisserand tisse, le jardinier jardine, le peintre peint, le ramoneur ramone, la couturière coud, le clairon sonne*... Cette fois, il faut donner le sujet « en faisant la question *qui est-ce qui ?* ou *qu'est-ce qui ?* avant le verbe », ce qui pose un problème pour la dernière phrase. La réponse attendue est plus fondée socialement que grammaticalement. Selon le principe moral copié le matin, « chacun à sa place », le travailleur travaille et la vocation de l'enfant est d'être écolier : « *nous jouons, je dessine...* » Les seules phrases du vieux manuel qui individualisent les actants, renvoient à l'histoire en images d'Épinal, autres illustrations de la grande lutte entre le bien et le mal : d'un côté, Vercingétorix, Clovis ou Saint Louis ; de l'autre, César, le soldat qui a brisé le vase de Soissons, ou la peste.

3.2.2.3. Le modèle pédagogique et grammatical de l'enseignement primaire

Les progrès de la méthode « concrète » à l'école primaire ont modifié la présentation, parfois le contenu de la leçon ; la définition est passée du haut de la page dans la *Grammaire enfantine* de C. Augé à la fin de la leçon dans les manuels récents. Et même, plus récemment, le manuel se réduit à un recueil d'exercices — structuraux ou non. Si les thèmes des exemples et des exercices ont un peu perdu leur caractère ouvertement moralisateur, si la famille-modèle des livres d'apprentissage de la lecture est celle du jeune cadre, non plus celle du petit patron, la fonction reste en gros la même. Les phrases modèles ou à réaliser sont toujours suspendues, sans lien entre elles puisque coupées de leur situation d'énonciation, puisque sans issue dans la communication :

« — Le professeur de gymnastique entraîne son élève pour les Jeux Olympiques ; — tu t'entraînes pour le marathon ; — il distrait son ami Achille ; — ses soldats s'amusent malgré le combat qui fait rage ; — la belle Hélène coiffe ses longs cheveux. » (Boisseau, *Itinéraire de Grammaire moderne*, Magnard, 1971.)

Dans ce cas, le modèle idéologique proposé à la faveur de l'exercice grammatical consiste dans le choix d'un centre d'intérêt ; les énoncés sont alors inscrits dans un champ thématique au lieu d'être articulés sur un acte d'énonciation :

« — Les poissons rouges dansent, dans l'aquarium, une ronde interminable ; — les serins chantent, dans leur cage, un éternel refrain ; — A la belle saison, notre jeune ami ramasse dans les champs, des brassées de fleurs. » (Galizot, Dumas, Capet, *Grammaire fonctionnelle de la langue française*, Nathan, 1971.)

Les phrases n'en restent pas moins abstraites, sans aucune chance de réalisation ; destinées à faire percevoir des structures syntaxiques, elles ne visent plus, comme dans l'usage courant du langage, à produire des effets de sens. Et pourtant, pour les écoliers qui les entendent, lisent, répètent, copient, imitent, elles construisent un univers social et linguistique qui les accepte ou les rejette.

Cette évolution du manuel représente pourtant un progrès dans la mesure où les exemples et les exercices ne sont plus seulement l'illustration ou l'application des tableaux morphologiques. La tendance de la grammaire à privilégier le niveau morphologique de la langue constituait un autre type de réduction de l'usage linguistique : les tableaux de conjugaison envahissaient la partie centrale du manuel, égrenant les longues séries dont on s'inspirait pour donner et pour faire les lignes de punition, en commençant par écrire le long de la marge : *je, tu, il, nous...* avant d'enchaîner la série verbale : *suis, es, est, sommes...* (ou sa variante *dois être*) et l'attribut au bien ou au mal : *un tricheur*, ou *un élève appliqué*. Le recul de ces pratiques, s'il réduit le caractère répressif de l'enseignement grammatical, n'aboutit pas pour autant à l'apprentissage du discours, qui devrait être l'objectif essentiel de l'enseignement du français, à tous les niveaux d'âge. En 1909, F. Brunot critiquait déjà la place de l'enseignement de la grammaire aux dépens du travail sur les textes à lire ou à produire :

« L'école doit enseigner le français, non la grammaire... Les deux études qui seront mises au sommet seront la lecture et la rédaction. »

Il est vrai que le but ainsi fixé par Brunot à l'école élémentaire était modeste : il fallait préparer les écoliers à leur insertion dans la vie sociale, et le modèle discursif à pratiquer était strictement utilitaire :

« Ce que l'enfant de l'école primaire doit apprendre à rédiger, ce sont des lettres, des pétitions, des rapports tels qu'il en aura à faire dans la vie... écrire juste (c'est) savoir ne pas mettre dans un rapport destiné à une compagnie d'assurances les sentiments qui conviennent à une lettre familière sur l'incendie qui a eu lieu ; savoir exposer à un notaire une difficulté, ou la soumettre à des membres de sa famille en gardant chaque fois le ton nécessaire ». (Brunot, *op. cit.*)

Le seul usage social du langage visé par Brunot (le terme de pétition ne doit pas nous égarer) est celui qu'induisent les conduites sociales de la petite bourgeoisie, du commerce et de l'artisanat. Cependant le rejet du modèle morphologique (et du modèle syntaxique dans les manuels plus récents) ne pourrait assurer à l'enfant la maîtrise d'un modèle rhétorique, lui permettant d'évaluer « le ton nécessaire », l'adéquation d'un discours à une situation donnée. L'illusion est longtemps restée ancrée, — elle l'est encore, — de la continuité de l'apprentissage du français. La progression de l'enseignement de la rédaction (dite composition française) ne tient pas compte du passage d'un domaine (la langue) à un autre (le discours) quand sont énumérées les phases de l'acquisition du Cours préparatoire au Cours élémentaire (*cf. supra*, 3.2.1.2). Le développement de la phrase s'opère sur le plan grammatical ; c'est l'exercice d'enrichissement qui multiplie les expansions inutiles et baroques :

« Les oisillons nouveau-nés serrés dans le nid... = quatre oisillons à la tête énorme, le bec démesuré et jaune, les yeux clos, le corps mou, nu et chaud, se pressent bien au chaud dans le nid duveté. » (G. Aubin, *L'Enseignement du français*, cité par Sümpf, Volgemuth, *in* LF, 2, 1972.)

La réduction du discours au modèle grammatical de la phrase trouvait son accomplissement dans les exercices de construction de phrases, parfois baptisés « Phrases » tout court, à l'école élémentaire. Le discours et sa stratégie étaient affaire d'insertion sociale, extra-scolaire.

3.2.2.4. Le modèle pédagogique
et grammatical de l'enseignement secondaire

Les manuels de grammaire de l'enseignement secondaire (au premier cycle), présentaient, et présentent encore, un modèle différent, où la phrase renvoie au discours autant qu'à la langue. Non que le lycéen, plus mûr parce que plus âgé que l'écolier, soit plus apte à saisir le fonctionnement complexe d'un modèle rhétorique ; les cours de français destinés aux grands élèves du Primaire supérieur, de même âge que les lycéens, n'avaient pas le même champ de références.

La grammaire du Secondaire

Dans les grammaires du secondaire, depuis longtemps, l'exemple est toujours une phrase prise dans un contexte littéraire, ce qui assure une prise, d'ailleurs illusoire, sur l'acte d'énonciation. C'est le cas pour les textes d'étude (*cf.* Souché-Grunenwald, *Grammaire de 6ᵉ*, Nathan, 1963) auxquels doit s'appliquer la phase d'observation ; respectueux de la méthode concrète, inductive, définie par les Instructions et recommandations du Ministère et de l'Inspection générale, les auteurs offrent à la leçon un point de départ concret, le concret étant le texte littéraire, dont l'énonciation est signalée par le nom de l'auteur, plus rarement par le titre de l'œuvre citée. Les exemples proposés en 1961 à l'appui de la *Nouvelle nomenclature officielle des fonctions grammaticales*, s'ils ne sont pas signés, comportent tous une origine repérable, ancrée dans la culture que les élèves auront à découvrir et pratiquer ; c'est une initiation au passé classique ; « *Le long d'un clair ruisseau...* », comme à la poésie contemporaine : « *le vent se lève...* ». Quant aux exercices proposés par le manuel de grammaire, ce sont le plus souvent des phrases signées, extraites du corpus littéraire, sans que le rappel de leur origine réponde à une nécessité : Bonnard et Arrivé (*exercices de Grammaire 4ᵉ et 3ᵉ*, Sudel) donnent « *Il me promit de parler de moi* (Rousseau) », « *C'était mieux, je m'en rendais compte* (Larthomas) ». Le plus souvent pourtant, la fonction de l'extrait est bien d'introduire un modèle rhétorique et non plus un simple exemple syntaxique. L'énonciateur est marqué, comme le soulignent les contre-exemples : « *Eux ils n'étaient pas pressés, mais moi j'y étais* (copie d'élève) », « *Les journées de grève ne seront pas payées et la liberté du travail assurée* (Journal du 16-1-1951) » (*ibid.*) Le modèle, — ou son envers —, est un énoncé pris dans l'acte d'énonciation, de l'œuvre littéraire, valorisée, au texte scolaire ou journalistique, déprécié.

Si nous critiquons cette dépréciation, ce n'est pas pour substituer un modèle valorisant le locuteur scolaire ou journalistique au modèle précédent qui le dévalorisait. C'est seulement dans la mesure où, les situations de communication linguistique étant très différentes dans le contexte de l'expression scolaire et de l'expression littéraire, par exemple, il nous paraît faux d'imposer à un locuteur ou à un scripteur un modèle d'énonciation qui ne correspond pas à la situation dans laquelle il se trouve. Ce procédé pédagogique nous paraît également dangereux et même peu rentable dans la mesure où, plaçant les locuteurs dans une fausse situation d'énonciation, il ne peut que les priver de la condition la plus favorable au progrès de leur expression : le plaisir de dire, le plaisir d'écrire, liés tous deux au plaisir de lire (*cf. in* BREF, ancienne série, Gueunier, 1971 ; Diatkine, 1973).

Cet ancrage de l'énoncé grammatical est clairement fictif. Il permet de justifier le « bon usage » par la référence aux « bons » auteurs ; il cède la place au « morceau choisi » comme modèle de discours après l'extraction et la présentation, qui détourne sa fonction première pour l'adapter à l'objectif pédagogique (*cf.* P. Kuentz, *in* Li, 10, 1972). La « désénonciation » du morceau choisi, de la « belle page » s'opère au niveau d'unités de discours et non plus au niveau de la phrase comme dans le manuel de grammaire : mais, là encore, elle est d'un autre type que celle qui constitue la « lecture » (au sens de texte à lire) dans le livre de lecture du primaire. Ce dernier présente en général l'extrait par un résumé du contexte proprement dit, (l'action, l'intrigue...) ; le manuel du secondaire replace plus précisément les extraits dans un cadre historique, philosophique, stylistique. L'écolier manie des mots ou des choses, le lycéen, des idées, comme si la dichotomie entre primaire et secondaire recouvrait le partage entre le concret et l'abstrait (*cf.* Vincent, *in* RS, 7, 1968). Le seul terrain commun est celui d'une psychologie vieillotte, des sentiments et des instincts de l'homme universel-éternel, sous-produit du mythe bourgeois de l'égalité. Seul le recueil du secondaire présente la dimension historique, d'ailleurs faussée, réduite à la chronologie, posant la langue classique comme modèle rhétorique, éludant son caractère linguistique archaïque ;

on masque la différence avec le bon usage contemporain par la toilette des textes (orthographe rectifiée, découpage castrateur...) ; on cite parfois, pour mémoire, des textes antérieurs (l'ancien français a peu de place dans le premier cycle). Quant au livre de lecture du primaire, il évacue toute allusion à l'histoire de la langue comme aux conditions de production des œuvres découpées. Les pratiques de la lecture expliquée dans le secondaire, qui relaie la simple lecture du primaire, redoublent ces effets.

Le modèle latin

L'exemple grammatical du secondaire ne s'articule pas seulement sur le modèle rhétorique qu'offre l'explication de textes, à la recherche du « style », mais aussi sur l'apprentissage concurrent d'autres langues (vivantes ou mortes). La leçon de grammaire au lycée s'appuyait à l'origine sur l'exemple de la leçon de latin (et plus tard de langue vivante). Une tradition culturelle et grammaticale fondait la cohérence et la continuité de l'enseignement : l'unité des séries paradigmatiques, pas toujours visibles en français, se justifiait par comparaison avec les modèles de la conjugaison ou de la déclinaison latines. La langue française enseignée dans les lycées trouvait une fonction comme langue de départ pour les thèmes et comme langue d'arrivée pour les versions, un modèle linguistique et rhétorique dans la civilisation latine qui lui fournit longtemps ses types de discours, son matériau de citations et de tournures syntaxiques. La grammaire latine était le modèle de la grammaire française, mais aussi son complément. La connaissance des formes déclinées du latin guidait la reconnaissance des fonctions syntaxiques de notre langue sans déclinaisons. La grammaire française à l'école primaire, privée de son complément obligé, l'étude de la grammaire latine, et pourtant modelée sur les catégories de la langue mère, devenait ainsi un système formel, non opératoire, un cadre vide plaqué sur le français : c'est le complément d'attribution, né du datif latin, sur lequel on dispute encore, la notion de proposition infinitive, calque d'une construction latine. Sur ces catégories, incompréhensibles pour les non latinistes, se fondaient encore tout récemment les analyses exigées aux concours, examens, et aussi la pratique des textes classiques ou contemporains, liés étroitement à la culture gréco-latine, dans ses formes linguistiques et rhétoriques comme dans ses références littéraires.

C'est dans le cadre de la recherche de nouveaux critères pour la sélection sociale que se situe la querelle, à rebondissements, sur l'enseignement du latin dans le secondaire. Ce débat nous intéresse ici dans la mesure où les adversaires définissent deux formes de description de notre grammaire, deux modes de discours distincts. L'apprentissage du latin dans les classes élémentaires de lycée a été supprimé dès 1880, sous l'influence de J. Ferry, favorable à l'instauration d'un enseignement à contenu positiviste, partisan du déplacement sur un autre terrain de la barrière entre secondaire et primaire. Encore aujourd'hui, la tradition humaniste d'une partie de l'Université est l'une des expressions du refus des projets qui, depuis 1950, s'efforcent de promouvoir une généralisation de l'enseignement secondaire, sinon une réelle démocratisation.

3.2.2.5 La transformation de l'institution scolaire

Les deux modèles linguistiques du primaire et du secondaire renvoient donc à deux usages différents du langage, adaptés à des conduites sociales différentes. Mais depuis les années soixante, l'allongement de la scolarité obligatoire et la disparition des classes élémentaires de lycée font que l'enseignement primaire doit assurer le passage en sixième de la quasi-totalité de ses élèves. Il doit donc viser un double objectif :

1º Préparer la sélection par niveaux qui s'opèrera dans l'enseignement secondaire et supérieur. Par le jeu des redoublements (au Cours préparatoire, où la rapidité d'acquisition de la lecture et de l'écriture permet un partage automatique, mais aussi en sixième, où le changement de régime scolaire provoque le rejet des « inadaptés », de même qu'à l'Université en première année d'études), l'école désigne les défavorisés, ceux qui seront orientés vers les cycles courts, le critère d'âge — qui exprime et masque la sélection sociale — restant le critère essentiel ;
2º Assurer une formation valable à la fois pour les élites futures et pour les déshérités du système social. Certains nient la possibilité pour l'école élémentaire de satisfaire à cette double demande ; mais c'est méconnaître que le même discours pédagogique (celui du maître ou celui du manuel) n'est pas perçu de la même façon par le fils du PDG, celui du médecin ou celui de l'OS. Chacun en tire des règles de conduite — par soumission ou refus — qui correspondent à la position que lui assigne son appartenance sociale. Les mécanismes linguistiques eux-mêmes peuvent être rejetés, subvertis, lorsque, dans l'enseignement technique, ils sont perçus comme un des éléments de la mise en condition idéologique (*cf*. C. Grignon, 1971).

CONCLUSION DE LA PREMIÈRE PARTIE

Au terme de cette trop rapide étude de la situation sociolinguistique du français contemporain, nous insisterons surtout sur l'idée suivante : on a tendance ordinairement à croire que, par rapport aux époques antérieures, le français s'unifie, se normalise et même s'uniformise avec la disparition des dialectes, des parlers locaux. Mais selon nous, d'autres clivages, moins spectaculaires sans doute, se reforment ou se maintiennent à d'autres niveaux, notamment sur le plan socio-culturel, selon le double critère des classes sociales (avec les milieux socio-culturels qui en sont les sous-produits) et des situations de communication.

Nous pensons donc qu'il ne faut pas trop se hâter de produire des descriptions « uniformisantes » du français contemporain et que tout l'effort des descripteurs doit au contraire se reporter sur le repérage de tous les facteurs susceptibles d'en faire varier les usages. C'est ce que nous nous efforcerons de faire dans la suite de notre travail, dans la pensée qu'il importe absolument d'éviter que chaque époque ne produise qu'*un seul portrait* de sa langue (grammaire, lexique), celui d'*un* usage abusivement privilégié et décrété « bon ».

Deuxième partie

LES CHANGEMENTS
LINGUISTIQUES

ALPHABET PHONÉTIQUE ET VALEUR DES SIGNES

VOYELLES

/a/	table, marbre
/ɑ/	case, noix
/e/	dé, chanter
/ɛ/	lait, je chantais
/i/	lit, partir
/o/	pot, mot
/ɔ/	port, col
/u/	mou, rouge
/y/	dur, su
/ø/	peu, ceux
/œ/	peur, œil
/ə/	me, premier
/ɑ̃/	dans, vendre
/ɔ̃/	pont, ronce
/ɛ̃/	matin, rein
/œ̃/	brun, lundi

CONSONNES

/p/	pour, hop
/b/	bu, abattre
/d/	dire, modèle
/t/	tourner, attendre
/k/	coq, accourir
/g/	gare, gourmand
/f/	finir, œuf
/v/	venir, revivre
/s/	savoir, facile
/z/	rose, zéro
/ʒ/	jeu, gibet
/ʃ/	chasse, mâche
/l/	lit, malin
/r/	ronce, venir
/m/	mon, amener
/n/	nous, animer
/ɲ/	montagne, signaler

SEMI-CONSONNES

/j/	yeux, épicier
/ɥ/	buée, lui
/w/	oui, moi

/ʔ/	note un coup de glotte : hop !
/ŋ/	note l'occlusive nasale vélaire dans *camping*.
/:/	note de la longueur d'une voyelle

4 PHONOLOGIE ET PHONÉTIQUE

4.1 LES LIMITES DE L'ÉTUDE

Les études phonétiques au début du XXᵉ siècle.

On ne peut étudier l'évolution des systèmes phonologiques du français sans évoquer sommairement la question de la norme, le terme étant pris ici dans son sens prescriptif : la *norme* est ce qui doit être seul retenu, appris. Les orthoépistes du début du xxᵉ siècle soulignaient nettement la variété des usages en matière de prononciation, et choisissaient de décrire le français parlé à Paris par la bourgeoisie :

« Le français à conseiller à tous est celui de la bonne société parisienne, en exceptant, s'ils offrent trop de difficultés, certains parisianismes. » (Rousselot et Laclotte, 1902)

Ils privilégiaient une prononciation parisienne et justifiaient ce choix en soulignant que le français est originairement la langue de la capitale. Il s'agissait en fait de fixer une norme sociale, qui comprenne peu de variations dans les réalisations d'un même phonème. Pour obtenir une norme indiscutable, il fallait chercher des « familles, où depuis trois générations au moins, il n'y a pas eu d'alliances provinciales » (Rousselot et Laclotte, *op. cit.*). La recherche de réalisations pures de tout mauvais contact, — la province, le « peuple », — indique au moins clairement que la langue avait un caractère hétérogène. On s'appliquait à définir, particulièrement à l'intention des étrangers, une prononciation unique qui serait celle d'un ensemble fictif de locuteurs, encore que la divergence des usages, plus marquée peut-être à cette époque qu'aujourd'hui, était presque toujours constatée :

« La prononciation varie, non seulement de province à province, mais même au sein d'une même province, d'une même localité, d'une même famille. » (P. Passy, 1913)

Au début du siècle, les changements phonétiques étaient souvent considérés comme une dégradation de la langue ; on ne concevait encore la phonétique que comme historique et l'histoire phonétique constituait la vérité de la langue ; ceux qui mettaient en cause les traditions graphiques du français défendaient dans le même temps avec énergie les traditions phonétiques.

4.2 LES ENQUÊTES ACTUELLES

On a surtout utilisé, outre les manuels et traités des orthoépistes du début du siècle, les résultats de trois enquêtes menées sur la prononciation du français et les leçons tirées de ces travaux par A. Martinet.

L'enquête de Martinet a été conduite en 1941 dans un camp d'officiers qui regroupaient « huit cents Français instruits appartenant aux différents niveaux de la bourgeoisie » (1946). Un jeu complexe de quarante-

Localisation des sujets géographiquement classés

Légende : Les localisations à l'intérieur de chaque département sont généralement très approximatives. Lorsqu'un sujet a changé de département au cours de son enfance, il est indiqué dans le département où il a séjourné le plus longtemps. Un point placé sur la frontière de deux départements signifie que le sujet ainsi indiqué, ou bien n'a pas donné d'indications départementales, ou bien a·habité longuement deux départements limitrophes. Pour la région parisienne, représentée arbitrairement par un cercle, il n'a été donné aucune indication géographique.

cinq questions a permis de mettre en relief l'extrême variété des usages phonologiques ; il est remarquable que, des 409 sujets qui se sont prêtés à l'enquête, il n'en ait pas été trouvé deux qui répondent de façon identique.

L'enquête de R. Reichstein (*in* W, 4, 1960) reprend neuf points sensibles du questionnaire Martinet : l'opposition /a/~/ɑ/ dans toutes les positions, les oppositions /e/~/ɛ/ et /ɛ̃/~/œ̃/ en finale ouverte et en finale couverte. Les buts poursuivis sont un peu différents de ceux de *La prononciation du français contemporain* ; il s'agit de « rechercher systématiquement les variétés de la prononciation parisienne, variétés dont chacun connaît l'existence et plus ou moins les modalités, (de) les fixer dans l'espace, (de) leur assigner une place dans le cadre social et (de) donner un aperçu de leur ampleur ». Les informateurs sont des enfants de treize à quinze ans, âge où l'on peut considérer que le système phonologique est fixé.

L'enquête de G. Deyhime (*in* L, 1966), entreprise parmi les étudiants, permet d'observer elle aussi toutes les oppositions que le questionnaire de 1941 avait révélées instables. Dans ces trois enquêtes, les auteurs ne relèvent ni n'étudient la réalité phonétique individuelle mais, à partir d'un questionnaire phonologique, ils cherchent à préciser le degré d'utilisation des oppositions phonologiques.

A partir des données recueillies, A. Martinet a pu décrire en synchronie les différents systèmes phonologiques du français propres à un milieu social. Nous ne retiendrons que les divisions les plus marquées, quitte à simplifier les faits en distinguant un système propre à la France méridionale, d'un système qui serait caractéristique de la France non méridionale ; ce dernier est quelque peu différent du système parisien. On aura une idée de la complexité des faits en se reportant à la carte ci-contre dressée par Martinet (1946).

Commentaire : *Le midi.* Approximativement le domaine des parlers d'oc.
Le sud-ouest. Sous-région dont les caractéristiques sont plus septentrionales que méridionales.
Le sud-est. Domaine franco-provençal.
L'est. Région linguistiquement hétérogène ; présence des dialectes germaniques dans les zones habitées par certains des sujets.
Le nord. Approximativement le domaine linguistique du « picard » et les régions traditionnellement flamandes.
La Normandie, la Bretagne. Limites des provinces.
L'ouest. Région délimitée au nord par la Normandie, à l'ouest par la Bretagne et l'Océan, au sud par le midi ; la frontière orientale est imprécise.
Le centre. Région linguistiquement mal caractérisée.
La Bourgogne. Réduite ici à l'Yonne et à la Côte-d'Or.
Le centre nord. Orléanais, Ile-de-France (à l'exclusion des parties métropolitaines), la majeure partie de la Champagne.
La région parisienne. Paris et la zone couverte par les transports en commun des réseaux de banlieue.

(d'après A. Martinet, 1946.)

De plus, si l'on confronte le système parisien avec les usages d '«un croissant qui commence aux Ardennes, se continue par la Bourgogne, le Berry, la région de la Loire et la Normandie, on constate le maintien des distinctions de quantités vocaliques, trait qui, nous le savons par d'autres sources et par les déclarations d'anciens grammairiens, caractérisent le français le plus central, le plus parisien, au XVIIᵉ siècle et plus tard. » (A. Martinet, 1969.)

La transformation des systèmes phonologiques est extrêmement lente quand on la compare aux modifications du lexique. Cependant les diverses enquêtes réunissent des matériaux suffisants pour que l'on puisse rendre compte des évolutions en cours depuis la fin du XIXᵉ siècle. La diachronie est présente dans la synchronie ; à un moment donné, différentes étapes des systèmes phonologiques sont représentées. En établissant l'âge moyen des locuteurs interrogés, on peut reconstituer ces diverses étapes :

Enquête Martinet	: date de naissance (moyenne) des plus âgés :			1894
—	—	—	de la génération moyenne :	1906
—	—	—	des plus jeunes :	1916
Enquête Reichstein :	—	—	—	— 1943
Enquête Deyhime :	—	—	—	— 1940

DÉLIMITATIONS

Alors qu'au début du siècle on éliminait tout ce qui paraissait un écart par rapport à *une* norme obligée, le français de la bourgeoisie de Paris et dans la pratique celui du rédacteur de l'ouvrage, les enquêtes actuelles s'attachent à mettre en évidence l'existence de plusieurs systèmes phonologiques du français. Encore la variabilité n'est-elle étudiée qu'à partir des réalisations de locuteurs considérés comme dépositaires de la norme ; A. Martinet définit sans ambiguïté les limites de son corpus et ne présente pas les systèmes qu'il décrit comme les seuls existant en français : « Ni le peuple des campagnes ni le prolétariat urbain ne sont représentés dans cette enquête » (1946). Il est donc possible de décrire l'évolution d'un des systèmes phonologiques du français, celui qui est propre à la classe dominante, représentée par les couches cultivées. La norme rejette les systèmes phonologiques régionaux ; dans ce domaine les études sont rares et l'on ne pourrait recueillir ici que de brèves indications (*cf.* J. Chaurand, 1972, et M. R. Simoni-Aurembou, *in* LF, 5, 1973, par exemple). Nous manquons d'études développées qui s'attacheraient à rendre compte des variations en faisant intervenir l'appartenance à une classe sociale, l'âge, le sexe ; en particulier, nous ne disposons pas d'enquête sur les prononciations de la classe ouvrière parisienne, ce qui permet à certains d'attribuer à un ensemble fictif, dénommé « le peuple » des réalisations phoniques souvent imaginaires. « Ce n'est que dans Zola ou Jehan Rictus que les concierges prononcent ' collidor ' ou ' cintième' ; en fait, le peuple parle beaucoup plus correctement qu'on ne le dit » (P. Guiraud, 1956).

La prononciation d'un phonème dépend de sa position dans la chaîne parlée ; elle peut être modifiée par les phonèmes qui l'entourent : dans un manuel d'orthoépie, on précise que dans le mot *cheval*, la sourde [ʃ] assimile la sonore [v], après la chute du « e » : [ʃval/ (º note l'assourdisse-ment de la consonne). Il est certain que les phénomènes de phonétique combinatoire se sont modifiés depuis 1900, sinon dans la prononciation qui tient lieu de norme, dans celle dite « populaire ». Sur ce point encore, les enquêtes systématiques sur le français parlé par les différentes classes sociales sont absentes (*cf. supra*, 1.5).

Nous limiterons donc notre étude à l'évolution du système phonolo-gique de la classe dominante, en tenant compte des variantes géogra-phiques signalées par A. Martinet. Il nous a semblé nécessaire de compléter ces indications par quelques remarques relatives à l'influence de l'ortho-graphe sur la prononciation du français.

4.3 OPPOSITIONS PHONOLOGIQUES ET ORIGINE SOCIALE

L'utilisation des oppositions phonologiques dans les différents milieux sociaux reste mal connue, faute d'enquêtes. Nous disposons des obser-vations de R. Reichstein (1960), dont A. Martinet a souligné la nouveauté :

« Un des enseignements les plus précieux de l'enquête est précisément qu'en matière phonologique, les prolétaires qui vivent en contact et, pour ainsi dire, dans l'ombre des classes aisées, n'imitent point l'usage de ces classes. »

Nous résumons quelques données de l'article de R. Reichstein ; nous signalons que les classifications de l'INSEE utilisées par l'auteur n'auto-risent pas à parler de classes sociales, mais seulement de catégories socio-professionnelles.

A comparer le rendement des oppositions phonologiques, en milieu féminin, dans les écoles communales, les lycées et les établissements confessionnels, R. Reichstein constate que les élèves des écoles religieuses se distinguent fortement de celles de l'école communale, et ce quelle que soit leur appartenance sociale. Les résultats mettent également en évidence qu'il existe une « corrélation (entre) toute l'infrastructure sociale (et) les phénomènes linguistiques observés ». R. Reichstein a comparé le degré d'utilisation des oppositions du quartier de Sèvres-Babylone et de la rue Cler (7ᵉ arrondissement). Les réactions sont fort différentes et peuvent être mises en relation avec la disparité des structures sociales ; par exemple, l'opposition entre /a/ antérieur *(patte)* et /ɑ/ postérieur *(pâte)* est mieux réalisée dans le quartier (Sèvres-Babylone) où le nombre d'habitants par pièce est le plus bas, où les études de notaire sont nom-breuses. Cependant cette opposition /a/ vs /ɑ/ n'est pas totalement aban-donnée par les milieux ouvriers alors que l'opposition /ɛ̃/ vs /œ̃/ n'est plus réalisée que par les enfants de la bourgeoisie.

4.4 L'ÉVOLUTION DU SYSTÈME PHONOLOGIQUE FRANÇAIS

4.4.1 LA DISTINCTION DE LONGUEUR

Jusqu'au début du XXe siècle, certains orthoépistes recommandent d'effectuer une distinction de longueur pour *toutes* les voyelles. Pour P. Passy, en 1902, « la durée en syllabe forte (accentuée) n'est douteuse que pour les voyelles [u, ɔ, a, ɑ, œ, y] devant les consonnes autres que les fricatives vocaliques : [v, s, z, b, d, g] et [r] final. Elle est très variable dans cette position » (Passy, 1913). Pour le même auteur, toute voyelle est brève quand elle achève un mot important ; la voyelle est longue si la syllabe est fermée par [r, v, s, ʒ, z] ; enfin, les voyelles [o, ø, ɑ, ɔ̃, ɛ̃,œ̃] sont longues toutes les fois qu'elles ne sont pas en position finale.

Toutes ces distinctions correspondent sans doute à un état ancien de la prononciation où elles avaient une fonction distinctive, état conservé selon certains auteurs par une partie de la « bourgeoisie parisienne ». Dans la réédition de 1890, revue et complétée, du *Traité complet de la prononciation française...* de M. A. Lesaint, l'auteur relevait qu'en français :

« Nous avons une grande quantité de mots qui ont des significations tout à fait différentes, selon que l'une de leurs voyelles est *longue* ou *brève* ; et celui qui prononcerait ces voyelles au hasard, sans soin, sans discernement, ferait entendre autre chose que ce qu'il aurait voulu dire et tomberait dans des méprises fréquentes. »

On peut marquer quelque scepticisme à l'égard de ce genre d'affirmations ; à cette époque, « souvent le souci du détail (...) empêche de voir l'essentiel du système phonique de la langue : sa structure » (P. R. Léon, 1962). Les observations sur appareils de M. Durand (1936) permettent de conclure que la prétendue longueur est relative et même souvent tout à fait subjective.

La distinction de longueur en finale

Les oppositions de longueur subsistent encore partiellement dans le croissant autour de Paris (*cf. supra*, 4.2) pour les voyelles [u, y, i, e], qui apparaissent fréquemment en finale. La durée différente de la voyelle permettait autrefois de distinguer la forme au masculin du participe passé de la forme au féminin. Le *Traité* de Lesaint fixait sans doute une prononciation en voie de disparition ; pour lui, l'opposition entre voyelles longues et voyelles brèves n'était pas limitée à la finale des participes passés. Les voyelles [e, œ, i, u, y] suivies d'un (e) muet étaient longues :

aimée, caducée,	/vs/	créé
queue, banlieue	/vs/	lieu
amie, la Brie, scie	/vs/	ami, abri
houe, moue, roue	/vs/	mou, cou
nue, bue, contribue	/vs/	bu, su

Dès 1902, Paul Passy donnait la transcription [vy] pour *vu* et *vue*, prononcés par un Parisien et relevait seulement la distinction entre *bout* et *boue*, [bu] vs [bu :]. Aujourd'hui le français de Paris ne connaît plus ces distinctions.

Lesaint proposait encore une opposition de longueur pour distinguer le substantif singulier du pluriel : l'*ami* et les *amis* [ami] vs [ami :]. Or, Littré constatait que l'on conformait de plus en plus le pluriel au singulier et estimait que l'on perdait de cette façon une nuance (1863). Nous pouvons dire que l'opposition de longueur en finale jouait surtout un rôle important quand l'obligation de l'article, qui donne son genre et son nombre au substantif, était beaucoup moins forte qu'à la fin du XIXᵉ siècle.

La distinction de longueur à l'intérieur de mot.

[a] *vs* [a:] : En français, les locuteurs tendent à éliminer la quantité comme caractéristique phonologique complémentaire. L'opposition de longueur est beaucoup moins pertinente pour différencier des unités lexicales que la distinction entre articulation antérieure /a/ et articulation postérieure /ɑ/. Le mot *tâche*, très anciennement, grâce à sa voyelle longue /a:/, ne se confondait pas avec *tache*, [taʃ] ; Port-Royal, au XVIIᵉ siècle reconnaissait déjà entre *tâche* et *tache* une différence de timbre, « l'un grave et l'autre aigu » (Fouché, 1952). La voyelle brève a conservé son lieu d'articulation /taʃ/, la voyelle longue a reculé le sien /tɑʃ/ ; la distinction entre les deux phonèmes s'opère tout à fait secondairement grâce à la différence de durée.

[ɛ] *vs* [ɛ·] : P. Passy distinguait toute une série de mots par la seule longueur de la voyelle :

peine	[ɛ]	/vs/	pêne	[ɛ·]
saine		/vs/	scène, Seine	
vaine		/vs/	veine	
laine		/vs/	l'aine	
belle		/vs/	bêle	

Le peu de place disponible entre le lieu d'articulation du /e/ et celui du /ɛ/ n'offre pas la possibilité d'introduire, dans le système du français, un timbre phonologiquement distinct de celui du /ɛ/. En principe, la différenciation des mots cités par la durée de la voyelle /ɛ/ demeure. Pourtant cette opposition de longueur n'est pas intégrée dans un ensemble cohérent, elle a de ce fait tendance à disparaître en tant que caractéristique phonologique complémentaire. La graphie (ê) soutient l'opposition pour certains mots, mais dans la mesure où une partie des locuteurs ne réalise pas la distinction, longues et brèves peuvent se répartir différemment sans que la communication en souffre. Les enregistrements récents à l'oscillographe (*bêle* vs *belle*, *bête* vs *bette*, *l'être* vs *lettre*, prononcés par dix sujets parisiens d'âge scolaire) ont permis de conclure qu'à Paris la différence de durée est presque inexistante entre la voyelle longue et la brève (*cf.* P. R. Léon, 1972).

Les assertions de Lesaint, pour ne citer que cet auteur, paraissent donc aujourd'hui pour le moins discutables. Il semble que les oppositions de longueur décrites étaient souvent en fait des différences de timbre ; on peut remarquer par exemple qu'une opposition de longueur entre *jeûne* et *jeune*, ou entre *paume* et *pomme*, est inexplicable, alors qu'une opposition de timbre est logique.

4.4.2 LE RENDEMENT DES OPPOSITIONS VOCALIQUES

Les données des enquêtes citées prouvent que des modifications assez importantes sont intervenues depuis le dernier quart du XIXe siècle. Des tendances se dégagent, et remodèlent progressivement le système.

[a] vs [α] : Nous avons signalé que des mots par ailleurs homophones sont seulement distingués par la différence entre l'articulation antérieure [a] et l'articulation postérieure [α]. En fait, l'opposition entre /a/ et /α/ se trouve surtout dans des mots où la syllabe accentuée est fermée : *patte* /pat/ et *pâte* /pαt/. Si 100 % des sujets opéraient cette différence dans l'enquête Martinet, seulement 87 % la réalisaient encore chez les sujets interrogés par Deyhime. Dans les autres positions, la nuance entre /a/ et /α/ se perd à Paris et dans la France méridionale. Selon les dictionnaires contemporains, le suffixe -*ois (bourgeois, danois)* devrait se prononcer [α] tandis que des mots comme *toi, voit, voix* auraient un [a]. Dans la pratique, « la répartition des deux timbres est tellement variable que le Français remarque à peine chez autrui les divergences sur ce point » (Martinet, 1946). Les méridionaux ne font pas de distinction entre les deux timbres. Le rendement acoustique entre /a/ et /α/ est très faible : on trouve 7,5 % de /a/ pour 0,23 % de /α/ et il faut exagérer l'opposition de timbre et de durée pour distinguer *la chanson du mal* ([a]) *aimé* de *la chanson du mâle* ([α]) *aimé* (*cf.* Carton, 1974).

/œ/ vs /ø/ : Les deux membres de la paire *jeûne, jeune* sont opposés par le timbre par la plus grande partie des Français. L'opposition quantitative, recommandée de façon exclusive il y a moins d'un siècle, a disparu sur l'ensemble du territoire.

/ɔ/vs/o/ : L'ancienne voyelle longue a tendance à se fermer tandis que l'ancienne voyelle brève s'ouvre ; on passe en un demi-siècle :

de beauté [boːte] à [bote]
botté [bote] à [bɔte]

La substitution de l'opposition de timbre à celle de longueur n'est pas entièrement généralisée. Martinet (1946) relève que la différence entre *saute* et *sotte* est effectuée grâce à une opposition de timbre par les Parisiens [sot] vs [sɔt], mais qu'elle est toujours rendue par une opposition de longueur en Bourgogne.

/ɛ/ vs /e/ : Dans les cas où l'on peut déterminer deux phonèmes distincts, la répartition des deux timbres /e/~/ɛ/ reste incertaine ; en syllabe fermée, devant l'accent, le timbre est ouvert : *fermière* [fɛrmjɛr] ; en syllabe ouverte le timbre est fermé : *déjà* [deʒa]. La règle n'est pas toujours applicable ; d'autres éléments interviennent pour la détermination du timbre ailleurs qu'à la finale absolue. Ainsi quand le phonème est graphié *ai, ay*, la prononciation est notée /e/ ou /ɛ/ : *raison*, [rezɔ̃] ou [rɛzɔ̃], *plaisir*, [plesir] ou [plɛzir]. La plupart des mots qui commencent par *ex-* (x = [gz]) devraient selon la règle être transcrits /ɛgz-/, on trouve le plus souvent /egz-/ : *exacerber* /egzasɛrbe/ ; *exact* [egzakt], *exaction* /egzaksjɔ̃/, etc. dans le *Dictionnaire du français contemporain*.

Les traditions, qui s'appuient souvent sur l'écrit, exigent une distinction phonologique entre les deux timbres à la finale absolue. On prescrit toujours de distinguer entre *dé* [de] et *dais* [dɛj], *ré* [re] et *raie* [rɛ], *pré* [pre] et *près* [prɛ] ; en fait la confusion entre les deux timbres dans cette position est de plus en plus répandue, la distinction est même à peu près inexistante dans la France méridionale. La prononciation [kɛ] *(quai)*, [gɛ] *(gai)*, [lɛ] *(les)* pour [ke], [ge], [le], est très fréquente partout. La répartition [e] pour le futur et le passé simple, [ɛ] pour le conditionnel et l'imparfait, encore recommandée dans différents manuels, n'est plus maintenue en français : on entend le plus souvent [ɛ] pour toutes ces formes.

Deyhime comptait 80 % d'étudiants parisiens qui réalisaient l'opposition *piqué/piquait* ; seuls 53 % des sujets étaient dans le même cas dans l'enquête Martinet. Il s'agirait là d'une redistribution de l'opposition /e/ vs /ɛ/. Selon P. R. Léon (1972), dans les milieux populaires, les finales en *-et (piquet)* sont prononcées [ɛ], ce qui apparaît être « non seulement une direction générale de la langue cultivée, mais peut-être aussi un renversement d'une tendance populaire puisque B. Malmberg signalait en 1942 : « La tendance de la langue populaire à prononcer les mots en *-et (billet, carnet*, etc. avec un [e] est bien connue et en progrès dans le langage courant. » De même V. Buben (1935) relevait que « dans la langue populaire où l'influence de la forme écrite se fait moins sentir, la tendance à fermer l'e à la finale l'emporte et les prononciations comme [bije], [pule], [ɛkspre], [vre] sont de plus en plus fréquentes ».

On peut constater que les conclusions sur l'opposition /e/ vs /ɛ/ reposent le plus souvent sur l'observation de paires isolées, et non d'énoncés ayant réellement servi à la communication. Une enquête menée au laboratoire de phonétique de Tours, auprès de plusieurs institutrices originaires de Touraine fournit quelques résultats intéressants sur le rendement de l'opposition /e/ vs /ɛ/ dans des positions où la reconnaissent les études descriptives : /e/ ne s'opposerait plus à /ɛ/ dans la paire *piquai* à *piquais*, mais dans la paire *piqué/piquais*. Notre corpus a été élaboré à partir d'une *conversation libre* d'une heure. Si l'on considère les cas où l'on a théoriquement un /ɛ/ ou un /e/, on s'aperçoit que, *dans le discours*, l'opposition /e/ vs /ɛ/ ne fonctionne pas et que l'on ne peut définir une distribution quelconque.

Étude de l'aire de dispersion des voyelles /e/ et /ɛ/.

/e/ est à peu près maintenu. La plupart des réalisations de /ɛ/ se trouvent dans l'aire de dispersion du /e/. On obtient même une réalisation de /ɛ/ proche de la valeur moyenne de /i/, en fin de groupe rythmique. Si les auditeurs « perçoivent » sans hésitation un imparfait dans ce cas, c'est bien que les distinctions sont moins phonologiques que phono-syntaxiques.

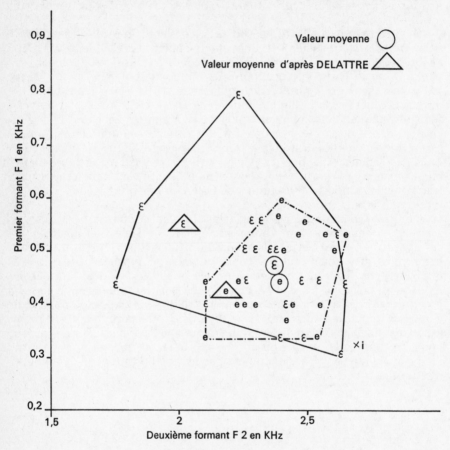

4.4.3 LES VOYELLES NASALES : /ɛ̃/ vs /œ̃/

Depuis le début du siècle, l'opposition entre la nasale antérieure labialisée /œ̃/ et la nasale antérieure non-labialisée /ɛ̃/ tend à disparaître à Paris. Dans l'enquête Martinet, 57 % des locuteurs effectuaient la distinction, mais seulement 28 % dans l'enquête Deyhime ; dans la France méridionale elle subsistait pour 79 % des sujets dans le premier cas, pour 52 % dans le second. On sait que l'opposition entre /œ̃/ et /ɛ̃/ n'intervient que très rarement pour différencier des mots : *brin* et *brun* par exemple ; encore ces mots ne commutent-ils à peu près jamais dans le discours. Statistiquement, on a 0,99 % de /ɛ̃/ pour 0.28 % de /œ̃/ ; précisons que le numéral ou l'article *un*, que *chacun, aucun, quelqu'un* ne sont pas opposables à des *[ɛ̃], [ʃakɛ̃], [okɛ̃], [kɛlkɛ̃][1] qui auraient des sens différents (*cf.* Carton, 1974). Cela explique que l'on observe la disparition progressive de la voyelle /œ̃/ aussi bien dans le « parler de la bourgeoisie » que dans la « parlure vulgaire ». Au début du siècle, « dans beaucoup de provinces on entend /ɛ̃/ pour /œ̃/ » et « la nasale /œ̃/ est surtout maintenue par l'enseignement » (Rousselot et Laclotte, 1902).

Les mêmes auteurs notaient que la prononciation archaïque à Paris de [ãne] *(année)* pour /ane/ avait toujours cours « dans les classes les plus élevées et par conséquent les plus conservatrices, ainsi que la prononciation avec voyelle orale dans *mon ami*, [mɔnami] ». La réalisation [mɔ̃nami] a prévalu à Paris ; la renasalisation dans les cas de ce genre manifeste peut-être le sentiment d'une séparation des deux monèmes. Au XVIIᵉ siècle, la suite voyelle nasale + consonne nasale n'était pas admise à l'intérieur d'un mot : *grand-mère* était peut-être considéré comme composé de deux mots au temps des *Femmes savantes*, — d'où l'opposition avec *grammaire* par Martine —, ce qui n'est plus le cas aujourd'hui.

Dans la France méridionale, où l'(e) muet est prononcé, le problème des nasales ne se pose pas de la même façon. Les voyelles nasales [ã, ɔ̃, ɛ̃, œ̃] sont émises en étant accompagnées d'une rapide occlusion et peuvent être décrites comme la combinaison de deux phonèmes : on perçoit la voyelle /ɑ, ɔ, ɛ, œ/ sous la forme d'une variante plus ou moins nasalisée, suivie d'une réalisation variable /m. n, ɲ/ de l'archiphonème nasal. On constate que le maintien dans la France méridionale du (e) muet est indissociable de la non-existence de voyelles nasales pures.

Synthèse

On peut regrouper les oppositions pertinentes sans tenir compte de la position prétonique, dans laquelle les distinctions sont assez mal maintenues.

France non méridionale.

	Position finale			Position couverte	
i	y	u	i	y	u
e	ø	o		ø	o
	ɛ			ɛ œ ɔ	
	a			a ɑ	

Nasales ɛ̃ œ̃ ɔ̃
ã

Paris

	Position finale			Position couverte	
i	y	u	i	y	u
e	ø	o		ø	o
	ɛ			ɛ œ ɔ	
	a			a ɑ	

Nasales ɛ̃ ɔ̃
ã

---

1. * = forme non attestée.

France méridionale.

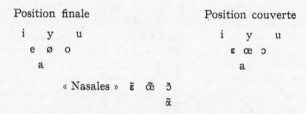

Position finale   Position couverte

i   y   u   i   y   u
e   ø   o   ɛ   œ   ɔ
a   a

« Nasales »   ɛ̃   œ̃   ɔ̃
ɑ̃

Données extraites de G. Deyhime (1966).

4.4.4 L'OCCLUSIVE NASALE VÉLAIRE : /ŋ/

L'occlusive nasale vélaire /ŋ/ n'appartient pas au système phono-logique traditionnel du français ; certains affirment que notre langue aurait acquis au xxᵉ siècle ce nouveau phonème. Les faits démentent cette assertion ; on peut considérer qu'il y a trois réalisations concurrentes de -ING dans les mots d'emprunt.

La réalisation par /n/ est de plus en plus rare. Elle est le fait, pour SMOKING, de 17 % de locuteurs de la France non méridionale et de 29 % de locuteurs de la France méridionale ; pour CAMPING, les pourcentages sont respectivement de 9 % et de 16 % (en 1941, enquête Martinet). Pour le mot SMOKING, Deyhime obtient 1 % et 14 %, en 1966.

La réalisation par /ɲ/ a toujours été plutôt le fait de la France non méridionale. E. Pichon notait en 1935 que « SMOKING prend un /ɔ/ ouvert et bref et un /ɲ/ semblable à celui de ' *montagne* ' » (*Le français moderne*, 1935). Les résultats des enquêtes précitées sont les suivants :

Enquête Martinet (1941) : [ɲ]

SMOKING : France n.m. 17 %
France m.   3 %
CAMPING : France n.m. 20 %
France m.   5 %

Enquête Deyhime (1966) :

SMOKING : France n.m. 19 %
France m.   0 %

Deyhime note une augmentation relative de cette prononciation à Paris, au détriment de la réalisation par /ŋ/.

La réalisation de (-ing) « à l'anglaise » est encore la plus fréquente : le *Petit Robert* (1972), le *Dictionnaire de la prononciation française* (1968) de Warnant, la *Prononciation du français standard* (1969) de P. R. Léon, proposent pour tous les mots en -ING la réalisation par /ŋ/. Les résultats des enquêtes apportent des données qui confirment ces choix : [ŋ] ou [ŋg].

Enquête Martinet :   Enquête Deyhime :
SMOKING : France n.m. 65 %   80 %
France m.   68 %   86 %

Qu'est cette forme ? Cette réalisation « à l'anglaise » doit être consi-dérée comme une variante combinatoire de /g/ ; l'occlusive /ŋ/ n'est pas un nouveau phonème du français mais représente /g/ dans un contexte nasal : elle apparaît ailleurs qu'à la finale des emprunts, ainsi dans « une longue marche », réalisé [ynlɔ̃ŋ(g)marʃ].

4.5 LE PROBLÈME DU (e) MUET

La dénomination « (e) muet », discutable, rend compte du fait que le (e) de l'orthographe ne se réalise que dans certaines conditions : prononcé isolément, le mot *pe/tit* compte deux syllabes phoniques et l'articulation vocalique correspondant au (e) peut être enregistrée. Le (e) muet intervient avant tout pour faciliter la prononciation des consonnes ; de ce fait, sa caractéristique essentielle est l'instabilité.

Dans le croissant qui va des Ardennes à la Normandie, le (e) après voyelle entraîne encore un allongement relatif de la voyelle : *-ie, -oue, -ue*, se prononcent différemment de *-i, -ou, -u*, et parfois même avec un timbre plus fermé. C'est là le reliquat d'une prononciation ancienne. Cette différence n'est plus en usage à Paris et dans le reste de la France non méridionale, — sauf « encore parfois dans la prononciation emphatique » (V. Buben, 1935).

En position finale, les usagers de la France non méridionale ne distinguent plus *lac* de *laque*, tous deux réalisés [lak]. A l'intérieur du mot, quand (e) suit une consonne prononcée et est placé entre deux voyelles articulées, il n'est plus prononcé : *batterie* se réalise [batri]. Dans un groupe, le mot n'a pas d'indépendance phonétique ; on y prononce le (e) muet si deux consonnes le précèdent et qu'une au moins le suit : un *brevet*. Dans les autres cas, après une consonne ou une voyelle, il n'est pas toujours prononcé : *la menace*. En fait, le nom de « loi des trois consonnes » appliqué au phénomène convient mal : le (e) muet n'est pas automatiquement prononcé et perceptible dans une séquence du type (c + (e) + c + c) *une blouse* [ynbluz]. Il faut que l'on ait la suite (c + c + (e) + c) : *la petite semelle* [laptitsəmɛl] ; dans ce cas, le (e) « ne fait pas l'objet d'un choix du locuteur et a fonction de lubrifiant » (Martinet, 1969).

Pour le groupe *je me le demande*, il existe deux zones nettement délimitées : la France méridionale prononce plutôt *je m(e) le d(e)mande.* alors que les régions centrales et septentrionales préfèrent *j(e) me l(e) demande.* Dans les groupes lourds, la génération la plus jeune réaliserait plus fréquemment, à Paris, *ours(e) blanc* mais plus rarement *ar(que) boutant* que la génération la plus ancienne. Cet allègement des groupes consonantiques lourds était effectué par un grand nombre de sujets vers 1930. Il faut sans doute reconnaître là, selon les suggestions d'A. Martinet, (1946) l'influence de la première guerre mondiale : c'est à ce moment que les locuteurs ont appris à lire et la tendance à l'allègement a pu se manifester sans être trop freinée par les traditions scolaires ou familiales. La même tendance est observée également dans l'enquête de Deyhime en milieu universitaire : on ne peut donc l'imputer à une parlure populaire mythique comme l'ont fait certains orthoépistes. Quand l'influence de la graphie est à peu près constante comme c'est le cas pour les enseignants, la tendance à l'allègement est beaucoup moins forte. Ce problème de l' « allègement ne devrait d'ailleurs pas être étudié uniquement à propos du /ə/ muet, mais donner lieu à une enquête beaucoup plus complète qui confronterait les données qu'on a l'habitude de ranger sous la rubrique ' brièveté/longueur ' et celles, plus strictement linguistiques, qui se rattachent à la notion ' d'économie '» (Kochmann et Beaujot, *in* BREF, 1970). De plus, selon Léon (*in* L, 1966) l'occurrence du (e) augmente en proportion des autres facteurs du « beau style », décroit à mesure qu'on s'éloigne d'une conception littéraire de la langue.

Les orthoépistes ne s'accordent guère sur le rapport des réalisations de l'(e) muet avec la série des voyelles antérieures arrondies. Quand le degré d'ouverture équivaut à celui de /œ/, l'articulation labiale (l'arrondissement) est beaucoup plus proche de la position d'indifférence /ə/ que quand il s'agit d'une voyelle fermée comme /y/. On peut ajouter que les voyelles de la série non arrondie sont articulées plus en avant que celles de la série antérieure arrondie. La distance entre la zone d'articulation de /y/ et celle de /u/ reste relativement importante et aucun risque de confusion ne s'ensuit ; mais les zones d'articulation sont de plus en plus proches quand on tend vers un degré maximum d'ouverture et les voyelles antérieures arrondies ont tendance à rapprocher leur point d'articulation de la zone moyenne, celle de (e). De ce fait, un /œ/ et un /ə/ auquel on donne un grand degré d'ouverture ne sont pas acoustiquement très différents. Pour la plupart des Français, la distinction entre les deux n'est pas opérée (*cf.* Martinet, 1969).

4.6 LA LIAISON ET L'ACCENTUATION

Les éléments sonores se succèdent dans la chaîne parlée et les séquences sont plus ou moins bien attachées entre elles. Le français « soigné » se caractérise par son aspect lié, des jointures (frontières entre groupes rythmiques segmentables en groupes accentuels, c'est-à-dire en mots phoniques délimités par un accent) faiblement marquées, instables. Faute de documents précis sur l'évolution des phénomènes de liaison, on ne peut que reprendre quelques remarques sur les tendances du français contemporain. Il semble que le français parlé en vienne à conférer une individualité de plus en plus grande aux mots jugés importants dans un énoncé. Ainsi la séquence *après les événements de mai* sera souvent réalisée [aprɛle/zévɛnmɑ̃dmɛ]. On assisterait, surtout dans le discours des reporters de la radio et de la télévision, à une désaccentuation des syllabes finales de mots considérés majeurs et placés au début des groupes ; en contrepartie, l'initiale du mot important reçoit un accent d'insistance : *Aujourd'hui le président a déclaré,* /oʒurdɥi lə prezidá a deklaré/ devient /ʔóʒurdɥilə prézidɑ̃ a déklare/. Il se produit une altération sensible des consonnes de liaison dans le français familier, et corrélativement un développement de la démarcation entre les groupes accentuels. Les speakers de la radio et de la télévision tendent à remplacer la liaison par un accent fort, à l'initiale de l'élément à démarquer ; on entend : « *le président dans les jours / A venir...* » Ce type de réalisation n'est pas propre aux annonceurs quoiqu'il soit plus remarquable chez eux ; de plus en plus de sujets insistent sur la syllabe différenciative.

Marouzeau distinguait l'accent affectif qui tombe sur la syllabe initiale si elle est vocalique, ou sur la seconde, de l'accent intellectuel qui frappe toujours l'initiale ; cette distinction n'était fondée que sur le sens des mots ainsi mis en valeur. L'accent d'insistance (à fonction phatique, emphatique, affective) a pu frapper la syllabe initiale « dès que se sont développés l'oxytonisme et l'égalité rythmique qui caractérisent le français moderne » (Carton, 1974), soit vers le milieu du XVIIIe siècle. Cet accent, facultatif, met en valeur une (des) syllabe(s) phonique(s) ; il peut prendre appui sur deux syllabes successives : incroyable [ʔɛ̃kkrwajabl], ou sur toutes les syllabes : [ʔɛ̃-krwa-jabl]. Carton suggère des causes complexes à cette évolution : l'accent d'insistance participerait du souci de distinguer l'intonation structurale (en finale de groupe) de l'accentuation ; le bruit gênerait la transmission de l'information : on pallierait cet inconvénient par un surcroît d'insistance ; enfin les tensions propres à la vie urbaine auraient leur influence sur le phénomène.

4.7 L'INFLUENCE DE L'ORTHOGRAPHE SUR LA PRONONCIATION

Au XVIIe siècle, pour fixer la forme graphique des mots, les grammairiens utilisaient l'étymologie et s'appuyaient sur l'évolution historique. La connaissance de l'étymologie et de l'histoire était approximative et beaucoup de décisions ne furent que le fruit du hasard ; la prononciation dépendant de la graphie, les codifications apparaissent souvent très éloignées de l'évolution phonétique. La plupart des mots discutés ont acquis à la fin du XVIIIe siècle une forme qui devient la seule possible, — née des décisions des grammairiens, de l'usage des écrivains, fixée par les différentes éditions du *Dictionnaire de l'Académie*. La norme se répand dans les milieux cultivés, la refuser est se faire remarquer et même exclure de certains lieux, puisque l'appartenance à la bonne société implique la correction du langage. L'influence de l'orthographe s'est accrue tout au long du XIXe siècle, dans la mesure où elle constituait, — et encore aujourd'hui pour une part importante —, un élément essentiel de l'instruction primaire. La généralisation progressive de l'enseignement a entraîné l'expansion dans toutes les classes sociales de la connaissance de la lecture et de l'écriture (*cf. supra*, 3.2., l'institution scolaire). Beaucoup de mots usuels ont conservé une graphie historique et ont acquis peu à peu une prononciation conforme à cette graphie. Dans la seconde moitié du XIXe siècle, Littré relevait et déplorait :

« une propension très-marquée vers l'habitude de conformer la prononciation à l'écriture et d'articuler des lettres qui doivent rester muettes. Ainsi s'est introduit l'usage de faire entendre l's dans *fils* qui doit être prononcé non pas *fis'* mais *fi*. » (1863)

Depuis Littré le nombre de mots dont la prononciation s'est alignée sur la graphie est considérable. L'ouvrage de V. Buben (1935) retrace de façon complète l'évolution de l'influence de l'orthographe sur la prononciation. Nous ne retiendrons que les faits qui nous ont paru les plus significatifs.

Les consonnes finales : La tendance est depuis un siècle à la restitution des consonnes finales, tendance souvent condamnée par les orthoépistes et les dictionnaires. Rappelons quelques exemples.

La consonne « c » est restituée dans quelques mots. *arc-boutant* qui n'est connu que par la lecture, retrouve un [k] final dans Martinon, par ex. ; Littré et Lesaint posaient [arbutɑ̃]. L'ancienne prononciation [avɛ] *(avec)* se trouve chez Littré : « Devant une consonne, le *c* ne se prononce pas : [avɛvu] ; cependant plusieurs le font entendre même devant une consonne : [avɛkvu]. » La réalisation [zɛ̃:g] *(zinc)* était considérée comme familière dans Darmesteter *et alii* ; mais Barbeau signale la rareté de [zɛ̃:k]. Pour Martinon, « on devrait tout simplement écrire *zingue* comme on écrit *zingueur*. » DFC, PR et Bordas donnent [zɛ̃g].

L'« f » en finale est rétabli à peu près partout dès le début du siècle. Littré regrettait qu'au singulier plusieurs fissent entendre l'*f* dans *cerf* ; Darmesteter *et alii* affirmaient vieillie la prononciation [sɛ:r] ; Rousselot et Laclotte notaient que « l'*f* est en train d'être restauré » et Martinon que « l'*f* a revécu quelque peu aujourd'hui, même au pluriel ». DFC propose les deux réalisations, Bordas et PR seulement [sɛ̃r]. Le rétablissement de l'*f* dans *neuf* est plus récent. Selon les orthoépistes, on disait encore jusque vers 1930 [nø] ou [nœ] devant un mot que multipliait *neuf* ou lorsque le mot commençait par une consonne ou un *h* aspiré : *neuf fois trois, neuf rangées, neuf haches.* Mais cet usage fléchissait « et la prononciation /nœfsu, nœf sɑ̃, nœf mil/, d'abord populaire, tend(ait) à se répandre même parmi les gens instruits, parce qu'elle (était) plus distinctive et plus expressive » (Buben, 1935). Le même auteur remarquait que la forme [sɛ:k] *(cinq)* tendait à s'introduire devant un mot pluriel s'ouvrant par une consonne. Pour *neuf*, les dictionnaires admettent aujourd'hui la restitution de l'*f*, mais pour *cinq* l'ancienne règle est rappelée par DFC et PR.

Pour Littré, il ne faut pas dire comme quelques-uns (c'est-à-dire comme à Paris) [lɛg] *(legs)* ; le *Dictionnaire de l'Académie*, Darmesteter *et alii*, recommandent aussi [lɛ] ; on trouve [lɛg] surtout dans le midi et cette prononciation commence à envahir le français. Le DFC donne [lɛg] ou [lɛ] ainsi que Bordas et PR (pour RP, [lɛg] est plus courant).

La liste des mots dans lesquels la finale est aujourd'hui articulée serait fort longue. Les manuels essaient d'aller contre cette tendance, sans succès semble-t-il : pour le mot *os*, « on dit, et on *doit* dire, de préférence un [ɔs], des [o] ; *toutefois* on dit de plus en plus des [o:s] » (Martinon, souligné par nous). Bien que cette prononciation soit toujours celle prescrite par les dictionnaires (DFC, PR et Bordas), nous avons relevé fréquemment à Paris et en Touraine la forme fautive, y compris chez des universitaires .

Les consonnes géminées : On appellera *géminée* toute articulation prolongée phonologiquement distincte de la simple correspondante. La première édition du *Dictionnaire de l'Académie* (1694) adopte les graphies de la Renaissance sans grands changements, en maintenant la plupart des lettres doubles. La restitution de la prononciation du latin a introduit l'articulation des géminées dans les mots français, ce que les grammairiens relèvent vers la fin du XVIIᵉ siècle. En même temps, la stabilisation de la finale consonantique et l'amuïssement de l'(e) muet entraîne le développement des consonnes doubles. On peut ainsi distinguer deux types de consonnes doubles qui subissent des sorts différents. Certaines géminées sont accidentelles ; les consonnes finales ont été rétablies dans la prononciation et ne s'amuïssent plus devant la consonne initiale du mot suivant : *avec calme, pour rien, il l'a dit*. On peut remarquer pour les formes verbales de première et de deuxième personnes aux temps composés, avec pronom complément de 3ᵉ personne élidé, une tendance à introduire une géminée inexistante : *jel l'ai dit, tul l'as dit*[1]. Le plus grand nombre de ces géminées fortuites résulte de la rencontre de deux consonnes devenues contiguës après l'amuïssement d'un (e) muet : *là-dedans, verrerie, grande dame*. D'autres proviennent de l'assimilation d'une consonne sourde par une consonne sonore de même point d'articulation : *vingt-deux ;* ou inversement : *ne tombe pas*. On tend à différencier le second phonème du premier ; celui-ci doit en effet conserver une indépendance phonologique pour que le mot soit reconnu. Ce fait explique la prononciation, considérée comme populaire : [vɛ̃ndø, lɑ̃dɑ̃, grɑ̃ndam].

On restitue aussi les consonnes doubles dans des mots qui ont conservé deux lettres dans la graphie : soit à l'intérieur des radicaux *(grammaire)* soit à la limite du préfixe et du radical *(illégal, immoral)*. Dans le premier cas, les géminées ne représentent pas des groupes phonologiquement distincts des consonnes simples ; dans le second, les géminées sont très instables puisque le procédé de composition ne connaît plus que le préfixe [ɛ̃], *in-*. Nyrop (1930) note « qu'on remarque chez les Français modernes une tendance croissante à prononcer les lettres doubles à l'intérieur des mots ». L'enquête de Martinet confirme cette tendance pour Paris, celle de Deyhime pour toute la France non méridionale. Fouché (1952) y voit une influence de l'école.

---

1. Il s'agit d'un renforcement du pronom qui est trop porteur de sens pour se réaliser par une consonne simple.

5. LA SYNTAXE

5.1 INTRODUCTION

A la différence du lexique qui se renouvelle presque quotidiennement, dans ses marges au moins (vocabulaires thématiques, spécialisés,
argots, etc.) sous l'influence de facteurs extra-linguistiques surtout, la
syntaxe apparaît comme un domaine stable. La liste des éléments d'une
langue peut se modifier sans que les règles de leur combinaison évoluent
sensiblement. Les règles syntaxiques semblent à l'écart des mouvements
économiques, sociaux, du moins sur de courtes périodes, comme celle
qui nous intéresse, de la fin du siècle dernier à nos jours.

Pourtant, il est des frontières communes à la syntaxe et au lexique,
et, dans ces franges, les mouvements sont rapides : la composition de
nouvelles unités linguistiques, — dont on peut discuter si elle relève de la
syntaxe ou du lexique (*cf. infra*, 6.3.1, la composition lexicale) —, connaît
aujourd'hui des modèles *(un établissement pilote, le Palace Hotel)* dont la
nouveauté se mesure à la violence des réactions puristes.

En fait, les structures syntaxiques apparaissent d'autant plus stables
que leur description est relativement *récente, partielle* et *orientée* :

— récente, parce que la grammaire a longtemps été essentiellement morphologique, respectueuse des parties du discours, expressions directes
de la pensée, et qu'elle le reste le plus souvent dans nos manuels scolaires ;
— partielle, parce que la grammaire traditionnelle (et parfois la nouvelle)
s'est toujours limitée, techniquement et idéologiquement, aux formes
écrites d'un français soutenu, passant sous silence la diversité de l'expression orale et marquant le langage vernaculaire des étiquettes infamantes
(pour leurs auteurs) de « populaire » ou de « vulgaire » ;
— orientée, parce que les objectifs centralisateurs du pouvoir politique
exigeaient la réduction de l'expérience linguistique des locuteurs au langage de grande communication, effaçant l'hétérogénéité de l'usage au
profit d'une langue « commune », interdisant dialectes, patois, etc.

De ce fait, l'historien du français contemporain se trouve démuni de
toute information globale sur la pratique linguistique réelle d'aujourd'hui
ou d'hier. Dans le domaine de la syntaxe en particulier, ses seules sources
sont les grammaires normatives du français soutenu ou les descriptions
pointillistes (et souvent douteuses, en raison de l'origine de leurs auteurs)
des parlers condamnés, pour la fin du siècle dernier comme pour les
années 1970. Comment donc faire apparaître le mouvement linguistique
sur une période aussi brève, en l'absence de documents, que réclament

les linguistes soucieux des rapports entre langue et société, comme M. Cohen ?

L'absence de moyens techniques et théoriques interdisant une comparaison systématique des français du XIXᵉ et du XXᵉ siècles, il nous a fallu chercher les traces de l'évolution de la syntaxe dans la synchronie même, dans l'hétérogénéité des pratiques linguistiques, qui révèle le dynamisme de la langue ; dans la sensibilité des censeurs de l'usage à certains phénomènes, qui trahit l'instabilité de la grammaire. Plutôt qu'une étude historique des changements linguistiques, peut-être possible dans le domaine lexical, nous avons examiné les points de friction qui dénotent le déplacement des structures syntaxiques :

1º L'écart entre la norme scolaire et le langage enfantin et/ou adulte signale bien que l'immobilité de l'une, — pour artificielle qu'elle soit —, s'oppose à l'instabilité de l'autre, instabilité synchronique (diversité des usages) et diachronique : c'est le cas de la construction négative par exemple ;

2º Le fossé qui s'élargit entre les formes écrites, protégées par la norme orthographique, et les formes orales, exposées à l'emploi non-réglementé dans la pratique quotidienne, indique bien, — quoique sans la dater —, l'existence d'un point d'origine et le trajet parcouru : en témoignent les oppositions de temps et de personne des formes verbales écrites, oppositions en régression à l'oral ;

3º La disparition hors de l'usage de certains outils syntaxiques, soigneusement répertoriés dans les manuels de grammaire toujours en vigueur, pointe bien la trace d'un état d'instabilité, surtout quand, d'un système d'oppositions, on passe à un autre : le cadre des oppositions entre les prédéterminants du substantif a changé, comme le montre le recul de certains emplois de *maint, même, quelque*, etc.

4º Le raffinement à perte de vue des analyses sur la valeur de telle ou telle catégorie morphologique indique de façon transparente la régression de certaines oppositions et la fragilité du système actuel : le subjonctif ou le passé de l'indicatif sont de ces points chauds où se multiplient des disputes infinies.

C'est donc sur un certain nombre de ces « points chauds » que nous avons choisi de nous appuyer pour illustrer l'existence et l'orientation d'un certain mouvement de la syntaxe française, même s'il est vrai que ces manifestations sont moins spectaculaires et plus lentes que les modifications dans le domaine du lexique. Suivant le plan des grammaires classiques du français, nous commencerons par donner nos observations concernant la morpho-syntaxe : points importants se rattachant aux constituants immédiats de la phrase déclarative simple ; puis nous passerons à l'étude de deux autres types de phrase : la phrase négative et la phrase interrogative. Nous nous en tiendrons là, n'ayant pas la prétention d'être exhaustifs. Signalons seulement ici, et une fois pour toutes, qu'au niveau de description très modeste où nous entendons nous placer, nous écartons toute préoccupation de rigueur théorique et terminologique : si nous étudions par exemple les « constructions nominales » sous la rubrique « le syntagme nominal », ce n'est nullement pour contester à la grammaire générative son analyse des nominalisations en termes de transformation, c'est pour faciliter le simple repérage des faits dont nous ne prétendons aucunement rendre compte par une étude analytique hors de propos ici.

5.2 L'ORIENTATION MORPHOLOGIQUE DE LA GRAMMAIRE TRADITIONNELLE ET SES INCONVÉNIENTS

L'analyse traditionnelle de la langue classe les phénomènes linguistiques en parties du discours, qui sont restées longtemps définies selon deux types de critères :

— les premiers, *sémantiques*, sont déterminés selon les catégories aristotéliciennes : le substantif désignant l'être, l'adjectif référant à la qualité, le verbe au procès, etc.

— les seconds, *morphologiques*, constituent l'essentiel de la description des catégories linguistiques classées selon leur forme, complètement isolées de leurs contextes dans les tableaux fixant les paradigmes du pronom, de l'article, du verbe, etc.

Comme l'a montré J. C. Chevalier (1968), la syntaxe apparaît tardivement dans le champ de la grammaire traditionnelle, qui, de ce fait, est restée longtemps marquée par le poids des « données » morphologiques et sémantiques. Ainsi les fonctions syntaxiques éclatent dans les grammaires scolaires jusqu'à l'émiettement des compléments circonstanciels en nuances inutiles ; les analyses les plus fines de la valeur des temps du verbe, autre exemple, se perdent dans des distinctions subtiles, qu'il faudrait bien rendre à l'étude du discours plutôt qu'à celle de la langue. C'est que la classification des unités linguistiques repose le plus souvent sur des différences de « forme » (morphologie) ou de « sens » qu'elle tient pour stables, sans tenir compte des différences d'environnement ou de contraintes syntaxiques.

L'inertie du cadre tabulaire des paradigmes interdit à la grammaire traditionnelle de reconnaître la tendance des unités linguistiques à glisser d'un fonctionnement syntaxique à un autre. L'analyse de l'interrogation comme « forme » du verbe, sous les espèces de l'inversion, a longtemps laissé ignorer la multiplicité des formes interrogatives à partir d'une même affirmation : *mange-t-il* est resté longtemps la seule forme (re)connue en face de *est-ce qu'il mange* et, encore aujourd'hui, de *il mange* ?

D'autre part, le classement en parties du discours qui attribue par exemple aux seuls substantifs (les êtres) les catégories du nombre (singulier /vs/ pluriel) ou du genre (masculin /vs/ féminin) joue comme un frein : il est difficile d'admettre, avec ce postulat, que les marques de genre et de nombre puissent se déplacer du substantif à ses déterminants spécifiques, comme c'est le cas le plus fréquent à l'oral :

le chien / les chiens = /ləʃjɛ̃/ vs /lɛʃjɛ̃/
le petit pois / les petits pois = /ləpətipwa/ vs /lɛpətipwa/

Nous montrerons plus loin que la personne du verbe tend à glisser, surtout dans la langue parlée, de la désinence au pronom de conjugaison déjà porteur comme substitut du substantif (à la 3e personne) des marques de genre et de nombre.

$$\left.\begin{array}{l} /ʒə/ \\ /ty/ \\ /il/ \end{array}\right\} \ /ʃãt/ \quad (\text{cf. } \textit{infra}, 5.4.2.3)$$

Le déplacement des catégories du nombre et du genre est particuliè-rement sensible dans la crise de l'accord des formes adjectives du verbe (dites participes). La crise, si elle est liée à l'écart qui s'est creusé entre l'oral et l'écrit, tient aussi, nous semble-t-il, au double statut *syntaxique* de ces formes du verbe ; tantôt elles jouent derrière l'auxiliaire de conju-gaison le rôle de base verbale ; « elle a *écrit* une lettre à son ami » ; tantôt, elles empruntent les fonctions de l'adjectif (apposition, épithète, attribut), avec des contraintes supplémentaires (par exemple, le « participe passé » épithète est toujours postposé, il ne peut pas se combiner avec n'importe quel intensif, etc.) « la lettre *écrite* hier m'est parvenue ce matin ». A ces deux fonctions syntaxiques correspondent deux conduites morpholo-giques différentes. On pourrait reprendre ici l'analyse de Kurylowicz (*in* BLSP, 1936) qui propose de reconnaître aux unités linguistiques l'appartenance à telle ou telle partie du discours d'un point de vue lexical, et la possibilité d'emplois syntaxiques dérivés. Il prend juste-ment en exemple les « participes passés » « verbe(s) d'un point de vue lexical », mais « adjectif(s) du point de vue de leur fonction syntaxique primaire ».

« Un dérivé syntaxique est une forme à contenu lexical identique à celui de la forme base, mais jouant un autre rôle syntaxique et par conséquent muni d'un morphème syntaxique. »

Le classement de ces nouvelles formes ne va pas sans difficulté, constate Kurylowicz ; elles bouleversent la belle unité du tableau morphologique et sémantique : une forme du verbe (le participe) est morphologiquement et syntaxiquement un adjectif, portant (ou non, nouvelle difficulté) les morphèmes spécifiques de l'espèce adjectif, à l'écrit par exemple, le -s du pluriel ou le -E du féminin (et non le -NT du verbe pour le pluriel). Comme nous venons de le signaler, la situation n'est pas simple ; l'accord en genre et en nombre du « participe passé » est soumis à des contraintes par-ticulières, qui le distinguent des autres adjectifs. La fixation de l'ortho-graphe française au XIXᵉ siècle a fait éclater la crise sur ce point (et sur quelques autres). La mobilité syntaxique du « participe » s'accordait mal du cadre rigide des règles d'accord, qui devenaient bien vite d'une inextricable complexité. Moins d'un siècle plus tard, le législateur lui-même devait intervenir pour proposer, timidement, quelques « tolé-rances ». L'Arrêté du 26 février 1901, qui est resté sans grand effet jus-qu'à nos jours, essayait de faire admettre la double orthographe dans certains cas :

« *Participe passé.* — Il n'y a rien à changer à la règle d'après laquelle le participe passé construit comme épithète doit s'accorder avec le mot qualifié, et construit comme attribut avec le verbe *être* ou un verbe intran-sitif doit s'accorder avec le sujet. Ex. : *des fruits gâtés* ; — *ils sont tombés* ; — *elles sont tombées.*
Pour le participe passé construit avec l'auxiliaire *avoir*, lorsque le par-ticipe passé est suivi, soit d'un infinitif, soit d'un participe présent ou passé, on tolérera qu'il reste invariable, quels que soient le genre et le nombre des compléments qui prédèdent. Ex. : *les fruits que je me suis laissé* ou *laissés prendre* ; — *les sauvages que l'on a trouvé* ou *trouvés errant dans les bois...* »

Le premier paragraphe établit nettement la variabilité en genre et en nombre du participe *en fonction d'adjectif*. Le second *tolère* l'invariabilité dans les cas où le statut verbal du participe est le plus évident. La position officielle de 1901 laisse prudemment de côté l'essentiel du problème ; la masse des emplois du participe comme composant verbal des temps composés avec AVOIR n'est pas prise en considération, faute d'une doctrine ferme sur le double statut — adjectif et verbe — du participe. Cependant, la disparition très ancienne sur une grande partie du territoire de la distinction de genre et de nombre par la longueur : aimé, [ɛme] -vs-aimée ou aimés [ɛme:] a ouvert l'écart entre écrit et parlé. Aujourd'hui le participe passé employé avec l'auxiliaire AVOIR a perdu à peu près tout caractère variable, et même pour les formes marquées *(détruit* vs. *détruite[s])* à l'oral : de ce fait, il reste tout à la fois le piège traditionnel des dictées d'examen et l'objet d'un soin jaloux dans l'enseignement du français à l'école élémentaire.

Ajoutons que le statut des formes en -ANT n'est pas plus clair : l'orthographe (et la prononciation à l'occasion) devrait distinguer les participes présents et gérondifs, invariables parce que formes verbales, et les adjectifs verbaux, formes adjectives, donc variables. La clarté théorique de la grammaire n'entraîne pas la rigueur de l'usage dans les cas limites. Qui respecte dans l'usage l'opposition entre :

— les formes adjectives (et substantives) : *le personnel navigant, un navigant, un fabricant*, etc.
— les formes verbales : *Naviguant au plus près, le voilier s'éloigna ; M. X passe son temps en fabriquant des cocottes.* On voit ici comment la répartition des marques morphologiques dépend en fait de la fonction syntaxique des éléments et de leur environnement.

La place donnée à l'orthographe (et non à l'écriture) dans les descriptions traditionnelles de la langue et dans la pratique scolaire du français tend à privilégier les caractères morphologiques et leur redondance, souvent effacés à l'oral. Le statut syntaxique polyvalent de certaines unités (les participes par exemple), le déplacement ou l'affaiblissement de certains morphèmes (de genre et de nombre) deviennent alors l'objet de dictats orthographiques ou l'occasion d'analyses subtiles, où se perdent les professionnels eux-mêmes ; ces phénomènes, et la résistance qu'on leur oppose, jouent un rôle notable dans ce qu'il est convenu d'appeler la crise de l'orthographe, ou plus largement la crise de l'enseignement du français.

Compte tenu de tous ces inconvénients, c'est un cadre de description beaucoup plus syntaxique que strictement morphologique qui nous servira de guide pour signaler les points chauds du système grammatical, susceptibles, selon nous, de jeter quelques lueurs sur l'évolution de la syntaxe française contemporaine.

5.3 LE GROUPE NOMINAL

5.3.1 LA DÉTERMINATION

5.3.1.1 Rôle de la détermination

La forme actuelle du groupe nominal en français s'est élaborée très lentement. La langue a d'abord connu un substantif souvent employé seul, frappé par la flexion casuelle (déjà en désuétude dans les premiers textes écrits), instable dans sa position à l'intérieur de la phrase. En français moderne, le groupe nominal est un groupe syntaxique plus stable dans sa position comme dans sa composition : le terme nominal porte de moins en moins les flexions, plus du tout les marques casuelles, rarement celles de genre et de nombre, du moins à l'oral. Le phénomène essentiel est le développement d'un élément proclitique, le plus souvent seul porteur des marques de genre et de nombre du groupe nominal, à l'oral :

> le voile /vs/ la voile ; [ləvwal] /vs/ [lavwal] ;
> le tapis /vs/ les tapis ; [lətapi] /vs/ [lɛtapi] ;

Cet élément peut être selon la terminologie traditionnelle un article, un adjectif démonstratif, possessif, numéral, indéfini, voire certaines locutions adverbiales comme *beaucoup de* ou *trop de*, etc. Tous ces termes n'ont pas les mêmes propriétés morphologiques, syntaxiques et sémantiques ; dans cet ensemble hétérogène, nous définirons le prédéterminant comme étant « un élément irréductible qui permet au substantif de fonctionner comme sujet du verbe ; il porte les marques de genre et de nombre du substantif » (J. C. Chevalier, *in* FM, 10, 1966).

De l'ancien état de langue, on trouve encore des traces dans les discours de forme figée, comme les proverbes ou les sentences de forme proverbiale :

> Patience et longueur de temps font plus que force ni que rage ;
> Pierre qui roule n'amasse pas mousse.

Le caractère désuet de ce schéma de détermination est mieux encore illustré par des textes contemporains qui mettent précisément en jeu, en vue d'un plaisir littéraire, de tels effets d'archaïsme.

Ainsi, dans les 152 *Proverbes mis au goût du jour* par Éluard et Péret (1925), on relève :

n° 10 : A fourneau vert, chameau bleu ;
n° 20 : Pour la canaille obsession vaut mitre ;
n° 48 : Peau qui pèle va au ciel ;
n° 86 : A quelque rose chasseur est bon.

Dans le langage commun, le substantif ne peut plus assumer ses fonctions syntaxiques essentielles (sujet, complément d'objet, etc.) sans prédéterminant. On retiendra pourtant que, dans les locutions verbales avec des verbes comme AVOIR, FAIRE (*avoir peur, avoir soif, faire mal,* etc.), de même que dans certaines groupes prépositionnels (*il travaille avec ardeur /sans goût,* etc.), le substantif fonctionne sans prédéterminant. Le prédéterminant est réintroduit dès que le substantif est qualifié *(avec*

UN goût exquis, avec CE goût qui le caractérise, avoir UNE peur bleue, faire UN mal de chien) ou qu'il renvoie à un individu déterminé de son espèce *(il travaille avec SES mains, il nage sans LES pieds).*

Sémantiquement, ces morphèmes donnent au substantif son « assiette » *(cf.* Damourette et Pichon, 1927-1950), c'est-à-dire délimitent le champ variable de la désignation que recouvre le substantif actualisé dans le discours :

> LE poisson, c'est bon (renvoi à toute l'espèce) ;
> LE poisson s'est échappé du filet (renvoi à un seul individu de l'espèce).

Employé seul dans les entrées de dictionnaire, le substantif a sa plus grande extension. Il en va tout autrement pour certains noms propres qui fonctionnent comme des pronoms référents *(cf.* Dubois, 1965 ; Jakobson, 1963) : *Belmondo, Bideau,* désignant dans le discours un individu déterminé ; on peut noter que la restriction de l'extension est implicite, mais peut être précisée par l'ajout d'un autre nom propre : *Jean-Paul Belmondo, Jean-Luc Bideau.* Le prédéterminant réapparaît lorsque le nom désigne un ensemble d'individus : *les Bouglione, les Nixon.* La détermination appliquée à un nom propre peut le faire passer dans la sous-catégorie des noms communs : *Picasso / un Picasso, Anquetil / un super-Anquetil.* Il s'agit d'un cas particulier de *dérivation impropre,* puisque l'adjonction d'un prédéterminant permet aux éléments non-substantivaux de jouer le rôle syntaxique du groupe nominal :

> ADJECTIF : LE *rouge est mis, il se met* AU *vert*
> VERBE : *On peut apporter* SON *manger ;*
> PROPOSITION : *Le ton sur lequel il m'a dit* SON « *comment allez-vous ?* » *m'agace*

A l'inverse, l'absence de déterminant tend à donner au substantif une valeur adjectivale, en fonction d'attribut ou d'apposition, par exemple : *Georges est le président / Georges est président / Président, Georges a le droit de grâce.*

5.3.1.2 L'évolution des prédéterminants

Cette évolution est très ancienne en français et sa description n'a pas place dans nos remarques sur le français au XXᵉ siècle. Mais l'usage actuel de la langue témoigne d'une réorganisation relativement récente, et toujours en cours, du système des prédéterminants. Lorsqu'on examine l'écart entre les constructions décrites dans les grammaires et les réalisations des locuteurs du XXᵉ siècle, on s'aperçoit que les cadres morpho-syntaxiques et sémantiques des prédéterminants se sont modifiés. Nous avons constaté que leur rôle syntaxique s'est accru, mais l'usage de certains d'entre eux est en net recul ; par exemple, les énoncés suivants nous semblent ne pouvoir être produits que comme citations :

> NULLE dispute ne nous séparera ;
> MÊME ennui nous ronge ;
> CERTAIN regard la trouble ;
> TOUT amour est éphémère.

Ces énoncés nous renvoient au corpus de la littérature classique ou des textes juridiques :

MÊME soin me regarde (Corneille)
CERTAIN renard gascon (La Fontaine)
TOUT condamné à mort aura la tête tranchée

Certains de ces termes sont également menacés dans leur rôle de substitut au groupe nominal et sont supplantés par d'autres expressions. Ce n'est que dans les formules figées qu'on rencontre NUL substitut du substantif : NUL *n'est censé ignorer la loi*. La langue commune a substitué à NUL, quantificateur de valeur zéro, des formes négatives : PERSONNE *n'est venu*, PAS UN (N)*'a parlé*. Pour d'autres déterminants, c'est une des formes du couple morphologique-sémantique qui disparaît : CERTAINS et QUELQUES, seuls en usage, ne s'opposent plus à CERTAIN et QUELQUE :

QUELQUES amis sont venus.
? QUELQUE ami est venu.

Si l'on comprend encore aujourd'hui le vers de Victor Hugo : « QUELQUE *vaisseau perdu jetait son dernier cri* », un tel emploi de QUELQUE est à peu près écarté de l'usage commun. Certains déterminants survivent surtout dans leur emploi de substitut, d'adjectif qualificatif ou de déterminant secondaire :

SUBSTITUT : Je n'en ai vu AUCUN
ADJECTIF QUALIFICATIF : un match NUL, un devoir NUL
ADJECTIF QUALIFICATIF ou DÉTERMINANT SECONDAIRE : Un CERTAIN sourire, une nouvelle CERTAINE.

En 1929, Bauche signalait déjà la récession de ces termes, formes ou emplois dans le langage populaire. Ce n'est pas seulement dans le langage populaire que AUCUN ou NUL reculent, concurrencés par PAS UN (UNE) mais aussi dans la conversation courante. On peut voir dans PAS UN une forme emphatique de AUCUN, lorsqu'elle est accompagnée de la particule négative NE :

Je N'ai PAS UN sou sur moi.
PAS UNE femme NE lui résiste.

Mais l'usage le plus répandu, qui tend à réduire la négation à l'élément PAS, exclut progressivement AUCUN et NUL, ceux-ci ne pouvant apparaître sans NE :

?* AUCUNE femme lui résiste / PAS UNE femme (NE) lui résiste.
* NUL le voit / PAS UN (NE) le voit.[1]

C'est le NE qui est alors emphatique (Dubois, 1969), comme il apparaît dans la comparaison de : *Je* N'*ai* AUCUNE *chance de réussir* (non emphatique) / *Je* N'*ai* PAS UNE *chance de réussir* (emphatique) / *J'ai* PAS UNE *chance de réusir* (non emphatique).

L'enquête du *Français fondamental* (1956) fournit des informations statistiques intéressantes sur l'emploi des prédéterminants, à condition de prendre quelques précautions dans l'interprétation des résultats. L'échantillon sociologique retenu par les auteurs est nettement déséquilibré au profit des professions libérales (singulièrement universitaires). Comment

---

1. Le ? signale un énoncé douteux ; l'* signifie que la forme qui suit n'est pas acceptable. La combinaison des 2 signes désigne un degré intermédiaire.

expliquer autrement que, dans la liste des fréquences, QUELQUE au singulier apparaisse 27 fois ? Une autre explication est possible, qui met en évidence d'autres limites de l'enquête : le contexte n'étant pas donné pour la plupart des termes répertoriés, nous pouvons penser que tous les emplois de QUELQUE à l'oral proviennent des lexies : QUELQUE TEMPS ou QUELQUE PART. Ailleurs la non-distinction des formes singulier / vs / pluriel ou des emplois *prédéterminant/adjectif/substitut* interdit toute conclusion sérieuse sur l'usage du terme : les occurrences de CERTAIN sont toutes rassemblées sous une même rubrique, alors que nous savons par ailleurs le recul du prédéterminant singulier. Enfin il convient de tenir compte d'abord de l'indice de répartition, comme le demandent les auteurs de l'enquête ; il nous semble par exemple que le rang de AUCUN (fréquence 161) tient à la fréquence d'emploi chez une *minorité* de locuteurs (43/163). Ce qui est certain, c'est le recul de MAINT — aucune occurence n'est relevée —, ou de NUL.

Pour AUCUN et le couple CHAQUE/CHACUN, le problème est de savoir qui en use, dans quels emplois, et dans quels types de discours. Pour CHAQUE, qui envisage l'unité en visant la totalité *(il faut lire* CHAQUE *page de ce livre)*, 61 locuteurs seulement l'ont utilisé 83 fois, alors que le terme marquant l'intégralité, TOUT *(il faut lire* TOUTES *les pages de ce livre)*, est relevé 1 205 fois dans 149 enregistrements. Il faudrait aussi vérifier si CHAQUE n'apparaît pas surtout dans les lexies du type : CHAQUE FOIS, A CHAQUE INSTANT, alors que les contextes de TOUT sont plus variés. La réalisation, dans le discours, de l'opposition CHAQUE/TOUS donne un caractère sentencieux à des formules telles que : « (...) *L'attention de* TOUS *à la parole de* CHACUN » (Bulletin officiel de l'Éducation nationale, 7-12-1972 ; circulaire sur l'enseignement du français à l'école élémentaire). Quant à CHACUN, il est employé 50 fois dans 28 conversations ; mais l'on doit distinguer :

1º CHACUN, pronom indéfini, dont l'emploi recule au bénéfice de son concurrent TOUT LE MONDE, relevé 125 fois dans 70 entretiens différents ; encore ne prenons-nous pas en compte TOUS pronom, qui peut aussi concurrencer CHACUN dans de nombreux contextes, la forme TOUS n'étant pas distinguée de TOUT dans le *Français fondamental*.
2º CHACUN, employé comme anaphorique renvoyant à un mot précédent : « *J'ai écouté* TOUS *les orateurs* ; CHACUN *avait ses arguments* ; AUCUN *(ne) m'a convaincu* ». C'est une autre raison au maintien de AUCUN anaphorique, en recul, comme CHACUN, dans ses emplois d'indéfini.

Ainsi, la transformation du système des prédéterminants du substantif, — et du système parallèle des substituts du groupe nominal —, modifie l'ancien équilibre sémantique et tend à constituer un nouveau champ d'oppositions encore instable et sans doute dynamique.

5.3.1.3. L'équilibre instable du système

J. C. Chevalier a donné *(in* FM, 10,1966) une description des prédéterminants en français moderne, et l'examen des formes et des emplois maintenus et exclus de l'usage courant permet de situer le lieu et le sens du mouvement, sinon sa date. Par leur statut, certains termes sont essentiellement des prédéterminants et n'assument que cette seule fonction

(LE, CE, MON) ; ils occupent une place centrale dans le système et peuvent fréquemment se combiner avec d'autres éléments de la détermination moins spécifiques :

LES (TROIS) sergents de La Rochelle.
MON (AUTRE) chaussure.
(TOUTE) CETTE histoire m'ennuie.

Ils correspondent à des formes parallèles comme substituts du nom : à LE, LA, LES, articles, répondent LE, LA, LES, pronoms personnels de troisième personne ; à CE répond CELA (ÇA), CELUI-LÀ, etc. D'autres termes ne sont qu'accessoirement prédéterminants et peuvent tenir d'autres rôles : DIFFÉRENTS *avis ont été donnés* /vs/ *Les* DIFFÉRENTS *chapitres de ce livre...* Le système des prédéterminants comporte donc plusieurs microsystèmes plus ou moins spécialisés, plus ou moins périphériques, que nous classerons en quatre séries distinctes.

Une première série est caractérisée par sa stabilité. C'est une série fermée de termes dont les emplois se sont régulièrement généralisés et unifiés depuis l'origine de la langue. Comme ils renvoient toujours à un contexte au-delà de l'énoncé, texte ou situation, nous reprendrons le nom de *référents* qu'on leur a donnés. Ils présentent des caractéristiques morphologiques voisines, opposant en général un féminin et un masculin, au singulier, et ces deux formes à un pluriel unique : LE/LA/LES ;

série 1 : les référents
LE LA LES, terme non marqué ;
CE CETTE CES, démonstratif, ou déictique ;
MON MA MES, possessif (ou mieux, personnel) ;
QUEL, interrogatif.

On remarque au contraire l'instabilité des autres séries. La deuxième est caractérisée diachroniquement par la disparition de certains termes, de certaines formes ou de certains emplois :

série 2 : les quantificateurs
UN, terme non marqué, à valeur d'unité.
CHAQUE, N'IMPORTE QUEL (qui valent aussi pour l'unité discrète, le premier en visant la totalité, le second un élément seulement) et DU (qui s'applique au non-dénombrable : DU pain /vs/ UN pain)
Le terme négatif AUCUN, menacé par PAS UN en fonction de prédéterminant, par PERSONNE et RIEN comme substitut.
Un groupe pour la pluralité, DES et PLUSIEURS, CERTAINS et QUELQUES, qui, comme prédéterminants, n'ont plus de singulier.

Les termes de cette série se sont spécialisés quant à leur nombre ; certains dépérissent comme substituts ; d'autres sont disparus de l'usage tels MAINT et NUL.

La troisième série comporte des termes à la fois quantifiants et qualifiants : DIVERS et DIFFÉRENTS qui assument de plus en plus souvent des fonctions d'adjectifs, simples déterminants combinés à un autre prédéterminant (LES, CES...), et les *numéraux cardinaux* (DEUX, TROIS, etc.), série stable dans ses formes et ses emplois. Quant à la quatrième série, constituée de AUTRE, MÊME, CERTAIN et TEL elle a perdu sa fonction spécifique de prédétermination, chacun de ces termes ne s'employant plus qu'avec un des éléments des séries 1 ou 2 : UN (AUTRE) *jour*, LA (MÊME) *chose*, UN (TEL) *souci*, UN (CERTAIN) *Monsieur X.*

TOUT a une place à part ; il est devenu un simple élément de renforcement puisqu'il ne s'emploie plus seul devant le substantif, mais s'antépose à l'un des prédéterminants de la première série ou à UN : (TOUS) LES *jours*, (TOUT) MON *argent*, (TOUTE) UNE *foule* ; il renforce le caractère d'intégralité de la détermination envisagée.

L'écart s'élargit entre les emplois syntaxiques actuels des prédéterminants occasionnels (séries 3 et 4) et leurs emplois dans le passé. Un autre écart semble se creuser entre la détermination des substantifs et le système des substituts qui tend à se constituer en séries opposant des termes spécifiques pour *Humain* / *vs* / *non-Humain* (PERSONNE/RIEN, QUELQU'UN/QUELQUE CHOSE), ou pour *Animé* /· *vs* / *non-Animé* (IL, ELLE/ÇA). Enfin il semble que les locuteurs de la langue, s'ils n'ont pas perdu la connaissance passive d'un certain nombre d'éléments et d'emplois, ne les utilisent plus dans leur vernaculaire. L'évolution est donc double, dans l'usage de la langue et dans le système grammatical. L'équilibre atteint est instable et recèle des possibilités pour un développement ultérieur et de nouvelles transformations du système de la détermination des substantifs.

5.3.2 LA PLACE DES CONSTRUCTIONS NOMINALES EN
FRANÇAIS CONTEMPORAIN

De nombreux observateurs de la langue française ont signalé la tendance à l'expression nominale. Dans *La pensée et la langue* (1922), Brunot constatait l'ancienneté du phénomène :

« Le français a toujours fait un fréquent usage des noms d'action. Ces noms tiennent le plus souvent la place qu'on eût réservée en latin au verbe : ' J'attends le départ du courrier ', ' il faudra vérifier l'exécution des travaux '. »

On pourrait rattacher à cette tendance le recul de la proposition infinitive en français, que certains s'ingénient à retrouver dans notre phrase. Lombard (1930) trouve de nombreux motifs d'ordre linguistique à cette prédilection de la langue française pour l'expression nominale :

— *La virtualité sémantique du substantif*, pour désigner action et qualité, lui permet de concurrencer l'expression verbale ou adjective, tout en gardant son propre domaine, la désignation des personnes et des choses. Les verbes apparaissant dans la langue, par emprunt ou création, sont presque aussitôt assortis d'une série nominale par dérivation de noms d'action : ION/IONISER/IONISATION. Les adjectifs deviennent substantifs par dérivation impropre ou donnent naissance à un substantif par dérivation suffixale : FIABLE / LA FIABILITÉ. De plus, le système des prédéterminants, — s'il efface la dimension temporelle d'un procès —, caractérise le substantif dans sa référence personnelle comme le verbe : SA COURSE / *il court, il a couru*, et même dans l'opposition *Achevé/non-achevé* : BALAYAGE / vs / BALAYURE, ATTERRISSAGE / vs / ATTERRISSEMENT (*cf.* J. et C. Dubois, 1971) ; ces couples action/résultat sont relativement rares.
— *La souplesse syntaxique du substantif* : il peut assurer toutes les fonctions essentielles dans la phrase (sujet, complément, attribut, etc.), et

y jouer aussi bien le rôle de thème que celui de prédicat ; il offre de nombreuses possibilités d'expansion, par les adjectifs, les compléments adnominaux, les propositions relatives, voire les complétives (« La crainte que les hostilités reprennent paralyse la population », *France-Soir*, 9, 73). Outre ces motifs proprement linguistiques, un certain nombre de facteurs jouent dans la langue actuelle, en faveur de l'extension des constructions nominales. Le développement des langages techniques, plus riches en substantifs qu'en verbes (*cf. infra*, 6.4), la place des formes écrites dans la presse parlée, féconde en tournures nominales, l'influence d'une langue comme l'anglais, qui offre de nouveaux modèles de composition des noms, tout concourt à créer ce que certains linguistes ont appelé le « style substantif » (M. Cohen, 1947 et A. Lombard, 1930). On a, bien sûr, glosé sur la multiplication des phrases sans verbe dans l'expression littéraire, vers et prose, depuis le XIXe siècle. Mais un signe plus net de la « substantivation » du français nous semble tenir à la prolifération des noms d'action en -ION, -TION, -MENT, etc. et de leurs emplois, qui permettent de nominaliser les phrases verbales et de les enchâsser dans des constructions plus vastes comportant ou non d'autres verbes : *La route a été refaite/la la réfection de la route* ; *l'accord a été dénoncé / la dénonciation de l'accord*. J. Dubois (1969), décrivant les procédures de nominalisation en termes de grammaire générative et transformationnelle, définit les formes précitées comme des exemples de nominalisation affixale. L'économie de cette forme d'expression tient à certaines de ses propriétés. L'emploi du nom d'action, comme celui de la phrase passive à laquelle il est apparenté, permet l'effacement de l'agent ; *Le Monde* du 22-3-1973 en offre un exemple intéressant dans des pages consacrées à un mouvement de protestation des lycéens :

Surtitre sur deux pages :

LES MANIFESTATIONS CONTRE L'APPLICATION DE LA LOI DEBRÉ SUR LES SERVICES MILITAIRES

Ce surtitre est une phrase sans verbe, décrivant plusieurs actions dont les agents ne sont jamais nommés : *manifestations, application* (de la loi). Ces agents pourraient d'ailleurs figurer dans la phrase comme compléments adnominaux : *les manifestations de lycéens, l'application de la loi par le gouvernement*. On remarquera la construction du second complément avec la préposition PAR, construction similaire à celle du complément d'agent à la forme passive : *la loi a été appliquée (par le gouvernement)*. Le complément d'agent de cette phrase passive peut, lui aussi, être effacé, contrairement au sujet de la phrase active correspondante : *le gouvernement a appliqué la loi*, sauf à lui substituer un ON transparent, qui révélerait le refus du rédacteur de mettre en cause l'agent de l'action ; *on a appliqué la loi* est sans doute la forme la plus propre à manifester la sympathie à l'action répressive.

Ce mode d'expression ne va pas sans ambiguïté et demande toujours une information préalable du lecteur qui doit rétablir les données absentes ; un titre de la même page du *Monde* le montre nettement : DIVISION ET RÉCUPÉRATION. Cette fois le titre est si allusif que l'objet et l'agent sont effacés. Il faut que le lecteur reconstruise : *Certain partis*

politiques voudraient DIVISER ET RÉCUPÉRER *le mouvement des lycéens...*
On peut remarquer aussi, dans ce dernier exemple, l'absence de prédéterminant devant les substantifs abstraits. La même page du *Monde*
offre de nombreux autres exemples de phrases nominales en titres et
intertitres, allusifs souvent, qui ne reposent pas sur des noms d'action
dérivés : UN COUP A LA PORTE (= un avertissement) ; UN SERVICE
AVANT, PENDANT ET APRÈS LES ÉTUDES ; RÉGION PARISIENNE : PRÈS DE
15 000 JEUNES.

Il ne s'agit pas de nouveaux modes de formation de la phrase française, mais de l'extension de formes déjà anciennes dans la langue à certains types de discours, liés au développement et à l'évolution de l'imprimé (journaux, affiches, prospectus, tracts, etc.). C'est donc moins la
grammaire qui se modifie que les conditions de la communication.

Le domaine privilégié des constructions nominales est, comme nous
l'avons signalé, celui des langues périphériques, spécialisées ou techniques.
Le domaine des activités boursières, réservé aux initiés, offre l'exemple
d'un discours riche en déverbaux à base nue (baisse, hausse, repli, etc.) :
« BAISSE SENSIBLE DES VALEURS FRANÇAISES / HAUSSE DE L'OR ET DU
PINAY. Cinq semaines de REPLI quasi ininterrompu auront suffi pour effacer
pratiquement toute l'AVANCE des valeurs françaises enregistrées depuis
le début de l'année. La légère BAISSE observée à la fin de la semaine
dernière se poursuivait lundi, pour s'accentuer les jours suivants. Un
timide ESSAI de REPRISE, jeudi, en clôture, fut balayé par des VENTES
pressantes, ... » (*Le Monde*, 4/5 février 1973.)

Le savoir préalable est indispensable, la référence implicite aux
connaissances de base fréquente. Les opérations, actes, procès peuvent
très souvent ne pas être détaillés dans les énoncés techniques ; ils sont
alors réduits à leur résultat et se prêtent à l'enchâssement. L'effacement
de l'observateur ou de l'expérimentateur étant apparemment la règle,
les possibilités de la construction nominale conviennent bien. On en
prendra un exemple dans un texte consacré aux méthodes d'analyse des
mythes :
« Les OPÉRATIONS constitutives de la TRANSFORMATION qui vient d'être
résumée sont : un AFFAIBLISSEMENT dont nous reparlerons plus loin,
deux INVERSIONS et deux PERMUTATIONS dont la seconde, nous dit CLS
(Claude Lévi-Strauss) équivaut à une INVERSION. » (Coyaud, *Linguistique et documentation*, Larousse, 1972.)

Dans certains champs du langage mathématique, les termes de
SOMME, PRODUIT, etc. s'appliquent aux résultats d'opérations, alors que
les opérations elles-mêmes sont désignées par les noms dérivés : APPLICA-
TION, DÉFINITION, DÉVELOPPEMENT, INTÉGRATION, DÉCOMPOSITION, RÉSO-
LUTION, etc. Quant aux propriétés, elles portent des noms dérivés d'adjec-
tifs : DÉRIVABILITÉ, DIFFÉRENCIABILITÉ, COMMUTATIVITÉ, etc.

Pour conclure sur ce phénomène que les grammaires génératives
décrivent en termes de nominalisation, concurremment d'ailleurs avec
d'autres, on dira que la tendance syntaxique constatée ici n'est pas du
même ordre que la simplification observée à propos du système du déterminant. C'est surtout en fonction du genre discursif et donc du type de communication socio-linguistique considéré que le taux de nominalisation

semble varier. Il n'est pas dépourvu d'intérêt d'observer que les sujets d'examen et de concours administratifs et techniques comportent de plus en plus de textes « à résumer », « à contracter », opérations qui requièrent toujours l'usage d'un nombre élevé de nominalisations. Les opérations syntaxiques ainsi demandées aux candidats apparaissent bien comme liées à des types de communication précis.

5.4 MORPHOLOGIE DU VERBE

5.4.1 LE CLASSEMENT DES VERBES

Le classement des verbes français en trois groupes de conjugaison, toujours en usage dans les grammaires scolaires, ne présente pas les caractéristiques du système verbal de notre langue, sa complexité comme sa tendance à une nouvelle régularité. C'est que le tableau du paradigme des verbes latins, qui lui sert de modèle, n'avait pas à rendre compte de l'alternance des radicaux *(je jette / nous jetons, je dois / nous devons)*, sinon accentuellement, ni de l'écart entre un paradigme écrit et un paradigme oral *(je chante / tu chantes / il chante / ils chantent* : la triple forme de l'écrit s'oppose à la forme unique de l'oral : [ʃɑ̃t]), ni de la diversité des formes modales *(chanté / fini / venu / mort / éteint / pris*, etc.)

C'est pourquoi d'autres classements ont été proposés (Martinet, 1958 ; Dubois, 1967), dont le critère est le nombre de bases orales du verbe. Ainsi sont distingués les verbes à une base, tel : *je chante / nous chantons*, et les verbes à deux bases : *je sème / nous semons*, autrement confondus dans le premier groupe ; sont aussi différenciés des verbes de l'ancien troisième groupe, à une seule base, comme *exclure : il exclut*, et à cinq bases, comme *avoir : j'ai / il a / nous avons / ils ont / il aura*.

Ce classement a le mérite de recouper une autre répartition des verbes, faite d'après leur fréquence d'usage. L'enquête du *Français fondamental* (1956) fait apparaître la fréquence d'emploi élevée des verbes à bases multiples : seul verbe à sept bases, le verbe ÊTRE est le plus usité de la langue française (14 083 occurrences dans le corpus du *Français fondamental* ; c'est en outre le mot le plus fréquent de la langue) ; les rares verbes à cinq ou six bases viennent ensuite : AVOIR (11 552), FAIRE (3 174), ALLER (1 876), POUVOIR (1 131), VOULOIR (881). Le nombre des verbes de de chaque combinaison augmente au fur et à mesure que décroît le nombre de bases, mais la fréquence d'usage de ces verbes devient alors très variable : la septième conjugaison, celle des verbes à une base, comprend aussi bien OUVRIR (65 occurrences) qu'INCLURE (non répertorié).

5.4.2 LES CONJUGAISONS EN MOUVEMENT

Cette nouvelle description du système morphologique du verbe français présente aussi l'avantage de mettre en évidence les tendances diachroniques de la langue. Les verbes à bases multiples sont stables au moins quant à leur fréquence. C'est aussi que leurs emplois syntaxiques les distinguent des autres verbes : ÊTRE, AVOIR et ALLER peuvent être des auxiliaires de conjugaison, FAIRE donne une forme factitive à nombre de verbes, fonctionne comme substitut (on le dit « vicariant ») des autres verbes ou comme élément verbal de nombreuses lexies : *il* FAIT FROID. Du fait de leur fréquence d'emploi, leur forme s'est fixée ; on conserve par exemple l'alternance vocalique *(tu peux | nous pouvons)* disparue dans le paradigme de verbes moins usités *(je trouve | nous trouvons,* anciennement *truis | treuves | trovons).* Mais la forme de ces verbes à bases multiples est fragile dans sa réalisation, menacée par les hypercorrections : *vous faisez, je suitais (Almanach Hachette,* 1899), *que j'alle, que j'aye* ([aj]), *que je soye* ([swaj]).

Les conjugaisons aujourd'hui productives, les seules à accueillir les nouveaux verbes français par les voies conjuguées de l'emprunt et de la dérivation, sont, à l'autre pôle, celles à une base : *il filme* (1908, d'après DDM), *il alluvionne* (1955, d'après DDM), *il dévitalise* (1922, d'après DDM), *drugstoriser* (1971, d'après Guilbert), et exceptionnellement à deux bases : *il alunit | ils alunissent* (1923).

R. De Gourmont (1899) faisait déjà la même remarque à propos du « Dites... Ne dites pas » de l'Almanach Hachette où un grammairien du bon usage avait ordonné : « Dites : *vous faites,* ne dites pas : *vous faisez.* »

« Ceci représente brutalement la tendance de la langue française à ramener tous ses verbes à la première conjugaison. L'anonyme (auteur de l'Almanach) cite *agoniser* pour *agonir* (de sottises) ; il y en a bien d'autres et on les constaterait surtout dans le langage des enfants. J'ai entendu *buver, cuiser, romper, pleuver, mouler, chuter,* pour *boire, cuire, rompre, pleuvoir, moudre, choir.* Aujourd'hui il est impossible de créer un verbe français qui ne se conjugue pas sur *aimer.* On a abandonné depuis longtemps *tistre* pour *tisser, semondre* pour *semoncer, imbiber* remplace *imboire* qui devient archaïque ; on oublie *émouvoir* et on abuse d'*émotionner.* »

La liste des termes techniques autorisés ou tolérés, établie par les Commissions de terminologie des Ministères et approuvée par l'Académie française (*J. O.* du 18-1-1973, *cf.* Annexe, p. 227), a récemment illustré cette tendance, d'autant plus flagrante que la prudence des commissions a limité la liste à des formes depuis longtemps intégrées dans la langue. Les formes verbales reconnues sont :

— tantôt des formes verbales éteintes, que la Commission ressuscite : *esquicher* pour *squeezer* (angl. *to squeeze*) ; d'après DDM, *esquicher* date de 1789.
— tantôt des dérivés suffixés de forme française : dérivés en -ISER (calque de l'anglais -IZE) tels *conteneuriser, palettiser, spatialiser* (1907, d'après DDM).
— tantôt des dérivés préfixés, comme *prépayer,* calque du verbe anglais *to prepay,* mais conforme aux règles de dérivation du français (*cf. surpayer,* Montaigne, 1580, d'après DDM).
— tantôt des déverbaux à suffixe zéro = *ferrouter.*

Dans la liste, apparaît en outre une locution verbale : *faire le point,* pour son emploi dans le vocabulaire de l'audio-visuel, qui n'est en fait que l'extension à un vocabulaire technique d'une forme du lexique général, elle-même empruntée au vocabulaire technique de la marine.

Même dans cette liste, transparaissent les caractéristiques de l'évolution du système morphologique du verbe français :

— Création de verbes à une seule base en -ER ;
— Développement de locutions verbales à partir de verbes à bases multiples et de haute fréquence d'emploi : FAIRE ou AVOIR + syntagme nominal.

A écarter provisoirement les locutions, les nouveaux verbes français sont caractérisés par la régularité de leur conjugaison : disparition de l'alternance vocalique des radicaux, modèle unique des flexions temporelles et personnelles, réduction de l'écart entre forme orale et forme écrite. Ces constatations valent aussi bien pour les dérivés suffixaux du type *conteneuriser* que pour les déverbaux à suffixe zéro du type *ferrouter*.

5.4.2.1. Les freins à la tendance vers une nouvelle régularité

On ne s'étonne pas de l'absence, dans cette liste, de verbes suffixés en -ONNER ; ils sont encore aujourd'hui la cible des puristes, malgré l'ancienneté de ce mode de formation. Georgin (1951) dénonce ces créations contraires à « l'instinct du français » et énumère longuement ces monstres. On peut se demander quel verbe il préconise à la place de COLLISIONNER ou de COMMOTIONNER. Au nom d'une « esthétique de la langue », faut-il remplacer la forme régulière COMMOTIONNER par COMMOUVOIR, alors que le simple MOUVOIR est sans rapport sémantique actuel avec COMMOTION, alors que son paradigme à trois bases (MEU-, MEUV-, MOUV-) tombe en désuétude malgré l'emploi des substantifs ÉMOTION, PROMOTION ? Cette désaffection, signalée par Guiraud (1965), n'est pas nouvelle : en 1898, Deschanel relève l'emploi des formes régionales : « *vas-tu te mouver ?* » ou « *vas-tu t'émouver ?* ». Seguin (1972) constate qu'au XVIIIᵉ siècle « MOUVOIR est peu employé, sauf dans le style didactique. » La résistance de certains puristes à ces néologismes s'oppose à un mouvement ·déjà ancien dans la langue. SÉLECTIONNER n'apparaît qu'à la fin du XIXᵉ siècle, mais IMPRESSIONNER date des années 1710 et le premier usage de CONDITIONNER, dans une acception différente, remonte à 1265 (Jean De Meun). La dérivation d'ALLUVIONNER (PL, 1905) ou d'ASCENSIONNER (PL, 1960) n'est donc pas très étrangère au « génie de la langue ». Les unités nouvelles sont nombreuses, les modes de formation lexicale à peu près stables.

Les verbes nouveaux sont relativement rares ; Dubois (1971) le note, « la récession des verbes indique une modification lexicale et non suffixale : la pénétration des vocabulaires techniques et scientifiques augmente proportionnellement les classes des noms et des adjectifs. » La liste des termes tolérés ne comporte que huit verbes pour 420 termes admis. Sans doute, pour des raisons extralinguistiques, les vocabulaires spécialisés requièrent moins de verbes, mais la difficulté à greffer les désinences verbales sur les bases d'emprunt peut jouer comme frein au développement de la classe des verbes : à l'emprunt CAMPING correspond un verbe déjà ancien dans la langue, CAMPER (*cf.* pourtant la formation CAMPING(N)ER) ; CARAVANING forme une expression verbale FAIRE DU CARAVANING. Ainsi, les seules conjugaisons productives sont les conjugaisons régulières à une base, et les paradigmes figés des auxiliaires et des verbes à haute fréquence d'emploi.

Ces remarques, situées comme on le voit à la frontière entre la morphologie et le lexique, illustrent bien le caractère instable et mouvant en certains points de cette frontière. Elles sont surtout le préalable nécessaire à l'étude du comportement morphologique du verbe français contemporain.

5.4.2.2. Un indice de régularisation, les fautes de conjugaison

L'apprentissage des conjugaisons, avec celui de l'orthographe, reste dans les classes primaires, et même secondaires, le domaine d'une grammaire corrective. C'est que les formes déviantes, à l'oral comme à l'écrit, se multiplient dans le langage enfantin ; ces déviations tendent le plus souvent à réduire des irrégularités :

— réduction des désinences, surtout pour le passé défini, par analogie avec les verbes en -ER : *ils envahissèrent, il finissa, il s'enfuya, ils vivèrent, il voya*, etc. ;

— rétablissement de l'infinitif comme base des formes en -RAI : *je cueillirai* (Kron, 1909), *je mourirai* (Almanach Hachette, 1899), *il venira*, etc. ;

— rétablissement de la base verbale complète : *j'ai résous* (Kron), *il va viendre* (Sauvageot), *il a prendu, j'ai peindu, il a mouru, il a pleuvu*, etc.

Dans la conversation familière et dans le langage soutenu, le rôle des temps périphrastiques (futur ou conditionnel du type : *il va venir*) est peut-être un moyen d'esquiver la difficulté des conjugaisons, et non exclusivement une façon de s'opposer aux temps simples correspondants, par une valeur spécifique : *ça va bouillir* permet d'éviter *ça bouillera*. Ainsi peut-on lire dans les journaux : *il va promouvoir une nouvelle organisation de production* (*promouvra* est à peu près impossible) ou *nous allons prévoir une dépense supplémentaire* (exemples cités par Sauvageot, 1962).

5.4.2.3. Les formes personnelles du verbe à l'écrit et à l'oral

Nous avons posé plus haut qu'un des indices du dynamisme de la langue était l'écart entre les formes orales et écrites, le code graphique témoignant seul, le plus souvent mais non sans exception, d'un état plus ancien de la langue. L'écart entre les paradigmes temporels du verbe à l'écrit et à l'oral signale un autre point chaud du système linguistique du français. Les *Programmes et Instructions pour l'Enseignement du Ier degré* (20-9-1938) constatent : « Dans une circonscription primaire, on a, en 1936, fait une statistique des diverses fautes d'orthographe commises au certificat d'études : 55 % de ces fautes portent sur les formes du verbe (abstraction faite des fautes d'accord du participe passé) ». F. Marty note (1971) « qu'un verbe du type CHANTER n'a qu'un total de dix formes différentes en langue parlée, tandis qu'il en a vingt et une en langue écrite ». Les oppositions menacées par la réduction du nombre des formes sont essentiellement l'alternance vocalique des radicaux et les désinences.

L'alternance vocalique, qui oppose souvent en français, deux radicaux pour un même verbe (type *je veux* / *nous voulons*) tend à se réduire surtout pour les verbes à deux bases comme SEMER *(je sème* / *nous semons)*. L'alternance ne disparaît pas : mais elle joue maintenant sur une opposition /ɛ/ vs /zéro/ : *je sème / nous s'mons*, plutôt que sur le couple /ɛ/ vs /ə/. La syncope de l'e caduc, phénomène déjà ancien mais qui tend à s'accélérer, donne aux verbes une nouvelle forme : *feuilleter* devient *feuill'ter*, *acheter* devient *ach'ter*. Plus récente et plus remarquable est la syncope du /ɛ/, qui dans la langue commune transforme *j'achèterai* en *j'ach'trai*. Cette syncope ne peut porter sur toutes les formes indifféremment et reste soumise à certaines contraintes phonétiques. En face de *j'ach'trai*, *j'ach'te* reste impossible, la séquence phonique /aʃt/ n'étant pas utilisée en français à la fin d'un mot. Si l'on a bien /pl/ en finale dans la réalisation d'unités telles /kupl/ *(couple)* /napl/ *(Naples)*, on ne trouve pas /ʒapl/ pour /ʒapɛl/ *(j'appelle)* ; l'alternance résiste d'autant plus, semble-t-il, que la désinence est e caduc ; le /ɛ/ ou le /ə/ tombe quand la désinence est autre : /nusmɔ̃/ *(nous semons)*, /ʒaʃtrɛ/ *(j'achèterai)*.

Il faut retenir l'apparition de formes déviantes pour les verbes du type BOIRE *(je bois / nous buvons)*. Des formes comme **nous boivons* réduisent l'apophonie en rétablissant le groupe /wa/ des formes fortes. Au contraire, pour les verbes à deux bases, on entend parfois les formes faibles aux personnes accentuées sur le radical : **je me leve* pour *je me lève*. Cet usage, qu'on trouve chez les enfants qui ne maîtrisent pas encore l'outil linguistique, indique la fragilité de l'alternance vocalique dans le paradigme oral des verbes français.

C'est néanmoins le système des désinences personnelles des temps simples qui semble le plus atteint. Pour les verbes à une et deux bases (type CHANTER et SEMER), le présent et l'imparfait présentent à l'écrit cinq formes, pour trois seulement à l'oral (et même deux dans l'usage parisien où *nous chantons* est remplacé par *on chante, cf. infra,* 5.4.3).

Écrit		Oral
présent	*imparfait*	
1. je chante	je chantais	1. ʒə ⎱
il —	tu —	ty ⎰ ʃɑ̃t ʃɑ̃tɛ
2. tu chantes	il chantait	il
3. ils chantent	ils chantaient	il
4. nous chantons	nous chantions	2. nu ʃɑ̃tɔ̃ ʃɑ̃tjɔ̃
5. vous chantez	vous chantiez	3. vu ʃɑ̃te ʃɑ̃tje

Les verbes des types FINIR, VENIR et POUVOIR ont la même répartition avec cinq formes à l'écrit pour quatre (ou trois) à l'oral.

Écrit	Oral
1. je finis, viens, peux	1. ʒə ⎱
tu — — —	ty ⎰ fini vjɛ̃ pø
2. il finit, vient, peut	il
3. ils finissent, viennent, peuvent	2. il finis vjɛn pœv
4. nous finissons, venons, pouvons	3. nu finisɔ̃ vnɔ̃ puvɔ̃
5. vous finissez, venez, pouvez	4. vu finise vne puve

Pour les auxiliaires à cinq, six ou sept bases, on relève la même divergence entre le nombre de formes à l'oral et à l'écrit.

Écrit	Oral
1. je suis, j'ai	1. ʒəsɥi ʒɛ
2. tu es, tu as	2. ty ⎱ ɛ a
3. il est, il a	il ⎰
4. nous sommes, nous avons	3. nu sɔm nuzavɔ̃
5. vous êtes, vous avez	4. vuzɛt vuzave
6. ils sont, ils ont	5. ilsɔ̃ ilzɔ̃

L'examen du système personnel des autres temps simples ferait apparaître le même décalage, cette fois pour l'ensemble des verbes. A l'imparfait par exemple, pour trois formes personnelles de la désinence à l'oral, on a cinq graphies distinctes :

Écrit		Oral	
1. je	-ais	1. ʒə ⎫	
tu	-ais	ty ⎬ -ɛ	
2. il	-ait	. il ⎪	
3. ils	-aient	il ⎭	
4. nous	-ions	2. nu	-jɔ̃
5. vous	-iez	3. vu	-je

Le futur simple n'oppose que quatre formes à l'oral pour six à l'écrit. Quant au passé simple, qui soulève un problème un peu différent, en raison de son faible emploi à l'oral et du peu d'usage de certaines personnes, il subit les mêmes réductions, depuis la disparition ancienne du /s/ et du /t/ à la finale.

5.4.3 L'USAGE DES FORMES PERSONNELLES DU VERBE

Si nous choisissons de traiter ici des « pronoms personnels » en termes de « particules préverbales » (Gross, 1968) et non dans les termes les plus classiques de la grammaire générative, c'est, là encore, par souci de commodité, et pour essayer d'attirer l'attention sur un problème qui reste très obscur si l'on s'en tient au classement des « pronoms de conjugaison » sous la rubrique « syntagme nominal ».

L'oral tend à réduire la redondance des formes personnelles (pronom + désinence). C'est le pronom personnel qui apporte l'information de personne, et joue un rôle identique à celui du déterminant dans le syntagme nominal (cf. supra, 5.3.1). Du même coup, le segment verbal tend à ne plus porter que les marques temporelles (on chante / on chantait / on chantera) ; ainsi la redondance diminue, ou plutôt se déplace vers la gauche dans les « phrases segmentées » (Chevalier et alii, 1964) ou à « détachement » (Gross, 1968) : Moi, je... Toi, tu... ; nous, on... L'usage de certaines formes personnelles, marquées par une désinence spécifique, tend à reculer ; la fréquente substitution, et pas seulement dans le langage familier, de ON à NOUS réduit le nombre des formes personnelles du verbe. Il ne s'agit pas d'effets dits stylistiques, comme dans l'emploi de ON pour JE ou TU (et même VOUS) mais bien d'un usage qui se généralise dans le langage commun : *nous avons* > *on a*, ou *nous, on a*. Le ON prend la place de la première personne du pluriel, au point d'entraîner l'accord de l'adjectif ou du substantif attribut, mais non cependant du verbe : « Le plus souvent, j'étais seul. Pas tout à fait seul. Parce qu'il y avait les habitués. On se saluait, on ne se parlait pas. Mais on n'était pas seuls. » (Aragon, *Blanche ou l'oubli*, 1967.) L'italien connaît le même phénomène : « Si è uomini morali se e in quanto si è cristianamente religiosi. » (Volpe, *Il Medio Evo.*)

Cette tendance se combine avec le développement des phrases segmentées, comme nous venons de le dire ; elles permettent de désambiguïser le ON, si besoin est, en précisant le contenu, exclusif ou inclusif, du *nous : nous autres, on a...* En même temps que se réduit l'opposition de personne, s'efface l'opposition de nombre. D'autres langues, tel l'anglais, n'ont plus au présent, pour la plupart de leurs verbes, que deux formes désinentielles : la troisième personne en -s ou -es *(he says, she cries)*, les autres personnes nues *(I, you, we, they say)*. De plus la seconde personne du singulier *(thou -st)* a disparu de l'usage vernaculaire, pour rester attachée à des emplois bien marqués, comme la prière. Dès 1903, Bollack, rêvant de l'expansion de la langue française, choisissait l'anglais pour modèle : « La langue anglaise nous démontre (qu'une) simplification est possible : le verbe y est invariable, sauf à la troisième personne. » Il prophétisait pour l'an 2003, une conjugaison « rectifiée » du français qui serait : « j'aime, tu aime, il aime, nous aime, vous aime, ils aime ». Ce que fait apparaître clairement cette aimable utopie, c'est la tendance de la marque personnelle à se réduire à la forme antéposée, le pronom sujet, aux dépens des désinences verbales postposées.

5.4.4 LE MOUVEMENT DES AUXILIAIRES

La répartition des auxiliaires ÊTRE et AVOIR aux temps composés est instable depuis longtemps déjà : « Le passé indéfini pose le problème des verbes intransitifs : se conjugent-ils avec ÊTRE ou AVOIR ? Les emplois sont incontestablement plus flous (au XVIIIe siècle) qu'aujourd'hui et les doubles possibilités beaucoup plus nombreuses. » (Seguin, 1972.) Pour les verbes transitifs, l'usage d'AVOIR est bien établi, la construction du participe passé avec ÊTRE étant réservée à la forme passive, même si cette dernière reste souvent théorique. A l'opposé, la forme pronominale se construit avec ÊTRE : *il s'est trompé, elle s'est lavé les mains.* Les formes citées par Guiraud (1965) : *je m'ai trompé, il s'a cassé la gueule, je m'ai fait mal,* sont considérées comme vulgaires, populaires ou anormales selon les auteurs. *L'Almanach Hachette* de 1899 fait figurer dans la rubrique « Ne dites pas » : *elle s'a repenti* !

Pour les verbes de construction intransitive traditionnellement conjugués avec AVOIR, l'usage semble n'avoir pas changé : *j'ai dormi, il a menti, nous avons vécu.* D'autres verbes intransitifs n'utilisent que l'auxiliaire ÊTRE : *je suis allé, il est né*, etc. Ce sont des verbes perfectifs ou pris dans un sens perfectif (*cf.* Wagner et Pinchon, 1962). L'examen de la liste des verbes conjugués avec l'auxiliaire ÊTRE, établie par D'Olivet, — mais sur quel échantillon ? — fait apparaître un léger glissement vers l'emploi de AVOIR en concurrence (liste *in* Seguin, *op. cit.*) :

XVIIIe siècle	XXe siècle		
	être	*être*	*avoir*
accoucher	+	+	+
aller	+	+	o
arriver	+	+	o
choir	+	o	+
entrer	+	+	+
mourir	+	+	o
naître	+	+	o
partir	+	+	+ ?
retourner	+	+	+
sortir	+	+	+ ?
tomber	+	+	+
venir (et composés)	+	+	o

Au contraire, pour les verbes qui connaissaient l'alternance des auxiliaires, on ne constate aucun glissement vers l'emploi exclusif de l'auxiliaire ÊTRE :

accourir, apparaître, comparaître, disparaître, cesser, croître, déborder, demeurer, monter, passer, périr, rester (d'après D'Olivet, *in* Seguin, 1972).

On pourrait allonger cette seconde liste ; *il a divorcé* et *il est divorcé* sont aujourd'hui en concurrence ; l'*Almanach Hachette* préconise *le mot m'a échappé* au lieu de *le mot m'est échappé*, et confirme l'usage déviant de *j'ai tombé*. D'Olivet a omis le verbe *descendre : j'ai descendu dans mon jardin*. Il semble, malgré la fragilité des témoignages, qu'il y ait quelques indices du progrès de l'auxiliaire AVOIR.

Faut-il reconnaître là une opposition sémantique nouvelle — ou résurgente —, entre une forme avec AVOIR marquant l'action et une construction avec ÊTRE désignant le résultat : *ce livre a paru en 1974 / ce livre est paru l'année dernière ?* Cette distinction, qu'on trouve déjà dans Condillac, a fait la joie des chroniqueurs de langue ; la finesse de l'opposition permet de disputer à perte de vue, mais l'usage (pourquoi ne pas recourir à l'argument d'autorité ?) est aussi bien *ce livre a paru l'an dernier / ce livre est paru en 1974.*

L'hésitation de l'usage général, aussi bien que l'écart entre le langage familier et l'usage soutenu trahissent l'instabilité des paradigmes verbaux. En 1903, Bollack écrivait : « Dans cette classe de mots (le verbe), s'effectueront les plus grandes perturbations. » Ce qui apparaît, c'est la lenteur de l'évolution syntaxique par rapport à la rapidité du mouvement lexical. Mais la concurrence des usages, la sensibilité des grammairiens et des puristes, l'insistance des grammaires scolaires sur ce point, indiquent la possibilité d'un changement linguistique : la tendance générale vers une régularisation du système verbal apparaît maintenant dans l'écart entre la langue parlée et le code écrit.

5.5 LA REDISTRIBUTION DES TEMPS DU VERBE

5.5.1 LES TEMPS DU PASSÉ

Un des points les plus sensibles du système morpho-syntaxique des verbes français est l'emploi du passé simple. La complexité de sa conjugaison et la confusion de certaines de ses formes avec celles d'autres temps sont les premiers facteurs de cette fragilité :

— La diversité des désinences du passé simple : en *ai/a*, en *is/it*, en *ins/int*, etc. ;

— La triple désinence orale des verbes en -ER : en *ai* (je chantai) ; en *a* (tu chantas, il chanta, nous chantâmes, vous chantâtes), sans tenir compte de l'opposition *a/â* (a/ vs /ɑ/) ; en *è* (ils chantèrent). Les efforts de certains enseignants sont vains pour maintenir l'opposition entre la première personne du passé simple (je chantai) et celle de l'imparfait (je chantais).

— La réduction de la base verbale à une seule consonne pour certains verbes : *je bus, je vis, je sus*, etc.

— La confusion avec le participe passé : *je bus / j'ai bu*.

Ces déficiences du système morphologique apparaissent dès le XVIIᵉ siècle. Vaugelas (*Remarques sur la langue française*, 1647) hésite entre *il véquit* et *il vécut* et préconise le choix d'une de ces deux formes en fonction du contexte : « Il véquit et mourut chrétiennement » et « il vécut et sortit de ce monde ». L'une des premières marques de la désaffection pour ce temps tient dans la restriction de son emploi à la seule troisième personne.

Dès le début du siècle, les manuels destinés à l'apprentissage du français, langue vivante, révèlent le quasi-abandon du passé simple. Dans les *Exercices de conversation* de Berlitz (1903), sous le titre « Le Passé », on relève trois textes uniquement au présent et au passé composé. Bollack (1903) constatait qu' « on assiste à l'anéantissement du passé défini. Comment nous exprimons-nous lorsque nous voulons indiquer que, hier, à trois heures précises, nous avons fait l'action d'arriver à Paris ? Disons-nous ' nous arrivâmes ' ou ' nous sommes arrivés ' ? Nous employons cette seconde forme, bien qu'il soit impossible de mieux *définir* le temps *passé*, qu'en précisant le jour et l'heure d'une action écoulée ! C'est la condamnation irrévocable du temps ' passé défini '. »

On peut noter que ces deux remarques, plus ou moins explicites, sur la régression d'emploi du passé simple, renvoient, pour la première à la situation de communication courante (il s'agit d'un manuel à l'usage des étrangers adultes), la seconde également à une pratique de la langue, introduisant comme exemple une première personne du pluriel. Peut-on pour autant conclure à la disparition du passé simple ?

5.5.2 LE PASSÉ SIMPLE, TEMPS DE L'ÉCRIT

La situation du passé simple à l'écrit ressortit plus aujourd'hui à l'idiolecte et au registre de la communication qu'à un usage linguistique standard. Chez les professionnels de l'écriture, experts en rhétorique, les journalistes sportifs par exemple, on peut trouver le compte rendu d'un même événement, tantôt au passé défini, tantôt au passé indéfini. Parfois même le changement de temps correspond à deux moments d'un même article. Dans l'exemple que nous citons, le sous-titre et le chapeau sont au passé composé, le corps de l'article au passé simple :

VICTOIRE DU FINLANDAIS PAIVARINTA DANS LE CROSS DES NATIONS : « *Des coureurs troubles sont entrés dans la course.* » (Chapeau en caractères gras) Pour la première fois, un Finlandais, P. Paivarinta *a remporté* le cross des Nations... Quelques incidents inattendus *sont venus* perturber la fin de la course...
(Corps de l'article) Waregem. — Étranglée par l'émotion, la voix du commentateur flamand *prit* soudain un ton alarmant. Après un bref silence des puissants hauts-parleurs, *suivit* une traduction française que la gravité de l'instant rendait plus incertaine : « Des coureurs troubles *sont entrés* dans la course ! » Là-bas, tout au fond de l'hippodrome, des mouvements convulsifs agitaient la tête du peloton... (*Le Monde*, 20-3-1973).

Le passé composé du chapeau, apparemment objectif, et du sous-titre, emprunté au compte rendu oral de la course, s'opposent au passé simple, épico-lyrique, de l'envoyé spécial qui dramatise l'événement. Cette persistance du passé simple à l'écrit n'est pas sans influence sur l'expression orale, par l'intermédiaire d'un discours « scriptural », c'est-à-dire « dans lequel est situé tout message réalisé par la graphie et susceptible de lecture » (Peytard, *in* LF, 5, 1970).
Le milieu scolaire, où s'établit un rapport constant entre l'écrit et l'oral, par les voies de la lecture, de la dictée, de la récitation, etc., tend à maintenir l'emploi de certaines formes, tel le passé simple, en dépit de leur usage restreint dans la communication vernaculaire et de la méconnaissance généralisée de leur morphologie. C'est ainsi qu'on trouve dans des récits rédigés par de jeunes enfants de fréquents emplois du passé simple, concurrents dans le même texte de passés composés.

Extraits de textes libres, corrigés par la classe (CE2, âge moyen 8 ans) :

« Nous avons été au square et nous avons regardé des enfants qui jouaient dans l'eau avec des bateaux. Soudain, on aperçut un car de police et des chiens. Des hommes les tenaient. Alors on se renseigna sur l'histoire. » (Bruno)

« Lundi matin, nous sommes allés au jardin des Plantes. Il y avait une marchande des cacahuètes et de sandwiches. J'en achetai et je courus vers un éléphant pour lui donner à manger. » (Joël)

« Tout à coup on entendit grincer : c'était le volant. Papa l'a ressoudé et on s'amusa bien. » (Jean-François)

Sur l'ensemble des textes de l'année (journal scolaire) les emplois de la première personne du singulier du passé simple sont rares, ceux de la première personne du pluriel totalement exclus. Dans le premier des exemples cités ci-dessus, on voit fort bien comment le *on* se substitue au *nous*, lorsque le passé simple supplante le passé composé : « *nous avons été... on aperçut...* ».

Dans les textes non corrigés, on peut s'interroger sur la présence de certains imparfaits de la première personne du singulier qui ne sont pas, oralement, très nettement distincts du passé simple, à la suite de l'affaiblissement de l'opposition entre /e/ et /ɛ/, en position finale :

« Quand je revenais de ma promenade, je passais par la grand'rue et je vis ma mère. Elle me dit que j'aille prier pour ma grand'mère. » (Maurice)

« Une fois que j'allais me promener dans une forêt domaniale, j'écoutais un chuchottement comme si mon père creusait un trou. Je m'avançait avec prudence, et je vis le printemps. » (Paul)

Le passé simple garde un rôle important dans ces récits enfantins destinés à un usage scolaire, récits pourtant liés à l'expérience vécue du locuteur. Il est employé aussi fréquemment dans les histoires enfantines orales, qui prennent plus ou moins directement pour modèles les contes et les récits de la tradition écrite ; dans le texte suivant, comme dans les précédents, le passé défini est plus ou moins soumis à l'aspect ponctuel, soudain de l'action.

« Un petit chien se promène dans la rue *(bis)*, dans la rue oui... un cordonnier le rencontre et l'emporte chez soi *(bis)* je ne sais pas pourquoi *(bis)* et un jour il lui *dit* (passé simple ou présent ?) : « Reste au lit mon petit *(bis)*, je vais au travail, tu garderas ma maison *(bis)* » et un jour il ne *revenut* pas. Il avait fait un accident, il *attendut* des heures et des heures, pauvre petit chien, il *attendit* des nuits et des nuits, des matins, des après-midi, des nuits et nuits, mais il ne revenait pas. Alors un jour, le pauvre petit chien *mourut* de faim... mais un jour on l'*enterra*, on avait trouvé son corps, tout triste qu'il était, quand il ne verrait plus son maître... » (Claude, 6 ans, chanté).

Le passage du présent au passé simple marque la valeur d'accident, de rupture de ce dernier. On remarquera l'hésitation sur la morphologie de ce seul temps : une forme régulière *(attendit)*, une forme refaite sur le participe passé *(attendut)*. Le même caractère conventionnel, plus rarement les fautes de conjugaison, persiste dans l'usage oral des adultes, et en particulier dans la presse parlée.

5.5.3 LE PASSÉ SIMPLE, TEMPS DE L'HISTOIRE

Benveniste, dans le chapitre XIX des *Problèmes de linguistique générale*, tome I (1966), propose une description des relations de temps dans le verbe français. Son analyse est fondée sur l'existence d'un double système discursif :

1° *Un système de l'histoire*, « aujourd'hui réservé à la langue écrite (qui caractérise le récit des événements passés) », dans lequel l'émetteur, le lieu et le temps de l'énonciation sont effacés ; il est caractérisé par l'emploi du passé simple, réduit à sa troisième personne, de l'imparfait, du conditionnel et des temps composés correspondants.

2º *Un système du discours :* « toute énonciation supposant un locuteur et un auditeur et chez le premier l'intention d'influencer l'autre en quelque manière ». Le discours est autant écrit que parlé ; il est caractérisé par l'exclusion du passé simple, auquel est substitué le passé composé. De ce fait le passé composé devient ambigu, comme les autres temps composés, puisqu'il peut prendre : a) une valeur de parfait, présentant un procès comme accompli, *il a écrit une lettre ;* b) une valeur d'antériorité qui n'apparaît pas dans les propositions libres, mais conjointement au temps simple correspondant (le présent), *quand il a écrit une lettre, il l'envoie ;* c) une valeur d'aoriste, — en grec, l'aoriste s'oppose au présent (non accompli) et au parfait (accompli qui présente l'action par rapport au sujet) —, dans le système du discours, en raison de l'exclusion du passé simple : *de 1905 à 1938, F. Brunot a publié dix tomes de L'Histoire de la langue française.*

Dans le système de l'histoire, on ne saurait se passer du passé simple, pas plus qu'on ne pourrait, dans le système du discours, faire l'économie du passé composé. C'est pourquoi toute description du français qui ferait état d'une prétendue « régression » du passé simple dans les genres écrits relevant de l'histoire nous paraîtrait extrêmement discutable. La persistance du passé simple à l'écrit assume une fonction bien déterminée dans la structure décrite par E. Benveniste et elle n'est pas uniquement stylistique et générative d'effets de recherche littéraire désuète, ou encore d'effets de « discours scolaire ». Certes il arrive que des pédagogues maladroits, donnant à temps et à contretemps des consignes d'exercices telles que : « mettre les phrases suivantes au passé simple » se voient récompensés de leur labeur par la production de phrases peu grammaticales telles que « *Tu jetas des pierres dans l'eau et tu fis des ricochets » (Genouvrier, *in* BREF, ancienne série, 1972). Mais c'est faute d'une information qui leur aurait appris à distinguer l'un de l'autre le système du discours et celui du récit, et à repérer correctement la rhétorique de chacun de ces deux genres, liée aux positions d'énonciation très différentes occupées dans les deux cas par le locuteur vis-à-vis de son énoncé. Il serait en tout cas absurde de conclure de manière massive à la « régression » du passé simple, alors que cette régression affecte l'oral et, à l'intérieur de l'écrit, les genres se rattachant au système du discours.

Nous en resterons là, malgré l'exceptionnel intérêt dans une perspective diachronique d'un objet d'étude aussi riche que la morphologie verbale. On voit en tout cas combien dans ce domaine intimement lié à la socio-linguistique de l'énonciation, il convient de se montrer prudent dans les jugements que l'on porte sur l'évolution linguistique du système.

5.6 L'INTERROGATION

La comparaison entre les constructions interrogatives décrites par les grammaires scolaires et les tours de même valeur réalisés ou possibles dans la communication linguistique, surtout parlée, fait apparaître une fois encore l'opposition entre la norme institutionnalisée et l'usage social, entre l'écrit, domaine de la grammaire scolaire et officielle, et le français parlé. Le manuel ne présente en général que deux formes interrogatives, l'une, à inversion soit simple : *est-il venu ?*, soit complexe : *Paul est-il venu ?* ; l'autre construite avec le tour (dit gallicisme) *est-ce que : est-ce que Paul est venu ?*

Ce second type d'interrogation sert partois comme substitut à l'inversion, en particulier dans les grammaires destinées à l'enseignement du français, langue seconde, à l'usage des adultes. Ainsi, en 1906, *La méthode philoglotte* de Couillault, donne la conjugaison du verbe *parler* à l'indicatif présent sous sa triple forme affirmative/négative/interrogative, et distingue la première personne des cinq autres :

F. affirmative	F. négative	F. interrogative
je parle	*je ne parle pas*	*est-ce que je parle ?*
tu parles	*tu ne parles pas*	*parles-tu ?*

La construction *est-ce que je parle ?* évite ainsi l'impossible *parlé-je ?*, sujet de plaisanterie en 1930 dans telle chanson : « *Où cours-je ?* » Dans la *Méthode Berlitz* (1903), toutes les questions sont du type à inversion, dans les modèles de conversation, sauf à la première personne : « *est-ce que je ferme la porte ?* », « *est-ce que je vais vers la porte ?* » L'hétérogénéité entre la première personne et les autres semble une conséquence de l'écrasement phonétique du (e) muet, qui ne peut servir de support à un mot atone comme *je*, sauf à devenir /e/ (transcrit « é »), rompant ainsi l'unité des formes de première personne, à l'oral et à l'écrit.

L'écrit semble pourtant conserver le type à inversion comme la forme privilégiée de l'interrogation. Jacques Pohl (1965) constate que dans un corpus de 94 interrogations totales (c'est-à-dire à réponse oui/non) à l'écrit, une seule ne respecte pas l'inversion verbe-pronom sujet *(« vient-il ? »)*.

Dans la même enquête portant sur l'oral, sur mille phrases verbales enregistrées, toujours pour les interrogations totales, il obtient un résultat inverse :

816 interrogations totales, réparties en :

— 698 de type non inversé, « *tu viens ?* » ;
— 114 du type « est-ce que », « *est-ce que tu viens ?* »
— 4 seulement du type à inversion, « *viens-tu ?* »

J. P. Vinay a relevé dans un roman de J. L. Curtis les interrogations des dialogues et en propose un classement en cinq types. Il constate la prédominance des phrases interrogatives marquées par l'intonation seule *(je t'ai lâché ?)* sur toutes les formes d'interrogation, y compris les questions faites avec un syntagme interrogatif du type « *qu'est-ce qu'elle a ?* » ; les interrogatives à inversion viennent loin derrière et les seuls exemples donnés présentent des verbes à la deuxième personne : « *As-tu faim ?* » ou « *Et après le cinéma où irez-vous ?* ». Il y a sans aucun doute un lien entre le type d'interrogation et la personne du sujet de la phrase interrogative.

L'équipe du *Français fondamental* a procédé de son côté à une enquête sur l'interrogation. Le résultat, plus affiné, confirme que les différents types n'ont pas la même fréquence d'apparition selon la nature du sujet

de la phrase (nom/pronom) et suivant la forme d'interrogation : totale
ou partielle. Pour l'interrogation totale, le résultat est le suivant :

1. SUJET NOM :

   a) type *est-ce que*   33 exemples
   b) type à inversion   5 exemples

2. SUJET PRONOM :

   a) type *est-ce que*   159 exemples
   b) type à inversion   120 exemples

La comparaison des fréquences indique nettement que c'est le type
à inversion complexe *(Paul vient-il ?)* qui est en recul, alors que l'inversion
simple *(vient-il)* reste largement concurrente des formes en *est-ce que.*

Mais il faut regretter que l'équipe du *Français fondamental* n'ait
pas cru bon de répertorier les autres types d'interrogation possibles dans
cette série, et singulièrement les questions sans inversion, uniquement
marquées par l'intonation, pourtant signalées dans la présentation :
« 1º *Interrogation marquée uniquement par le ton : (par un point d'interrogation dans la transcription des paroles) : vous venez ?* » Et pourtant dans
les textes d'enregistrement retenus comme illustrations à la fin du volume
cette forme apparaît comme la plus fréquemment réalisée, quels que
soient les locuteurs :

   TEXTE nº G13 : « *Un homme est plus gracieux ?* »
   TEXTE nº G17 : « *Il n'y aurait pas moyen de séparer un peu ?* »,
   « *Elle aimerait ça ?* »
   TEXTE nº M5 : « *Oh ! il y a de la rhétorique ?* »
   TEXTE nº M35 : « *Ma petite fille, tu viens de ramasser des fruits ?* », « *Tu permets
   que je les goûte ?* »
   « *Elles ont des épingles dedans, tes pommes ?* »
   TEXTE nº PR11 : « *Ça va mieux, chez elle ?* »

Nous arrêtons l'énumération, mais nous pensons que l'enquête du
Français fondamental, si elle n'avait pas été orientée trop étroitement
par ses visées implicitement normatives, aurait fait apparaître plus nettement le système de l'interrogation en français parlé.

Cette enquête n'est pas cependant sans de grands mérites. Elle révèle,
entre autres, le caractère hautement fantaisiste des théories sur la tendance du français à constituer un morphème d'interrogation à tout faire
avec la particule TI : « *il va-*TI *venir ?* », tendance à laquelle Brunot et
Bruneau consacrent deux pages dans le *Précis de grammaire historique de la
langue française* (1933), décrivant son extension à l'ensemble des personnes
de la conjugaison interrogative comme un trait de la langue populaire.
Déjà, en 1920, H. Bauche prêtait au langage populaire, parisien, des
constructions comme : « *Où c'est-il qu'il est ? où que c'est-il qu'il est ?* »

L'absence des interrogations en *ti* dans les enregistrements du *Français fondamental* confirme notre impression qu'il s'agit moins d'une forme
« populaire » ou familière, actuellement en progrès dans la langue commune
que d'un usage régional (typique du Berry et d'autres provinces), qui a pu,
au début du phénomène d'urbanisation, rester fixé dans l'usage des nouveaux habitants de Paris, s'étendre peut-être pendant un temps pour
aujourd'hui disparaître. Les occurrences de cette forme dans les textes,

littéraires sont toujours liées à l'imitation d'un parler « paysan » ou provincial, et sont anciennes : « *Et vela-t-il pas qu'il le confesse lui-même ?* » (Marivaux, in *Les acteurs de bonne foi*), « *Mon père irai-je t'y ?* » (J.-J. Rousseau, in l'*Émile*, cité par Brunot-Bruneau, 1887). Dans les *Mélanges* de Nisard (1868-1885), on trouve déjà, décrit comme un interrogatif enclitique, la particule *ti* : « *Veux-tu ti ? As-tu ti ? Viendras-tu ti ?* » expressions considérées là encore comme « populaires ».

C'est à partir de cette construction que Pierre Guiraud (1965) trouve un indice de régularisation des formes interrogatives et peut décrire un système apparemment symétrique : affirmation/interrogation/négation, où les deux dernières formes sont marquées par la particule postposée : *ti* ou *pas* :

> « tu viens / tu viens-*ti ?* / tu viens *pas.* »

On pourrait proposer une analyse non moins séduisante, et peut-être plus proche de l'usage, la description prenant en compte un morphème d'interrogation intonatoire ou le morphème *est-ce que* :

> tu viens / *est-ce que* tu viens ? / tu viens *pas.*
> tu viens (+ *intonation*) ?

Mais ce serait encore schématiser le statut de l'interrogation en français moderne, caractérisé par le foisonnement des formes concurrentes, plus nombreuses il est vrai à l'oral qu'à l'écrit, dans l'usage familier que dans le français dit soutenu, pour les interrogations partielles que pour les interrogations totales.

L'*élaboration du Français fondamental* retient pour les questions commençant par un *qui sujet*, quatre formes :

1. type QUI, sujet :
   a) qui (vient ?)   11 exemples

2. type QUI EST-CE QUI ?
   a) qui est-ce qui (vient ?)   6 exemples
   b) qui c'est qui (vient ?)   2 exemples
   c) qui que c'est qui (vient ?)   1 exemple

Pour la même question avec le pronom interrogatif *qui*, H. Bauche recensait en 1929 dix formes entendues : « *qui qui ? qui qu(e) ? qui est-ce qui? qui c'est qui ? qui que c'est qui ? qui c'est-i qui ? qui c'est-il qui ? quis qui ? qui que c'est-il qui ? qu'est-ce qui ?* », avec deux prononciations de *c'est* : /se/ et /sɛ/.

La même diversité des constructions possibles et la dispersion des usages apparaît mieux dans le tableau des adverbes interrogatifs donné par le *Français fondamental*.

Si l'on ne s'étonne pas de la pauvreté des grammaires normatives sur ce point, ni de l'insuffisance des études descriptives entreprises avec des visées didactiques, on est déçu, sinon surpris, que beaucoup d'analyses de la grammaire générative et transformationnelle écartent aussi les constructions interrogatives qui ne répondent pas à la norme officielle, les renvoyant au français « populaire » et limitant leur matériau aux seules formes inversées (*cf*. R. S. Kayne, *in* FM, 1, 1973). Pourtant, si R. S. Kayne néglige ainsi les formes les plus fréquentes de l'interrogation en français, et préfère travailler sur des tours écrits, son article présente au moins le mérite d'éprouver une théorie générale en rapprochant le fait de l'inversion dans les interrogatives de phénomènes, à première vue différents, dans les propositions relatives ou dans les phrases clivées. Ce n'est donc pas un simple exercice d'école.

Cependant la grammaire générative et transformationnelle doit permettre plus, et en particulier de montrer la solidarité entre les tours considérés comme normaux et les constructions dites populaires. Dans la mesure où elle peut retracer l'histoire dérivationnelle d'un énoncé superficiel, réalisé dans le discours, elle mettra en évidence :

1º L'enchaînement des constructions interrogatives, qui apparaissent comme des émergences, plus ou moins précoces, d'une étape de la dérivation d'une même phrase de base :

    (1) il est une heure.
    (2) il est quelle heure ?
    (3) quelle heure il est ?
    (4) quelle heure est-il ? etc.

On s'aperçoit que (4) considérée comme seule conforme à la norme, n'est qu'une étape de la dérivation qui comprend aussi les formes condamnées mais en usage comme (2) et (3).

2º L'aptitude des différents locuteurs de la langue à comprendre et/ou produire un certain nombre de ces formes, et non une seule, ni forcément la totalité, tiendrait à cet enchaînement des constructions et à la possibilité d'interrompre la dérivation à tel ou tel stade de son développement.

3º Le dynamisme de la langue ne serait plus dans la seule diachronie, mais, présent dans la synchronie, tiendrait à la coexistence instable de diverses formes, dont la fréquence (ou même la possibilité) de réalisation serait soumise à des déterminations extralinguistiques (niveaux de langue, registres de communication, aires géographiques, etc.) variables dans le temps. « *Une bonne part de ce qui différencie deux états diachroniques d'une langue peut se refléter dans deux variétés contemporaines de cette langue.* » (Lyons, 1969.) Cette position reprise par A. Delaveau, H. Huot et F. Kerleroux (*in* LF, 9, 1972) nous semble offrir de nouvelles possibilités aux études diachroniques.

4º Apparaît aussi l'unité des systèmes appartenant à la langue, ici par exemple la parenté entre le fonctionnement des présentatifs comme *c'est... que* et celui des interrogations du type *est-ce que*. Le principe de récursivité des règles de la grammaire générative offre aussi une explication à ces formules jugées aberrantes, telles :

    qu'est-ce que c'est que tu fais ?
    quand c'est que c'est que tu viens ?

La situation reste çependant confuse au niveau de l'analyse d'abord, dans la mesure où la grammaire générative et transformationnelle n'a pas encore proposé un ensemble de règles de transformation ordonnées qui permettrait d'intégrer les différentes constructions interrogatives possibles en français, et semble se limiter le plus souvent à la reconnaissance des formes dites correctes, presque toujours écrites, que lui fournissent les grammaires traditionnelles.

Les obstacles ne sont pas seulement, ni même essentiellement d'ordre technique. Sur le plan théorique, il faut que la grammaire générative et transformationnelle prenne en compte l'existence d'un sujet parlant qui ne soit pas idéalisé, réduit à une compétence linguistique neutre, mais défini dans sa pratique sociale et idéologique. C'est le sens, nous semble-t-il, des travaux de Labov aux États-Unis, qui travaille à partir de données ethniques et sociologiques pour les mettre en relation avec la pratique linguistique. Mais ces recherches supposent la collecte coûteuse d'un vaste matériau d'étude, des moyens de dépouillement importants, la formation et la collaboration de chercheurs des différentes disciplines intéressées. Les maigres crédits actuellement consacrés à la recherche scientifique en France ne fournissent pas aux chercheurs des moyens suffisants pour ce type d'entreprise. En outre, les données sociologiques enregistrées sont loin d'être élaborées sur des critères scientifiques satisfaisants, soumises qu'elles sont aux exigences de la commande sociale (cf. les « catégories » de l'INSEE), orientées par le souci de la rentabilité commerciale ou politique qu'imposent nécessairement le pouvoir d'État ou les entreprises privées aux organismes de recherche dans tous les pays.

5.7 LA NÉGATION

Si nous choisissons maintenant de développer l'exemple de la phrase négative, nous constaterons que les locuteurs « cultivés » de la langue française ont le sentiment de mal parler, lorsqu'ils utilisent, — et c'est fréquent — les tours négatifs incomplets du type : « *je sais pas, il est pas venu* », concurremment aux constructions complexes : « *je ne sais pas, il n'est pas venu.* » Ce sentiment naît d'abord de l'écart entre leur usage parlé et leur pratique écrite. *L'élaboration du Français fondamental* présente des enregistrements où les négations réduites à un seul élément *(pas)* sont très nombreuses, quel que soit le milieu socio-culturel du locuteur. Pourtant, on constate que les plus âgés des interviewés maintiennent plus souvent la négation complexe *(ne... pas)*.

A ces deux premières discordances, entre usage écrit et usage parlé, entre classes d'âge, on peut ajouter l'écart entre la description scolaire de la négation et l'usage non seulement des enfants, mais encore des adultes. Les manuels scolaires de grammaire énumèrent soigneusement les formes négatives, certaines désuètes *(ne point, ne guère, ne goutte, ne mie)* sans préciser leur recul dans l'usage actuel, envisagent l'emploi de *ne* seul (explétif ou non), donnent plus rarement des consignes pour éviter la double négation. Mais la plupart écartent de leur description la paire *ne... pas / pas*. Sur six manuels de l'enseignement secondaire, étudiés par G. Petiot et G. Marchello-Nizia (*in* LF, 12, 1972), un seul signale cet emploi de *pas*, comme incorrect, et l'attribue à *la langue populaire* (cf. Bonnard, 1954).

Les descriptions non scolaires de la langue déforment également la réalité de l'usage linguistique. *Le bon usage* de M. Grévisse (1969) décrit méticuleusement sous ce titre les formes littéraires, le choix de ses exemples l'imposant. C'est au détour d'une note qu'on peut lire : « Dans la langue populaire, l'ellipse de *ne* est tout à fait courante : *j'sais* PAS. *C'est* PAS *vrai*. — *Heureusement, dit-elle, que les places vous ont* RIEN *coûté* (L. Dubech, *La grève des forgerons*). » Cet usage est curieusement rapproché d'une remarque de Vaugelas et correspond [dans le paragraphe 877] à l'ellipse de *ne* dans les propositions interrogatives : « *La flamme, en s'épurant, peut-elle* PAS *de l'âme/Nous donner quelque idée ?* (La Fontaine). » Pourtant dès le XVIIIe siècle, les négations incomplètes sont nombreuses dans les textes écrits imitant le langage parlé, chez Vadé (*in Les bouquets poissards*) :

« C'est pas comme toi... J'ons jamais été empruntée par personne... Nous patine pas tant, ça nous amollit... Nous fais donc pas peur... »

Seules, les études sur le français dit populaire ou sur la langue parlée signalent la double possibilité *pas* ou *ne pas*. Kron, dans *Le Petit Parisien* (1909), manuel de conversation à l'intention des étudiants allemands, constate :

« La négation NE est très souvent omise dans le langage populaire :

J'ai pas faim,   au lieu de   *je n'ai pas faim ;*
t'es pas raisonnable   *tu n'es pas...*
j'étais pas là   *je n'étais pas là.* »

Il s'agit bien évidemment d'un « *ne dites pas... mais dites* ». De même H. Bauche (1929) relève « la suppression presque obligatoire de NE en langage populaire : *j'ai pas su, nous avons pas bu. Offre zi du café, pour pas qu'elle s'en alle.* » Une fois de plus le langage populaire est le parler des « basses classes », auquel on prête les constructions les plus répandues dans le langage non surveillé. Les études portant sur le français contemporain, quels que soient les types d'analyse auxquels elles recourent, concluent toujours à un phénomène de relâchement (phonétique, morphologique, syntaxique) de laisser-aller, dont le corollaire, implicite ou non, est l'abaissement moral.

Pour A. Sauvageot (1972), « '*Si tu veux pas*' est franchement vulgaire. Dans tous les cas, l'absence de l'n confère au parlé une tonalité de mauvais aloi. » Le *ne* se maintiendrait, pour lui, et son absence entraînerait une conscience nette de la faute et du mauvais effet qu'elle produit.

Par ailleurs pour A. Doppagne (1966), l'état actuel est une impasse où s'est engagée la langue en déplaçant la charge négative du premier élément *(ne)* étymologiquement négatif, au second de valeur primitivement positive « qui valait pour l'unité *(pas, rien,* etc.) et se met à avoir la valeur zéro ». Il conclut « le français moderne, dans *je vois personne, je fais rien, je vois plus, j'avance guère,* exprime littéralement le contraire de ce que veut dire la personne qui prononce ces paroles ». La condamnation du tour n'est plus d'ordre sociologique ou moral, elle est historique et se situe sur le plan d'une certaine logique, parfaitement déplacée dans le domaine des changements linguistiques.

Plus lucidement, P. Guiraud (1965) rattache l'évolution de la négation au problème des glissements de sens. Il conclut que, *pas* ayant pris fonction et valeur négative, cet état « ... a entraîné la déchéance de *ne* dans la langue populaire où il paraît faire double emploi ; et on dit *je crois pas*, forme cohérente et conforme aux tendances de l'idiome dans la mesure où elle transfère la négation sur un élément suffixé... ». L'aboutissement de cette analyse de Guiraud semble provenir de son souhait de construire une description homogène des formes affirmatives, interrogatives et négatives du verbe, qui s'inscriraient alors dans une série : morphème zéro / morphème *ti* / morphème *pas*.

Tu viens. / Tu viens-*ti* ? / Tu viens *pas*.

La forme en *ti* nous semble moins fréquente que le dit Guiraud et certainement pas en progrès (*cf. supra*, 5.6, l'interrogation). Cet équilibre des trois constructions est trompeur. Cependant, l'effort de P. Guiraud, pour intégrer la négation dans un ensemble de constructions syntaxiques et non plus dans le seul cadre morphologique-étymologique, est positif dans la mesure où il permet d'analyser l'élément *ne*, et pas seulement dans la langue « populaire », comme une marque d'emphase et l'élément *pas* comme un affixe, tantôt postposé, tantôt antéposé au terme nié.

Dans la langue parlée la négation se réduit le plus souvent à *pas*, postposé à la forme verbale qui porte les marques de temps et de personnes : « *il sait pas* » ou « *i'sait pas* » s'opposant à la forme écrite encore la plus pratiquée : « *il ne sait pas.* » Lorsque la forme verbale commence par une voyelle, il semble que le choix soit plus libre, *n'* alternant avec la liaison : /ilapaekri/, /inapaekri/ ; l'emphase est alors dans la prononciation : /ilnapaekri/. Contrairement à ce que propose M. Cohen (1970), on ne peut opposer les formes de l'impératif « *ne vous dérangez pas* » /vs/ « *dérangez-vous pas* », la forme « *vous dérangez pas* » étant aussi fréquente que les deux autres. *Ne* apparaît donc bien comme une simple particule d'emphase, sans valeur négative propre en français parlé (*cf.* Dubois, 1967).

En outre *pas* est fréquemment utilisé à l'oral comme négation d'un terme non verbal, il est alors antéposé à l'élément nié :

PRONOM : Pas moi ; c'est pas elle ; c'est pas pour toi.
ADJECTIF : Il est pas drôle ; c'est une histoire pas drôle ; c'est pas croyable.
ADVERBE : Pas forcément ; pas vraiment.
PARTICIPE ADJECTIF : Pas vu, pas pris.

Nous avons déjà signalé (*cf. supra*, 5.3.1.2) la tendance à substituer à *aucun* ou *nul* la construction *pas un* : « *pas un bruit ; pas un chat ; pas une miette*, etc. » On trouve aussi comme degré zéro du partitif le tour *pas de* qui s'oppose à la fois à *du* et *des* : « *pas de beurre ; pas de rillettes* » comme au « *des* » non partitif : « *Pas d'orchidées pour Miss Blandish !* » Enfin, si *pas* ne peut apparaître seul, en position libre, la réponse négative demeurant *non*, il peut fonctionner avec un renforcement comme dans : « *pas du tout, pas un clou, pas tripette*, etc. » de façon autonome. C'est lui qui tient alors le rôle d'élément négatif, comme *ne* autrefois, *du tout, un clou*, assumant la fonction autrefois dévolue à : *pas, mie, guère*.

CONCLUSION

De cet ensemble d'observations sur ce qu'on pourrait appeler les tendances de l'évolution syntaxique du français actuel, on retiendra surtout qu'on ne saurait parler d'*une* tendance déterminée et homogène, ni même d'un réseau de facteurs convergents qui orienteraient les structures syntaxiques dans des directions aisément repérables telles que simplification des systèmes, renforcement d'oppositions rentables au détriment d'oppositions en perte de vitesse, etc. La réalité est beaucoup plus complexe ; les facteurs déterminants sont le plus souvent divergents, des « simplifications » (par exemple la perte de l'élément discordantiel de la négation) doivent peut-être, à la réflexion, s'interpréter en des termes beaucoup plus subtils dès lors qu'en d'autres points du système comme l'interrogation, on constate non plus cette apparente « simplification », mais l'apparition d'une certaine complexité, que nous avons d'ailleurs a priori tendance à juger tout aussi apparente... L'étude de ces quelques cas incite donc surtout à la prudence, et s'il nous est permis de formuler quelques souhaits, ils porteraient sur l'établissement d'une série de programmes de recherche très ponctuels, tels que l'évolution, dans l'intervalle entre deux ou trois générations, de systèmes syntaxiques partiels, tels que l'emploi comparé de l'imparfait et du conditionnel dans les subordonnées du type : « *si j'étais riche* » / « *si je serais riche* », du futur simple et du futur périphrastique dans différents contextes, etc. Ce que l'on peut d'ores et déjà affirmer, en reprenant par exemple les conclusions de notre rapide enquête sur l'emploi des temps, c'est qu'une étude linguistique, même diachronique, ne peut plus, selon nous, faire désormais l'économie des variables socio-linguistiques, comme cela a été fait par la majorité des grammaires traditionnelles et dans les premiers temps de la grammaire générative.

6. LES STRUCTURES LEXICALES ET LE MOUVEMENT SÉMANTIQUE

6.1 LES VOCABULAIRES FRANÇAIS

Le lexique est la composante la plus instable de la langue, la plus ouverte au changement linguistique. Il comporte cependant un domaine relativement stable, à la frange de la grammaire : celui des mots grammaticaux, constitués de séries fermées de morphèmes, comme le système des pronoms personnels ou celui des démonstratifs, qui n'ont guère varié dans leurs unités depuis le XIXᵉ siècle. Mais le répertoire des éléments proprement lexicaux, les *lexèmes*, composé de séries ouvertes, s'il est fini, n'est ni dénombrable ni fixe. Il perd et gagne de nombreuses unités sur de très brèves périodes ; de plus, les vocables conservés changent constamment d'acception ou d'aire d'emploi. Le progrès des études lexicographiques au XXᵉ siècle a mis en évidence ce renouvellement quantitatif et qualitatif du lexique français.

La comparaison entre les éditions de 1949 et de 1960 du *Petit Larousse Illustré* (J. et C. Dubois, 1971) a fait apparaître cette mobilité du lexique: « Sur un total de 36 000 entrées en 1949, on compte 5 105 suppressions ; 3 973 mots ajoutés ensuite ont amené le vocabulaire de 1960 à 35 000 mots environ. » Ainsi, en une décennie, près de 15 % des vocables recensés dans un dictionnaire d'usage ont disparu ; plus de 10 % du nouveau répertoire est constitué de mots nouveaux. De rapides sondages montrent la réalité de ce mouvement :

— A l'initiale AUTO-, on passe de 60 unités en 1949 à 102 en 1968, malgré la disparition de six entrées ;
— A l'initiale GRA-, on constate la disparition en 1961 de la série GRAVELER *(couvrir de gravier)* et GRAVELAGE, répertoriés en 1949 ; mais une nouvelle série apparaît : GRAVILLON, GRAVILLONNER, GRAVILLONNAGE.

Cette substitution de vocables révèle le rôle des facteurs extralinguistiques dans le renouvellement du lexique : la modification d'une technique provoque le remplacement d'une série par une autre. Mais si le mot GRAVILLON(S) entre dans l'usage commun, grâce à son emploi sur les panneaux routiers, ses deux dérivés GRAVILLONNER et GRAVILLONNAGE sont utilisés dans les domaines administratifs et techniques ; ils appartiennent à un lexique spécialisé. Il est difficile de distinguer nettement les vocables du lexique commun des mots spécialisés ou techniques.

Ce mouvement lexical est qualitatif aussi. Pour la même période, J. Dubois (1971) constate que « les additions et suppressions de sens intéressent 4 300 termes... ». A l'initiale GRA- (PLI, 1971), GRAVELEUX se maintient aux sens figuré *(trop libre)* et médical *(atteint de la gravelle)* mais il disparaît comme dérivé de GRAVELER *(mêlé de gravier)*.

Les unités ou les acceptions appartenant aux lexiques spécialisés se caractérisent par leur instabilité et leur fragilité ; le renouvellement du lexique français touche environ le quart des termes répertoriés par un dictionnaire d'usage entre 1949 et 1960, et ce sont surtout les marges du lexique commun qui varient dans la mesure où elles sont étroitement liées à des pratiques économiques, techniques, politiques, sociales qui se modifient constamment. Le lexique est donc une masse hétérogène d'unités plus ou moins stables, plus ou moins intégrées dans l'usage commun, plus ou moins sensibles au mouvement extralinguistique.

La diversité des modes de formation (lexicale) accroît encore l'hétérogénéité : l'emprunt aux langues étrangères et la construction de mots sont les sources des nouveaux vocables français, les deux procédés se mêlant parfois. Ils apparaissent le plus souvent dans les vocabulaires spécialisés (mode, cuisine, politique, etc.), techniques (cinéma, aéronautique, etc.), scientifiques (physique, chimie, etc.) ; une partie d'entre eux seulement passent dans le lexique commun où ils s'intègrent plus ou moins rapidement et durablement. Certains emprunts gardent leur forme graphique originale, quitte à ce que les locuteurs les adaptent à la phonologie du français ; anglais : *cow-boy*, /kaɒːbɔj/ ; français : *cow-boy* [kouboj] ou [koboj] ou [kɔvbwa] ; d'autres sont francisés, graphiquement et morphologiquement : on peut changer de type d'écriture et passer, par exemple de l'alphabet cyrillique à l'alphabet latin ; le mot intégré peut adopter les flexions du français : SOVIET / SOVIETS (XXe siècle).

Les mots construits se constituent soit par *dérivation suffixale* : PROMÉTHÉISME (1917) OUVRIÉRISME (milieu XXe), ou *préfixale* : ANTISÉMITE (1889), ARCHI-CADET (1956), ou *parasynthétique* : ALUNIR (1923), soit par *composition* : DÉPUTÉ-MAIRE (milieu XXe), CHAUFFE-BIBERON (1966), ou *recomposition* : AUTOROUTE (1953). De nouvelles unités sont créées par *abréviation* : *troncation* du mot : RADIO (de RADIOPHONIE ou RADIOGRAPHIE), PROLO (de PROLÉTAIRE), ou *siglaison* de locution : « CONFÉDÉRATION GÉNÉRALE DU TRAVAIL » devient CGT, prononcé [seʒete], et peut se dériver à son tour comme CÉGÉTISTE. Si la construction de mots s'opère généralement avec un matériau traditionnel (le suffixe -AGE date des premiers temps du français et est encore disponible : DÉCOLLAGE [1870]), elle emprunte aussi aux langues modernes (le suffixe -ING ; CARAVANING est une création française) ou anciennes (le préfixe HYPER n'apparaît en français qu'à la fin du XIXe siècle comme élément de construction). Tous ces procédés restent bien vivants en français et concourent à l'hétérogénéité du lexique.

De la complexité de ces mouvements, de leur ampleur et de leur importance, on a pris progressivement conscience, comme en témoignent les querelles sur la néologie au XVIIIe siècle et le développement de la lexicographie depuis trois cents ans. Certes, devant le foisonnement du lexique et son dynamisme, le XIXe siècle a gardé longtemps une vision organiciste influencée par les sciences naturelles. A. Darmesteter intitulait, en 1888, un de ses ouvrages *La vie des mots*, et annonçait dans l'introduction : « Dans ce travail, on trouvera un certain nombre de comparaisons avec l'histoire naturelle. » Il prenait par ailleurs dans la psychologie comparée des peuples la raison des modes de formation dominants dans chaque langue et postulait par exemple « la puissance de dérivation et la pauvreté de composition des langues romanes ». Depuis, de nouveaux moyens technologiques, la mécanographie ou l'électronique, mis au service de la lexicographie, les apports de la linguistique aux théories lexicologiques, ont montré l'insuffisance de ces approximations. « La puissance de composition » du français, langue romane, semble plus forte que ne l'estimait Darmesteter et elle paraît encore en expansion depuis quelques années. Cependant le raffinement des méthodes de dépouillement n'a pas fait disparaître, au contraire, les divergences d'analyse : les frontières entre dérivés et composés, la distinction entre suffixes lexicaux et flexions, les notions de synonymie et d'homonymie, sont loin d'être communes à tous les spécialistes.

L'importance des facteurs extralinguistiques oblige les chercheurs, lexicologues et lexicographes, à emprunter leurs critères à des disciplines qui, comme la linguistique elle-même, sont encore à construire : la sociologie, la psychologie, l'histoire (*cf. supra*, Iʳᵉ Partie). Il suffit de comparer deux dictionnaires de langue ou d'usage pour constater que les étiquettes « familier », « populaire », « trivial », « vulgaire », ne recouvrent pas les mêmes notions ; c'est le lexicographe qui fixe la norme ou l'usage moyen d'après sa propre compétence linguistique et ses pratiques sociales.

La mobilité du lexique français, l'imprécision de ses frontières internes et externes, la complexité de ses relations avec les pratiques d'une société mouvante, interdisent la stricte comparaison des lexiques du XIXᵉ et du XXᵉ siècles. On ne peut, ni pour l'un ni pour l'autre, classer les usages d'après des niveaux de langue incertains, des registres d'utilisation mal définis ou des aires géographiques instables, sauf à privilégier un de ces usages : le français écrit, plutôt soutenu, d'hypothétiques communautés urbaines de la région parisienne. Ce serait oublier que le dynamisme de la langue, et singulièrement du lexique, tient à la concurrence des divers usages et à leur mobilité. L'étude de l'évolution de la langue française au XXᵉ siècle supposerait tout autant la comparaison des états de langue passés et actuels que la description des jargons, parlures et disances qui constituent le français d'aujourd'hui. Nous ne pouvons qu'indiquer à partir des travaux lexicologiques et lexicographiques récents les modes de renouvellement du matériau lexical et leur disponibilité actuelle : dérivation, composition, emprunts, et les domaines privilégiés de ce renouvellement : les vocabulaires techniques et spécialisés.

6.2 LA DÉRIVATION

6.2.1 INTRODUCTION

Les travaux des lexicologues français contemporains (Dubois, Guilbert) ont montré que l'opération désignée sous le nom de dérivation (suffixale, préfixale ou parasynthétique) est l'un des principaux facteurs de l'évolution linguistique tout entière et non pas seulement de l'évolution du lexique pris isolément. Des opérations comme la « nominalisation » peuvent en effet se décrire et s'analyser à la fois en termes syntaxiques et en termes lexicaux ; c'est la raison pour laquelle une grande partie des linguistes contemporains hésitent à appliquer au lexique des méthodes et des techniques de description et d'analyse radicalement distinctes de celles qu'on utilise pour rendre compte des structures syntaxiques.

En tant que facteur déterminant de l'évolution linguistique, la dérivation constitue, certes, un objet d'étude et de recherche scientifique, mais elle est aussi — plus encore, semble-t-il, que la composition ou les abréviations — l'un des objets privilégiés des vives polémiques à prétexte linguistique ou paralinguistique qui opposent les « défenseurs de la langue » non seulement à ses utilisateurs, mais même à ses descripteurs, tous jugés plus ou moins « linguicides » par les premiers. Mais avant d'interpréter la dérivation en termes positifs de « créativité » lexicale, de dynamisme, ou dans les termes négatifs propres à l'optique des défenseurs de la langue, il faut définir le procédé et en montrer ce qu'on pourrait appeler — en termes neutres — la productivité.

Sans prétendre entrer dans des oppositions de type théorique et terminologique entre différentes écoles linguistiques, nous signalerons cependant que les grammaires traditionnelles et structurales distinguent d'abord entre dérivation et composition : la dérivation « est constituée par l'agglutination d'éléments lexicaux en une forme unique continue, un radical d'une part, un élément adjoint ou affixé d'autre part, appelé suffixe s'il est placé après le radical, préfixe s'il est placé devant le radical » (Guilbert, 1971). La définition ajoute que ni les suffixes, ni les préfixes employés en tant que tels ne jouissent de l'autonomie lexicale. La composition s'oppose à la dérivation dans la mesure où les éléments lexicaux qu'elle agglutine peuvent avoir une autonomie « en tant que termes lexicaux », hors le cas particulier des éléments de composition latins ou grecs.

La grammaire générative donne, quant à elle, une définition de ces phénomènes qui les oppose moins strictement dans la mesure où elle range sous le nom générique de « dérivation » toutes les opérations par lesquelles on fait passer un morphème d'une classe grammaticale de départ à un morphème d'une classe grammaticale d'arrivée, en transformant les phrases de base appropriées ; ainsi « la verbalisation rend compte de la transformation en verbe d'un nom, d'un adjectif, de la modalisation d'un verbe et de sa transformation en un autre verbe. La nominalisation explique le passage à la classe du nom, d'un verbe, d'un adjectif, d'un autre nom... » (Guilbert, 1971). Ainsi, la verbalisation donnera CLOUER à partir du nom CLOU, au moyen d'une succession de phrases de base où le nom CLOU sera successivement affecté de l'affixe adjectival *-é*, puis de l'affixe verbal factitif *-er*. La composition sera de même étudiée comme une suite de phrases permettant par exemple de passer de « *cela couvre le lit* » à : le COUVRE-LIT. Bien que ce type d'analyse, qui permet d'unifier la diversité des faits rencontrés dans une description homogène, ait nos préférences, nous garderons ici la présentation traditionnelle des phénomènes de formation lexicale, dans le souci de ne pas dérouter les lecteurs, et aussi dans la mesure où ce qu'on appelle en termes classiques la dérivation (par suffixes et préfixes) est l'opération la plus productive d'un point de vue quantitatif (*cf.* Dubois, 1962).

6.2.2 LA DÉRIVATION SUFFIXALE

6.2.2.1. La suffixation : définitions

La suffixation est, en français, un des moyens privilégiés de renouvellement du lexique. Encore faut-il distinguer parmi les affixes postposés, les *suffixes* (éléments lexicaux) et les *flexions* (indices grammaticaux). La distinction n'est pas toujours si claire, d'où les réserves que nous avons précédemment émises.

La marge est mince entre les formes verbales fléchies en -ANT (participe présent et gérondif : (en) *entrant*, (en) *arrivant*) et les adjectifs dérivés avec le suffixe -ANT *(pénétrant)* ou les adjectifs empruntés *(concomitant* ou *déodorant)*. De même l'adjectif *pénétré* semble maintenant distinct du participe passé *pénétré*, et le suffixe -É paraît pouvoir s'appliquer sur des bases nominales : *cacaoté* ou *chocolaté*.

Formellement, si la suffixation laisse rarement intact le lexème de base (acti*f*/acti*v*ement, m*er*/m*ar*in), les désinences verbales, elles aussi, peuvent provoquer des modifications de la base (s*ème*/s*em*ons, cr*ains*/ cr*aign*ons, p*eut*/p*our*ra).

Nous retiendrons que le suffixe sert à fournir de nouvelles unités lexicales, tout en déterminant leur classe grammaticale :

● -MENT définit une classe d'adverbes s'il est adjoint à un adjectif : *typiquement* (PLI, 1960) ;
● -ISME définit une classe de substantifs, adjoint à une base nominale simple : *baroquisme* (1959), ou complexe : *tiers-mondisme*, ou à une base verbale : *dirigisme* (1937).

Quant à la flexion, elle donne à l'unité lexicale son autonomie syntaxique. Cependant, on ne peut faire abstraction du rôle syntaxique de la suffixation : la nominalisation par suffixation d'une base verbale modifie le fonctionnement syntaxique de l'unité ; comparer :

— *Une société privée financera l'autoroute* | *Le financement de l'autoroute par une société privée* ;
— *La perception a été plastiquée* | *Le plastiquage de la perception.*

La suffixation des adjectifs par le suffixe adverbial -MENT produit-elle une unité lexicale nouvelle ou une simple variante adverbiale de l'adjectif ? *Une décision autoritaire* | *il décide autoritairement*. Sauf à trancher des cas marginaux, certains critères permettent de distinguer les suffixes lexicaux. Ainsi, alors que la flexion ne sert qu'à confirmer l'appartenance d'un terme à sa classe (la terminaison -ERA du futur ne modifie pas la classe verbale dans *il panifiera*), le suffixe peut changer la classe de base (le suffixe -IFIER fait passer de l'adjectif SOLIDE au verbe SOLIDIFIER). De ce fait la suffixation peut commander une modification des flexions ; le suffixe -ISER appliqué sur la base nominale ATOME entraîne le développement du paradigme temporel du terme dérivé ; comparer :

— un atome / des atome*s* (avec une flexion *s* de pluriel) ;
— il atomise / il atomis*ait* (avec une désinence d'imparfait).

Nous avons abordé le problème de l'ordre syntagmatique des affixes lexicaux et des indices grammaticaux dans les dérivés : les premiers sont toujours plus voisins de la base que les flexions.

Le suffixe, comme le préfixe, appartient à une série ouverte plus souple, plus instable, que les séries fermées des flexions. En effet, les paradigmes grammaticaux, comme le système du nombre, ou le paradigme des temps du verbe, sont diachroniquement et synchroniquement stables : un verbe récent comme ALUNIR (1923) dispose virtuellement, dès son apparition, du même ensemble de personnes, temps et modes, que le verbe FINIR. On peut noter que la suffixation est de même disponible : ALUNISSAGE apparaît rapidement, comme RADIOGUIDAGE après RADIO-GUIDER. Mais on voit dans une période très courte, des termes suffixés disparaître du vocabulaire (par exemple, bon nombre de noms d'instruments en -ON : ARTISON, ÉBAUCHON) ou des suffixes rester sans production (le même suffixe -ON ne produit aucune formation nouvelle dans le même temps ; cf. J. Dubois, 1962). D'autres suffixes, en général disponibles dans la langue, plus rarement empruntés, deviennent ou redeviennent productifs : -TRON qui passe du domaine de la physique, où il est apparu en 1891 (ÉLECTRON), et de l'électronique (CYCLOTRON, 1938 ; ANTINEUTRON, 1957) au domaine de l'humour (le LITTÉRATRON, de R. Escarpit, ou le BIGLOTRON de P. Dac). La rapidité de ces mouvements du système suffixal, leur ampleur aussi, caractérise bien le suffixe par rapport à la flexion.

6.2.2.2. La disponibilité des suffixes

Si les affixes grammaticaux restent disponibles, c'est-à-dire aptes à s'appliquer sur des termes nouvellement apparus dans le lexique (ainsi la flexion pluriel sur les nouveaux dérivés : des technocrate-s, des défoliant-s), l'équilibre du système flexionnel n'est pas modifié. A l'inverse la disponibilité de certains suffixes et la perte de disponibilité de certains autres tendent à transformer le lexique. Diachroniquement, on voit apparaître et disparaître, progresser ou régresser, des formes de dérivation suffixale. Synchroniquement, on constate la fécondité ou la stérilité de maints suffixes. Nous avons vu comment des termes appartenant à des domaines techniques nouveaux pouvaient fournir des séries suffixées au lexique général. C'est là un signe de disponibilité du suffixe. L'apparition de termes éphémères signale la même disponibilité : -ISME a permis la formation, dans l'actualité des années 60, du terme CARTIÉRISME à peu près disparu depuis, et aujourd'hui de FAURISME (1968), RÉFORMATEURISME (cf. Le Monde, 6-10-1972).

L'aptitude du suffixe à dériver des bases variées relève de la même propriété. -ISTE est vivant, grâce auquel on a formé DIRIGISTE sur le verbe DIRIGER, GAULLISTE sur le nom propre De Gaulle, CÉGÉTISTE sur le sigle CGT.

Enfin la motivation du terme dérivé, c'est-à-dire le rapport perçu entre le suffixé et sa base, indique assez sa productivité : le STALINISME ou le JE-M'EN FICHISME sont bien motivés pour nos contemporains. La fragilité même de ces créations témoignent de la vitalité de la dérivation suffixale dans l'état de langue actuel.

6.2.2.3. Le mouvement général des suffixations

L'étude comparée d'un dictionnaire d'usage *(Petit |Larousse)* édité régulièrement de 1906 à 1961, fait apparaître d'intéressantes indications sur les tendances de la dérivation suffixale au XXᵉ siècle.

1º *La masse générale des termes suffixés reste numériquement stable.* La proportion de termes dérivés dans le lexique commun, et particulièrement de termes suffixés, est très forte : J. Dubois (1971) dans un sondage des termes inventoriés à l'initiale A en relève près de 70 % de la masse générale. Un sondage opéré sur les termes à syllabe initiale GRA- donne la proportion plus faible de 56 %, mais elle est stable, de l'édition de 1907 à celle de 1968. Il faut cependant noter que cette proportion varie selon la fréquence des mots ; la liste du *Français fondamental,* en ordre de fréquence décroissante, ne comprend, pour les deux cents premiers mots, que 3 dérivés, tous suffixés.

2º *Le mouvement du lexique touche une masse relativement importante de mots suffixés.* 66 % des modifications pour les termes à initiale GRA- concernent les suffixés ; on compte à peu près autant de suppressions (19) que d'additions (21), soit 40 modifications touchant les suffixés sur un total de 61. Les termes suffixés sont particulièrement instables.

3º *Les mouvements ne concernent pas des termes isolés, mais des séries suffixales.* Si l'apparition de nouveaux suffixes est un fait très rare, la progression de suffixes disponibles (-IQUE, -É, -IEN) ou la régression de certains autres (-EUX, -OIR) entraînent des rééquilibrations internes du système suffixal. Enfin, et nous y reviendrons, les valeurs et les aires d'emploi sont également instables.

Les mécanismes du mouvement lexical

Les mouvements de la structure suffixale d'une langue sont complexes et leurs causes multiples. Isoler les phénomènes linguistiques est un artifice nécessaire, dans un premier temps, pour décrire et classer les différentes données ; mais aucune explication ne peut naître de l'anecdote ni du listage et nous examinerons chemin faisant les relations entre l'évolution économique et sociale et le mouvement du lexique.

De verbes réduits à leur base ou déjà dérivés sont issues diachroniquement des séries nominales suffixées, — qui sont aussi synchroniquement les transformées, résultats de nominalisations d'expressions verbales : *la construction de l'autoroute ;*

ABATTRE : *Noms d'action :* ABATTAGE (1265), ABATTEMENT (XIIIᵉ siècle)
              Noms de produits de l'action : ABATTIS (XIIᵉ siècle), ABAT (déverbal, suffixe zéro, XVᵉ siècle), ABATÉE (1687)
              Noms d'agent : ABATTEUR (XIVᵉ siècle)
              Noms de lieu : ABATTOIR (1806)

Ces séries peuvent être plus ou moins complètes.

Le rendement des suffixes est inégal suivant les bases. Il peut varier aussi avec les périodes. Productifs à certains moments, stériles à d'autres périodes, les suffixes peuvent perdre toute disponibilité, disparaître ou brusquement dériver de nouvelles séries. Ces mouvements de régression ou d'expansion sont très rapides, comme l'ont montré Dubois, Guilbert, Mitterand et Pignon (*cf.* Dubois, 1971) en étudiant les mouvements du lexique sur un laps de temps très court (1949-1960).

Les régressions de suffixes

Des facteurs secondaires, proprement linguistiques, peuvent jouer un rôle dans les mouvements de la structure suffixale.

La perte de motivation : certains dérivés sortent de l'usage à la suite de la disparition du mot base ou de l'emploi de ce mot à partir duquel ils étaient motivés ; c'est ainsi que AVALAISON et AVALURE sont sortis du lexique entre 1907 et 1960, n'étant plus motivés par le sens vieilli de AVALER (= *descendre*). Cependant persistent d'autres dérivés préfixés de la même base VAL, comme DÉVALER ou les dérivés de sens technique comme RAVALER, RAVALEMENT.

Dans le sondage aux initiales GRA- du *Petit Larousse* (1907-1968) on constate la disparition de séries complètes, relevant en général de domaines techniques (ici, pharmacie et médecine) :

> GRATTELLE *(petite gale)* et son dérivé GRATELEUX ;
> GRABEAU *(fragment de drogue)* et GRABELER ;
> GRAVELER et GRAVELAGE (cf. *supra*, 6.1).

Les phénomènes de redistribution

Les phénomènes les plus fréquents ne sont pas de régression pure et simple ou d'expansion sans contrepartie. Il s'agit le plus souvent de redistributions morphosyntaxiques et sémantiques. Par exemple, l'opposition -MENT/-AGE, disponible depuis la plus ancienne langue, tend à s'investir sémantiquement en de nouvelles valeurs qui restent cependant concurrentes.

1º *Répartition syntaxique :*

a) *Accompli/non-accompli :* MORCELAGE (1907) désigne une opération concrète qui aboutit au MORCELLEMENT (1792), résultat de l'action. Il n'en va pas de même pour PAVAGE (1331) qui désigne aussi bien l'opération que le résultat de l'action, malgré la réapparition de PAVEMENT (PL, 1960) ; s'il s'agit d'un emprunt, le terme n'a pas le même sens que son homographe américain, mais celui de l'ancien français ; quant à REMEMBREMENT (1909), il décrit les deux aspects : *accompli/non-accompli*, en l'absence de dérivé en -AGE.

b) *Verbe en emploi transitif/Verbe en emploi intransitif :* la répartition -MENT/-AGE tend à correspondre à l'opposition des bases verbales *transitives /vs/ intransitives :*

> Base intransitive + -MENT :
>
> Les ERREMENTS *de Georges = Georges erre ;*
> Le BÉGAIEMENT *de Richard = Richard bégaie ;*
> L'ABATTEMENT *d'Alain = Alain est abattu* ; dans cette dernière phrase ABATTRE n'a pas d'agent (au moins animé).

> Base transitive + -AGE :
>
> Le GAVAGE *de l'oie = on gave l'oie*
> Le PAVAGE *de la rue = on pave la rue*
> L'ABATTAGE *des arbres = on abat les arbres.*

2º *Répartition des aires sémantiques* : De ce fait, le suffixe -AGE désigne plutôt des opérations concrètes (ABATTAGE), le suffixe -MENT plutôt l'état mental, les attitudes (ABATTEMENT). Certains dérivés fonctionnent seuls avec cette valeur : EMBOURGEOISEMENT (1960), COMPORTEMENT, traduction de l'anglais BEHAVIOUR par Piéron, ASSAGISSEMENT (1960) DÉFOULEMENT (1960) ; d'autres en couples comme RABÂCHEMENT (1960) face à RABÂCHAGE (1735).

a) *Spécialisation des emplois* : Si CLAQUEMENT reste dans le lexique général, CLAQUAGE y parvient par le détour du vocabulaire sportif (*Larousse XXᵉ s.*, supplément 1953) ; ABATTAGE, considéré comme familier est aussi un terme du spectacle, ABATTEMENT, longtemps connu avec le sens de *rabais* est utilisé maintenant dans la terminologie administrative : ABATTEMENT *d'impôt*, ABATTEMENT *de zone*. Les formations du suffixe -AGE se multiplient dans le vocabulaire technique : RADIOREPORTAGE (1953), RADIOBALISAGE (1948), RADIOSONDAGE (1954), RADIOGUIDAGE (1964) ; le suffixe -MENT est très productif dans les domaines économiques et politiques : AUTOFINANCEMENT (1955), INTÉRESSEMENT (1956).

b) *Disparition d'un des termes concurrents* : Le déverbal ABATS tend à se substituer à ABATTIS, qui n'est plus guère usité que dans la locution populaire : « *Numérote tes* ABATTIS », où il désigne les membres d'un animé humain ; ABATTIS dénomme encore, dans l'usage légèrement archaïque ou régional, les pattes et les ailes de la volaille, à l'exclusion de tout autre organe.

On touche ici à la complexité d'un phénomène général qui ne tient pas à l'instabilité linguistique des dérivés suffixés, mais plutôt à la souplesse du procédé de formation, qui le rend apte à répondre aux besoins nouveaux d'une société en continuelle transformation et à refléter la désaffection à l'égard de certaines notions.

Régression ou déplacement : -ON, -OIR, -ERIE

Servant autrefois à former des noms d'instruments ou de lieux de travail, ces suffixes et leurs séries suffixales sont particulièrement sensibles à tout changement des conditions de production. Ainsi le suffixe -ON et ses variantes -ISON et -AISON qui s'appliquaient à des bases verbales désignant des opérations artisanales, pour donner le nom d'instrument, ont connu dans cet emploi un recul considérable depuis le début du siècle. De l'édition de 1906 du *Petit Larousse* à celle de 1960 (Dubois, 1962), nombre de dérivés ainsi formés ont disparu : ACCOINÇON, ÉBAUCHON, TENAILLON, etc. Aucune formation nouvelle ne vient combler ce déficit, mais il est cependant impossible de parler de simple régression du suffixe. Sous les formes -ON ou -TON, le suffixe devenu disponible fonctionne comme une sorte d'indicateur de registre, sans valeur sémantique bien définie : ARPION, CACHETON, CURAILLON, CURETON, FROMETON, GRIVETON, RATICHON, etc.

Par ailleurs, des vocables comportant en finale l'élément savant -TRON se sont multipliés : KÉNOTRON (1926), MICROTRON (1954) et SYNCHROCYCLOTRON (1960) ; on en trouve certains dans les dictionnaires d'usage. Dans d'autres domaines scientifiques ou techniques, de nombreuses formations nouvelles sont apparues avec la finale -ON : PROTON (1934), MÉSON (1948), LUDÉON (1961), Les noms de textiles artificiels se sont répandus dans le lexique général : NYLON, ORLON (1950), DRALON (1960), PERLON (1948).

La régression du suffixe -ON pour les noms d'instruments traduit le recul d'un certain mode de production, l'artisanat faiblement mécanisé ; la production industrielle substitue à ces outils des appareils, dont les noms s'inscrivent de préférence dans des séries suffixales en -EUR, -ICE ou -EUSE, empruntées à la dénomination des agents animés : CALCULA-TEUR, -TRICE, ORDINATEUR, PERCEUSE, FRAISEUSE. Le suffixe -ON est alors disponible pour dériver dans d'autres domaines techniques, dans d'autres niveaux de langue, et pour enrichir à nouveau le lexique commun.

D'autres suffixes pourtant peuvent subir un recul plus net, que ne compensent pas de nouveaux développements. Le suffixe -ERIE, qui s'appliquait aux bases nominales pour désigner les lieux de travail, a perdu de nombreux dérivés : FICELLERIE, ÉVENTAILLERIE, ÉPINGLERIE, DAMASSERIE. Les apparitions restent rares : CIMENTERIE, MARGARINERIE, PRÉSERIE (1960). Même si aux ateliers d'artisans ont succédé les ateliers d'usines (FONDERIE), ou des usines (COKERIE), la redistribution de nombreuses fabrications artisanales dans des entreprises industrielles plus importantes, aux productions diversifiées et plus nombreuses, interdit souvent le réemploi des dérivés en -ERIE.

Les noms d'instruments en -OIR (ATTISONNOIR, BINOIR) et les noms d'opérations techniques en -URE (ANNELURE, AVALURE, AMMONIURE) tendent aussi à régresser dans la mesure même où ils ont été très liés à des types de production aujourd'hui tombés en désuétude.

Il ne faut pas croire pour autant que ces mouvements du lexique soient les simples reflets des transformations de la société française. Nous les découvrons comme les traces de cette évolution, mais ils en sont aussi les instruments. L'effacement de séries lexicales n'est pas une simple déperdition de la langue, mais un principe actif de renouvellement des structures économiques politiques, techniques et sociales.

Les suffixes en progrès

Le rôle actif du mouvement lexical est plus visible encore dans le développement, l'accélération de certaines dérivations.

1° La suffixation des noms d'action en -TION

Le suffixe -TION, et ses variantes -ATION, -ISATION, -IFICATION, développent leurs dérivés à partir de bases verbales : (SE) CONCERTER → CONCERTATION. Ce peut être un terme récent ou le réemploi d'un terme vieilli comme le précédent, qui peut ou non disparaître rapidement du lexique commun ; il n'en est pas moins lié à une certaine politique. De même PARTICIPATION est « *repris et répandu en 1968* surtout par le Général De Gaulle et par divers hommes politiques » (Gilbert, 1971).

L'apparition du mot ne répond pas de l'existence de la chose. Le nom DÉCOLONISATION et le verbe DÉCOLONISER, datés de 1960 par le BW, sont mentionnés en 1845 par DDM. Ils ne sont certainement pas restés hors de l'usage langagier depuis 1845 ; on ne peut cependant en conclure à la naissance du phénomène politique à la moitié du XIXe siècle, mais tout au plus à l'apparition d'une notion fort différente de celle utilisée aujourd'hui. Quant à son développement actuel, DÉCOLONISATION ne peut être pris simplement comme la manifestation lexicale d'une retraite volontaire des colonisateurs abandonnant les terres de conquête. Si le mot a pu désigner une opération favorable au mouvement de libération des peuples colonisés, il a surtout fonctionné, à partir de 1960, comme masque pour l'imposition de nouvelles formes d'exploitation économique. De là provient sans doute un autre dérivé, suffixé en -ISME, comme les noms de systèmes, qui est aussi un recomposé (*cf.* Mitterand, 1953), NÉO-COLONIALISME, relevé par DDM dans la presse écrite de 1962.

L'absence de base verbale n'interdit pas la création de suffixés en -TION ; les variantes en -ISATION et -IFICATION, construites sur les dérivés verbaux d'adjectifs ou de substantifs en -ISER, -IFIER, sont de plus en plus nombreuses, en particulier dans les lexiques spécialisés : GRAMMA-TICAL / GRAMMATICALISER / GRAMMATICALISATION ; VIÊT-NAM / VIET-NAMISER / VIET-NAMISATION, etc. L'initiale S du *Nouveau Petit Larousse* (1972) donne, par exemple, les nouveaux dérivés : SACCHARIFICATION, SAPONIFICATION, SCHÉMATISATION, SINISATION, etc. On relève dans un quotidien (*Le Monde*, 7-10-72) bon nombre de dérivés de ce type, certains déjà anciens comme : DÉMOCRATISATION (1797) PARTICIPATION (1160), COOPÉRATION (1327), AFFILIATION (1560) ; d'autres récents comme : INTERNATIONALISATION (vers 1950), LIBÉRALISATION (1959), MAROCANISA-TION, PLANIFICATION (XXᵉ s. d'après DDM) ; parmi les dérivés récents, relevons BEATNIKISATION (1966), CANNIBALISATION (1969).

Dans le même journal, le même jour, on trouve les traces du progrès d'autres suffixes, le suffixe verbal -ISER justement : « *Il faut que se* CONCRÉ-TISE *l'Union...* », suffixe qui sert de base dérivée à de constantes forma-tions en -ISATION (CONCRÉTISATION est déjà en usage). On relève encore le suffixe ajectivisateur -EL : « *L'ensemble ne sera opérationnel que...* » ; déjà signalé par DDM à la date de 1950, ce terme est passé du domaine militaire au lexique commun ; le suffixe d'adjectif ou de nom -IQUE : l'INFORMATIQUE et l'ÉLECTRONIQUE ; ÉLECTRONIQUE date de 1948 d'après DDM. Il n'est pas surprenant d'y trouver aussi des dérivés en -ISME, dont AVENTURISME, apparu en 1961 dans PL.

2⁰ *La mobilité des dérivés en* -ISME

La disponibilité de ce suffixe correspond à des données proprement linguistiques (diversité des bases lexicales, existence d'un microsystème complexe, etc.) et à des besoins nouveaux (diffusion de l'information, multiplication des modes d'analyse plus ou moins théoriques, dans les domaines politiques et scientifiques).
Cette disponibilité se manifeste par :
— La diversité des bases lexicales : adjectifs (OBJECTIVISME, 1951) substantifs (ATTENTISME, 1956 ; OUVRIÉRISME, milieu du XXᵉ s.), verbes (DIRIGISME, 1948) ;
— La fragilité de certaines créations, vite apparues, vite disparues, en particulier sur les noms propres : le PIVERTISME de Marceau Pivert dans l'immédiate avant-guerre ; en 1970 encore « *le* POMPIDOLISME *est-il le* GAULLISME *sans De Gaulle ?* », en 1972 « *Y a-t-il un* FRANQUISME *possible sans Franco ?* »

— L'insertion des formes suffixées sur la même base dans un micro-système (*cf.* Dubois, 1962) :

> SOCIAL donne :
>
> nom d'action   : SOCIALISATION (1840, DDM)
> verbe   : SOCIALISER (1786 ; 1852, sens actuel)
> nom de système : SOCIALISME (XVIIIe s. ; 1851, sens actuel)
> nom d'adepte   : SOCIALISTE (1822)
> adjectif (différent du participe présent verbal) :
>   SOCIALISANT (1936) ;
>
> SOCIALITÉ (XVIIe s.) est aujourd'hui disparu.

6.2.3 LA PRÉFIXATION

6.2.3.1. Définitions

Un préfixe est une particule non autonome graphiquement, syntaxiquement, morphologiquement, qui précède le radical d'un mot construit. Sa place le distingue du suffixe, et il ne risque guère d'être confondu avec les morphèmes grammaticaux antéposés, ceux-ci étant toujours distincts graphiquement et souvent syntaxiquement de la base lexicale :

> j'ai REpris la route / je n'ai pas REpris la route.

Le préfixe, élément lexical, se place entre les morphèmes grammaticaux et la base.

Ce n'est pourtant qu'au XIXe siècle que certains adverbes ont été séparés par un blanc graphique du mot suivant. Jusqu'au *Dictionnaire de l'Académie* (édition de 1878) l'usage retenu par les lexicographes et les typographes était en faveur de la graphie synthétique pour :

> TRÈS : *une idée très-précise ;*
> FORT : *une affaire fort-grave ;*
> NON : *non-seulement.*

Il en allait de même pour certains mots construits, aujourd'hui liés, qui portaient encore la marque de la composition : LONG-TEMPS. L'usage hésite encore pour certains préfixes entre la graphie synthétique et la distinction des éléments de composition par un trait d'union :

> ANTI-THÉÂTRE (1965) / VS / ANTITRANSPIRANT (1970) ;
> SUPER-ÉLITE (1968) / VS / SUPERFONCTIONNAIRE (1970)
> CONTRE-ATTAQUE / VS / CONTREPARTIE
> CONTRE-PIED

Le dernier exemple indique qu'il ne s'agit pas simplement d'une contrainte phonologique, pour éviter le contact de deux voyelles.

La liste des préfixes varie selon les grammairiens et les lexicographes en importance comme en composition : de 16 formes pour Togeby (1965) à 50 pour Nyrop (1899-1930) et à 260 pour l'édition de 1961 du *Petit Larousse.*

L'étymologie ne peut guère lever le doute puisque nombre de préfixes sont d'anciens adverbes, ou inversement : les préfixes TRÉ- et TRANS- ont la même origine que l'adverbe TRÈS. Certains d'entre eux ont encore aujourd'hui une existence autonome comme adverbes ou substantifs : BIEN, MAL ; d'autres fonctionnent aussi comme prépositions et comme adverbes : CONTRE, AVANT. Puisque ces termes peuvent avoir un fonctionnement syntaxique autonome, on comprend l'hésitation des spécialistes à classer la préfixation comme mode de dérivation ou de composition.

Pour notre part, nous reconnaîtrons ici comme procédé de dérivation la formation des mots préfixés, et comme préfixes les particules non indépendantes de leurs bases (IN-, RE-, DE-, etc.), les prépositions ou adverbes dans les emplois où ils sont soudés graphiquement au radical (avec ou sans emploi du trait d'union) et les formes savantes antéposées empruntées au latin et au grec : SUPERCERVEAU (1968), TÉLÉ-CHANSON (1957). Nous ne retiendrons comme mots préfixés que les formes dérivées encore motivées par rapport à un mot simple dont la parenté sémantique à la forme complexe est encore sentie : INEPTE ou INNOCENT ne peuvent plus être retenus aujourd'hui comme préfixés.

L'examen des mots recensés par le *Petit Larousse* (1968) à l'entrée AUTO- permettra de préciser les critères retenus pour définir les préfixes et les distinguer des éléments de composition ; sur 102 adresses commençant par la séquence graphique AUTO- et phonique /oto/ on relève :

— 13 mots simples et suffixés :

a) soit qu'ils aient été mots simples dans la langue d'origine : AUTOMNE, du latin *autumnus* et son dérivé suffixé AUTOMNAL ;
b) soit que leur construction remonte à la langue d'emprunt : AUTORITÉ, du latin *auctoritas* et ses dérivés suffixés ;
c) soit que, de construction française, leur composition ne soit plus aujourd'hui ressentie : AUTOCLAVE, création savante et hybride, du grec *auto*, et du latin *clavis ;*
d) soit qu'il s'agisse d'une abréviation : AUTO sur le dérivé préfixé AUTO-MOBILE ;
e) soit que l'on ait affaire à des emprunts : AUTO-DA-FÉ, du portugais AUTO-DE-FE, *acte de foi ;* AUTOSACRAMENTAL, de l'espagnol ; AUTOMATION, de l'américain (1947) ;
— 47 dérivés préfixés et les suffixés correspondants :
a) des dérivés préfixés : AUTO-ALLUMAGE, AUTO-AMORÇAGE ;
b) des préfixés sur une base autonome simple : AUTOCRITIQUE, AUTO-VACCIN ;
c) des préfixés sur une base autonome complexe : AUTOBIOGRAPHIE ;
— 25 recomposés, où le second élément utilisé dans d'autres mots construits n'a pas d'existence autonome : AUTOCRATE, AUTOGÈNE.
— 13 composés, à partir de l'abréviation AUTO[1], où le premier élément vaut pour l'unité complète AUTOMOBILE : AUTOBERGE (1961), AUTOBUS, AUTOCAR, AUTOCHENILLE, etc.

La comparaison avec l'édition 1950 du *Petit Larousse* montre que l'on est passé de 60 unités composées en AUTO- à 102 en 1968. Si la liste des mots bases et de leurs suffixés est restée stable, les préfixés se sont

---

1. N.B. Ce même élément peut être postposé comme dans ASSURANCE-AUTO, CONDUITE-AUTO, etc.

multipliés ; les composés sur AUTO- (= AUTOMOBILE) sont passés de 10 à 13 après disparition de : AUTOCAMION, AUTOCANON, AUTOCHAR, AUTOTAXI, et apparition de : AUTOBERGE, AUTOMOTRICE (nom féminin, *véhicule automobile sur rail*), AUTOPOMPE, AUTOSTOP, AUTOSTOPPEUR, AUTOSTRADE, AUTOMOTEUR. Cette instabilité est le signe de la disponibilité du mode de composition et de l'élément AUTO.

Les formes préfixées et composées se développent surtout dans les vocabulaires spécialisés : l'industrie automobile, la technologie générale, la politique, la psychologie, etc. (*cf.* Peytard, 1969). Leur entrée dans le NPL indique leur passage dans le lexique commun (AUTOCRITIQUE, AUTO-DÉFENSE, AUTOSATISFACTION) ou dans cette zone intermédiaire, où les termes spécialisés apparaissent hors de leur contexte technique (AUTOFINANCEMENT, AUTOINTOXICATION, AUTOFÉCONDATION) ; P. Gilbert (1971) relève, dans les journaux des deux dernières années : AUTO-PROTECTION, AUTO-RECRUTEMENT, AUTOPORTEUSE, AUTONETTOYANT, S'AUTOGÉRER. On constate encore une fois l'imprécision de la frontière entre lexique commun et vocabulaires techniques.

6.2.3.2. Fonctionnement des préfixes

Morphologie

D'après les descriptions traditionnelles, le préfixe se distingue du suffixe par sa position ; il en diffère aussi par son rôle morphologique. Le suffixe modifie souvent la classe grammaticale de la forme simple : NATION, NATIONAL, NATIONALISME, etc. ; le préfixe, non : le dérivé préfixé est généralement de la même espèce grammaticale que le mot base. Lorsque l'adjonction d'un préfixe correspond à un changement de classe, le terme construit comporte aussi un suffixe ou une flexion : HERBE, DÉSHERBER, *HERBER, *DÉSHERBE. Il s'agit alors de dérivés parasynthétiques.

— *Les préfixés en* ANTI- *:* Il faut retenir cependant le cas particulier des préfixés en ANTI-, signalé par A. Rey (*in* CL, 1969). ANTI- peut dériver à partir d'une base nominale des substantifs et des adjectifs :

BROUILLARD : *des* ANTIBROUILLARD
            des phares ANTIBROUILLARD (toujours singulier).

Mais il faut noter que substantifs et adjectifs appartiennent tous deux à la classe des noms et que les néologismes comme ANTIMITES (toujours pluriel) ont des traits caractéristiques, l'invariabilité des marques par exemple, qui ne sont ni des substantifs, ni des adjectifs. Les préfixes ne sont donc que très exceptionnellement des modificateurs de classe.

Le préfixe privatif IN- *:* Un déplacement de certaines règles morphophonologiques semble d'autre part en cours, quant à la formation par exemple des préfixés en IN- et en DÉ-.

Jusqu'à une période récente, les allomorphes du préfixe privatif IN- se répartissaient sur le modèle des termes empruntés au latin : IRRÉPA-RABLE (début XIIIe s.), du latin *irreparabilis*, ILLÉGITIME (XIVe s.) du latin juridique *illegetimus*. Le préfixe IN- connaissait des allomorphes conditionnés phonologiquement :

IN- = /i/ + /R/ devant /R/, IRRÉALISABLE ;
   = /i/ + /l/ devant /l/, ILLISIBLE ;
   = /i/ + /n/ devant /n/, INNOMMÉ ;
   = /i/ + /m/ devant /m/, IMMORAL ;
   = /in/   devant voyelle, INOPÉRANT ;
   = /ɛ̃/   dans tout autre contexte, c'est-à-dire consonne non nasale
                autre que /l/ ou /R/, IMPOSSIBLE.

Depuis quelques décennies, on assiste à l'apparition d'une règle concurrente qui tend à restreindre les variantes combinatoires à /ɛ̃/ devant consonne et /in/ devant voyelle. Dès 1876, on trouve INRACONTABLE (BW, à l'entrée : COMPTER), dont les formes graphiques et phonologiques /ɛ̃rakɔ̃tabl/ ne sont pas soumises aux contraintes décrites ci-dessus. Si la forme graphique reste la même pour IMMANGEABLE (1600, *in* DDM) ou INNAVIGABLE (NAVIGABLE, XVᵉ s.), l'absence d'indication sur la prononciation de ces mots dans les dictionnaires étymologiques limite nos observations : il semble que les deux prononciations, /ɛ̃/ et /i/, soient possibles avec une plus grande fréquence pour la première.

La nouvelle règle tend à maintenir la motivation aussi bien de la base que du préfixe. Elle témoigne ainsi de la disponibilité du préfixe IN-, dans la mesure où elle s'applique particulièrement à des niveaux de langue populaire ou familier : INRATABLE, INFOUTU, ou à des néologismes pas toujours répertoriés par les lexicographes : INLASSABLE (1907, *in* DDM, absent *in* BW), qui n'est pas un préfixé mais un dérivé parasynthétique. L'hésitation même des lexicographes à enregistrer ces formes souligne la grammaticalisation de la négation morphologique de l'adjectif, en particulier dans la langue orale. Un garagiste dira plus facilement qu'un carburateur est INRÉGLABLE que IRRÉGLABLE ; une maison INLOUABLE ou un tissu INLAVABLE sont plus probables que les formations en IL- (ILLOUABLE et ILLAVABLE), mais réservés au langage familier, dans la mesure où aucune publicité ne risque de s'en emparer et de les fixer sous leur forme écrite.

Sémantique : un préfixe disponible, RE-

Le préfixe RE-, selon Dubois (1971) connaît une régression apparente dans les dictionnaires d'usage étudiés *(Petit Larousse)*. Il s'agit plutôt de l'impuissance, déjà constatée, pour les lexicographes à retenir l'ensemble des préfixes comme matériau lexical en raison même de la fécondité, et donc de l'instabilité, de ces formations. Témoignent de cette disponibilité aussi bien la modification des règles morphophonologiques de dérivation *(cf.* le préfixe IN-) que les disparitions et les créations de dérivés.

Les allomorphes de RE-, *re-*, *r-*, *ré-*, ne se distribuent plus aujourd'hui selon leur origine (populaire pour *re-*, savante pour *ré-*), mais bien :

— selon le caractère vocalique ou consonantique de l'initiale de la base : RESTRUCTURER /RÉAMÉNAGER ;
— selon les niveaux de langue, quant au choix entre *r-* et *ré-* : RAVOIR, signalé (*in* DDM au XIIᵉ siècle et comme nouveau *in* Petit Larousse 1948), seulement à l'infinitif, ou RAPPRENDRE face à RÉASSURER et RÉÉDUQUER.
— selon le sens : la variante *re-* indiquant le renouvellement de l'action décrite par le verbe simple, en face d'un terme préfixé en *ré-* ou en *r-*, lexicalisé avec une autre valeur, surtout dans un certain discours philo-

sophique (*re-création* en face de *récréation*) et dans la langue familière (*re-entrer*, « entrer de nouveau », en face de *rentrer* = « entrer » ; *re-apporter* = « apporter une deuxième fois », en face de *rapporter* = « apporter en sens inverse » ou « dénoncer »).

Un mouvement de lexicalisation des dérivés, surtout en R-, met en concurrence les préfixes et les simples : RENTRER et ENTRER, REMPLIR et EMPLIR, RELUIRE et LUIRE (les deux derniers simples s'effacent en français contemporain), au point que la valeur réitérative des dérivés et donc du préfixe tend à s'estomper. Dans certains cas, le préfixe en *r*-s'est substitué à la forme non préfixée (*cf.* Dubois, 1969) : RAPETISSER pour *apetisser*, RACCOURCIR pour *accourcir*, RASSEMBLEMENT pour *assemblement*. Le dernier exemple semble indiquer de plus une spécialisation de la forme préfixée en *r*- et suffixée en -MENT, face à la forme uniquement suffixée -AGE : *Le* RASSEMBLEMENT *des troupes* / l'ASSEMBLAGE *d'un meuble*.

D'autres dérivés restent concurrents, tel RANIMER et RÉANIMER, avec il est vrai, une prédominance du second dans les emplois soutenus ou techniques : *un poste de* RÉANIMATION. Cohen (1970) signale même l'hésitation de la langue contemporaine entre RENTENDRE, REENTENDRE, RÉENTENDRE.

La productivité de RE- et des allomorphes est très élevée actuellement ; les substantifs sont dans la plupart des cas des dérivés en -AGE, -ATION, -ISATION, -EMENT, sur des bases verbales (*cf.* Gilbert, 1971) ; ces formations abondent dans la langue écrite. La productivité du préfixe RE- est également évidente dans la langue parlée, où se multiplient les surcomposés plus ou moins populaires : RERENTRER, REREDÉMARRER, REREDIRE, REREMETTRE, etc. R. Queneau reprend le procédé dans son *Art poétique* (*L'instant fatal*, 1948) :

> à
> la
> postérité
> j'y dis merde et remerde
> et reremerde

Dans cet exemple plaisant autant qu'instructif, la surcomposition semble bien fonctionner comme trace d'une résistance au mouvement de lexicalisation des préfixes.

L'importance croissante de la formation par dérivation, et l'apparition de formes nouvelles dans ce cadre, ne laissent pas de poser quelques problèmes.

Le développement de la dérivation provoque à l'intérieur même du lexique des déplacements des couples d'oppositions. La concurrence entre mots bases et mots préfixés n'est pas un fait nouveau : les couples AVOIR/RAVOIR, DOUTER/REDOUTER se sont présentés, au moins pendant un temps, comme couples de synonymes. Aujourd'hui, le préfixe RE- peut perdre toute valeur d'intensité ou d'itération, et se constituent alors des couples synonymiques : EMPLIR/REMPLIR, ENTRER/RENTRER ; les couples plus anciens sont maintenant réduits à la forme préfixée : RACCOURCIR *(accourcir)*, RAPETISSER *(apetisser)*, RÉJOUIR *(esjouir)*.

C'est à la frontière du lexique que se pose un autre problème. La morphologie du français excluait encore récemment les suites phono-

logiques voyelle nasale + /R/ ou l/ à l'intérieur de mot ; l'apparition de
INRACONTABLE ou INLAVABLE lève cette règle de la morphophonologie française, en reportant cependant la contrainte à la joncture des morphèmes
(de même se justifient peut-être, au niveau graphique, les « exceptions »
du type BON/BON, EMBON/POINT, NÉAN/MOINS). Il faudrait rapprocher
ces phénomènes d'autres faits d'évolution phonologique. Ce qui semble
intéressant, c'est qu'une accélération des processus de dérivation dans le
domaine lexical rencontre un phénomène phonologique (ou peut-être de
phonétique combinatoire).

6.3 LA COMPOSITION

En français, le renouvellement lexical s'opère aussi par la *composition*
de nouvelles unités à partir d'*éléments autonomes*, déjà intégrés dans la
langue. De nombreux grammairiens et lexicographes, professionnels et
occasionnels, considèrent ce mode de formation comme contraire au « génie
de la langue française », contradictoire à son origine latine qui la porterait
plutôt vers la dérivation, dangereux pour l'homogénéité du lexique général. Certains voient là l'un des principaux facteurs de dégradation de la
langue nationale, menacée dans sa stabilité et son originalité par les
langues voisines, et singulièrement l'anglais.

Il importe de circonscrire ce phénomène, qui connaît depuis un siècle
environ un développement nouveau et en constante accélération. Il faut
d'abord définir les frontières floues qui séparent *dérivation* et *composition*
d'une part, et d'autre part les nouvelles unités lexicales (composées) et
les constructions syntaxiques les plus usuelles. Il faudra ensuite distinguer
l'apparition de nouvelles unités et la création de nouveaux types de composition, examiner enfin les domaines du lexique les plus ouverts à ce
mode d'enrichissement.

6.3.1 LES LIMITES DE LA COMPOSITION LEXICALE

6.3.1.1. Dérivation et composition, selon la linguistique descriptive

La distinction entre mots dérivés et mots composés dépend de la
définition des *unités autonomes* de la langue : les affixes (préfixes ou
suffixes) ne sont jamais autonomes (*cf. supra*, 6.2.) ; les éléments de composition doivent avoir des emplois autonomes. On admettra de reconnaître
comme *affixes* les particules et les mots grammaticaux (prépositions,
adverbes) soudés graphiquement à la base, soit directement, *contrebalancer*,
soit par l'intermédiaire d'un trait d'union, *contre-espion*, ou d'une apo-
strophe, *entr'apercevoir*. Nous reconnaîtrons comme *composés* les unités
constituées de mots lexicaux (lexèmes) dans les mêmes conditions :
faux-filet ou *grand-rue*. La réponse n'est pas simple, nous l'avons vu pour
les constituants d'emprunt : dans les formations néologiques, telles que
thermostat (1842), les composants *thermo* et *stat* n'ont pas d'autonomie
syntaxique, ce sont des « éléments savants » empruntés aux langues
classiques qu'on retrouve dans d'autres composés français, *thermomètre*

ou *rhéostat* (1875). Ils restent disponibles pour de nouvelles constructions, par exemple *thermocouple* ou *photostat* (XXe siècle) et apparaissent cette fois comme de véritables affixes antéposés à des bases autonomes, la première d'origine, la seconde par abréviation. La frontière entre préfixés et composés reste bien fragile, en raison de la difficulté à définir nettement les unités autonomes intégrées à la langue. A. Martinet (1967) a proposé pour ces compositions d'éléments savants la notion de *recomposés :* *télévision* ou *austro-hongrois.*

Il faudrait aussi reconnaître l'existence de *surcomposés*, qui comportent dans leurs constituants au moins un élément déjà composé : *un pare-brise,* un *lave pare-brise ;* la haute fidélité, une *chaîne haute-fidélité*, un *tourne-disque haute-fidélité.*

6.3.1.2. Mot composé et syntagme

La limite entre mot composé (unité lexicale) et tour syntaxique (construction non intégrée dans le lexique) est tout aussi difficile à tracer, dès lors qu'on ne fait pas intervenir les procédures génératives et transformationnelles exposées par Guilbert (1971). Les deux substantifs français « loi » et « programme » apparaissent actuellement unis par un trait d'union dans l'expression *loi-programme*, renvoyant à un signifié unique ; le DFC définit ainsi la nouvelle unité : « Une loi-programme permet au gouvernement d'engager des dépenses sur plusieurs années. » La nouvelle unité, dont la première occurrence a été relevée en 1964, n'apparaît pourtant qu'à l'article LOI et ne constitue pas une entrée indépendante. Ainsi le lien graphique du trait d'union ne suffit pas au lexicographe, à juste titre puisque le même signe peut simplement renvoyer à un cliché non lexicalisé : « le-gentil-petit-chienchien-... »

A l'inverse, l'absence de trait d'union n'interdit pas la reconnaissance d'un composé. Dès 1899, l'expression « poids lourd » avec un blanc graphique sert à désigner un gros camion et non pas n'importe quel objet pesant. Le nouveau composé renvoie à un nouveau signifié qui n'est pas la somme des deux constituants, puisqu'il comporte le sème « véhicule » ; c'est donc *sémantiquement* un mot composé, bien qu'il n'en porte pas les marques graphiques.

Peut-on fonder la distinction entre composition lexicale et construction syntaxique sur d'autres critères ? Pour *loi-programme*, qui est une construction syntaxique impossible en français (Substantif + Substantif, encore que « le prince président » ou les « chaussures André »...), il ne peut s'agir que d'une composition lexicale. *Poids lourd* au contraire est une tournure possible (Substantif + Adjectif) l'adjectif *lourd* étant régulièrement postposé aux substantifs monosyllabiques : « un ciel lourd », « des francs lourds ». De même que *eau lourde* ou *gaz lourd, poids lourd* serait reconnu comme composé à partir du seul critère sémantique, s'il n'était pas soumis à certaines contraintes syntaxiques que ne connaissent pas les tours non lexicalisés. En effet aucun déterminant ne peut s'intercaler à l'intérieur du composé *poids lourd* : « un poids très lourd » ne réfère plus au même objet.

Il reste que des notions intermédiaires sont nécessaires pour ne pas confondre les produits de la composition lexicale et les constructions syntaxiques. E. Benveniste (1974) a proposé de distinguer :

— *les conglomérés*, syntagmes complexes de deux ou plusieurs termes sans préposition : *décrochez-moi ça ;*
— *les synapsies*, groupes de lexèmes où la construction syntaxique est explicite sous la forme d'une liaison prépositionnelle : le *bouche-à-bouche* (1964), un *avion à réaction*, ou conjonctive : un *va-et-vient* (1765).

Ces modes de composition sont déjà anciens dans la langue comme l'attestent *désormais* (XIIe s.) ou *pomme de terre* (1655 pour désigner le topinambour, 1754 dans son sens actuel, d'après BW).

Ces formes intermédiaires nous semblent pouvoir être considérées comme des unités lexicales nouvelles, si l'on retient les critères proposés par R. L. Wagner (1968) :

1° La nouvelle unité composée se caractérise par *l'unité de son signifié*, irréductible à la somme des signifiés correspondant aux éléments constituants ; exemples : *poids lourd* ou *belle-mère ;*
2° *Les éléments du composé ne peuvent être disjoints par une détermination syntaxique, interne ou externe :* « une chaise très longue » ne s'oppose pas à une *chaise longue* (1782) ; l'adverbe *très* ne peut s'appliquer à l'élément adjectif intégré dans le mot composé ; de même, une *très belle-mère est impossible, sauf dans une expression comme « elle a un côté très belle-mère », où l'adverbe porte sur l'ensemble du composé, et non sur le seul adjectif ;
3° *Les composants de la nouvelle unité doivent être identifiables :* long-courrier ou autostoppeur sont décomposables, alors que les éléments d'*aubépine* ne sont plus distincts pour les usagers de la langue, depuis la disparition de *aube* = blanc(he) (*albaspina* est d'ailleurs un composé du latin populaire et non du français).
4° *Le rapport entre le composé et le simple doit être intelligible ;* cette dernière condition ne signifie pas que ce rapport soit toujours univoque : la relation entre les composants de *chou-fleur* ou de *timbre-poste* ne va pas sans ambiguïté.

6.3.2 LA VALEUR DES ÉLÉMENTS DE COMPOSITION

L'analyse des mots composés peut s'opérer à différents niveaux, pour mettre en évidence :
— *la classe morphologique des éléments de composition :* l'élément BRISE est verbal dans *brise-glace* (1751) et nominal dans *pare-brise* (1907) ;
— *le type de construction syntaxique* qui peut n'être plus explicite dans le composé : un *lave pare-brise* est un (appareil qui) lave (la glace qui) pare (à la) brise et un *brise-glace* est un (bateau qui) brise (la) glace ;
— *la relation sémantique* entre les signifiés des éléments constituants : verbe + objet *(brise-glace)*, déterminé + déterminant *(char à bancs*, 1786).

6.3.2.1. Les composés à base verbale

Examinant les fondements syntaxiques de la composition nominale, E. Benveniste (1974) arrive à la conclusion que la composition provient de la mise en suspens de la prédication ; on peut constater que de la phrase « X lave (lavait / lavera / a lavé...) mon pare-brise » on passe à un surcomposé « mon *lave pare-brise* », où le terme verbal a perdu ses marques de temps, de personne, de nombre et sa relation au sujet animé. Cette forme verbale, élément de la composition nominale, a longtemps été interprétée comme un impératif primitif (avec ou sans valeur de conditionnel, *cf.* Darmesteter, Nyrop, etc.). Les analyses, morphologique, syntaxique, sémantique, convergent pour reconnaître une telle valeur à l'élément verbal dans *rendez-vous* ou *laissez-passer*. Il n'en va pas de même pour *lave-glace* ou *pare-brise*, où l'élément verbal peut aussi bien passer pour la forme non marquée du verbe (3ᵉ personne du singulier de l'indicatif présent, *cf.* Marouzeau, 1952), un véritable déverbal (comme *le manque* ou *la casse*). On comprendrait mal le sens d'un impératif, que l'agent soit un animé comme dans un *casse-pieds, un brise-fer*, un *traîne-patin*, ou, à plus forte raison, un inanimé, comme dans un *lave-glace*, un *porte-plume* ou un *garde-fou* (voir le titre de la revue *Partisans*, nᵒ spécial contre la psychiatrie répressive : « les garde-fous »). De plus on constate que les rares formations sur des verbes marqués à l'impératif empruntent l'élément verbal à la troisième personne : un *fait-tout* (= un faitout, vers 1900, d'après PR), un *rabat-joie* (xivᵉ s.), un *abat-jour* (1690), un *bat-flanc* (fin xixᵉ s.), etc. Le nombre toujours plus élevé des verbes en -ER et leur disponibilité maintient l'ambiguïté de la forme verbale, élément de composition. Pourtant, l'impératif nous semble trop insister sur la situation d'énonciation, la seule personne subsistant au singulier étant impliquée dans l'acte de communication. Le choix d'une forme non marquée (tierce personne, temps présent, mode indicatif) correspond bien à la « mise en suspens de la prédication », décrite par E. Benveniste.

La composition lexicale porte atteinte aux caractères morphosyntaxiques des constituants ; le plus souvent, les prédéterminants des éléments nominaux sont effacés : *porte(le)bonheur* (1706), *porte(les)cigares* (1841) ; les liaisons prépositionnelles disparaissent fréquemment : *pare(à la)brise*. Toutefois l'ordre des composants respecte généralement l'ordre des termes dans la phrase canonique : Verbe → Objet, *lave-glace* ou *lave pare-brise ;* faut-il voir une exception dans *croque-monsieur ?*

En tout cas l'absence de déterminant spécifique du nom et l'effacement des prépositions signale assez nettement l'appartenance du phénomène de composition au domaine lexical.

6.3.2.2. Les composés à base nominale

Les composés ne comportant que des éléments nominaux portent plus souvent, et plus profondément, atteinte aux structures syntaxiques. Si la composition Adjectif + Substantif (*gros-sel*, ou non encore intégré « un quartier très ' vieux Paris ') ou Substantif + Adjectif *(poids lourd)* reste conforme à la grammaire, les créations du type Substantif + Substantif, sans liaison prépositionnelle ni conjonctive, posent le problème de la relation entre les deux constituants :

1ᵒ Simple apposition, si le second terme détermine le premier : *wagon-restaurant* (1873), *wagon-lit* (1875), calques sémantiques de l'anglais « dining-car » et « sleeping-car », mais construits selon l'ordre tendanciel français : Déterminé + Déterminant. Ces composés correspondent d'ailleurs aux constructions avec nom propre, fréquentes dans le discours :

« l'affaire Ben Barka, les galeries La Fayette », et même avec nom commun « une coiffure mode, un roman fleuve », tours que M. Cohen considère comme des composés, bien que le signifié de l'expression ne soit que la somme de ses deux composants : « coiffure(à la)mode », ou « roman(long comme un ?)fleuve » ;

2⁰ La réaction puriste déjà vive contre ce premier type de composés s'aigrit encore contre les constructions qui présentent l'ordre : Substantif Déterminant + Substantif Déterminé, considéré comme le signe d'une influence dégradante de la syntaxe anglaise sur la langue nationale. La présence d'éléments d'emprunt dans le vocabulaire sportif déjà ancien, semble confirmer cette analyse : Racing club, Tennis club... (cf. L. Deroy, 1956). En fait, il semble plutôt que le composé *anglais* soit emprunté ; il ne s'agirait pas alors d'une composition française. Depuis, ce mode de construction a gagné d'autres domaines et utilise des éléments d'origine française : avec des noms propres, *Montlhéry Sanitaire, Savigny Mobilier ;* avec une abréviation, *autoroute, auto-radio.* On trouve aussi des adjectifs composés : *sud-africain* (pour : d'Afrique du Sud) ou *nord-vietnamien.*

6.3.3 LA PLACE DE LA COMPOSITION DANS LE MOUVEMENT DU LEXIQUE

L'accélération du progrès technique, le développement du secteur tertiaire, la multiplication des « analyses » politiques, économiques, littéraires, etc., à tous les niveaux, déterminent, entre autres, le progrès actuel de la composition. C'est dans les domaines spécialisés, les vocabulaires thématiques, techniques ou spécifiques, que le mouvement de composition est le plus rapide.

À titre d'exemple, nous allons examiner la place de la composition dans la formation d'un vocabulaire thématique, celui du cinéma. Le premier âge des techniques de l'automobile, du cinéma ou de la télévision est aujourd'hui passé ; nous pouvons voir maintenant comment ces domaines lexicaux se sont formés et développés depuis le temps où se constituaient les vocabulaires concurrents de quelques novateurs (cf. J. Dubois, 1971). Nous ne nous intéresserons ici qu'à la place des différents modes de composition.

Le terme premier de la technique hésite, pendant la période des brevets où chaque inventeur cherche à protéger sa position sur le marché qui va s'ouvrir : à l'origine, le terme CINÉMATOGRAPHE (1892) est en concurrence avec plusieurs autres mots désignant des appareils proches (cf. infra, 6.4.4), qui ne présentent pourtant pas les mêmes caractéristiques puisque l'enregistrement du brevet, en 1895, lie l'emploi du mot *cinématographe* aux particularités de l'appareil inventé par les Frères Lumière. Le mot est une *composition thématique* de l'élément « cinéma », forme phonologique francisée du grec *kinêma* (et déjà empruntée comme élément de composition par Ampère en 1834 pour désigner une science nouvelle : la CINÉMATIQUE), et de l'élément « graphe » du grec -*graphos*, utilisé dès le XVIᵉ siècle dans LOGOGRAPHE et sous la forme « graphie », reconnue en 1762 par l'Académie. La liaison thématique « to » entre les deux éléments peut provenir, pour le « t », du grec, et, pour le « o », de la procédure française de thématisation. Il s'agit donc d'une *composition*, selon les procédures fixées par la langue, de deux éléments savants, déjà *en usage dans des emplois non autonomes.* C'est ce que nous avons choisi d'appeler, à la suite de A. Martinet, un *recomposé.*

Des séries dérivées se développent ultérieurement à partir de cette base initiale : CINÉMATOGRAPHIQUE (1896), CINÉMATOGRAPHIER (1897), par suffixation. Sur l'abréviation par troncation (*cf. infra,* 6.6.2) CINÉ (1905), se constituent d'autres recomposés : CINÉPHOBE (1908), CINÉ-PHILE (1912), qui peuvent même servir de bases à de nouveaux suffixes : CINÉPHILIE (1912).

CINÉ ayant des emplois autonomes, c'est à de véritables composés qu'il donne naissance : CINÉ GAZETTE (1906), CINÉ-FEUILLETON (1907) qui reçoit même un dérivé suffixal éphémère, CINÉ-FEUILLETONNESQUE (1927). On voit même un faux emprunt à l'anglais sur la base tronquée CINÉMA, à la limite du jeu de mot, CINÉMAN (1920) ; la même forme sert de base à de nombreux mots-valises, du type : CINÉMANIE (1919), CINÉ-MANIAQUE (1923), CINÉMANE (1928, comme pseudonyme), etc.

La fécondité de ce type de formation tend du même coup à grammaticaliser les éléments mis en œuvre. La forme CINÉ vaudra pour des déterminations de toute catégorie :

— CINÉ = « de cinéma », *in* CINÉ-CLUB (1920), CINÉ-JOURNAL (1927), etc.
— CINÉ = « cinématographique », *in* CINÉ-COMÉDIE (1917), ciné-opérette (1924).
— CINÉ = « à cinématographier », *in* CINÉMITRAILLEUSE (1929), etc.
CINÉ ou CINÉMA peuvent jouer le rôle de terme déterminé : CINÉ PARLANT (1927), CINÉ OEIL (du russe *kinoglas*) ; ou celui de déterminant : CINÉ-CALENDRIER (1923) ou CINÉ-MARCHAND (1928).

Les mêmes tendances se font jour dans le vocabulaire plus récent de la télévision. A partir d'un premier noyau, constitué par élimination des termes concurrents, se développent des séries suffixales *(téléviseur, téléviser)*, des composés sur l'abréviation TÉLÉ *(téléspectateur, télégénie).*

L'intégration de certains de ces termes dans le lexique général dépend de la vulgarisation du domaine technique en cause. Par exemple, les abréviations, sans doute adoptées d'abord par les spécialistes, sont réemployées par le grand public (*cf. infra,* 6.6.4). On voit d'ailleurs se développer des séries synonymiques : CINÉMA, ART CINÉMATOGRAPHIQUE, SEPTIÈME ART, etc. Certains spécialistes, les critiques surtout, tendent à (re)lexicaliser les oppositions entre « cinéma » et « cinématographe » en perte de vitesse. Mais de telles distinctions n'intéressent que les initiés.

Après avoir étudié les modes de formation lexicale que l'on place traditionnellement à la frontière de la lexicologie et de la morphologie, nous passerons aux procédés de formation par emprunt et par abréviation. La séparation ainsi introduite entre ces types de formation est très artificielle, nous en sommes conscients, mais elle fait aussi partie de la tradition linguistique de description du lexique. On peut parfaitement concevoir un autre type de description qui étudierait le mode de formation des emprunts et des abréviations selon une méthode strictement parallèle à celle que l'on applique aux dérivés et composés. Mais c'est surtout dans un cadre génératif et transformationnel que cette étude pourrait être menée de façon rigoureuse. Or, n'ayant pas choisi ce cadre d'étude pour le reste de notre travail, nous sommes contraints d'y renoncer ici pour des raisons évidentes d'homogénéité de présentation. De plus, ce cadre se prête encore mal, à vrai dire, à l'introduction des paramètres situationnels et socio-linguistiques qui nous semblent indispensables à une approche intéressante des faits lexicaux.

C'est ainsi qu'avant de présenter les emprunts et les abréviations, il nous semble nécessaire de consacrer quelques pages à l'étude de ce qu'on appelle les vocabulaires techniques. Certes, nous avons vu l'importance des facteurs sémantiques « scientifique » et « technique », à propos de l'expansion de certaines dérivations préfixales ou suffixales, ou de certains types quasi monosémiques de composition. Mais le phénomène est plus spectaculaire encore dès lors qu'on se penche sur les faits d'emprunt où le paramètre socio-linguistique semble décisif. C'est la raison pour laquelle nous choisissons de placer ici même, c'est-à-dire au centre même de notre travail sur l'évolution des structures lexicales, l'étude des vocabulaires techniques qui va maintenant être exposée.

6.4 LES VOCABULAIRES TECHNIQUES

6.4.1 GÉNÉRALITÉS

On l'a souvent noté, le développement au XIXe siècle des études scientifiques a eu pour corollaire l'évolution rapide des vocabulaires techniques et scientifiques. Chaque technique — l'électricité, les chemins de fer, la photographie, etc. — a nécessité la création d'un vocabulaire spécifique ; de nouveaux sens se sont ajoutés à ceux qui existaient pour répondre aux besoins de chaque groupe professionnel. La richesse d'un vocabulaire et la multiplicité des sens qu'acquièrent les mots sont en rapport direct avec le niveau qu'atteint la division du travail dans une société, et avec la division en groupes sociaux relativement isolés qui en résulte.

La transformation rapide des techniques, si elle a modifié de façon considérable les conditions de vie des hommes, a eu aussi des implications linguistiques importantes ; à comparer différentes éditions d'un dictionnaire d'usage, on constate l'ampleur des changements quantitatifs intervenus au niveau du lexique. L'étude de deux éditions du *Petit Larousse* (1949 et 1960) nous enseigne que pour 3 973 mots ajoutés, 350 appartiennent au vocabulaire général, familier, populaire ou argotique, tandis que l'on compte 1 446 additions pour les diverses sciences exactes, 686 pour les sciences humaines et 963 pour les techniques. Le total général des suppressions est de 5 105, et, pour les seules entrées A et B (735), on obtient en retenant les mêmes divisions : 252, 170, 114 et 145 (J. et C. Dubois, 1971). Autre signe de cette évolution, la publication récente de bibliographies spécialisées : outre celles de l'Unesco, *les Dictionnaires scientifiques et techniques français* de Heinzmann rassemblent plusieurs milliers de titres classés en quelque six cents rubriques ; « chaque science s'est mise à parler une langue particulière, incompréhensible aux non-initiés » (W. Von Wartburg, 1967). L'accroissement des vocabulaires est telle que certains organismes ont proposé d'utiliser des calculatrices électroniques pour pallier une hypothétique déficience des

procédés de formation : les syllabes non employées en français pourraient
être aisément recensées par ce moyen et l'on forgerait alors des vocables
de toutes pièces. La liste des mots publiés par le *J. O.* du 18-1-1973,
destinée à freiner l'emploi de mots ou d'expressions d'origine anglo-
saxonne, ne comprend pas un seul mot fourni par ce procédé.

Nombre de termes qui se réfèrent à des techniques disparues ne sont
pas repris, de nouveaux mots et des sens nouveaux apparaissent. Nous
retiendrons quelques aspects de ces modifications en rappelant que l'étude
de la langue technique ne peut être limitée au seul lexique. Les modèles
morphosyntaxiques en œuvre dans les discours scientifiques et techniques
se distinguent de ceux que l'on reconnaît dans la langue commune ;
Guilbert (1965) a décrit le rôle particulier des prépositions *à* et *de* dans
la construction des unités de signification, l'organisation des temps qui
se réduit le plus souvent à l'opposition *présent/passé composé*. Nous nous
préoccuperons seulement des changements intervenus dans la dénomination des objets.

6.4.2 PROBLÈMES DE DÉFINITION

Isoler les vocabulaires techniques et scientifiques du lexique général
implique que l'on est à même de définir ces vocabulaires par des traits
communs qui les différencient du lexique général.

Le vocabulaire technique est fondamentalement un vocabulaire de
dénomination ; il fournit les nomenclatures, les terminologies et est
propre à une technique donnée. On retiendra que le système de dénomination est variable selon le degré de technicité du vocabulaire. Le propre
des techniciens est d'éviter les connotations, d'user de vocables qui
tendent toujours à ne pas être ambigus. Dans le lexique général, le contenu
de signification des mots est fondamentalement polysémique ; les variations dépendent de facteurs divers, comme la situation de communication,
le milieu social des interlocuteurs, etc. ; plus on multiplie les emplois,
plus on accentue la polysémie. A l'inverse, dans un vocabulaire technique,
le mot est monoréférentiel, il ne désigne qu'une seule chose ; le mot
ACIER, quelle que soit la situation et le locuteur, se réfère, ou tend à se
référer, à un même matériau dont les sèmes essentiels sont « composé de
fer et de carbone », « dureté ». Quand ce mot sort de son domaine, la métal-
lurgie, et pénètre dans le vocabulaire général, sa valeur monosémique
peut disparaître ; seul par exemple le trait de signification *(dureté)* est
retenu dans l'emploi métaphorique : « *des muscles d'acier* » (*cf.* Guilbert,
1973). Dans un vocabulaire technique, la relation invariable entre le
signe, le concept et l'objet est d'autant mieux établie que les mots sont
employés dans un milieu homogène, où l'ensemble des locuteurs possède
une expérience commune. Le terme technique est en relation avec une
série de termes du même domaine que limite le champ des activités d'une
profession donnée ; c'est par opposition aux autres termes qu'il acquiert
une valeur particulière, signe de référence à un aspect de l'expérience ;

« si l'on prend l'ensemble constitué par *fer fonte acier*, chacun des termes
se définit par rapport à l'autre par les éléments matériels composants et
par le procédé de composition de ces éléments : *fer* = métal simple ;
fonte = fer + carbone + procédé de fusion (coke + haut-fourneau) ;

acier = fer + carbone + procédé de traitement (pour obtenir malléabilité et résistance). Cette description constitue une analyse des traits pertinents qui opposent chacun de ces matériaux. » (Guilbert, *in* LBM, 1971.)

6.4.3 DISPARITION DES VOCABLES APPARTENANT A UNE TECHNIQUE ABANDONNÉE

Les travaux scientifiques modifient profondément l'espèce des objets fabriqués. Pour ne prendre qu'un exemple, à partir de 1930, l'emploi de l'analyse radiocristallographique a permis de connaître les phénomènes d'orientation dans les fibres et la nature de leurs propriétés particulières ; les résultats ainsi obtenus en chimie macromoléculaire ont eu de multiples applications industrielles : la réalisation de produits comme le nylon (USA), le perlon (Allemagne), le rilsan (France). Fabriquer de tels produits ne peut être le fait d'un petit atelier mais l'affaire d'une usine. Dans maints domaines, le projet change et aussi la réalisation ; l'artisanat devient une activité marginale et les vocables artisanaux, sans être tout à fait abandonnés, s'éloignent de plus en plus du noyau commun.

On aura une idée précise du phénomène en rappelant sommairement comment s'est effectué le mouvement de dépopulation rurale et quelles conséquences la mécanisation de l'agriculture a eues sur le vocabulaire. D'une part, l'artisanat industriel des campagnes et les industries au bois ont disparu, à la fin du XIXe siècle, avec l'industrialisation des villes et des bassins miniers ; d'autre part, les transformations de l'agriculture ont hâté le départ des paysans. Les machines agricoles ont commencé à se répandre dès la fin du XIXe siècle, en même temps que se sont réduites des cultures qui demandaient une main-d'œuvre importante (sériciculture, culture du chanvre et du lin, etc.). En 1891, 37,3 % des Français habitaient les villes pour 66,2 % en 1968. Le monde agricole s'est modifié à la fois sur le plan technique et le plan social et ces changements ont transformé la terminologie des activités rurales. Les instruments désignés par les mots en -OIR (BINOIR, ÉBOURGEONNOIR, PLANTOIR, RATISSOIRE, SARCLOIR, SEMOIR) ont disparu ou sont « devenus en certains cas les noms de simples outils de jardinage » (Dubois, 1971). Les activités se sont progressivement mécanisées et le mode de formation des noms d'outil a changé dans le même temps ; la fourche est remplacée par la faneuse à fourches, la faux par la faucheuse, la faucille et le liage manuel par la moissonneuse-javeleuse, la moissonneuse-lieuse. Après la seconde guerre mondiale, la motorisation accélérée permet de concevoir des machines de grand format ; le suffixe -EUR (-EUSE) est le plus utilisé pour dénommer ces machines : RAMASSEUSE, HACHEUSE, RÉCOLTEUSE, ARRACHEUSE, NETTOYEUSE, DISTRIBUTEUR, etc. Les noms d'agent en -EUR (FANEUR, ARRACHEUR, etc.) sont remplacés par les noms de machine en -EUSE. Entre 1949 et 1960, on compte 8 entrées de noms en -EUR désignant un métier pour 90 sorties, 65 entrées de noms de machine en -EUR et -EUSE pour 34 disparitions ; « ce mouvement témoigne sur le plan structural de l'influence des techniques sur le vocabulaire » (Dubois, *op. cit.*). Dans les listes de termes proposés par les commissions ministérielles de terminologie, on retrouve cette forte tendance à utiliser le suffixe -EUSE pour dénommer les machines ; la liste relative aux travaux publics comprend seize mots ainsi suffixés pour un total de vingt mots. Parallèlement à cette apparition de termes de formation nouvelle, des mots empruntés à l'anglo-saxon ont fait leur entrée dans le vocabulaire de l'agriculture. Le Comité d'étude des termes techniques français (1972) a proposé pour ces emprunts des équivalents français : *chemurgy* / AGRO-TECHNIE, *crop-dusting* / ÉPANDAGE, POUDRAGE, *germ free* / SANS GERMES ou AXÉNIQUES, *mulch* / PAILLIS RÉSINEUX, etc.

On pourrait croire à un simple phénomène de reflet : les résultats des recherches scientifiques provoquent la naissance de techniques nouvelles ; des machines sont mises sur le marché et se substituent aux outils anciens ; les dénominations changent, les ajouts compensent les suppressions. Les faits sont beaucoup plus difficiles à décrire ; les transformations techniques ont une incidence sur la constitution et l'organisation même du vocabulaire d'une langue thématique, mais l'équilibre du lexique général est toujours instable. On se reportera à *La formation du vocabulaire de l'aviation* de L. Guilbert où les problèmes de la structuration lexicale sont étudiés, ainsi qu'au compte rendu de cette thèse donné par J. Dubois (*in* CL, 1966).

Nous retiendrons pour second exemple l'évolution du rendement du suffixe -ERIE ; il y a moins d'un siècle, il était utilisé pour former les termes désignant une industrie et était qualifié par Darmesteter (1877) de suffixe très riche : BEURRERIE, BISCUITERIE, CARROSSERIE, CHARRONNERIE, CLICHERIE, GUIMPERIE, GAILLETTERIE, INDIENNERIE, IVOIRERIE, etc. Au cours du XXe siècle le suffixe -ERIE a perdu ses possibilités de formation de nouvelles unités. Dans les techniques de pointe, par exemple celle de l'astronautique, aucun terme formé avec -ERIE n'apparaît, — notons, mais c'est une exception, la traduction récente de *engineering* par INGENIÉRIE. Les mots conservés désignent non plus une fabrique mais soit un local commercial (BOUCHERIE, ÉPICERIE, etc.), soit une partie d'un ensemble, un atelier dans une entreprise (CHAUDRONNERIE).

6.4.4 FORMATION ET ÉVOLUTION D'UN VOCABULAIRE TECHNIQUE

Nous ne disposons pas de travaux nombreux sur la genèse et l'évolution des vocabulaires techniques ; plutôt que de nous essayer à une synthèse impossible en l'état des recherches, nous avons choisi de retenir principalement les résultats obtenus par J. Giraud (1958) sur le *Lexique français du cinéma, des origines à 1930.*

6.4.4.1. L'invention : les racines grecques

Un grand nombre de lexèmes ont été créés à partir d'éléments d'origine grecque ou latine, procédé propre à l'ensemble des vocabulaires techniques. Ce type de formation permet de distinguer nettement l'activité nouvelle et les domaines avec lesquels on risquerait de la confondre. A. Darmesteter constatait (1877) que le grec « par la force des choses » était devenu la langue de la science ; dans la préface au *Dictionnaire anglais-français, français-anglais de l'informatique*, J. P. Vinay (1971) affirme que des formations du type DISCOTROPE ou ORDINOLINGUE répondent à la nécessité de concision de tout vocabulaire technique.

Le relevé des vocables forgés par les inventeurs qui ont précédé l'introduction du cinématographe prouve qu'une dénomination originale, construite à partir d'éléments grecs, permettait d'opposer l'objet inventé à des concurrents. Il ne faut pas oublier en effet que « créer un terme pour authentifier une théorie ou une fabrication nouvelle donne la propriété de la découverte » (Guilbert, *in* LF, 2, 1973). Entre 1825, date d'apparition du « *prodige tournant* » autrement dit THAUMATROPE, et 1892 où Démeny présente son PHONOSCOPE, divers appareils préparent l'invention du cinéma ; parmi bien d'autres : le STROBOSCOPE (1833), l'HÉLIOCINÉGRAPHE (1850, repris en 1896), le STÉRÉOFANTASCOPE (1852), le PHASMATROPE (1870), le PRAXINOSCOPE de Reynaud (1877), le CHRONOPHOTOGRAPHE de Marey (1882), etc. Une grande quantité de brevets sont déposés au moment de l'invention du cinéma, les appareils n'étant le plus souvent que des variantes de celui de Marey. Les termes introduits, plus de soixante, ont été oubliés dès que le vocable CINÉMATOGRAPHE est apparu.

La composition grâce à des éléments gréco-latins permet d'accuser les différences entre la nouvelle technique et les domaines proches : CINÉMATOGRAPHE (1893) s'oppose aux formations qui réfèrent au théâtre ou à la photographie comme PHOTOGRAPHIE ANIMÉE, SCÈNE ANIMÉE. Le terme CINÉMATOGRAPHE est devenu polysémique ; il a désigné tout appareil enregistreur ou de projection (1893), le spectacle lui-même (1895), la salle de projection (1896) ; le lieu de travail, l'atelier de prise de vues, l'association des professionnels (1908) ; tous ceux qui pratiquent la profession (1925). L'économie dans la communication a été réalisée par la troncation de CINÉMATOGRAPHE : CINÉMA apparaît en 1899, CINÉ en 1905 ; chacun des nouveaux thèmes a donné naissance à des dérivés (*cf. supra*, 6.3.3).

La composition à partir de bases grecques est devenue une contrainte dans la formation des lexiques techniques. Plusieurs bases, que Guiraud (1968) nomme des *opérateurs*, sont utilisées dans la désignation de séries en raison de leur sens générique ; par exemple, l'élément -LOGIE (-LOGUE, -LOGIQUE) est entré dans la formation du nom de nombreuses sciences : EMBRYOLOGIE (1845) HISTOLOGIE (1836), CRANIOLOGIE (1819) ; l'élément -MÈTRE permet de désigner des instruments de mesure en étant associé à une base grecque (GLEUCOMÈTRE, MICROMÈTRE), latine (PLUVIOMÈTRE) ou française (GAZOMÈTRE) ; -ALGIE permet de dénommer des maladies (NÉVRALGIE, ODONTALGIE, GASTRALGIE, etc.). Les unités construites sur des bases gréco-latines s'intègrent aisément dans le système de signification :

— soit par le processus de la différenciation polysémique : AÉRO- change de sens selon le domaine d'emploi, l'astronautique ou la physique ;

— soit par le processus de l'opposition antonymique : à partir du même mot base, MICRO- conduit à la formation contraire en MACRO- : MICROÉCONOMIE / MACROÉCONOMIE (*cf.* Guilbert, 1971).

Les mathématiques, au XXᵉ siècle, ont, pour une grande part, abandonné les bases du grec et du latin, et utilisé les ressources du lexique commun ; le terme intégré dans le vocabulaire thématique reçoit une définition très précise. On relève chez Bourbaki des SOCLES, des BOULES, des CARAPACES, des PAVÉS, etc. On trouve dans un ouvrage de géographie

des termes insérés dans un contexte spécialisé qui oriente leur sens :
BASSIN, COUVERTURE, ACCIDENT ; ou encore, dans un article sur l'énergie
nucléaire : CHAUSSETTE, FURET.

6.4.4.2. La néologie sémantique

A la fin de 1904, le vocabulaire du cinéma ne comprenait pas plus de
70 termes. La production des films et leur diffusion conservaient un
caractère artisanal ; Sadoul a évoqué ce public d'enfants et de curieux
qui ne cherchaient dans les « *théâtres de photographie animée* » qu'un
bref divertissement. Jusqu'à la fin de la première guerre mondiale, le
vocabulaire s'est accru rapidement (275 unités de 1904 à 1917) mais en
restant très homogène. Pendant la même période, le cinéma a perdu peu
à peu son aspect artisanal et est devenu une industrie avec ses caractéristiques : PRODUCTION est apparu en 1906, PRODUCTEUR en 1908 ; d'autres
termes indiquent cette transformation essentielle : RÉGISSEUR (1907),
USINE (1908), DISTRIBUTION (1909), AGENT DISTRIBUTEUR, EXPLOITANT
(1912). Par ce passage à l'industrie, le cinéma acquiert son autonomie
vis-à-vis du théâtre et des activités du spectacle ; le nombre de vocables
qui passent du lexique commun au vocabulaire technique augmente
alors de façon notable. Le terme transféré reçoit un sens spécialisé :
ADAPTER (1912), MONTAGE (1914), RÉALISER (1908), PERMANENT (1908) ;
l'activité ou l'objet élaboré est nommé par le procédé de paraphrase :
SIXIÈME ART (*sic*, 1912), LONG / GRAND MÉTRAGE (1911), MISE EN FILM
(1916) opposé à la MISE EN SCÈNE théâtrale. Le mot introduit pris dans
la langue commune, désigne par analogie un référent propre au domaine
technique : ANGLE (1900), BANDE (1895), BOBINE (1896), ROULEAU (1909),
RUBAN (1895), etc.

On obtient aussi des unités lexicales complexes (lexies, synapsies,
cf. supra, 6.3.1) en juxtaposant plusieurs unités simples : APPAREIL
DÉROULEUR (1897), EFFET FONDANT (1907), TOURNER UN FILM / LA
MANIVELLE (1907) ; on construit des unités insécables par l'adjectivation :
le substantif est accompagné d'un ou de plusieurs éléments introduits
par les prépositions *à* ou *de* : BOITE A HUMIDIFIER (1897), PRISE DE VUES
ANIMÉES (1897), EFFET DE FONDU (1900), etc. Tous les vocabulaires
techniques offrent de nombreuses formations de ce type ; dans celui de
l'agriculture, on relève : PULVÉRISATEUR A DOS SANS MOTEUR / A TRACTEUR
/ A PRISE DE FORCE / A JET PORTÉ ; dans le vocabulaire des techniques
spatiales, très récemment formé, ce procédé a été largement exploité :
à partir du mot base SATELLITE, dix-neuf lexies complexes ont été formées
en moins de dix ans (*cf.* Guilbert, 1967) ; quinze sont construites sur
ORBITE (JO, 18-1-1973). Ces types de lexicalisation sont un des procédés
d'enrichissement des vocabulaires techniques, ils répondent en effet « à
la procédure définitoire de la classification » (Guilbert, *in* LBM, 1971).

6.4.4.3. La synonymie

A la fin de la guerre, une littérature cinématographique commence
à se constituer, des articles de vulgarisation sont publiés dans les journaux quotidiens, les revues perdent leur caractère éphémère ; le vocabulaire se gonfle de termes nouveaux :

« Reflet des jugements de l'époque et du milieu intellectuel parisien qui gravitait autour des salles de rédaction et des cinémas spécialisés, l'innovation linguistique devenait elle-même sujet de débat, en ce qui concerne au moins les concepts importants. On proposa donc une foule de mots, voués pour la plupart à un oubli rapide. » (Giraud, 1958.)

Ainsi pour désigner l'activité du metteur en scène, de très nombreux synonymes ont été proposés ; à la base CINÉ ou CINÉMA a été adjoint un élément grec : CINÉPLASTE, CINÉMATURGE (1918) ; les termes suffixés sont cependant les plus nombreux : CINÉASTE (1918), CINÉISTE (1921), ÉCRANEUR (1921), ÉCRANISTE (1923), TOURNEUR (1921), VISUALISEUR, VISUALISATEUR (1919) ; CINÉMIEN, mot valise (CINÉMA + COMÉDIEN) a été créé par L. Daudet en 1922 ; la néologie dérivationnelle est un procédé d'enrichissement du lexique plus économique que la désignation analytique (*cf. supra*, 6.2)

6.4.4.4. Les apports extérieurs

Dès 1915, les productions américaines ont concurrencé le cinéma européen ; l'industrie cinématographique avait conquis sa dimension internationale. L'outillage, la production, mais aussi l'exploitation des films, leur publicité se sont modifiés de fond en comble. Le passage au cinéma parlant (en 1927, la Warner Bros produit *Le chanteur de jazz*) a transformé la profession. L'innovation linguistique a marqué le pas ; les emprunts ont été de plus en plus nombreux. Le nouveau vocabulaire constitué dans les années 1930 est principalement issu de l'américain ; le cinéma est l'un des domaines où le nombre d'anglicismes est le plus élevé. Entre 1919 et 1930, on compte 34 termes, presque tous venus des États-Unis, pour 93 entrées à l'initiale s- du lexique de Giraud : SÉRIAL (1921), STAR (1923), SUNLIGHT (1923), SPOT (1925), SCREENGIRL (1929), etc.

Comme tout vocabulaire technique, le vocabulaire du cinéma comprend plusieurs couches. De nombreuses unités apparues pendant la période de formation ont subsisté ; elles proviennent de domaines proches (théâtre, illusionnisme, photographie) ou du lexique commun. Le prestige et les apports du cinéma américain ont enrichi ce fonds ; enfin des inventions, les procédés nouveaux d'émulsion, l'introduction de la couleur, ont contribué à accroître le vocabulaire. On peut dire que « l'ensemble lexical d'un moment donné ne peut donc être simplement la traduction terme à terme d'une réalité extra-linguistique formée par l'ensemble des données concrètes existant dans ce même moment » (Guilbert, 1967).

6.4.5 VOCABULAIRE TECHNIQUE ET LEXIQUE COMMUN

On reconnaît, depuis l'enquête déjà citée (Dubois, 1971), la modification sensible de la composition du lexique général, mais l'ampleur du passage des termes techniques dans la langue commune reste difficile à apprécier. Une partie très limitée du vocabulaire de chaque groupe professionnel est commune à l'ensemble des locuteurs. Dans le domaine du cinéma, par exemple, le nombre de films édités, l'abondance des articles à leur sujet, l'introduction de termes techniques dans les génériques et les publicités, ont facilité l'intégration dans le lexique général d'une partie du vocabulaire des professionnels. On se heurte pourtant à de nombreux problèmes quand on veut mesurer l'étendue de la connaissance active de ce vocabulaire technique. Les informations que l'on rassemble en comparant les éditions éloignées d'un dictionnaire d'usage restent lacunaires ; pour obtenir des éléments d'appréciation indiscutables, il faudrait

« établir des listes de mots, relevés dans des dictionnaires techniques ou d'autres ouvrages, ou des périodiques scientifiques, en introduisant dans ces listes au moins tous les mots dont les organisateurs de l'enquête supposeraient a priori qu'ils sont passés dans le lexique général. Puis les listes seraient soumises au plus grand nombre possible de sujets, lesquels auraient à répondre pour chaque mot à différentes questions (...) » (P. Gilbert, *in* LF, 2, 1973).

Resterait à préciser quel vocabulaire apporte le plus au lexique général. Des termes spécialisés, appartenant à des vocabulaires éloignés du fonds commun, acquièrent pour des motifs variés une forte fréquence. *Data processing* a été successivement traduit par MÉCANOGRAPHIE, TRAITEMENT DE L'INFORMATION, TRAITEMENT DES DONNÉES et enfin par INFORMATIQUE qui s'est imposé et est entré rapidement dans la langue commune. L'importance de la vulgarisation du savoir a pour conséquence de verser dans le lexique général des termes techniques qui appartiennent aux domaines les plus divers, tels la médecine (ÉLECTROCARDIOGRAMME), l'électronique (RADAR) ou l'astronautique (MODULE LUNAIRE). Dans la liste des mille mots les plus fréquents du *Français fondamental*, on ne relève comme termes techniques que les formes abrégées CINÉMA, PHOTO, MICRO, RADIO (TSF) ; cette liste établie en 1953 serait sans doute fortement modifiée aujourd'hui.

6.5 LES EMPRUNTS

6.5.1 DÉFINITIONS

L'intégration d'un mot d'une langue donnée ou « source » dans une autre langue ou « cible » constitue le mécanisme linguistique de l'emprunt ; phénomène universel, « il est un élément important parmi ceux qui constituent les langues » (Deroy, 1956). On ne retiendra pas ici l'utilisation, dans un texte littéraire par exemple, d'un mot d'argot ou d'un terme régional, l'argot ou le dialecte n'étant pas définis comme des langues (*cf. supra*, 1.2.1, et 1.6.1). L'entrée du vocable s'effectue sur plusieurs plans, — phonique, morphologique, syntaxique —, aussi se trouve-t-on devant des problèmes différents selon que les structures des deux systèmes en contact ont plus ou moins de points communs. C'est la divergence plus ou moins importante des structures phonologiqes et morphosyntaxiques des langues en contact qui commande le passage d'un système à l'autre, indépendamment des raisons économiques, politiques et culturelles pour lesquelles le français fera plus aisément appel, par exemple à l'anglais qu'à l'arabe pour accroître le nombre de ses unités lexicales. (*cf.* Weinreich, 1968)

Avant de donner des indications sur les caractères proprement linguistiques de l'emprunt, nous avancerons quelques remarques sur les aspects extra-linguistiques du phénomène.

6.5.2 ASPECTS EXTRA-LINGUISTIQUES

6.5.2.1 Les causes de l'emprunt

Langues en contact

L'emprunt n'est possible que si deux langues sont plus ou moins en contact ; on peut reprendre pour illustrer le fait, l'exemple de la seconde moitié du xviiie siècle, période où la France importa une partie de son vocabulaire politique d'Angleterre (Von Proschwitz, 1956). On constate l'importance déterminante des journaux politiques de grande diffusion : *Le Courrier de l'Europe*, lancé en juin 1776, comptait entre 3 000 et 4 000 souscripteurs six mois à peine après sa création, nombre fort élevé pour le temps. Ce journal entendait faire suivre à ses lecteurs les débats du Parlement anglais et en donnait les compte rendus détaillés ; les journalistes cherchaient leur matière dans les publications parues à Londres ; faute de trouver des équivalents français, ils introduisaient dans leurs articles des mots anglais. Mais s'ils en usaient ainsi, c'est que les lecteurs pouvaient les comprendre ; pour la seule année 1784, Von Proschwitz a relevé les anglicismes suivants : *amender, anti-coalition, anti-coalitionniste, coalitionniste, disqualification, disqualifier, imparlementaire, insane, insanité, pétitionnaire, sinécure, voteur, anti-social, incontrolable.*

L'anglomanie — le mot est du xviiie siècle — d'une partie importante de la bourgeoisie ne s'explique pas seulement par les vertus reconnues à la monarchie constitutionnelle anglaise ; la naissance de l'industrie et l'accroissement des richesses outre-Manche fascinaient une bourgeoisie française bridée. Elle adoptait des mots issus du domaine politique : maniement des mots avant la mise en place des réalités qu'ils désignent.

L'anglais est aujourd'hui la langue la plus apprise par les écoliers ; mais si le bilinguisme partiel d'un nombre important de locuteurs favorise toujours l'emprunt de vocables anglais, il ne suffit pas à en rendre compte : ce bilinguisme s'explique aussi par la puissance économique et l'influence de la culture des pays anglo-saxons, en particulier des États-Unis.

Prestige de la langue prêteuse

A partir de 1900, l'avance prise par les pays anglo-saxons dans le domaine de la recherche scientifique, le développement de leur puissance économique et militaire, ont favorisé l'intégration d'un nombre considérable de mots, 369 de 1900 à 1937 :

1900-1909 : 126
1910-1913 : 33
1914-1919 : 77
1920-1929 : 47
1930-1937 : 86 (*in* Mackenzie, 1939).

Depuis la fin de la Seconde Guerre mondiale, l'afflux de termes anglo-saxons n'a fait que croître. La sujétion partielle d'entreprises industrielles françaises aux groupes financiers américains, l'hégémonie politique des États-Unis, la formation de blocs antagonistes, autorisent ce que d'aucuns appellent une invasion. Le phénomène n'a rien d'original : le prestige d'un pays, la diffusion de ses valeurs culturelles, donc de sa langue, ont toujours été liés à sa puissance économique. La République française, quand elle a occupé des territoires, a imposé l'apprentissage de sa langue à une partie de la population sous sa dépendance ; beaucoup ne voyaient là que l'apport d'une culture.

Dans le domaine des arts, dès les années 1920, le cinéma américain a représenté un modèle à atteindre ; le vocabulaire cinématographique, qui s'était constitué jusque-là sans beaucoup d'apports extérieurs, a accueilli très largement des vocables anglo-américains. Le prestige d'une activité artistique s'ajoute à l'influence économique, — mais comment séparer l'un de l'autre ? —, et ces jeux complexes enrichissent la langue.

L'emprunt ne peut exister que lorsque deux systèmes linguistiques sont en contact et nous venons de signaler le facteur décisif qu'est la puissance économique du pays prêteur. Un pays peut en effet posséder de riches traditions sans pour autant que sa langue devienne une source d'emprunts. L'ensemble du Maghreb a été assujetti pendant un long temps par la France, mais la langue arabe a été considérée comme ne pouvant offrir de ressources assimilables. Outre le fait que la structure de l'arabe diffère considérablement de celle du français, l'attitude socio-culturelle défavorable vis-à-vis des colonisés a exclu l'adoption d'un nombre important de mots. Seuls quelques rares termes évoquant des réalités propres au Maghreb ont pénétré les vocabulaires techniques ; les mots qui se réfèrent aux différents aspects de la vie quotidienne se sont répandus, avec parcimonie, dans le lexique français par l'intermédiaire des troupes d'occupation ou des recrues arabes enrôlées lors des grands conflits.

6.5.2.2. Les domaines d'emprunt

Les mécanismes

Le mot étranger est introduit pour désigner un objet, une notion, inconnus aux usagers. Ainsi jusqu'au début du XVIIIe siècle, la Hollande a fourni des éléments relatifs au vocabulaire de la construction navale : BEAUPRÉ, CARANGUE, DROME, MOQUE, ROUF, etc. et de la technique d'assèchement des terres : BOULEVARD, DIGUE, HIE, POLDER, RISBAN, etc. Si le terme a un équivalent en français ou que la langue du pays prêteur ne jouit d'aucun prestige particulier, le vocable ne sera sans doute pas intégré. La lecture d'un journal contemporain peut donner une idée du phénomène. Un correspondant du journal *Le Monde*, au mois de septembre 1972, esquisse un tableau des forces politiques en présence à Madagascar quelques jours avant les élections ; il introduit dans son article une série de termes malgaches et les fait suivre de leur traduction, notée entre parenthèses ou précédée de *c'est-à-dire* : « Les ' TANETY ' *(collines) flambent ; la ' FANJAKANA ', (c'est-à-dire l'administration, le pouvoir central sous toutes ses formes)* ». Dans le même journal, le même jour, dans une mise au point sur la question agraire au Maroc et les rapports d'Hassan II avec la paysannerie, nous relevons : *Les tentes caïdales, les hammans, les fellahs, la djellaba,* termes entrés dans le lexique général, bien que seuls les deux derniers soient largement connus et que l'adjectif CAÏDAL soit une formation française sur CAÏD. Dans le même article, d'autres mots ne sont pas recensés dans un dictionnaire d'usage : *Des terres guich, le « mlaya », des habous, la plaine bour, les propriétés melk,* — sans que soit signalé typographiquement, sinon dans un cas par des guillemets, l'origine étrangère de tous ces mots. Les liens anciens qui existent entre le Maghreb — ou Madagascar — et la France, ne permettent pas que ces vovables soient intégrés ; ils ne sont employés que pour rendre compte d'une réalité spécifique ou pour restituer une couleur locale. La plupart des termes ainsi introduits subissent le même oubli que les néologismes d'écrivain ; THRILLERS a été adopté avec le sens de livres qui donnent le frisson, mais SHOKERS (livres qui secouent les nerfs) et PENNY-DREADFULS (récits d'épouvante) qu'on relève dans *Ce qu'il faut savoir de l'âme anglaise* (Cazamian, 1927) n'ont pas été retenus ; il en est de même des néologismes d'écrivains tels : FIGURATIVER (Saint-Pol Roux, *Les reposoirs de la procession,* 1901), PHILIBUS (R. Vercel, *Remorques,* 1935). Décrire dans leur détail les mécanismes de l'intégration serait écrire un chapitre de l'histoire des civilisations : le pluriel de l'arabe maghrébin *fellag* (coupeur de route), *fellaga* a été introduit en français grâce à l'actualité politique ; encore a-t-il été utilisé en argot militaire et policier sous une autre forme, par troncation de la finale (FELL) ou substitution de suffixe, sur le modèle BARBOUZE, TANTOUZE, GALETOUZE (FELLOUZE).

L'importance de l'anglo-saxon

Dans la seconde moitié du XXᵉ siècle, la pénétration de l'anglais, langue qui prête le plus au français, s'opère par des voies diverses. La publicité privilégie les vocables anglo-américains, soit que les produits vendus viennent d'outre-Atlantique, soit que l'on incite le consommateur à imiter le comportement de l'anglais ou de l'américain : les noms de marques abondent en compositions à base anglaise (en parfumerie, HEAVEN SCENT, SEA GREEN, SWING TIME). Les rencontres entre chercheurs, techniciens, dirigeants d'entreprises, hommes d'affaires sont devenues de plus en plus fréquentes, et l'anglais sert le plus souvent à leurs échanges. Source d'enrichissement du lexique commun, les vocabulaires techniques se modifient en faisant largement appel à l'anglo-saxon. La circulation rapide des informations oblige à traduire des dépêches qui émanent des agences de presse anglo-américaines ; la traduction ou l'adaptation de romans, de biographies, d'ouvrages scientifiques, favorisent aussi l'entrée de mots étrangers dans la langue. Il n'est pas jusqu'à la diffusion croissante de bandes dessinées importées des États-Unis qui ne joue son rôle. Ces faits, bien connus encore que peu étudiés, prouvent l'importance du phénomène de l'emprunt qu'on réduira trop facilement au snobisme, à la mode, ou qu'on attribuera à la paresse des locuteurs, pour s'en débarrasser.

Les domaines d'emprunt

Les lexicographes accueillent de manière fort diverse les mots étrangers, sans qu'on puisse toujours connaître les critères de leur choix ; aussi le volume des emprunts varie-t-il beaucoup selon que l'on consulte tel ou tel dictionnaire contemporain. Ajoutons que les doctrines ont évolué depuis le début du siècle : un dictionnaire d'usage comme le *Nouveau Petit Larousse* ouvre assez largement ses colonnes aux mots étrangers introduits depuis peu, quitte à ne pas les conserver d'une édition à l'autre ; les éditeurs du PL de 1910 ne recevaient pas les emprunts avec la même libéralité.

On pourrait dresser des listes qui retiendraient tous les mots étrangers apparus en français depuis 1900 (pour l'anglais, *cf.* Mackenzie, 1939), ou établir l'inventaire des mots intégrés à partir d'un dictionnaire étymologique (Guiraud, 1965). Tous les domaines d'activité pourraient être cités mais certains sont plus pénétrés que d'autres par les termes allogènes ; nous ne retiendrons que quelques exemples de mots introduits depuis peu, sans ignorer qu'une partie d'entre eux seront probablement abandonnés et que certains ont des équivalents en français. Les relevés (entrées A- à M-) ont été effectués dans le *Dictionnaire des mots nouveaux* (Gilbert, 1971). Des classements même grossiers, confirment les remarques souvent avancées ; on relève à peu près exclusivement des termes anglo-saxons : sur près d'une centaine d'emprunts, nous n'avons que deux mots venus du Maghreb (BARAKA ou BARACCA, BAROUD), un d'Allemagne (ERSATZ ; DRILL peut avoir été emprunté à l'anglais), trois d'Italie (CIAO, DOLCE VITA, MEZZANINE). Les domaines d'emprunt ne font que confirmer l'influence prépondérante des techniques et du mode de vie américains en France, — mais on ferait les mêmes remarques si l'on étudiait les emprunts à l'anglais de l'allemand ou de l'italien. Si l'on néglige les calques et les traductions, nous avons pour les vocabulaires techniques[1] : AMPEX (1965), AUTOMATION (après-guerre), COACH (1961), DISPATCHER (1957), DISPATCHING (1963), ENGINEERING (1953), FEED-BACK (1967), FEEDER (début XXe s.), FLASH (1918), HARDWARE (1965), LASER (1960), LEM (1969), COMPUTER (1967). Le vocabulaire de l'économie offre : BOOM (1968), BOSS (1965), BRAIN + Substantif (+ STORMING, 1968), BUSINESS-MAN (1965), CASH-FLOW (1966), DISCOUNT (1968), LABEL (1966), LEASING (1960), MARKETING (1966). Le vocabulaire militaire est largement tributaire de l'anglais ainsi que celui des spectacles qui donne : COVER-GIRL, (DISC[K]) ou DISQUE-JOCKEY (1965), GAGMAN (1966), FLOP (1965), HAS-BEEN (1960), HIT PARADE (1965), INSERT (1969), LYRICS (1966), MUSICAL (Substantif, 1966), etc. Le vocabulaire des sports, des jeux, celui de l'aviation, du commerce, de la mode, — mais on multiplierait aisément les rubriques —, sont également riches en emprunts. De très nombreux termes n'ont pas leur équivalent en français, du BEATNIK (1960) au HAPPENING (1964), mais « de ces quelques milliers de mots qui flottent à la surface du lexique, la plus grande partie est amenée à disparaître, cependant qu'un petit nombre seront assimilés et francisés » (Guiraud, 1965).

6.5.3 ASPECTS LINGUISTIQUES

6.5.3.1. Les types d'emprunt

Nous distinguerons sommairement divers types d'emprunt. Le mot étranger et ce qu'il désigne sont importés tels quels : « Voici un néolo-

---

1. Les dates données par P. Gilbert sont celles de large diffusion du mot et non celles de première apparition.

gisme qui semble en passe de s'accréditer chez nous : celui de MOTEL. Le terme vient d'Amérique comme la chose » (Therive *in* Gilbert, 1971). Dans ce cas le mot peut être adopté officiellement : « Un arrêté du 14 avril 1953 prévoit une nouvelle classe d'établissements : le motel de tourisme est un établissement commercial d'hébergement classé, situé à proximité d'un axe routier, hors des agglomérations ou à leur périphérie » (*Le Monde*, 6-4-65, *in* Gilbert). On citera parmi d'autres mots récents de ce type : AIRBUS ou AIR-BUS, ATTACHÉ-CASE, MASS(-)MEDIA.

Le vocable étranger introduit continue à référer à une réalité étrangère ; c'est le cas pour DATCHA (?), L.M ou LEM (1969), abréviations de *Lunar Excursion Module* ; ou sa signification ne recouvre plus la même réalité que dans la langue prêteuse : le DRUGSTORE ou DRUG-STORE ne désigne plus une pharmacie mais un magasin qui comprend différents stands de vente (librairie, pharmacie, parfumerie, etc.) et souvent un bar et un restaurant (*cf.* Gilbert, *op. cit.*).

On donne au mot étranger un équivalent français, soit par calque soit par traduction : COL BLANC restitue *white collar* ; COMPTE A REBOURS, *count-down* ; CRÉDIT-BAIL, *leasing* ; LAVAGE DE CERVEAU, *brain-washing* ; CONGLOMÉRAT est pour *conglomerate*, EFFICIENCE pour *efficiency*. L'acception d'un mot indigène peut être modifiée : on cite souvent le cas de RÉALISER (rendre réel) qui a pris le sens du verbe anglais *to realize* (se rendre compte) ; DRASTIQUE (1741) est repris au milieu du XXe siècle avec le sens de *draconien, énergique*, sous l'influence de l'anglais *drastic*.

6.5.3.2. Intégration phonique

Nous distinguerons entre l'emprunt visuel et graphique, et l'emprunt auditif et phonétique. Dans le premier cas, le mot est prononcé comme le serait un mot français ayant même orthographe ; dans le second, on substitue aux phonèmes du mot emprunté les sons indigènes les plus proches (*cf.* Dubois, *in* IL, 1-2, 1963).

Quand on passe par exemple de l'anglais au français, la place de l'accent varie ; en anglais, les voyelles inaccentuées peuvent s'affaiblir au point de devenir indistinctes (vocal murmur, noté /ə/) ; en français, l'accent porte sur la syllabe finale et les mots empruntés deviennent des oxytons :

Graphie angl. et franc.	Réalisation phonique	
	anglais	*français*
standard	[stándərd]	[stãdár]

Ce déplacement de l'accentuation est à mettre en relation avec le rapprochement des systèmes phonologiques : l'intégration phonique s'effectue par l'adoption de la variante phonétique la plus proche du phonème étranger au français :

Graphie angl. et franç.	Réalisation phonique	
	anglais	français
supporter	sʌ'pɔ:tər	sypɔr'tœr ⎱ DFC sypɔr'tɛr ⎰ (NPL, 1972)

La prononciation peut être variable selon l'appartenance du locuteur à tel milieu social, ou même selon la situation de communication. Dauzat (1926) avait relevé deux réalisations différentes pour le mot MEETING, l'une attribuée aux « classes cultivées » (mitigne), l'autre au « peuple » (métingue) ; en 1973, on entend, pour le mot SKYLAB aussi bien /skilab/ que /skajla:b/ ou /skaijla:b/. Pour LEADER (anglais : /'li:dər/), NPL 1972 fournit /lidœr/, mais /lidɛr/ est aussi fréquent. Si l'on compare les listes des manuels d'orthoépie du début du siècle aux indications données par les dictionnaires contemporains, les variations sont minimes :

	Rousselot-Laclotte	NPL 1972
FOOTBALL	fut-bɔl	futbɔl
LEADER	li'dœr	lidœr, lidɛr (DFC)
SPEAKER	spikœr	spikœr
SPEECH	spitʃ	spitʃ
STEEPLE	stipl	stipəl (ʃɛz)

Pour les mots anciennement entrés dans la langue, comme ceux qui précèdent, l'intégration phonique est à peu près achevée.

Jusqu'au XIXᵉ siècle, les mots d'emprunts étaient souvent intégrés graphiquement : bowling-green a donné BOULINGRIN, packet-boat est devenu PAQUEBOT, comittee, COMITÉ. Dans la mesure où la graphie des mots n'est plus modifiée lorsqu'ils sont adoptés en français, l'intégration phonique est rendue plus difficile. Un graphème en effet a souvent des valeurs multiples dans la langue d'origine, mais aussi des valeurs fort différentes dans la langue d'accueil ; ainsi le graphème (u) :

Graphie	anglais	français
celluloïd	'seljulɔid	selylɔid
rugby	'rʌgbi	rybgi
auburn	'ɔ:bərn	obœrn
flush	flʌʃ	flœʃ, flɔʃ
blue jean	blu:dʒi:n	bludʒin
steward	'stjuərd	stjywərd, stiwart
barbecue	'ba:rbikju:	barbəkju
chewing-gum	tʃu:iŋgʌm	ʃwiŋgɔm
business	'biznəs	biznɛs

Pour certains mots, la nasalisation du groupe voyelle + consonne nasale, est effectuée quand le mot entre dans le lexique français : DANDY [dãdi], GANG [gãg], INTERVIEW [ɛ̃tɛrvju], SINGLETON [sɛ̃glətɔ̃], etc. ; pour beaucoup d'autres, la nasale n'est pas francisée : BLUE JEAN [bludʒin], BRAIN-TRUST [brɛntrœst], CARTOON [kartun]. Catach (1971) a évalué que « la moitié des emprunts faits à l'anglais étaient d'ores et déjà francisés, sinon dans la graphie, du moins dans la prononciation. »

Il semblerait qu'il existe une corrélation entre le système phonologique du français et les emprunts du français. Guiraud (1954), en étudiant les emprunts recensés dans le dictionnaire général, a avancé l'hypothèse que « la distribution des mots d'emprunt montre que certaines catégories doivent à leur forme leur situation dans le lexique. » Il ne s'agit pas pour la langue de réparer des déficits phoniques. « La langue n'emprunte pas *pour* modifier ou rétablir le système. Mais à chaque instant elle se trouve dans un certain *état interne d'équilibre* (ou de déséquilibre) soumis à des *pressions externes* (...). L'évolution phonétique peut agir sur le plan du lexique qui paraîtrait a priori hors de son champ d'action (...). Tout se passe comme si l'activité linguistique était réglée par une sorte de phonostatisme. »

6.5.3.3. *Intégration morpho-syntaxique*

Genre

Le français connaît un système binaire pour rendre l'opposition de genre alors que, par exemple, l'allemand connaît un masculin (DER BRUDER : *le frère*), un féminin (DIE MAGD : *la servante*) et un neutre (DAS KIND : *l'enfant*). La plupart des mots empruntés prennent le genre masculin, forme non marquée en français : UN PATCHWORK, LE POP'ART. La distinction de genre peut être réintroduite si le mot emprunté évoque un mot français existant : LA POP'MUSIC ; si la terminaison adoptée fait entrer l'unité dans une série de genre féminin : LA VASELINE, UNE FIRME ; ou encore quand le mot désigne spécifiquement un être animé de sexe féminin : UNE VAMP (abréviation du mot masculin VAMPIRE), une SQUAW. Le genre des adjectifs peut rester indifférent : une récolte RECORD, une musique SWING, une femme SNOB.

Nombre

Le français traduit l'opposition de nombre, en général, grâce à des distinctions graphiques — ajout de la flexion -s. Le maintien de l'opposition d'origine indique que le mot désigne des référents propres au pays prêteur : UNE LADY / DES LADIES, UN SCOTCH / DES SCOTCHES, ou appartient à un vocabulaire marginal. Les termes de musique venus d'Italie connaissent aujourd'hui, pour la plupart, l'opposition zéro /vs/ -s : ARIA / ARIAS, IMPRESARIO / IMPRESARIOS, TRÉMOLO / TRÉMOLOS, MAESTRO / MAESTROS, etc.

Un mot peut être au pluriel dans la langue prêteuse et être considéré comme un singulier dans la langue d'accueil : MACARONI est un pluriel italien, mais le français a rétabli l'opposition UN MACARONI / DES MACARONIS ; SPAGHETTI est donné comme *nom masculin pluriel* dans NPL 1972, mais était entré sous la forme UN SPAGHETTI en 1893. La tendance est de plus en plus forte, dès que le mot est intégré, à lui attribuer les marques propres à rendre l'opposition de nombre en français. On trouvera même : DES CAMÉRAMANS, DES BUSINESSMANS, les formes CAMÉRAMEN OU BUSINESSMEN n'étant pas considérées comme des pluriels par les locuteurs.

Les emprunts introduits dans les langues spéciales conservent souvent la flexion originelle, — en astronomie, une NOVA / des NOVAE —, pourtant, dès que les unités entrent dans le lexique commun, les singularités flexionnelles tendent à disparaître :

> un SOLO / des SOLI ou des SOLOS
> un LIED / des LIEDER ou des LIEDS
> un CHÉRIF / des CHÉRIFS et non des CHORFA.

Classes de mots

La plus grande partie des mots empruntés appartient à la catégorie des substantifs ; à l'initiale S- du NPL 1972, nous ne relevons qu'un adjectif emprunté (SMART) ; à la même initiale du Gilbert (1971), SEXY (adjectif invariable). Si le mot possède une terminaison éloignée de celle courante en français, il reste isolé et est senti comme étranger : PUZZLE (1909), JAZZ (1918), CATERPILLAR (1913) SHIMMY (1920). Les affixes étrangers ne sont plus adaptés graphiquement pour que les unités entrent dans des séries existantes, mais ils sont souvent rapprochés phoniquement d'un affixe français : l'ensemble des mots anglais en -ER conserve sa graphie mais est prononcé comme les mots suffixés en -AIRE ou -EUR : SWEATER (1910), GANGSTER (1925), REPORTER (1829), etc.

Les mots en -ING

Quand toute une série de mots entre dans la langue avec le même affixe, les locuteurs peuvent le reconnaître comme tel et l'utiliser de la même façon qu'un affixe de la langue : le suffixe -ISSIME est un emprunt de la Renaissance à l'Italie. Au XXe siècle, la terminaison anglaise de participe présent -ING est perçue comme suffixe (cf. Dubois, in IL, 1-2, 1963). Il est difficile de savoir quels mots en -ING sont connus activement des locuteurs, mais on ne peut qu'être frappé par le nombre très élevé des termes en -ING utilisés de façon plus ou moins constante en français. Des relevés systématiques, et sans doute incomplets, dans le NPL 1972, le *Petit Robert*, dans différents quotidiens et des revues spécialisées, nous ont permis de compléter la liste fournie par Catach (1971), dressée à partir des seuls dictionnaires. Nous parvenons à un total de 160 unités (cf. *Annexe*, p.198).

Nous avons inclus dans cette liste des mots dans lesquels -ING n'est pas une désinence verbale en anglais, tels RING, SWING, DARLING. En anglais, -ING revêt plusieurs significations :

1º L'action est décrite dans son déroulement (*cracking*) ;
2º L'action n'est achevée qu'après une suite d'opérations (*curing*) ;
3º L'action conduit à un résultat précis ; une machine, ou un ensemble de machines accomplit cette action (*rolling*).

Le français a ajouté à ces emplois de nouvelles valeurs ; -ING indique le lieu où l'action s'effectue : CAMPING, DANCING, PARKING, SLEEPING. Le suffixe a permis de compléter une série : sur CARAVANE, on a formé CARAVANING à côté de CAMPING.

Tous les mots en -ING utilisés en français sont des substantifs masculins ; certains ont été créés de toutes pièces : HOMING, FOOTING, — ces mots ayant été réempruntés par les langues anglo-saxonnes. Bien que très peu de verbes aient été dérivés sur les mots en -ING (CAMPINGNER, noté comme « familier », SHAMPOOINER ou SHAMPOUINER, *in* Gilbert, 1971), la variété des emplois de -ING témoigne de la vitalité de ce nouveau suffixe.

On a maintes fois proposé, — Darmesteter a été le premier à le faire —, pour pallier la difficulté à traduire les mots en -ING, d'employer le suffixe français -AGE : PRESSAGE (1803) pour *pressing*, ZONAGE (1953) pour *zoning*. La solution n'est pas satisfaisante dans tous les cas, le suffixe -AGE ne recouvre pas en effet le même champ sémantique que -ING. Si l'on étudie la liste des équivalents proposés récemment (JO, janvier 1973), nous relevons différentes façons de franciser les mots en -ING.

1º On propose des décalques :

> *tracking radar* = radar de poursuite
> *lauching base* = base de lancement
> *swelling nozzle* = braquage de tuyère
> *air-breathing-motor* = moteur aérobie

2º On procède par substitution de suffixes :

> *cracking* = CRAQUAGE (action)
>   CRAQUEUR (appareil)
> *reforming* = RÉFORMAGE

3º On définit le terme anglais :

> *living-room* = salle commune

4º On remplace le terme en -ING par un mot français qui lui correspond sémantiquement :

> *printing* = TÉLESCRIPTAGE (action)
>   TÉLESCRIPTEUR (appareil)
> *slowing* = RALENTISSEMENT.

Tous ces procédés sont également utilisés pour franciser des mots autres que ceux en -ING.

Quand un terme allogène reçoit des affixes français, on peut considérer que son intégration est achevée (*cf.* Dubois, *in* IL, 1-2, 1963). Des verbes sont créés à partir des substantifs empruntés ; ils appartiennent toujours à la conjugaison des verbes à désinence -ER : ceux-ci ont en effet, pour la plupart, un thème unique ; les aménagements sont donc fort réduits : un SHOOT / SHOOTER, un STOCK / STOCKER, un DRUGSTORE / DRUGSTORISER, le SURF / SURFER, etc. L'adjonction d'un affixe de dérivation fait entrer le terme emprunté dans un microsystème :

1º Noms d'agent en -EUR : FOOTBALL / FOOTBALLEUR,
                           STOPPER / STOPPEUR ;

   Noms d'agent en -ISTE : STOCK / STOCKISTE
                       STAKHANOV / STAKHANOVISTE.

2º Noms de machine en -EUSE : STOPPER / STOPPEUSE ;

3º Désignation d'opération industrielle en -AGE :
      SHUNT / SHUNTAGE, STOPPER / STOPPAGE, STOCKER / STOCKAGE, etc.

6.5.4 SORT DES EMPRUNTS

La présence des mots d'emprunt dans les dictionnaires, les annonces publicitaires, ne fournit que des indications partielles sur leur pénétration dans le lexique commun. La diffusion d'un terme étranger a en effet des causes fort variables ; le refus du Ministère de la Santé, en octobre 1972, d'accorder une existence légale à l'organisme dénommé *Planning Familial,* les nombreux articles qui ont commenté cette décision, ont permis que la lexie soit comprise par un grand nombre de locuteurs ; la crise de l'institution scolaire dans les pays occidentaux a développé l'emploi de termes comme CAMPUS. La plus grande partie des emprunts reste d'un emploi très limité, aussi bien FANZINE que PATCHWORK. Si l'on relève l'ensemble des mots anglo-américains utilisés au moins une fois en français, entre 1900 et 1937, on en compte plus de 3 000, ce qui ne signifie pas évidemment que ces mots aient été intégrés dans le lexique général. Qu'un placard publicitaire propose des pantalons CASUAL ou des FAMOUS ENGLISH SHOES n'implique pas que ces mots entrent dans le vocabulaire des consommateurs. « Plus (les) expressions sont limitées à un cercle restreint, moins elles ont de chance de durer » (Darmesteter, 1877).

Pour Bengtsson (1968), les emprunts contribuent à la compréhension mutuelle des peuples ; le parallélisme d'expression facilite le commerce intellectuel, active la circulation des idées, renforce la cohésion d'une mentalité commune. Le phénomène de l'emprunt ne suscite donc pas uniquement des réactions négatives. Ainsi, on voit même un « protecteur » du français affirmer, non sans humour, au début d'un ouvrage consacré à une ardente défense du français : « une langue est toujours victorieuse de ses emprunts » (Grandjouan, 1971).

Il faut encore rappeler que l'influence des emprunts sur le fonctionnement d'une langue reste minime. « Isolée d'une étude générale des structures et des procédures de renouvellement du lexique, la collecte des termes ' franglais ' (...) relève davantage du divertissement littéraire que de la linguistique » (Mitterand, 1963). Mais l'étude des emprunts, si elle est sérieusement et objectivement conduite, offre à la socio-linguistique un terrain de recherches extrêmement fécond. Bien que nous ne puissions ici qu'évoquer très rapidement ces recherches, il est nécessaire d'enquêter non seulement sur les cas d'emprunts où le français est la langue-cible, mais aussi sur ceux où il est la langue-source. C'est là un aspect de l'emprunt et de l'évolution du français qu'il ne faut pas méconnaître.

ANNEXE : MOTS EN -ING

Vie courante, société :

baby-sitting, betting, briefing, broching, browning, building, camping, caravaning, chewing-gum, dancing, darling, dop(p)ing, dressing-room, kidnapping, lifting, living(-room), meeting, modeling, nursing, parking, peeling, planning, pressing, pudding, racketting, rocking-chair, setting-form, shampooing, s(c)hilling, shirting, shocking, shop(p)ing, sitting, smoking, standing, starking, sterling, swing, tasting, touring-club ;

Vocabulaires thématiques :

sport :

bowling, curling, dribbling, footing, forcing, jumping, karting, punching-ball, ring, rowing, skating, sparring-partner, starting-block, surfing, swing, trotting, yachting.

transport, circulation :

boeing, parking, sleeping-car, surbooking, ticketing.

commerce, économie :

brain-storming, clearing, dispatching, dumping ; engineering, funding, holding, leasing, listing, mailing, marketing, merchandising, planning, printing, quick-freezing, shaving, stripping, sweeting-system, zoning.

médecine :

feeling, flapping, lifting, training, wheezing.

marine, aviation :

bearing, casing, ceiling, clamming, deek-fitting, flying, frame-spacing, hatch-coming, hogging, looping, mooring, planking, plating, riveting, sagging, scanthing.

agriculture :

dry-farming, zero-grazing.

industrie pétrolière :

cocking, cracking, cracking-plant, fluid-cracking, hydrocracking, hydro-forming, platforming, prosting, reforming, steamcracking, stripping, topping, tubing, visbreaking, waterfluiding.

audiovisuel :

anti-skating, casting, fading, fading-shunt, monitoring, plating, postesting, pretesting, recording, travelling.

énergie nucléaire :

back-scattering, bone seeking, regulating rod, reprocessing, self-shielding, shugging, stowing-down.

techniques spatiales :

ablating cone, air-breathing-motor, ascending nod, burning, chuffing, docking, fairing, fieling, firing-window, house-keeping, landing, launching (base, complex, window), loading, parking orbit, preparation building, remote sensing, sounding rocket, station keeping, steerling, swelling nozzle, tracking, tracking radar, tumbling, unpriming.

6.6 LES ABRÉVIATIONS

6.6.1 GÉNÉRALITÉS

6.6.1.1. Définitions

Quelques indications sur la formation et l'évolution des abréviations simples et composées, ont leur place dans une étude consacrée au lexique. Les procédés abréviatifs représentent en effet un moyen de former des mots en français : chaque fois que l'abréviation a une réalité phonique et qu'elle fonctionne comme une partie du discours, elle est un mot. On peut définir l'abréviation comme un processus d'élimination de certains morphèmes ou phonèmes par apocope ou aphérèse ; on en distingue deux types : dans le premier, dit simple, l'un des éléments du vocable est éliminé ; par la troncation de l'élément long, on aboutit à un type sans -o *(pneumatique > pneu)* ou à la formation de mots en -o *(vélocipède > vélo)* ; dans le second, dit composé, l'un des éléments de l'expression complète est abrégé *(système D)* ou, seule, la lettre initiale de chaque élément de l'expression est retenue *(Action Française > AF)*. Le second type, qui connaît un grand développement au xxᵉ siècle, est plus difficile à décrire que le premier.

6.6.1.2. Ancienneté du processus abréviatif

La pratique de l'abréviation dans l'écriture est ancienne et se rattache au temps des manuscrits ; l'abréviation y est un procédé usuel, largement conservée par l'imprimerie jusqu'au début de la Renaissance. On relève tout au long de l'histoire l'utilisation de lettres qui correspondent à des mots donnés dont elles sont les initiales. Le procédé est utilisé, par exemple pour désigner des ordres religieux : OSB, OP *(Ordo Sancti Benedicti, Ordo Predicatorum)*... et même pour-nommer ceux dont on ne veut pas reconnaître l'existence : le sigle RPR (religion prétenduement réformée) servait à la chancellerie de Louis XIV quand elle évoquait les membres de l'église protestante. P. Zumthor (1951) relève l'abréviation symbolique du *Purgatoire* de Dante (IX, 112) : Un ange marque le front du poète d'un septuple P *(peccato)* désignant les sept péchés capitaux. Faute de pouvoir écrire les mots tabous, les écrivains ont fréquemment usé de sigles ; on en trouvera de nombreux exemples de Diderot à nos jours.

6.6.1.3. Origines immédiates

A la fin du xixᵉ siècle, commence l'exploitation systématique des possibilités d'abrégement des mots et syntagmes. Le développement des abréviations composées est lié à l'existence de plusieurs faits convergents. Les premiers sigles apparaissent en nombre dans le vocabulaire sportif ; dans les fascicules de 1897 de la revue *Le Vélo médical,* nous relevons T.C.F. *(Touring Club de France),* U.V.F. *(Union Vélocipédique de France).* Une remarque d'A. Bruant prouve que ces formes ont été très vite lexicalisées : « On va même jusqu'à appeler les membres de ces sociétés par les initiales d'icelles ; on dit les *Uvéfistes, les Técéfistes.* » (Bruant, 1901.)

La période comprise entre 1890 et 1920 est un moment de formation. L'utilisation de sigles connaît un grand développement pendant la première guerre mondiale (*cf.* Dauzat, 1919) ; une circulaire du Ministre de la Guerre (12 avril 1921) en proscrit même l'emploi, sans succès. Les organisations politiques, surtout celles d'extrême gauche, font pendant cette période un large usage des abréviations. A partir des années 1920, la pratique abréviative s'étend à tous les domaines de la vie économique, politique et sociale. La tendance a été renforcée par la nécessité de ramener à des types lexicologiques normaux les dénominations créées par les vocabulaires techniques et scientifiques. La valeur commerciale et financière attachée à la brièveté du mot ou de la phrase a été pour beaucoup dans la prolifération des unités abrégées. Depuis la seconde guerre mondiale, on assiste à une inflation des abréviations composées : le *Dictionnaire des abréviations de la langue française* (1968) compte 27 500 entrées ; plusieurs centaines d'unités ont été introduites depuis sa parution.

6.6.2 LES ABRÉVIATIONS SIMPLES

Types sans -o

La coupure abréviative tend en français, sans doute pour des motifs d'ordre rythmique (*cf.* Zumthor, 1951) à créer des formes unisyllabiques ou bisyllabiques, terminées par une syllabe fermée. Ces abréviations résultent le plus souvent d'une apocope ; elles sont abondantes dans le discours de registre familier : *formid* pour *formidable, anar* pour *anarchiste,* ou dans l'argot : *perm* pour *permission, cig* pour *cigale* (pièce d'or). La publicité use parfois de ce procédé : des *mocs* pour des *mocassins* (*Elle,* octobre 1972). L'unité créée peut être utilisée à l'écrit dans les mêmes conditions que l'unité complète ; ainsi on écrira : « *les délégués d'amphis* » (*Le Monde,* 7-10-72) ou *les maths* (seulement au pluriel).

Types en -o

Dans un premier ensemble le *-o* équivaut au signe de la composition, comme le trait d'union dans *garde-côte.* L'utilisation de plus en plus fréquente et indispensable du vocabulaire technique dans la vie quotidienne explique pour une bonne part l'abondance des formations de ce type. Les termes désignent des techniques : *la radio, la sténo,* ou des agents : *un radio, une sténo, un typo.* Dans le vocabulaire courant, ils réfèrent à des instruments : *un vélo, le métro,* ou à des produits : *un frigo, une radio.*

Dans un second ensemble, il s'opère un croisement avec le vieux suffixe français *-ot,* que l'on trouve dans *cheminot.* On relève dans la langue commune — certains diront familière — : *une expo, un hebdo* et le composé *Charlie-Hebdo, un métallo, un prolo, un proprio,* etc.

Toutes les abréviations en *-o* prennent la marque du pluriel par adjonction du *-s* flexionnel : *des dactylos.*

6.6.3 LES ABRÉVIATIONS COMPOSÉES

On a brièvement noté leur développement, beaucoup plus important que celui des abréviations simples ; elles sont de plusieurs types.

Abréviations composées partielles

L'un des éléments de l'expression complète est abrégée. C'est là le procédé le plus ancien, resté jusqu'alors peu exploité : *Système D, Bombe A* ou *H*. Quelques formations ont une diffusion internationale : *Eurasie, Eurafrique,* construits comme des mots-valises ; ce procédé n'est pas propre au français : *Mosfilm* (russe).

Un second groupe, peu important, comprend les abréviations obtenues par répétition de la lettre initiale du mot : *Jour J, heure H.*

La formation par apocope ou aphérèse conduit à des abréviations composées syllabiques de diverses natures. On connaît quelques formations qui remontent à la fin du XIXᵉ siècle : le *Boul'Mich', le Vel'd'hiv'.* Nombre d'entre elles désignent des organismes politiques ou à fonction militaire, des organisations publiques étrangères, dont l'appellation abrégée a été adoptée telle quelle : allemand, *oflag* (OFfizierenLAGer), *stalag* (STAmmLAGer), *Gestapo* (GEheime STAats POlizei) ; russe, *Kominform* (KOMmunistitches kii INFORMatsiya), *kolkhoz* (KOLlektivnoïe KHOZiasïstvo) ; français, *Benelux* (BElgique NEderland LUXembourg). Depuis 1945, ce type d'abréviation s'est développé en France pour désigner des groupements économiques : CETELEM, COGEFIMO.

Les abréviations de type lettrique ou sigles

Les abréviations de type lettrique ont connu depuis le début du siècle une très large expansion ; nous distinguerons celles dont les lettres sont épelées successivement selon leur appellation dans l'alphabet de celles à prononciation intégrée.

1º *Abréviations lettriques à valeur alphabétique :*

On ne les rencontre pas dans tous les domaines ; elles correspondent à une tendance moderne à personnifier les institutions. les créations et découvertes humaines ; les sigles sont rares en géographie physique, en cuisine, dans l'artisanat. Elles réfèrent à un organisme international : FAO (Food Agricultural Organisation), supranational : CEE (Communauté Économique Européenne), ou national : SNCF ; à une nation : RDV (République Démocratique du Viêt-nam) ; à des organisations militaires : ALN (Armée de Libération Nationale) ; à des armes : FM ; à des partis politiques : UDR, PCF, PUP ; à des syndicats : CGT, CFDT. Elles suffisent à désigner un type de construction : HLM ; un journal : le *JO* ; une technique : la TSF ; un diplôme : le BEPC ; une qualification : PEGC, etc.

L'abréviation n'est complète que si la base est composée d'un syntagme nominal ou d'une accumulation de termes sans article ou préposition : Parti Socialiste Unifié s'abrège en PSU. Dans les autres cas, les initiales des mots outils sont rarement retenus : Association Française pour l'Étiquetage d'Information se résout en AFEI, Mouvement de Libération de la Femme en MLF.

2º *Abréviations lettriques à valeur syllabique :*

L'abréviation est écrite comme un mot ordinaire. Ce type, très tôt utilisé — *Eleska c'est exquis*, date de 1925 — s'est beaucoup développé depuis la fin de la seconde guerre mondiale. Le plus souvent possible, le matériel graphique est organisé de façon à former un groupement syllabique en accord avec le phonétisme du français. L'intention de lexicalisation est très nette, mais rarement marquée dans la graphie en français ; des considérations étymologiques conduisent en effet à séparer les lettres qui représentent des parties autonomes de l'expression complète ; dans de rares cas, seule la première lettre est écrite avec une majuscule : Simca, Fiat. Ce type, comme le précédent, est exploité dans de nombreux domaines : CERES (Centre d'Études de Recherches et d'Éducation Socialistes), GAEC (Groupement Agricole d'Exploition en Commun, août 1962), BLIC (Bureau de Liaison des Industries du Caoutchouc de la CEE), AFAT (Auxiliaire Féminin de l'Armée de Terre), etc. On remarquera l'importance relative du jeu de mot, qui permet de lier l'abréviation lettrique à un mot du vocabulaire commun, phoniquement ou graphiquement : FHAR (Front Homosexuel d'Action Révolutionnaire), ACTES (Action Civique, Technique, Économique et Sociale), UNI (Union Nationale Interuniversitaire), etc.

Les abréviations de type mixte

Un type mixte combine les lettres et les syllabes de la base ; né vers 1920 en Union Soviétique, il s'est développé beaucoup plus tard en France, surtout après 1945. Il permet essentiellement d'abréger le nom d'organismes à valeur économique : CECOMAF (Comité Européen des COnstructeurs de MAtériel Frigorifique), CECODIS (Centre d'Études de COnsommation et de DIStribution).

Quelques sigles admettent concurremment la valeur lettrique et la valeur syllabique ; le sigle FEN se lit [fɛn] ou [ɛføɛn] ONU se lit /ony/ ou /oɛny/. Le sigle JOC appartient à une série (JAC, JEC, JIC, JOC) où l'élément fixe *J-C* (Jeunesse catholique) « constitue une abréviation composée virtuelle qui ne se réalise que par combinaison avec un élément variable » (Zumthor, 1951) : A (Agricole), E (Étudiante), I (Indépendante), O (Ouvrière).

Les abréviations de type chiffré sont surtout fréquentes pour désigner des produits militaires : AMX, MIG 21, 23, 25, U2, etc. Mais elles sont aussi utilisées pour nommer des produits industriels : 4 CV, 2 CV.

6.6.4 LEXICALISATIONS

L'abréviation connaît un emploi substantival dominant comme la base dont elle procède : *Le sud de la RDV, les thèses du GRP, le secrétaire général du PC d'URSS*. La possibilité de former des dérivés, marque certaine que l'abréviation est intégrée dans le lexique, n'existe que pour certains types. Les abréviations composées partielles et celles de type lettrique à prononciation intégrée peuvent éventuellement admettre des suffixes. Les mots formés dénomment celui qui fait partie de l'organisation, du groupement, etc. indiqués :

> CAPES : un capesien, un capetitif ;
> kolkhoz : un kolkhozien ;
> radar : un radariste ;
> gestapo : un gestapiste ;
> PUP : le pupisme.

Adjectifs, ils qualifient ce ou ceux qui appartiennent à l'organisation ou au groupement :

> SMIG : un manœuvre smigard
> CGT : le leader cégétiste (cégétéiste est attesté en 1919)
> AOF : le relief aofien.

Certaines abréviations étrangères sont adoptées telles quelles : POUM (Partido Obrero de Unitad Marxista), FAO ; la forme étrangère est souvent retenue pour désigner les pays·: USA plutot que EU ; pour d'autres nations, c'est un sigle adapté que l'on connaît : URSS, très rarement SSSR.

La durée des abréviations dépend de celle du produit ou de l'organisme désignés ; ceux-ci disparus, seuls subsistent les sigles qui s'appliquaient à des groupements ou organisations au rôle historique important : la NEP, la SDN, la Gestapo, ont pris place dans l'histoire. Les abréviations qui désignent des instances internationales (ONU), des organismes publics (PTT), des formations politiques importantes (PCF), sont les seules à être connues des locuteurs. Il faut des circonstances particulières pour que des sigles de diffusion restreinte soient compris d'un grand nombre d'usagers ; les guerres d'indépendance ont permis la diffusion de FLN, de GRP ; de même, depuis les bombardements du Viêt-nam, le monde entier identifie le sigle B52. Certains sigles anciens, malgré une décision administrative qui les transformait, ont résisté : PTT s'est maintenu aux dépens de P & T, mal formé.

CONCLUSION

On aboutit souvent avec le sigle à une sorte de démotivation du signe, qui en limite les possibilités d'entrée dans le langage courant. L'abréviation composée est motivée par les éléments de sa base : ceux-ci subsistent, réduits sous la forme de telle syllabe représentative, mais cette syllabe n'évoque plus rien pour les locuteurs dans la plupart des cas. Ce fait explique la réaction des usagers qui tendent à exploiter dans une intention parodique l'arbitraire de la suite abréviative, ce d'autant plus que le type lettrique est plus fréquent que le type syllabique. Pendant la guerre de 1914-18, GAN (Groupe des Armées du Nord) était devenu : Groupe des Animaux Nuisibles, SBM (Secours aux Blessés Militaires) se lisait : Société du Bistouri Mondain, etc.

Les sigles sont à rapprocher des emprunts en ce qu'ils ne sont intelligibles qu'à condition d'être intégrés à l'expérience quotidienne. Pour un syntagme long, le locuteur peut se trouver partagé entre le désir de ne pas paraître pédant en utilisant la désignation complète, et celui de ne pas être ésotérique en employant le sigle. L'abréviation par troncation pose de tout autres problèmes ; elle peut aboutir en effet à une équivoque quand on supprime un élément significatif du mot : « je passe à la radio », ou simplement passer pour vulgaire.

7. L'ORTHOGRAPHE

7.1 DESCRIPTION DE L'ORTHOGRAPHE FRANÇAISE

7.1.1 INTRODUCTION

Dès que l'on aborde la question de l'orthographe d'un point de vue diachronique, on rencontre des propositions de réforme. Pour presque tous ceux qui se sont préoccupés de décrire la graphie du français, l'orthographe n'a à peu près plus changé à partir de la fin du XIXe siècle. Depuis ce moment, les positions vis-à-vis de l'orthographe sont demeurées inchangées ; si tout le monde s'accorde à reconnaître que les Français perdent leur orthographe, les uns s'efforcent d'intervenir, avancent des réformes, voire démontrent que l'orthographe peut être supprimée sans dommage pour la communication ; les autres entendent maintenir le statu quo et expliquent que l'enseignement est mauvais, qu'il suffit de le changer pour clore le débat. Le dossier est volumineux et il nous a paru utile de résumer les thèses en présence : une large partie du temps de l'enfant est consacrée à l'apprentissage de la graphie des mots et cette acquisition compte pour beaucoup dans le choix des études.

Nous commencerons par rendre compte des travaux récents qui ont permis de mettre en lumière le caractère relativement systématique de la graphie ; il est nécessaire de connaître ces données pour expliquer ce que chacun constate, une dégradation de l'orthographe, mais aussi pour comprendre le débat des réformistes et des conservateurs. La plupart de ces derniers considèrent en effet comme équivalentes langue et orthographe.

Nous évoquerons également l'existence de variantes graphiques : la comparaison des entrées des différents dictionnaires a permis de constater que, pour une frange du lexique, des graphies concurrentes sont proposées. En outre il est intéressant de s'interroger sur ce que l'on peut nommer l'orthographe officielle, celle qui a cours à l'école et dont on trouve les principes dans les Instructions officielles destinées au corps enseignant.

7.1.2 L'ÉCRITURE COMME TECHNIQUE

Les travaux portant sur les différents systèmes d'écriture ont établi que l'écriture linéaire dans l'espace est un phénomène historique, créé pour doubler l'usage oral, linéaire dans le temps ; « la conquête de l'écriture a été précisément de faire entrer, par l'usage du dispositif linéaire, l'expression graphique dans la subordination complète à l'expression phonétique » (Leroi-Gourhan, 1964). Nous ne tiendrons donc pas compte ici des propositions de J. Derrida (1967) et admettrons que l'écriture est une transformation de la langue parlée.

« Tous les êtres humains sains parlent, mais près de la moitié des habitants du monde sont totalement illettrés, et l'usage effectif de la lecture et de l'écriture n'est l'atout que d'une faible minorité. Cependant, même alors, l'alphabétisme est une acquisition secondaire. Quel que soit le système d'écriture employé, il se réfère généralement à la langue parlée. » (Jakobson, 1973).

L'écriture, qu'il ne faut pas confondre avec les premières représentations graphiques, — l'art figuré, la picto-idéographie —, n'intervient qu'à un certain moment du stade de développement des sociétés humaines. Elle fonde l'homme de l'histoire et a été élaborée pour conserver à la société « les produits de la pensée individuelle et collective » ; par exemple, « la constitution d'actes comptables ou généalogiques écrits est étrangère au dispositif social primitif et ce n'est qu'à partir de la consolidation des organismes agricoles urbanisés, que la complexité sociale se traduit par l'apparition de pièces faisant foi à l'égard des hommes ou à l'égard des dieux » (Leroi-Gourhan, 1964). Le lien entre le développement économique des civilisations méditerranéennes et le perfectionnement de l'outil graphique a été maintes fois décrit ; rappelons que, récemment, la révolution de Kémal Ataturk a permis de substituer l'alphabet latin à l'alphabet arabe sans pour cela que le passé culturel de la Turquie s'effondre. L'écriture est une technique et comme telle peut être modifiée si elle ne répond plus aux exigences d'une société.

7.1.3 L'ÉCRITURE, LA LANGUE, L'ORTHOGRAPHE

7.1.3.1. L'alphabet

L'écriture du français résulte de l'association d'un alphabet, hérité du latin, et d'une orthographe. L'alphabet peut être défini comme une liste de signes comprenant des variantes (majuscules, minuscules, romaines, italiques, etc.), récités dans un ordre déterminé, sans qu'une relation entre lettres et sons soient établie. Si l'orthographe consiste en l'usage particulier qui est fait de cet alphabet dans la notation d'une langue, on peut déjà noter l'inadéquation entre l'alphabet latin et le français qui n'a cessé d'évoluer : ainsi, (c) en latin notait /k/ alors qu'en français il permet de transcrire aussi bien /k/ (couper) que /s/ (céleri). Ce décalage que l'on ne fait que signaler conduit à un type d'écriture où la relation biunivoque entre la lettre et le phonème a disparu ; il pose la question du rapport entre un alphabet à peu près invariable et un système phonologique qui subit des changements.

7.1.3.2. La notion d'orthographe

L'alphabet latin adopté par le français comptait trop peu de graphèmes (23) pour satisfaire tel quel aux besoins de notre langue, riche en phonèmes. L'impossibilité d'élaborer un alphabet qui aurait noté exactement le français a conduit à la constitution d'une orthographe.

Avec la mise en place de l'Université napoléonienne, l'usage ne se distingue plus de la norme. L'identité du mot écrit ne s'est dégagée que par référence au canon de l'orthographe qu'ont constitué, d'abord le *Dictionnaire de l'Académie*, puis très rapidement tout dictionnaire. S'écarter de ce code, c'est désormais interdire toute identification du mot ; il ne peut y avoir qu'une frange d'incorrection, nommée faute, qui consiste en la possibilité d'homophonie de la forme erronée avec la forme visée.

La communication linguistique n'est possible que si les unités choisies par le locuteur sont associées selon les règles précises et constituent des suites bien formées. Que l'on écrive pour (la pelle), *la paile, la peile, la pèle* ou *la pɛl*, ne modifie en rien la langue. Les éléments du lexique restent toujours « féminin », « singulier », et l'ordre des unités distinctives n'a pas varié. Ce n'est que lorsque l'on franchit la limite externe de la frange d'incorrection que le sens de l'énoncé est perturbé ; par exemple, si l'on écrit *la pil* pour (la pelle). Le français peut être écrit sans mettre l'orthographe si l'on ne modifie pas les règles du code. Dans une langue à orthographe, parmi toutes les possibilités graphiques d'une réalisation orale, une seule en principe est retenue et cette forme est dite « correcte ». La norme orthographique spécifie donc :

— le matériau graphique à utiliser (pour le français, l'alphabet latin) ;
— les règles d'utilisation de ce matériau : /fot/ s'orthographie (faute) ; *fote* est possible, mais non *fotte* qui se lit /fɔt/.

7.1.3.3. Le code phonographique

Dans une écriture phonologique, le graphème A se définit par sa place dans l'alphabet et par sa correspondance avec le phonème /a/ ; il peut être réalisé de façon fort diverse, mais tracé en majuscules d'imprimerie ou traduit par une séquence convenue de l'alphabet morse, il reste la référence virtuelle du même phonème. Il s'établit, selon les individus, le milieu social, à une époque donnée, des règles de correspondance entre les graphèmes et les phonèmes ; on nommera cet ensemble de relations le code phonographique, en évolution constante jusqu'à une période récente (*cf.* Blanche-Benveniste et Chervel, 1969).

On s'est constamment efforcé d'améliorer l'alphabet français. Le J et le V n'apparaissent par exemple qu'à la Renaissance et ne sont utilisés qu'après 1650, grâce aux éditeurs hollandais ; ils ne seront définitivement adoptés dans l'alphabet français qu'au moment de la Révolution. Le W est encore défini par le *Dictionnaire de l'Académie* (1932-35) comme une « lettre qui appartient à l'alphabet de plusieurs langues du Nord et qu'on n'emploie en français que dans un certain nombre de mots empruntés à ces langues (...) W se prononce ordinairement comme un *v* dans les mots empruntés de l'allemand ou des langues scandinaves, tels que *Walhalla*, *Walkyrie* ; et comme *ou* dans les mots empruntés de l'anglais, du flamand ou du hollandais, tels que *Whig, Whist*. »

Une partie importante de l'orthographe est demeurée phonétique : par exemple, la suite écrite (par) se prononce toujours [par]. De nombreux mots ne comportent pas de graphèmes non prononcés : monosyllabiques (ta), (vu), (mi) ; bisyllabiques (pari), (moto) ou trisyllabiques (il ratura), (partitif), etc. Des combinaisons de lettres ont été introduites dans le système graphique pour noter /u/ (ou), /ɔ̃/ (on), etc. Ces palliatifs, ainsi que l'introduction de graphèmes nouveaux, ont laissé à peu près sauf le principe de l'écriture alphabétique (*cf.* Imbs, *in* FM, 10, 1971). Si plusieurs digraphes ont une valeur constante : (an) (oi) (ou) etc., d'autres groupes sont moins aisés à délimiter : par exemple, (il) vaut [il] dans *cil*, [i] dans *fusil*, [j] dans *rail*. *Donner* se prononçait [dɔ̃ne) et s'écrivait (don-ner) ; le *n* double est demeuré quand la prononciation est passée à /dɔne/. Des perturbations multiples de ce type ont laissé des traces profondes dans l'écriture du français. Le même son a pu être noté de diverses façons (/ɑ̃/ = *an, am, en, em*) et la même graphie être lue de plusieurs manières (*c* = [s], [k]). Nous ne ferons que signaler les éléments complémentaires au principe alphabétique : les signes diacritiques (accents) et les digraphes (*ou* note /u/). Ces compléments ne suffisent pas à assurer le fonctionnement de l'écriture ; il faut encore un supplément idéographique : on utilise les accidents et les incohérences de l'histoire graphique pour particulariser la forme écrite des vocables. La couche idéographique permet en principe de distinguer les homophones en évitant l'homographie. Dans un environnement déterminé « nous allons sortir, c'est bientôt la ... du film », l'usage n'a pas d'autre graphie possible que (fin). *Pour le philologue*, entre AiMer/AMateur, BAIn/BAIgner, la parenté des termes de la série lexicale reste visible ; on peut ainsi expliquer la répartition des différentes graphies disponibles (o, au, eau) du phonème /o/ : ratEau/ratEler, journAl/journAux, etc. (*cf.* Imbs, *in* FM, 10, 1971). Cette absorption de graphèmes étymologiques ne présente pas que des avantages ; par ce moyen, l'écriture française se constitue en un système complexe et cohérent, la contrepartie est qu'elle est de plus en plus éloignée de l'oral.

On a fait appel aux graphèmes étymologiques pour lever des ambiguïtés mais les procédés de dérivation ont conduit à ce que le mot base et ses dérivés restent en rapport : par exemple, l'accent aigu ne s'est pas substitué à (d) dans *pied*. « Le refus de cette simplification, qui, comme tant d'autres, aurait très bien pu intervenir au cours du xviie siècle, est le signe que, désormais, les relations d'ordre paradigmatique entre les signifiés vont jouer un rôle primordial dans la cohésion du système graphique » (Blanche-Benveniste et Chervel, 1969). S'appuyer sur les cadres paradigmatiques, c'est reconnaître implicitement que l'on a à faire avec un système qui fonctionne indépendamment de l'oral. La graphie distingue les homophones *sain, sein, saint, ceint* ; cela suppose un « mode d'appréhension du message propre à la langue écrite, et fort différent de ce qu'il est par oral, au point qu'on peut se demander si ces deux sortes d'intellection ne correspondent pas à deux langues distinctes » (*ibid*).

7.1.4 LES VARIANTES GRAPHIQUES

C'est l'importance de cette couche idéographique dans l'écriture du français qui est à l'origine des variantes graphiques. Une étude des dictionnaires prouve qu'un grand nombre de mots n'ont pas encore trouvé une forme graphique définitive. La rupture qui s'effectue de plus en plus entre la langue parlée et l'écrit, la croissance rapide du vocabulaire et son instabilité, facilitent le phénomène. Les graphies non fixées concernent ce que l'on peut nommer les régions les plus instables du lexique, les parties autrefois très marginales qui prennent de plus en plus d'importance aujourd'hui : on hésite sur la graphie des mots techniques et savants, des néologismes et en particulier des composés, des mots étrangers. Le vocabulaire longtemps rejeté, celui que les dictionnaires notent par « populaire », « vulgaire », tend à être introduit dans le discours de ceux dont la parole compte, annonceurs de la radio et de la télévision. Tous ces mots acquièrent une existence lexicale mais les lexicographes ne savent pas toujours sous quelle forme les enregistrer. Il faut ajouter à ces variantes graphiques, véritables « points de rupture du système actuel » de l'orthographe, le « reliquat de graphies anciennes, conservées au-delà du système qui était le leur » (N. Catach, 1971).

7.1.4.1. Le Dictionnaire de l'Académie

On peut, en comparant l'édition de 1878 et celle de 1932-35, relever quelques principes vis-à-vis des variantes. Grevisse relève près de 500 modifications entre les deux éditions : 304 concernent des suppressions de variantes. Dans 115 cas, c'est la forme la plus proche de l'étymologie ou la plus compliquée, qui est conservée. L'Académie a préféré les graphies avec des lettres « grecques » dans le plus grand nombre de cas :

Simplification	Maintien des lettres « grecques »
flegme, frénésie.	aryen, ecchymose, empyrée, lys, nénuphar, philtre, phlegmon rhapsodie, rhubarbe, syphilis, etc.

La septième édition, pour les verbes en -eter et -eler, proposait la conjugaison, je décollète/je harcèle ; la huitième complique la graphie avec une désinence en -ette/-elle. Pour les consonnes doubles, très peu de simplifications sont apportées : seules les formes agrégat, agrégation, agréger sont retenues alors qu'en 1878 les deux graphies par AG- et AGG- existaient. Des variantes nouvelles sont introduites mais une faible partie d'entre elles vont dans le sens d'une simplification.

En fait, le trait le plus notable est le refus du changement. « L'Académie se serait fait un scrupule de substituer à un usage, qui a donné des preuves si éclatantes de sa vitalité, un usage nouveau, qui mécontenterait la plus grande partie du public et ne satisferait pas ceux qui en proclament le pressant besoin » (Dictionnaire de l'Académie, 1932, Préface).

7.1.4.2. Les nouvelles variantes

Les variantes portent le plus souvent sur ce qu'on pourrait appeler les points chauds de l'écriture française ; il suffit pour les classer de reprendre les cadres qu'offrent les différents projets de réforme. C'est dire que les variantes n'offrent pas qu'un intérêt anecdotique, bien que les modifications apportées d'une édition à l'autre d'un même dictionnaire ne concernent toujours que les franges du lexique.

Les consonnes doubles

Dans la plupart des propositions de réforme, un long chapitre est consacré aux consonnes doubles, « à l'origine des plus graves perturbations graphiques du français » (N. Catach, 1971). Pour certains mots techniques peu usités : *apponter/aponter, arriser/ariser*, la consonne suivant le préfixe est doublée ou non ; des hésitations de ce type se retrouvent quand il s'agit d'écrire *trisyllabe* ou *trissyllabe, bisexué* ou *bissexué*. Certains suffixes, *-oniste, -onalisme, -onart, -onance*, présentent aussi deux graphies : *annexion(n)iste, confusion(n)isme, réson(n)ance*, etc. On trouvera encore *bal(l)uchon, coyot(t)e, grap(p)in, maf(f)ia, tuf(f)eau*, etc.

Les lettres grecques

On range dans cette catégorie les graphèmes ʜ et ʏ, qui n'apparaissent pas seulement, tant s'en faut, dans des mots formés à partir d'éléments grecs, mais aussi dans des mots empruntés à des langues vivantes. Pour les vocables déjà anciens dans la langue, on relève souvent plusieurs formes :

ch, ph, rh, th	*h*	*y*
bizuthage, bizutage phlegmon, flegmon rhubarbe, rubarbe scholie, scolie	(h)erminette (h)erpétologie (h)endécagone *etc.*	lys/lis sycomore/sicomore caryatide/cariatide *etc.*

Les termes de création récente, composés d'éléments grecs, abondent dans le lexique et sont rarement francisés ; citons par exemple *chiropractie* ou *chiropraxie* (P. Gilbert, 1971).

Les mots familiers

Il y a peu de temps encore, le mot *marrant* était tenu pour argotique et *rigolo* pour populaire (*cf.* C. Bruneau, 1958). Les niveaux de langue (*cf. supra*, 1.5.2) sont maintenant remis régulièrement en question. C'est encore au point faible du système que les variantes apparaissent. Pour les consonnes doubles, on a à l'intérieur du mot l'alternance -on-/-onn- (conard/connard), -m-/-mm (flemard/flemmard), et en finale l'alternance de -aler/-aller (trimbaler/trimballer), -ole/-olle (guibol(l)e, grol(l)e), etc. On retrouve dans la transcription de ces mots les hésitations habituelles pour noter certains phonèmes : /k/ a les graphies (c) ou (ck) : *plouc(k)* ; /z/ les graphies (z) ou (s) : *bézef/bésef* ; pour /ɲ/ on a (gn), (gni) ou (ni) : *gnôle/gniôle/niôle/*, etc.

Les mots composés

Les mots composés occupent une place grandissante dans le lexique contemporain et posent des problèmes de transcription et d'accord. Il est notable que les néologismes de ce type offrent, à leur apparition, plusieurs graphies, sans que l'on puisse trouver des principes clairs pour choisir telle ou telle solution (*cf. supra*, 6.3).

Ces quelques données signalent l'importance des variantes graphiques, c'est-à-dire l'instabilité de l'orthographe. Ce sont les marges du lexique qui sont atteintes, mais il n'est pas insignifiant que les hésitations des lexicographes aient lieu aux endroits les plus fragiles du système : variantes d'accentuation, variations entre consonnes simples et consonnes doubles, maintien ou introduction de lettres grecques, soudure des composés. On retrouve ces points lorsqu'on classe les fautes d'orthographe des copies d'élèves (*cf. infra*, 7.2.3). Les relevés de N. Catach (1971) ne laissent pas de surprendre ; dans une liste de 2 451 mots retenus dans le PLI de 1962 à 1969, les changements portent sur 380 mots ; beaucoup gagnent une variante. Depuis l'édition du Littré, il semble que le mouvement général soit d'ajout de variantes et non pas de retrait.

« Le nombre croissant des néologismes (...) fait que ce qui constituait jusqu'alors quelques faibles franges de cas marginaux, devient rapidement partie intégrante du vocabulaire général, accroissant par là même la part de soucis, mais aussi de liberté graphique des auteurs de dictionnaires. » (N. Catach, 1971.)

Après avoir brièvement exposé les données essentielles du problème de l'orthographe française, envisagée du point de vue linguistique, nous en présenterons maintenant les données socio-linguistiques, particulièrement importantes dans la mesure où, en France, les facteurs institutionnels et sociaux entrent pour une part considérable dans la définition et la description des fonctionnements orthographiques.

7.2 LA CRISE DE L'ORTHOGRAPHE

7.2.1 UNE ORTHOGRAPHE OFFICIELLE

Les partisans du statu quo ont souvent recommandé en matière d'orthographe de laisser faire l'usage ; il est pourtant hors de doute qu'il n'y a pas « d'initiative privée possible dans une matière où les examens à tous les degrés rendent une doctrine obligatoire » (F. Brunot, 1906). A partir du XIXe siècle, on peut affirmer que l'orthographe est prise en charge par l'État, qui donne à la graphie académique force de loi. Quand la septième édition du *Dictionnaire de l'Académie* paraît en 1878, la Société des correcteurs publie une mince brochure pour rendre compte des changements orthographiques réalisés par l'assemblée ; l'orthographe officialisée est matière essentielle dans les examens et concours qui ouvrent les portes des services de l'État.

La difficulté de l'apprentissage pose pourtant des problèmes aigus à l'État : les pays sous influence française éprouvent une gêne certaine. Ces pressions extérieures, ainsi que les besoins des chercheurs scientifiques, trouvent leur écho dans quelques discours officiels. A la suite de considérations sur le vocabulaire technique, le premier ministre, en février 1970, poursuivait : « Il est significatif également que le Conseil international de la langue française étudie avec l'Académie française un projet de réforme de l'orthographe et prépare ainsi les décisions des ministres de l'éducation nationale des pays francophones »[1].

La référence obligée demeure le *Dictionnaire de l'Académie* ; la dernière édition (1932-35) en est tout à fait introuvable et, de ce fait, non utilisée. Quant à la neuvième édition, il faudra attendre trente ou quarante ans avant qu'elle soit imprimée. Les caractères propres de cet ouvrage le rendent peu utilisable, de toute manière, pour ce qui est de l'orthographe, la huitième édition n'étant « qu'une simple réédition, tant soit peu remaniée, d'un seul et même dictionnaire, celui de 1694 » (N. Catach, 1971.) Il n'accueille qu'un nombre restreint de termes techniques, pourtant source d'enrichissement de la langue commune, il néglige les mots d'emprunt et rejette les vocables familiers. En fait, si l'on se fonde sur la pratique des compositeurs et des correcteurs, ce.n'est plus le *Dictionnaire de l'Académie* qui fait autorité. Les grands dictionnaires, tels le *Quillet*, le *Larousse du XXᵉ siècle*, le *Dictionnaire général*, le *Robert*, le *Littré* même, sont les textes de référence, mais « autant dans les grandes maisons d'édition ou d'imprimerie que dans les plus modestes entreprises commerciales ou administratives, ce que l'on trouve partout et qui sert de référence quotidienne et suffisante, c'est le *Petit Larousse Illustré* » (N. Catach, 1971). C'est le dictionnaire qui fixe la norme orthographique et cette loi est considérée comme intemporelle, liée explicitement à la notion de « culture générale » ; elle constitue toujours un motif de rejet dans l'institution scolaire.

7.2.2 L'ORTHOGRAPHE A TRAVERS LES INSTRUCTIONS OFFICIELLES

On ne peut, dès que l'on aborde la question de l'orthographe, se passer de connaître le discours du législateur sur le sujet, puisque toute réforme proposée modifierait en premier lieu l'enseignement. Il est remarquable qu'à peu près rien ne distingue le contenu du texte officiel de 1923 sur l'orthographe de celui de 1972. Les multiples projets avancés entre ces deux dates, les études scientifiques menées sur le système graphique du français, n'ont entraîné aucune modification notable dans la rédaction des instructions ministérielles. On s'accorde à reconnaître dans les deux textes l'existence de deux ordres différents, l'oral et l'écrit, tout en affirmant que l'on ignore sa langue si l'on ne connaît pas la graphie correcte des mots ; corrélativement, on s'emploie à définir le rôle pratique de l'orthographe dans la société. Ces bases établies, on s'ingénie à répertorier les moyens les plus efficaces pour obtenir une graphie conforme à la norme.

Les Instructions de 1923 marquent le projet de faire acquérir aux enfants « un langage correct » ; ils doivent parvenir à s'exprimer aisément « de vive voix ou par écrit ». La tâche n'est pas facile : les élèves ont un vocabulaire pauvre, il faut surmonter dans la lecture « les obstacles qui tiennent aux bizarreries de l'orthographe. » Les Instructions de la même année propres à l'enseignement secondaire introduisent un élément nouveau par rapport aux précédentes (1887) : elles prescrivent d'enseigner des notions « sur les sons français » et leur « représentation écrite » ; elles justifient cette nouveauté : l'étude de ces correspondances est « la plus

---

1. Ce projet est fondé sur les propositions de R. Thimonnier (cf. *infra*, 7.3.5).

sûre introduction à la pratique de l'orthographe, dont elle énumère, pour ainsi dire, les matériaux et dont elle dénonce par avance les périls ». Cette proposition, sous des formes un peu différentes, est reprise dans les Instructions postérieures.

Un des buts principaux de l'enseignement de la grammaire, dès le plan d'études de 1887, est l'acquisition de l'orthographe ; les textes de 1923 le rappellent. Quand il entre en classe de sixième, l'enfant « est dressé (...) à observer l'orthographe, l'orthographe ' d'usage ' et celle qui résulte de l'application des règles (de grammaire) ». La liaison entre la langue et la graphie correcte est plus explicite dans les textes récents. La circulaire du 27-10-1960 affirme qu'une langue n'est connue que « dans la mesure où on peut l'orthographier correctement » ; celle du 4-12-1972, moins catégorique sur ce point, ouvre la section consacrée à l'ortho- graphe de cette façon : « Connaître un mot, c'est aussi connaître sa forme écrite et les variations qu'elle peut subir. »

On pourrait s'étonner de ces constantes; les travaux sur l'orthographe ne font plus défaut et leurs conclusions pourraient être connues. Il semble que cette confusion entre langue et orthographe ait toujours eu pour rôle de justifier un autre discours, dont on relève les traces dans les Instructions. L'orthographe a une « incontestable utilité pratique » ; « si défectueuse et si arbitraire qu'on juge notre orthographe, il faut l'accepter comme un fait, comme une nécessité, ou comme une convenance sociale et s'y sou- mettre, parce que les fautes d'orthographe suffisent à disqualifier un homme et à le placer dans la catégorie des illettrés ». Le rédacteur de 1960 souligne que « si l'on ne juge pas un ouvrier sur ses écrits, on ne peut se défendre d'être défavorablement impressionné par la mauvaise ortho- graphe de sa demande d'emploi ». La plus récente circulaire (1972) reprend ce thème : « Une mauvaise orthographe est une gêne dans les études, elle est aussi un obstacle pour nombre de jeunes gens à la recherche d'un emploi. » On peut bien insister depuis 1923 sur l'importance de la maîtrise de l'oral, il n'en reste pas moins qu'est rappelée la primauté de la rédaction, confondue avec « l'étude de la langue » en 1923, « couronnement de l'ensei- gnement » en 1972 : et comment bien rédiger si l'on ignore son ortho- graphe ?

Le plan d'études de 1887 prévoyait des dictées courtes dès l'entrée au cours préparatoire ; pour les législateurs de 1923, il suffira au cours de la première année de l'école élémentaire d'attirer « l'attention des enfants, pendant la lecture, sur l'orthographe de certains mots » et de faire copier les mots « lorsqu'ils ne s'écrivent pas comme ils se prononcent ». L'appren- tissage de la graphie correcte occupe une partie importante du temps de l'écolier : on lui présente les « mots difficiles », on lui inculque des règles ; au cours moyen, on lui découvre les irrégularités, en s'en tenant « aux exceptions les plus usuelles » ; l'acquisition est mesurée par la dictée de contrôle (1923). Les préceptes sont identiques quant au fond dans les Instructions officielles de 1938. Les rédacteurs reconnaissent l'empirisme des règles qu'ils proposent ; ils soulignent qu'elles ont pour rôle « d'aider la mémoire », de former les habitudes. Constate-t-on que la plupart des enfants écrivent *concluera* pour *conclura*, on propose aussitôt de multiplier les exercices pour éviter les erreurs de ce type. On fixe l'âge auquel l'élève fera correspondre à ce qu'il entend la graphie décrétée correcte. S'il échoue, ce sont les méthodes nouvelles d'apprentissage de la lecture qui en sont responsables ou c'est la faute de l'instituteur ; l'antienne est connue :

« L'orthographe devrait être acquise définitivement chez la moyenne des enfants à l'âge de treize ans. Si elle reste défectueuse très tard, c'est qu'elle n'a pas été enseignée méthodiquement en temps opportun. »

Les Instructions relatives à l'enseignement du second degré (1938) pour défendre l'apprentissage des règles orthographiques, les définissent comme un « auxiliaire précieux de l'intelligence ». Les moyens de devenir un honnête homme sont les mêmes dans le second degré qu'à l'école primaire : dictées préparées, dictées de contrôle, règles générales, copie de mots qui « associée à la prononciation, est à peu près le seul moyen d'acquérir une orthographe d'usage correcte, parce qu'elle renforce les souvenirs visuels et auditifs par des souvenirs moteurs ». On ne négligera pas les répertoires orthographiques, car « on aurait tort de mépriser les ' procédés ' et les ' recettes ' lorsqu'il s'agit de créer des habitudes mécaniques et des réflexes ». Les rédacteurs des Instructions de 1972, dans une parenthèse, apprennent à la plupart des enseignants l'existence de l'Arrêté de 1901 sur les tolérances ; ils rappellent les débats sur l'efficacité de la dictée, glosent sur le mauvais usage qu'on peut en faire, pour conclure qu'elle « couronne un travail fait pour éviter les fautes ». L'orthographe dépend « de tout l'enseignement du français ».

Nous avons évoqué la doctrine des Instructions Officielles sur l'orthographe pour la rapporter à d'autres faits ; l'écart entre le français parlé et la graphie correcte s'est accru à tel point que l'on a pu parler, depuis le début du siècle, d'une crise de l'orthographe.

7.2.3 LA CRISE DE L'ORTHOGRAPHE

Il n'existe pas de travaux qui pourraient nous renseigner sur l'évolution de la connaissance de l'orthographe depuis 1900. On peut cependant rappeler la profusion des manuels qui promettent une bonne orthographe en quelques semaines ; mieux, il suffit d'énumérer les différents projets de réforme, de dresser la liste des commissions officielles chargées de simplifier la graphie du français pour affirmer que la nature du problème n'a pas changé en un demi-siècle ; tous les commentateurs constatent régulièrement que les élèves perdent leur orthographe. Une étude ponctuelle (cf. Establet-Genouvrier, Séminaire de l'Université de Tours, 1972) fournit des éléments d'appréciation pour la période comprise entre 1950 et 1970.

L'analyse a porté sur un corpus restreint, constitué par les dictées données au concours d'entrée dans une École Normale en 1950, 1951, 1970 et 1971. On se proposait de déterminer si les résultats obtenus par les candidats dépendaient des conditions particulières du concours ou s'ils dénotaient une dégradation des performances orthographiques. Ces conditions sont restées à peu près identiques et l'on a pu comparer les moyennes obtenues : les résultats ont baissé de façon nette.

TABLEAU 1. — *Répartition des élèves par année selon la note obtenue*

Années	Notes																				
	0	1	2	3	4	5	6	7	8	9	10	11	12	13	14	15	16	17	18	19	20
1950	1	1		1	3		2	3	4		4	1	8	1	4	1	10	2	10	1	2
1951	1		1								3	2	3	3	4	6	3	3	6	2	14
1970	19	8	3	3	2	2	7	2	9	1	9	6	2	3	5	1	1		1		
1971	27	2	2	6	6	9	6	9	3	3	9	6	3	1	4	1	1				

N. B. Lire : en 1970, 9 élèves ont obtenu la note 10.

TABLEAU 2. — *Comparaison des moyennes des notes obtenues*

1950 1re session	1950 2e session	1951	1970	1971
11,4	14,4	15,6	6,2	6

Le relevé des trois *modes* principaux, — c'est-à-dire des plus fortes concentrations d'élèves sur une note —, pour chacune des deux périodes, permet d'accuser les différences. En 1950-51, les modes les plus élevés sont 16, 18 et 20 ; plus des 2/3 des candidats obtiennent une note comprise entre 10 et 20. En 1970-71, les données sont inversées : le mode principal est 0, les suivants 6, 8 et 10 ; plus des 2/3 des élèves ont une note entre 0 et 10.

On pourrait arguer à juste titre que la différence d'homogénéité provient des textes proposés. Pour avoir un point de référence, les dictées de 1950 et de 1970 ont été proposées à une même classe en 1972. Les résultats de 1950 restent très supérieurs à ceux de 1972, puisque 80 % des élèves de 1972 ont une note comprise entre 0 et 14, et que les deux modes principaux sont 4 et 10 ; les résultats de 1970 et ceux de 1972 sont à peu près semblables. On retiendra que la composition sociale des candidats est plus hétérogène en 1970 qu'en 1950, sans que l'on ait pu tirer une conclusion de cette donnée.

Une analyse approfondie de la nature des fautes commises livre des résultats fort intéressants. Les variations entre 1950 et 1970 quant à la répartition des fautes sont très limitées. Les erreurs les plus courantes portent sur : 1º l'emploi des diacritiques (fautes non pénalisées) ; 2º l'idéographie (dérivations, segmentations) ; 3º la phonographie (presque 80 % des erreurs portent sur l'opposition phonologique /e/vs/ɛ/), enfin un tiers des fautes relèvent de confusions entre le passé simple et le subjonctif imparfait, ou d'accords ambigus. On peut se demander, au vu de ces résultats, si partiels soient-ils, si une réforme qui conserverait l'étage phonographique et l'étage idéographique de la graphie du français, ne ferait pas que résoudre des difficultés très particulières.

TABLEAU 3. — *Fautes d'idéographie les plus fréquentes*

Exemples	Nature	Commentaire
gauffrier	erreur de sélection parmi les graphies possibles.	la communication n'est que peu affectée, et ne l'est qu'à l'écrit.
quelques fois (quelquefois)	erreur de segmentation	
à pleines louchées (pour le singulier)	règle litigieuse	
fût (fut)	confusion passé simple/ subjonctif imparfait	
CES CHOSE j'étais descent (descend)	erreur sur les marques substantivales et verbales	La redondance des marques à l'écrit fait que la communication est peu affectée.
dort (dore) des galles (d'égale)	faute d'homonymie segmentation syntagmatique	perturbation à l'écrit : distorsion syntagmatique et sémantique.

TABLEAU 4. — *Fautes de phonographie les plus fréquentes*

Exemples	Nature	Commentaire
imposteur (celui) qui	expression peu modifiée	communication perturbée ?
réctangle, umanité	contrainte du matériau graphique non observée.	perturbation négligeable à l'écrit.
délèguait, délaiguait	opposition /e/ vs /ɛ/ en syllabe intérieure non respectée	cette confusion n'entraîne aucune équivoque.
cachè éléminer	/e/ vs /ɛ/ en finale de mot valeur de base des graphèmes	perturbation faible à l'oral
ébaissement (ébahi)	règle de combinaison des graphèmes non suivie	perturbation
pour (sur) cocos (copeaux) j'aime (gêne)	paronymie	communication perturbée à l'oral et à l'écrit : distorsion syntagmatique et sémantique.

7.3 LES PROJETS DE RÉFORME

Les polémiques sur l'orthographe française, sur l'opportunité de la changer, sont anciennes, les arguments de ceux qui veulent la garder telle quelle aussi : certains écrivains, à la fin du XVIIe siècle proposaient d'écrire, comme au Moyen Age, les mots commençant par (ch-) prononcé [k] (chrétien), avec le simple (c) (crétien). Régnier-Desmarais découvrit dans cette modification une marque d'impiété :

« N'est-ce pas une espèce d'attentat à des particuliers de défigurer ainsi les mots les plus saints et les plus sacrés ? Avec le temps il ne tiendra pas à eux qu'à force d'escrire *crétien* au lieu de *chrétien*, ils ne donnent lieu de prendre tous les peuples qui font profession du christianisme pour des peuples venus de Crete. » (*Traité de la grammaire française*, 1706.)

Si la crise de l'orthographe ne se résout pas, ce n'est pas faute de propositions de réforme : elles se sont multipliées au XXᵉ siècle sans que l'on aboutisse à des changements notables. Les intentions des réformateurs n'ont pas beaucoup varié — il s'agit toujours de retrouver une correspondance entre la phonie et la graphie —, mais le contenu et surtout le contexte des projets s'est transformé depuis 1900.

7.3.1 LE DÉBUT DU SIÈCLE

Dès la fin du XIXᵉ siècle, les principaux points contenus dans les projets ultérieurs sont donnés. On prendra pour origine la fondation, après une conférence de P. Passy, de la « Société française pour une réforme de l'orthographe ». La plus grande partie des philologues de l'époque, L. Clédat, A. Darmesteter, F. Brunot, G. Paris, sont convaincus de la nécessité d'une réforme. G. Paris écrivait dans la *Revue de philologie française* (VIII, 150) :

« Il est vraiment stupéfiant que, dans un temps qui se dit et se croit démocratique, on continue à maintenir ce vieux donjon entouré de fossés, de chausse-trapes et de herses, où la plupart ne peuvent pénétrer qu'à grand'peine et tout meurtris, et qui n'a d'autre motif d'exister que d'abriter la plus injustifiable des aristocraties, celle qui repose sur une initiation à des mystères sans autre valeur que le respect superstitieux dont on les entoure. »

La remise d'une pétition à l'Académie française, les nombreux articles publiés en orthographe réformée, entraînent la parution de la circulaire L. Bourgeois (27-4-1891) où apparaît l'idée de tolérance, qui reste non définie. En 1893, O. Gréard propose des modifications dans un rapport soumis à l'Académie ; les aménagements étaient réduits et touchaient peu à l'édifice. On aurait aligné la graphie des mots étrangers sur celle des vocables français ; on aurait éliminé les consonnes doubles non prononcées et les lettres « grecques » (h, y) dans la langue commune ; on aurait unifié l'orthographe des mots de la même famille et remplacé (x) par (s) dans les pluriels. Ce modeste projet a rencontré la réticence du corps enseignant et l'opposition violente des imprimeurs : personne n'avait eu la prudence de consulter les uns et les autres. Le rapport fut enterré.

On négligera les divers projets qui ont suivi le rapport de Gréard pour en venir aux résultats de la commission nommée en 1900 par le Conseil supérieur de l'Instruction publique. La commission, « composée de deux membres de chacun des trois degrés d'enseignement », avait à peine six mois pour remettre son rapport. Le rapport fut adopté et le ministre G. Leygues publia un arrêté qui remettait en cause un des points essentiels du système orthographique : l'absence d'accord était *toléré* dans certains cas. Dans la liste annexée à l'Arrêté du 26-2-1901, on relève :

« Dans toutes les constructions où le sens permet de comprendre le substantif complément aussi bien au singulier qu'au pluriel, on tolérera l'emploi de l'un ou l'autre nombre ; exemple : *des confitures de groseille* ou *de groseilles* (...)

Pour le participe passé construit avec *avoir*, lorsque le participe passé est suivi, soit d'un infinitif, soit d'un participe présent ou passé, on tolérera qu'il reste invariable, quels que soient le genre et le nombre des compléments qui précèdent. Exemple : *les fruits que je me suis laissé* ou *laissés prendre*. Dans le cas où le participe passé est précédé d'une expression collective, on pourra à volonté le faire accorder avec le collectif ou avec son complément ; exemple : *la foule d'hommes que j'ai vue* ou *vus*. »

L'Académie française s'opposa de la façon la plus ferme à l'ensemble de la liste annexée à l'Arrêté ; malgré cela, beaucoup de grammaires furent rééditées avec un avertissement qui précisait que l'on tenait compte des aménagements.

Il ne s'agissait pas de changements dans l'orthographe mais de l'introduction d'une tolérance : les candidats des examens et concours dépendant du Ministère de l'Instruction publique ne seraient plus sanctionnés s'ils écrivaient par exemple, *est il* pour *est-il*. Les dispositions de l'Arrêté n'ont jamais été remises en cause ; soulignons que le texte en est inconnu de la plupart des instituteurs et des professeurs. La tolérance ne peut qu'aboutir à la coexistence plus ou moins durable de deux graphies dont l'une prévaudra sur l'autre ; elle n'a de signification que pour des mots d'introduction récente, non encore implantés.

De nouvelles commissions furent mises en place, sans résultats appréciables : en 1903, sous la présidence de P. Meyer, directeur de l'École des Chartes, en 1905, sous celle de F. Brunot. Bien que leurs projets aient été enterrés, — celui de F. Brunot est resté dans les tiroirs d'A. Briand —, on avait trop agité la question de l'orthographe pour que l'Académie restât immobile. En avril 1905, elle reconnut qu'il y avait « des simplifications désirables et (...) possibles, à apporter à l'orthographe française ».

7.3.2 RÉFORMISTES ET CONSERVATEURS

Le mouvement pour la réforme avait pris une très grande ampleur ; il était à sa naissance, à peu près contemporain de l'Affaire Dreyfus, et le caractère progressiste d'une réforme entraînait l'adhésion d'un grand nombre d'organisations, tels la *Ligue de l'enseignement*, la *Mission laïque française*, l'*Association de la presse pédagogique*, l'*Alliance française*, etc. Il est indubitable que les bases scientifiques des projets n'étaient pas assurées. La tendance phonétiste d'un F. Brunot a effrayé beaucoup de partisans d'une réforme modérée. Les réformistes avaient pour eux le « bon sens », la « Raison », mais leur humanisme ne fut guère efficace. Seuls des motifs d'ordre pratique auraient pu faire aboutir une réforme profonde ; F. Brunot (1906) rappelait que « pour une portion considérable de la nation, le français n'est pas encore la langue maternelle, mais une langue acquisitive » (*cf. supra*, 3.2.1.1.). Une orthographe trop complexe ne favorisait pas non plus, selon Brunot, la diffusion du français dans les colonies et à l'étranger. Ces arguments seront repris par A. Dauzat (1926) :

« Ce que les réformateurs ont réclamé et réclament encore, c'est qu'on continue l'œuvre d'épuration commencée par l'Académie depuis sa fondation, qu'on élimine les bizarreries et les chinoiseries injustifiées de notre orthographe, les lettres parasites dont les ‘ grands rhétoriqueurs ’ et les grammairiens de la Renaissance avaient affublé tant de mots à tort et à travers (...) le Français songe-t-il que ces verrues ne facilitent pas l'expansion de la langue française à l'étranger ? »

Les tenants du statu quo n'ignoraient pas la portée sociale des modifications orthographiques. Nous en prendrons pour exemple les arguments d'un M. Boulenger (1906) ; il acceptait une tolérance très large puisque celle-ci ne pouvait que favoriser une « élite » sociale et renforcer ses prérogatives :

« Une faute d'orthographe, quelle importance cela peut-il avoir ? Aucune. Les femmes y font preuve d'une imagination imprévue et délicieuse. Admettons leurs libertés, leurs fantaisies. Mais que, pour alléger la besogne des instituteurs primaires, on s'en vienne officiellement et solennellement à mettre en péril les mots ciselés, amenuisés ou empanachés que nos aïeux nous ont transmis — non vraiment, ce serait un forfait de sauvages, un acte de bien pauvre patriotisme et presque une félonie ! » (et plus loin) : « la nécessité pour la France de demeurer inimitable passe l'intérêt qu'il peut y avoir à ce que les candidats au *Louvre* et au *Bon Marché* commettent ou non des fautes d'orthographe. »

Nous retiendrons quelques-uns des arguments avancés par l'Académie française ou d'autres organismes pour refuser une réforme. Certains sont toujours repris sous une forme ou sous une autre, ils ont tous été réfutés par F. Brunot (1906).

— On ne peut rien changer à la graphie « de peur de heurter les habitudes bien fortement enracinées » ; mais les dites habitudes sont acquises pour une partie des scripteurs au prix de longues années d'études ; comment refuser d'écrire *euf* pour *œuf* issu de *ovem*, quand on a *neuf* issu de *novem* ? De plus, comme l'écrit plaisamment P. Meyer (1905) « la vie est trop courte pour qu'on en gaspille à de telles niaiseries ».
— L'écriture des mots participe de la « beauté plastique de notre langage ». L'argument esthétique paraît sans appel ; plus il y a de lettres inutiles, plus le mot est difficile à écrire, plus il est beau, disait à peu près Colette. Mais *invaincu* a-t-il plus de beauté qu'*invincible*, les mots sont-ils moins beaux dans un manuscrit de Racine ?
— Il faudrait réécrire toutes les œuvres du passé, et nos grands écrivains souffriraient de ces manipulations ; mais « comme on lit en classe Molière et Corneille dans des éditions truquées, à peine se souvient-on qu'ils écrivaient *estoient* ou *pastre* » (Brunot).
— L'une des difficultés d'une réforme tiendrait à ce qu'il est préférable

de maintenir les rapports existant entre les différents mots ; ainsi la graphie *il vainc* rappelle l'infinitif *vaincre*. Mais (Brunot), pourquoi ne pas écrire « *il dorm, il pleuv* » ?

— Les graphies distinctes, par exemple *je compte* à côté de *je conte* sont le seul moyen d'éviter des ambiguïtés. « Il est bon de l'observer une fois pour toutes », a répondu Brunot, « les mots ne se présentent pas seuls dans le langage mais en groupes ». Personne ne confond une balle de blé et une balle à jouer, une mine d'or et une mine fatiguée.

— On argue du principe de la dérivation pour refuser d'écrire *bourjois* à côté de *bourg*. Le principe n'est invoqué que lorsqu'il sert l'orthographe actuelle : personne ne regrette de lire *geôle* à côté de *enjôler*. On ajoute que la langue écrite « marque des rapports que la langue parlée ne saisit point ». Pourtant, si le *g* de *bourg* se retrouve dans *bourgeois* il disparaît dans *faubourien*.

— L'Académie demandait le respect de l'étymologie qui rend sensible l'origine des mots : « *Les gens bien élevés* (souligné par nous) de tous les pays saisiraient moins bien et moins vite ce que nous voulons dire quand nous écrivions *temps* si nous écrivions le mot : *tens, tam* ou *tan*. Le mot *temps*, qui ne diffère de *tempus* que par une seule lettre est compris d'eux du premier coup et à première vue. » Si l'on néglige cette définition de la bonne tenue, on devrait suivre le principe étymologique et écrire *étoille* (issu de *stellam*), *érisson (ericionem)*, *urler (ululare)*, etc.

7.3.3 LA COMMISSION LANGEVIN-WALLON

L'entre-deux-guerres voit la contribution au corpus des réformes de J. Damourette et A. Dauzat ; ils se rangent au point de vue étymologique et demandent surtout que les anomalies les plus criantes soient supprimées (*cf.* tableau, *Annexe*, p. 232), En 1946, parmi les travaux de la commission Langevin-Wallon destinés à changer l'organisation de l'enseignement, un rapport sur l'orthographe est présenté par H. Pernot et C. Bruneau. La période était propice à une réforme profonde : l'argument des stocks de livres à détruire ne pouvait être invoqué, on publiait peu faute de papier ; les habituels défenseurs du patriotisme intellectuel gardaient un silence prudent, quand ils n'étaient pas en prison. Pourtant, le rapport n'a pas même été publié ; on en connaît quelques éléments à travers des publications postérieures (*Cahiers du CERM*, 1954). Une partie des propositions est commune à l'ensemble des projets antérieurs (simplification des consonnes doubles, suppression de la finale en -*x*, des lettres grecques, modification d'accents). Les autres vœux sont proches dans leur esprit des projets de la tendance phonétiste des premières années du siècle (*cf.* tableau, *Annexe*, p. 232).

7.3.4 LES COMMISSIONS BESLAIS

Le 19 décembre 1950, le Conseil supérieur de l'Éducation nationale décide de constituer une commission « chargée d'étudier les simplifications à apporter à l'orthographe et à certaines règles grammaticales dans les territoires d'Outre-mer ». On ne peut dissocier ce projet de celui du *Fran-*

çais élémentaire, devenu le *Français fondamental*. Le tableau des simplifications et tolérances proposées fut publié dans la presse (25-6-1952) et désavoué par l'Académie :

« L'Académie française, émue du projet de réforme de l'orthographe, actuellement à l'étude du Conseil supérieur de l'Éducation nationale, a voté, cet après-midi, la résolution suivante : L'Académie française apprend avec étonnement que le Conseil supérieur de l'Instruction Publique (*sic*) travaille à une réforme de l'orthographe, réforme sur laquelle l'Académie, en corps, n'a pas été consultée.» (*in* M. Cohen 1954).

Rien ne fut changé et la commission fut invitée à poursuivre ses travaux.

En 1961, une nouvelle commission Beslais est nommée. C'est à un vœu de l'Académie des sciences que le dossier doit d'être rouvert. La remise en ordre de l'orthographe est justifiée par de nombreux arguments, toujours les mêmes. Beslais rappelle les bizarreries et les contradictions de la graphie normative ; il insiste surtout sur leurs conséquences : l'enseignement de l'orthographe devient de plus en plus lourd, le français risque de perdre ses positions en face de langues dont l'orthographe a été simplifiée. De plus les programmes scolaires sont surchargés, la multiplication « des moyens de diffusion auditive » accroît les difficultés d'acquisition d'une graphie trop complexe.

« Une civilisation où la science joue le rôle dominant est amenée à juger intolérable une orthographe aussi épineuse. C'est cette revendication nouvelle, issue des fondements mêmes de la société qui s'incarne pour la première fois dans les projets de réforme officiels de ces vingt dernières années. » (Blanche-Benveniste et Chervel, 1969.)

L'Université, les administrations publiques, les personnalités de l'industrie française, du commerce, les milieux syndicaux, ont été consultés avant la création de la commission Beslais. Les propositions faites présentent un « caractère incontestable de modération » ; le souci de ne pas heurter conduit le rapporteur à préciser les buts et les méthodes de la réforme, à ne pas négliger les modalités de son application. Il s'est surtout agi d'éliminer « les difficultés qui ne tiennent pas à la complexité normale des rapports unissant les mots entre eux ». Pour cela, la commission a tenu compte de l'étymologie des mots considérés, des données historiques. Aucune modification n'a été avancée sans qu'ait été réunie une documentation aussi complète que possible. La commission ne prévoyait pas une application immédiate de la réforme, soucieuse qu'elle était de « ménager le délai nécessaire pour assurer la refonte ou l'édition des livres de classe destinés aux enfants dès leur entrée au cours préparatoire, puis, d'année en année (de) poursuivre la mise au point des ouvrages scolaires correspondant à la succession des classes » (Beslais, 1965). Malgré la modération et la prudence des auteurs, pour reprendre les termes mêmes du rapport, ce nouveau projet connut la même fin que les précédents.

7.3.5 LE PROJET THIMONNIER

Depuis la publication du *Système graphique du français* (1967), la possibilité d'une réforme réapparaît. Ce projet d'émondage a été soumis à l'Académie française et a été reçu avec faveur. La réforme proposée n'atteindrait que 228 mots, dont 8 seulement sont dans les listes du *Français fondamental*, sur les 35 000 que compte le dictionnaire de l'Académie (1932-35). Pour Thimonnier les multiples réformes n'ont pas abouti parce qu'elles sont sans objet. L'orthographe est un « système de transcription qui s'impose à tous les membres de la communauté linguistique » (1967) et ne peut être modifiée. Ce qui est à changer, c'est la pédagogie de l'orthographe : c'est parce qu'aucune étude scientifique de notre système graphique n'a été menée que l'enseignement est mauvais. Thimonnier affirme à plusieurs reprises ce qui demanderait des démonstrations précises : le *Système graphique du français* conduit à « dissiper le chaos orthographique », ouvre une voie nouvelle en s'appuyant sur des « propositions scientifiques établies ». Il offre le moyen « d'acquérir, *en très peu de temps*, une connaissance *raisonnée* et *vraiment approfondie* des normes de l'orthographe ». Les arguments d'autorité ne manquent pas, la répétition de la citation de Sainte-Beuve [p. 17, 35, 107, 392, etc.] tient lieu de preuve : « L'orthographe est le commencenemt de la littérature. » Il faudrait citer du même Sainte-Beuve l'opinion contraire : « Rien n'oblige d'user perpétuellement de cette orthographe si repoussante dans les mots *rythme, phthisie, catarrhe*, etc. Pourquoi *charrette* et *chariot, abattement* et *abatis, courrier* et *coureur, banderole* et *barcarolle, ostrogot* et *gothique ?* Il y aura effort à faire pour introduire dans l'édition (du Dictionnaire de l'Académie) qui se prépare les modifications réclamées par la raison, et qui fassent de cette publication nouvelle une date et une étape de la langue » (*in* Laffite-Houssat, 1950). Nous résumerons les principes de l'émondage de Thimonnier. L'orthographe française serait un achèvement, la solution la plus rationnelle qui soit donnée au problème de la transcription du français. « Composante de la langue », idéogrammatique et non phonétique, elle représenterait l'élément stable de la langue.

Pour Thimonnier, la notion de système se fonde sur l'existence de séries analogiques : il y a série lorsqu'un groupe de mots est caractérisé par un radical ou un affixe commun, qui a les mêmes valeurs phonologiques et de signification, et une forme graphique identique. On déterminera des séries de radicaux, des séries verbales, des séries préfixales et suffixales : l'auteur en compte 4 484 pour 35 000 mots. L'existence de groupes irréguliers ne contredit pas le principe exposé : ces groupes se divisent à leur tour en sous-séries. Prenons l'exemple, choisi douze fois par Thimonnier, des 21 mots retenus de la famille du mot *honneur* : « Seuls prennent un *n* les mots formés sur le radical *honor*. » Remarquons que le partage entre la série *honneur* et la série *honorable* avait déjà été relevé. A multiplier les règles de ce type Thimonnier parvient à justifier toutes les irrégularités de la graphie, aussi bien le doublement des consonnes que l'alternance -SION (conversion)/-TION (opération). Cette tentative de définir « les vrais principes de notre écriture » permet-elle de conclure au caractère systématique de l'orthographe ?

Thimonnier distingue les règles à base phonético-graphique de celles à base morphologico-graphique. Pourtant, si l'on reprend son exemple des mots préfixés par *a-*, on constate que pour la série *as-*, les justifications s'appuient sur des données phonétiques et sémantiques, tandis que pour la série *ap-* l'auteur retient des critères étymologiques, morphologiques et phonétiques. Pour l'ensemble, — il s'agit d'une étude synchronique —, les arguments fondés sur l'histoire abondent. N'est-ce pas admettre implicitement que l'orthographe n'est pas un système que de la décrire à l'aide de critères hétérogènes ? « Le critère choisi pour le groupement des formes *devra s'adapter* (souligné par nous) aussi rigoureusement que possible à la série considérée. » (1967.) Thimonnier aboutit à énumérer des séries qui représentent chacune un cas d'espèce ; un principe justifie l'alternance *honneur/honorable*, c'est selon un autre critère qu'on rendra compte des couples *sonner/sonore, donner/donateur*, etc.

La réforme Beslais atteignait 8 843 mots et les projets les plus modérés portent sur 20 % du lexique. Proposer une réforme qui ne touche à presque rien ne peut que rencontrer l'adhésion des partisans du statu quo : l'Académie française a couronné les ouvrages de Thimonnier. Encore le compte des mots à modifier (228) est-il bizarrement fait : l'auteur introduit la notion d'exception apparente chaque fois qu'il peut expliquer pourquoi le principe donné n'est pas respecté.

Nous indiquons pour mémoire les points sur lesquels porte l'émondage :

graphie actuelle	*graphie proposée*
— « les constantes phonético-graphiques » :	
allégrement, rocouyer (?), bonbonne, douceâtre, etc.	allègrement, rocouiller, bombonne, douçâtre, etc.
— « les séries préfixales » :	
acagnarder, araser, atermoyer, etc.	accagnarder, arraser, attermoyer
— « les séries suffixales » :	
levraut, châtiment, frisotter, confessionnal, etc.	levreau, châtiement, frisoter, confessional, etc.
— « les séries verbales » :	
je harcelle, s'entr'aimer, nous faisons, etc.	je harcèle, s'entraimer, nous fesons, etc
— « les familles de mots irréguliers » :	
chariot	charriot (sur charrette)
combatif	combattif (sur combattant)
déjeuner	déjeûner (sur jeûner).

7.3.6 POSITIONS DE LINGUISTES

Pour beaucoup de linguistes, le fossé entre graphie et phonie est devenu si important qu'ils considèrent qu'une réforme ne réglerait rien. A. Martinet (1969), dans un article essentiel sur le problème de l'orthographe, avance des arguments en faveur d'une graphie phonologique, fonctionnelle : un graphème ne note qu'un phonème, un phonème est toujours transcrit par le même graphème. Une telle solution pose le problème de l'existence des différents systèmes phonologiques du français ; si, par exemple, une graphie LAK transcrivait pour un Parisien « lac » et « laque », elle ne correspondrait pas à l'usage de ceux qui distinguent [lak] et [lakə]. A. Martinet propose trois solutions, — la première rapportée ci-dessous a sa faveur —, pour établir une orthographe fonctionnelle :

— La solution d'autorité, jacobine, conduirait à une unification rapide des usages graphiques, en imposant « comme seuls corrects certains comportements majoritaires, prestigieux ou préférables à des titres divers, ce qui (entraînerait) dans l'hypothèse d'une graphie phonologique, une seule forme écrite correcte, celle qui correspond à la phonie retenue comme norme » (Martinet, *op. cit.*). L'opposition entre /e/ et /ɛ/ serait conservée et l'on écrirait *re (ré) et *rè (raie).

— On pourrait ne retenir que les oppositions communes à l'ensemble de la communauté linguistique. La transmission de l'écrit rend aléatoire cette solution : on verrait se multiplier les homographes qui gênent plus que les homonymes.

— On pourrait enfin convenir que « toutes les graphies correspondant aux diverses phonologies et aux différentes prononciations de mots individuels » seraient acceptées. On comprend que la transmission des messages graphiques serait de ce fait rendue très difficile.

Il suffirait peut-être, les solutions précédentes n'étant pas applicables, de prescrire que, dans un contexte donné, un phonème n'a qu'une transcription : « on pourrait décider par exemple que le digraphe ' ou ' continue à représenter /u/ (c'est-à-dire [u] et [w][1]) mais que tout /u/ est rendu par ' ou ', même dans *clown* (cloun). L'application de ce principe faciliterait de façon considérable le passage de la phonie à la graphie, tout en laissant en l'état nombre de formes écrites.

Un examen rapide de la réforme Beslais et des implications des changements orthographiques conduisent Martinet à conclure de façon pessimiste son essai :

« (...) Il faut reconnaître qu'une réforme vraiment fondamentale, celle qui éliminerait le problème de l'orthographe en supprimant la dictée quotidienne et en repoussant l'étude de la grammaire au moment où elle a un sens, c'est-à-dire dans l'enseignement des facultés, n'a aucune chance d'être jamais adoptée. Quant à une réforme partielle, de celles qu'on a pu présenter au cours de ce siècle, on peut sincèrement se demander s'il vaut la peine de heurter les habitudes de millions d'usagers sans aboutir à renouveler les conditions générales de l'enseignement des pays francophones. »

Blanche-Benveniste et Chervel, à la suite d'une étude développée du fonctionnement de l'écriture française, concluent à l'impossibilité d'une réforme de l'orthographe. L'écriture française s'organise, au plan linguistique, de façon différente de la langue parlée ; par exemple, la langue écrite connaît l'opposition de nombre pour presque tous les substantifs, celle de genre pour presque tous les adjectifs ; ce n'est pas le cas, à quelques exceptions près, de la langue parlée. Pour le verbe, l'écrit distingue toujours six personnes (cinq au minimum) pour cinq dans la langue parlée (trois le plus souvent) [*cf. supra*, 5.4]. Pour ce qui est des unités distinctives, on compte 26 lettres pour la langue écrite, et 32 ou 33 phonèmes pour la langue parlée. Ce n'est pas que les rapports entre l'écrit et l'oral n'existent pas et que l'on ne puisse passer de l'un à l'autre ;

---

1. [u] et [w] représentent pour A. Martinet les variantes combinatoires d'un même phonème /u/.

une série de règles font se correspondre les systèmes morphologiques du parler et de l'écrit ; les graphèmes sont mis en relation avec les phonèmes (code phonographique). Dans ces conditions, privilégier l'orthographe n'est pas autre chose que consacrer un bilinguisme. Les auteurs concluent à la nécessité d'une nouvelle écriture, — qui « exigera des enquêtes précises et de longues recherches » —, fondée sur la subordination du graphique à la phonie. Il est nécessaire de partir de la langue parlée, d'en analyser précisément le fonctionnement, que nous ignorons jusqu'à maintenant, et de trouver une expression écrite adéquate. Les implications d'un tel projet ne sont pas ignorées :

« Promouvoir une nouvelle écriture, c'est admettre que la langue parlée dispose d'une richesse de moyens d'expression équivalente à celle de la langue écrite actuelle. C'est du même coup préparer la relève de la culture classique par une culture moderne au sens plein du terme. » (1969.)

CONCLUSION

Dans un article relatif aux projets de réforme, R. Le Bidois qualifiait les auteurs de « démolisseurs du français » (*Le Monde*, 4/5-7-1971). Tout en étant très loin d'adhérer à ce jugement aussi passionnel que dépourvu de nuances, nous pouvons tout de même nous demander si Blanche-Benveniste et Chervel n'ont pas surestimé le caractère systématique de l'orthographe française, rejetant ainsi sur la seule structure de la société française l'impossibilité actuelle d'une révolution — et non plus d'une réforme — de l'orthographe. Quoi qu'il en soit, on voit que la question est loin d'être close. Il est d'ailleurs intéressant de constater que ce sont les linguistes qui, tout en la posant dans les termes de leur spécialité, en donnent également la présentation la plus nette en termes extra-linguistiques. Quoi que l'on pense de la position de Blanche-Benveniste et Chervel, on ne saurait lui dénier sa cohérence dans l'optique révolutionnaire où se placent les auteurs. Martinet lui aussi, quoiqu'avec plus de prudence, souligne certains facteurs socio-linguistiques de l'orthographe :

« L'existence, dans leur langue, d'une orthographe grammaticale, représente pour tous les francophones, un terrible handicap. Si le temps qu'on consacre, souvent en vain, à son acquisition était mis à profit pour autre chose, le Français ne serait peut-être plus le monsieur qui ignore la géographie et qui est si faible en calcul mental. » (1969.)

En somme, du strict point de vue de son coût en temps et en argent, l'orthographe n'est pas rentable. Si on la maintient, pense Martinet, c'est en raison de facteurs essentiellement psychologiques :

« Que les longues heures consacrées, à l'école, à la dictée (...) puissent avoir été du temps lamentablement perdu est une pensée absolument intolérable. Tous ceux qui ont été soumis (...) au dressage grammatical en restent marqués pour la vie et sentent confusément qu'ils se renieraient eux-mêmes s'ils acceptaient de remettre ce dressage en question. Ces réactions profondément négatives des ' lettrés ', si l'on range sous ce terme tous les gens qui ont accepté le dressage sans réticences, doivent peser d'un grand poids sur les conclusions pratiques à tirer d'une étude des problèmes orthographiques. » (1969.)

Selon nous, néanmoins, ces facteurs psychologiques restent secondaires et nous nous rallierons plus volontiers à la thèse de Blanche-Benveniste et Chervel ainsi qu'aux conclusions de l'enquête menée par Establet et Genouvrier. Selon tous ces auteurs, le maintien des exigences orthographiques dans leur forme ancienne témoigne d'abord — mais non exclusivement — de la fonction de sélection sociale assumée actuellement par l'orthographe — mais non par elle seule, et selon des modes très complexes de fonctionnement. Et c'est, nous semble-t-il, la raison pour laquelle la question, après tant de polémiques, de discussions et de commissions, reste pendante.

Cet inachèvement même, dans un domaine où il importerait à des millions d'usagers qu'une décision claire soit prise, montre bien que l'enjeu de ces luttes est loin d'être strictement linguistique. Ce n'est pas dans des querelles d'école entre spécialistes que se réglera un jour la question de l'orthographe. Elle se réglera quand on approfondira le problème général de la culture, de ses formes orales et écrites, de leur rôle par rapport à la fonction des différentes classes sociales, du droit de l'État à légiférer sur les différents aspects de la langue ; elle ne doit pas être considérée isolément ni de façon simpliste.

ANNEXE I

LISTE DES TERMES TECHNIQUES AUTORISÉS

(« Journal officiel » du 18 janvier 1973) :

AUDIOVISUEL.

LISTE Nº 1

Câbliste (n. m.) : cableman.
Cadreur (n. m.) : cameraman.
Coupure (point de) (n. f.) : cut off.
Épreuves (de tournage) (n. f.) : rush(es).
Groupiste (n. m.) : groupman.
Industrie du spectacle (n. f.) : show business.
Ingéniérie (n. m.) : engineering.
Palmarès (n. m.) : hit-parade.
Plan rapproché (n. m.) ; **plan serré** et **gros plan** (n. m.) : close up.
Point (faire le) (n. m.) : round up.
Prise tourne-disque (n. f.) : prise pick-up ou P.U.
Publipostage (n. m.) : mailing.
Sec ; serré : cut.

LISTE Nº 2

Animateur (n. m.) : disk-jockey.
Bande-vidéo (n. f.) : video-tape.
Bureau (à l'étranger) (n. m.) : **bureau** (ou **salle**) **des dépêches** (n. m.) (journalisme) : desk.
Distribution (n. f.) : dispatching.
Distribution (artistique) (n. f.) : casting.
Enregistrement fractionné ou **fractionné** (n. m.) : rerecording, multiplayback, multiplay, duoplay.
Évanouissement (n. m.) : fading.
Exclusivité (n. f.) : scoop.
Fiche (de tournage) (n. f.) : dope-sheet.
Fondu (n. m.) : fading, shunt.
Franc-jeu (n. m.) : fair-play.
Groupe (n. m.) : pool.
Message (publicitaire) (n. m.) : spot.
Perchiste (n. m.) : perchman.
Plan d'archives (n. m.) : stock-shot.
Plan des supports (n. m.) : mediaplanning.
Plan-paquet (n. m.) : pack-shot.
Postenquête (n. f.) : post-testing.
Poule (n. f.) : pool.
Préenquête (n. f.) : pretesting.
Présonorisation (n. t.), **postsonorisation** (n. f.) : play-back.
Programme (n. m.) : planning.
Récepteur de poche (n. m.) : pocket-radio.
Reporteur d'images (n. m.) : reporter-cameraman.
Retour (en) arrière (n. m.) : flash-back.
Scripte (n. m. ou f.) : script.
(Spectacle) Solo (n. m.) : one man show.
Surjeu (n. m.) : play-back.
Téléscripteur (n. m.) et **téléimprimeur** (n. m.) : creed, teletype, teleprinter, printing.
Texte (n. m.) : script.
Varia (s) (n. m.) : features.

(Voix) **Dans le champ** (n. f.) : voix in.
(Voix) **Hors champ** (n. f.) : voix off.

BATIMENT.

LISTE Nº 1

Agrafe : clip.
Bardeau : shingle.
Classe : standing.
Conduit collecteur ou **collecteur** : shunt.
Dérivation : by-pass.
Cuisinette : kitchenette.
Fines (s. f. pl.) : filler.
Salle de séjour : living-room.
Vestiaire : dressing room.
Oriel : bow-window.

LISTE Nº 2

Toiture à redents : shed.
Stalle : box.

ÉNERGIE NUCLÉAIRE.

LISTE Nº 1

Arrêt d'urgence (n. m.) : emergency shutdown ou scram.
Autoprotection (dans une matière) (n.f.): self-shielding.
Barre de commande (n. f.) : control rod. (Terme déconseillé : barre de contrôle.)
Barre de pilotage (n. f.) : regulating rod.
Blindage (n. m.) : shield.
Bouclier (n. m.) : shield.
Bouclier biologique (n. m.) : biological shield.
Bouclier thermique (n. m.) : thermal shield.
Chaussette (n. f.) : thimble.
Chouquage (n. m.) : chugging.
Clairance (n. f.) : clearance.
Combustion (nucléaire) (n. f.) : [nuclear] burn up.
Combustion massique (n. f.) : [specific] burn up.
Commande (d'un réacteur) (n. f.) : [reactor] control.
Conduite (d'un réacteur) (n. f.) : [reactor] control.
Confinement (pour un réacteur) (n. m.) : containment.
Confinement (pour un plasma) (n. m.) : containment.
Contrôle (d'un réacteur) (n. m.) : [reactor] control.
Couche de demi-atténuation (n. f.) (abréviation : C.D.A.) : half value layer ou half value thickness (abréviation : H.V.L. ou H.V.T.).
Criticité (n. f.) : criticality. (Terme à proscrire : criticalité.)
Diffusion (n. f.) : scattering.
Écran (n. m.) : shield.
Électronothérapie (n. f.) : electron

therapy. (Ne pas confondre avec *électro-thérapie*, qui est un traitement par l'électricité).

Empilement (dans un appareil de comptage) (n. m.) : pile-up.

Enceinte de confinement (n. f.) : containment.

Facteur antitrappe (n. m.) : resonance escape probability.

Furet (n. m.) : rabbit.

Limnimètre (n. m.) : level meter.

Neutronographie (n. f.) : neutron graphy.

Neutronothérapie (n. f.) : neutron therapy.

Ostéotrope (adj.) : bone seeking.

Période (radioactive) (n. f.) : [radioactive] half-life. (Terme à proscrire : demi-vie.)

Radiophotographie (n. f.) : photofluorography.

Ralentissement (n. m.) : slowing down.

Rapt (n. m.) : pick-up.

Rayonnement de freinage (n. m.) : bremsstrahlung.

Réacteur à eau bouillante (n. m.) : boiling water reactor ou B.W.R.

Réacteur de radiobiologie (n. m.) : biomedical reactor.

Réacteur de radiochimie (n. m.) : chemonuclear reactor.

Retombées (radioactives) (n. f. pl.) : fall out.

Retraitement (du combustible) (n. m.) : [fuel] reprocessing.

Rétrodiffusion (n. f.) : back-scattering.

Section efficace (n. f.) : cross section.

Statolimnimètre (n. m.) : static level meter.

Stripage (n. m.) : stripping.

Surrégénérateur (adj.) : breeder.

Teneur isotopique (n. f.) : isotopic abundance.

Teneurmètre (n. m.) : content meter.

LISTE No 2

Barre de dopage (n. f.) : booster rod.

Bouffée : voir salve (de neutrons).

Caloporteur (adj.) : coolant.

Charge en œuvre (n. j.) : hold-up.

Préréacteur (n. m.) : reactor experiment.

Réacteur préfabriqué (n. m.) : package reactor.

Salve (dans une chambre d'ionisation) (n. f.) : burst.

Salve (de neutrons) (n. f.) (par analogie avec le terme précédent).

PÉTROLES.

LISTE No 1

Flûte marine ou **flûte** (n. f.) : streamer.

Éruption (n. f.) : blow out.

Genouillère (n. f.) : knuckle joint.

Obturateur (n. m.) : blow out preventer.

Peson (n. m.) : weight indicator.

Tour de forage ou **tour** (n. f.) : derrick.

Complétion (n. f.) : completion.

Reconditionnement (n. m.) : work over.

Craquage (n. m.) : cracking.

Craqueur (n. m.) : cracking plant.

Gasoil ou **gazole** (n. m.) : gas oil.

Reformage (n. m.) : reforming.

Savoir-faire (n. m.) : know how.

Conteneur (n. m.) : container.

Lot (n. m.) : batch.

Navire-citerne (n. m.) : tanker.

Pétrolier (n. m.) : tanker.

Pipeline (n. m.) : pipe line.

Répartiteur (n. m.) : dispatcher.

Maintenance (n. f.) : maintenance.

Panneau (n. m.) : pannel [control].

Affichage (n. m.) : posting.

Management (n. m.) : management.

Prix affiché (n. m.) : posted price.

Redevance (n. f.) : royalty.

TRAVAUX PUBLICS.

LISTE No 1

Chargeuse : loader.

Rétrochargeuse : back loader.

Chargeuse - pelleteuse : backhoe loader.

Défonceuse portée ou défonceuse : ripper.

Défonceuse tractée : rooter.

Épandeuse : spreader.

Finisseur : finisher.

Niveleuse ou niveleuse automotrice : grader, motorgrader.

Pose-tubes : side-boom.

Remblayeuse : back filler.

Taupe : mole.

Tombereau : dumper.

Trancheuse : ditcher.

Trépan-benne : hammer-grab.

Tritureuse : pulvimixer.

LISTE No 2

Bouteur : bulldozer. (L'Académie française admet « bouldozeur ».)

Bouteur biais : angledozer.

Bouteur inclinable : tildozer.

Bouteur à pneus : tournadozer.

Décapeuse : scraper.

URBANISME.

Anneau : loop.

Attraits ou **agréments** : amenities.

Commodités : utilities.

Noyau ou **cœur** : core.

Placette : piazzetta.

Plan de masse : plan-masse.

Zonage : zoning.

TECHNIQUES SPATIALES.

LISTE No 1

Accostage (n. m.) : docking.

Accrétion (n. f.) : accretion.

Advection (n. f.) : advection.

Aéronomie (n. f.) : aeronomy.

Amarrage (n. m.) : docking.

Athermane (adj) : athermanous.

Capteur (n. m.) : sensor. Terme à proscrire : senseur.

Centrale inertielle (n. f.) : inertial unit.
Chaîne de pilotage (n. f.) : attitude control system.
Déplétion (n. f.) (néologisme). Antonyme : réplétion.
Détecteur (n. m.). (Terme à proscrire : senseur).
Équipement de survie (n. m.) : survival kit.
Équipement de vie (n. m.) : life support équipment - life support system.
Ergol (n. m.) : propellant.
Gigannée (n. f.). (Terme à proscrire : gigan).
Gravidéviation (n. f.) ou **gravicélération** (n. f.) : swing by.
Réplétion (n. f.) : mascon. Antonyme : déplétion.
Séquenceur (n. m.) : sequencer.
Spatialiser (v.) (néologisme).
Télédétection (n. f.) : remote sensing.
Vitesse cosmique (n. f.) : cosmic velocity.
Vitesse de libération (n. f.) : escape velocity.
Vortex (n. m.) : vorte.

LISTE N° 2

Absorbeur-neutralisateur : scrubber.
Acquisition : acquisition.
Aérologie : aerology.
Aérospatial : aerospatial.
Aire de lancement : launch pad.
Amorçage d'une tuyère : apastron.
Apoastre : apogee.
Apogée : thrust cut off.
Arrêt de poussée : burn out.
Arrêt par épuisement : stowage.
Astronautique : space craft.
Astronef : synonyme spationef.
Attelage : landing.
Atterrissage : terme proscrit, alunissage.
Attitude : attitude. (Voir : orientation.)
Avitailleur : fueling vehicle, bowser.
Balise : beacon.
Balise répondeuse : transponder beacon.
Ballon-sonde : sounding balloon.
Barrière thermique : thermal barrier.
Base de lancement : range launching base.
Biergol : synonyme diergol.
Blocage sonique.
Blocage thermique.
Bloc de pilotage : auto pilot.
Bloc de poudre : grain.
Bloc de puissance : power unit, power module.
Bouclier thermique : heat shield.
Braquage de tuyère : nozzle swivelling.
Canne de niveau : depletion sensor, level sensor.
Carneau : flue.
Catergol : catergol.
Cavalier de jonction : staple.
Centrale d'orientation : attitude control unit.
Centre de direction : control centre.
Centre de gravité : centre of gravity.
Centre de masse : barycentre, centre of mass.
Chaine pyrotechnique : pyrotechnic chain.

Chambre de combustion : combustion chamber.
Chargement : loading, filling.
Charge utile : payload.
Chronologie de lancement : feed system.
Clair de Terre : earthshine.
Coiffe : fairing, shroud, nose cone.
Col (d'une tuyère) : throat.
Combustion : burning, combustion.
Commande : control.
Compte à rebours : count-down.
Compte positif.
Cône d'ablation : ablating cone.
Cône érodable : synonyme cône d'ablation.
Contrôle : check out.
Convergent : convergent.
Corps de propulseur : engine body, motor body, jet body.
Créneau de lancement : firing window, launching window.
Culbutage : tumbling.
Culots d'ergols : bottom, base.
Délai d'inflammation ou délai d'allumage : drift.
Dérive : anisoelastic drift, longitude drift.
Désalignement de la poussée : thrust misalignment.
Désamorçage d'une tuyère : unpriming.
Déverminage : burn-in.
Diaphragme : diaphragm.
Diergol ou biergol : bipropellant.
Divergent : divergent.
Écran thermique : thermal screen, heat screen.
Éjecteur : ejector.
Électronique aérospatiale : avionics (terme à proscrire : avionique).
Électronique spatiale : astrionics (termes à proscrire : avionique, astrionique).
Engin spatial : spacecraft.
Ensemble de lancement : launching complex.
Équipement de contrôle : check out system.
Ergolier : fuel man.
Espace : space.
Espace extra-atmosphérique : outer space.
Espace lointain : deep space.
Event : vent hole.
Extinction : burn out; cut off black out.
Fenêtre de lancement : synonyme : créneau de lancement.
Fusée : rocket.
Fusée - sonde : probe, sounding rocket.
Gaz de chasse.
Gravisphère : sphere of activity.
Guidage.
Guidage par itération : iterative guidance.
Halètement : chuffing.
Hall d'assemblage : assembly building, preparation building.
Hypergol : hypergol.
Inclinaison d'une orbite : inclination.
Indice de construction : comparer à : * indice de structure.
Indice de structure : structural ratio.
Inhibiteur : linen.
Injecteur : injector.

Instabilités de combustion : combustion instability.
Jet : jet.
Lanceur : launcher, launch vehicle.
Ligne de nœuds : line of nodes.
Lithergol : lithergol. Synonyme : *propergol hybride.
Localisation : location, tracking.
Lumière cendrée : earth shine.
Maintien en position (ou à poste) : station keeping.
Mât ombilical : umbilical mast.
Météorologie spatiale : space meteorology.
Méthode des sphères d'action ou d'influence : matched conics technique.
Monergol : monopropellant.
Montée en accélération : acceleration build-up.
Moteur aérobie : airbreathing motor.
Moteur anaérobie.
Moteur-fusée : rocket engine.
Moteur vernier : vernier motor, vernier engine.
Navigation : navigation.
Nœuds : nodes.
Objet spatial : object in space.
Orbite : orbit.
Orbite à ensoleillement constant : orbit giving constant sunlight ratio.
Orbite circulaire : circular orbit.
Orbite d'attente : parking orbit.
Orbite de transfert : transfer orbit.
Orbite directe : direct orbit.
Orbite équatoriale : equatorial orbit.
Orbite excentrique : eccentric orbit.
Orbite képlérienne : keplerian orbit.
Orbite non perturbée : synonyme : orbite képlérienne.
Orbite perturbée : disturbed orbit.
Orbite polaire : polar orbit.
Orbite quasi parabolique : nearly parabolic orbit.
Orbite rétrograde : retrograde orbit.
Orientation : attitude.
Périastre : periastron.
Périgée : perigee.
Pilotage : steering, attitude control.
Planétoïde : planetoid.
Plan fondamental.
Plate-forme stabilisée : stabilized platform.
Pointe : nose cone.
Poste de lancement : blockhouse.
Poudre : solid propellant.
Poursuite : tracking.
Poussée : thrust.
Pousseur : booster.
Propergol : propellant.
Propergol liquide : liquid propellant.
Propergol hybride : hybrid propellant.
Propulseur : engine, motor, jet, thruster.
Propulseur auxiliaire : booster.
Propulseur électrothermique : resistojet.
Queue de poussée : thrust decay.
Rampe de lancement : launching ramp.
Régulation : control. Terme à proscrire : contrôle.
Rendez-vous spatial : rendez-vous.
Ronflement : chugging.
Satellite : satellite.
Satellite géostationnaire : geostatio-

nary satellite. Proscrire l'expression : orbite géostationnaire. Dire : orbite des satellites géostationnaires.
Satellite géosynchrone : earth synchronous satellite. Proscrire l'expression : orbite géosynchrone. Dire : orbite d'un satellite géosynchrone.
Satellite héliosynchrone : sun synchronous satellite. Proscrire l'expression : orbite héliosynchrone. Dire : orbite à ensoleillement constant.
Satellite sous-synchrone : subsynchronous satellite.
Sondage en contrebas : bottomside souding.
Sondage en contre-haut : topside souding.
Sondage ionosphérique vertical : vertical sounding.
Sonde spatiale : space probe.
Spationaute. Terme utilisé en spationautique pour désigner un membre du personnel navigant.
Spationautique. Science de la navigation spatiale.
Spationef : spacecraft.
Sphère d'action (ou d'influence). Synonyme : gravisphère.
Stabilisation (d'orientation) : attitude control.
Station : station.
Station-aval : down range station.
Station de Terre : terrestrial station.
Station mobile terrestre : mobile land station.
Station orbitale : orbital station.
Station spatiale : space station.
Station terrienne : earth station.
Suiveur : tracker.
Table de lancement : launcher.
Télécommande : (asservissement) remote control; (télécommunications) command.
Télémaintenance : housekeeping.
Télémesure : telemetry.
Télémétrie : range finding.
Tour de lancement : launching rail.
Tour de montage : servicing tower.
Trajectographie : tracking, trajectography.
Transfert de Hohmann : Hohmann transfer.
Triergol : tripropellant.
Tuyère : nozzle.
Tuyère à noyau central : centerbody nozzle, plug nozzle.
Tuyère orientable : swivelling nozzle.
Vaisseau spatial : spaceship, spacecraft
Véhicule spatial : space vehicle.
Vide spatial : space vacuum.

PÉTROLES.

LISTE Nº 2

Compaction (n. f.) : compaction.
Pergélisol ou **permagel** (n. m.) : permafrost.
Schiste argileux ou **schiste** (n. m.) : shale.
Schiste bitumeux (n. m.) : bituminous shale.
Huile de schiste (n. f.) : shale oil.

Rejeu (n. m.) : play black.
Appareil de forage ou appareil (n. m.): rig.
Cuvelage (n. m.) : casing.
Esquiche (n. f.) : squeeze.
Esquichage (n. m.) : squeeze job.
Esquicher (v.) : to squeeze.
Filiforage (n. m.) : slim hole.
Forage d'exploration ou forage sauvage (n. m.) : wildcat.
Gerbage (n. m.) : racking.
Marin (adj.) : ou en mer (loc. prépos.) : off shore.
Raboutage (n. m.) : stubbing.
Rame (n. f.) : string.
Rentrée (n. f.) : reentry.
Tâte-ferraille (n. m.) : junk feeler.
Colonne de production (n. f.) ou tube de production (n. m.) : tubing.
Raccorderie (n. f.) : fittings.
Carburéacteur (n. m.) : jet fuel.
Craquage catalytique (n. m.) : cat cracking.
Craqueur catalytique (n. m.) : cat cracker.
Distillation atmosphérique (n. f.) : topping.
En service (loc. prépos.) : on stream.
Fuel-oil ou fuel ou mazout (n. m.) : fuel oil.
Hydrocraquage (n. m.) : hydrocracking.
Hydrocraqueur (n. m.) : hydrocracker.
Reformeur (n. m.) : reformer.
Supercarburant (n. m.) : premium (grade).
Traitement (n. m.) : processing.
Turbo combustible (n. m.) : turbine fuel.
Vapocraquage (n. m.) : steam cracking.
Vapocraqueur (n. m.) : steam cracker.
Viscoréduction (n. f.) : viscosity breaking ou visbreaking.
Viscoréducteur (n. m.) : visbreaker.
Jerricane (n. m.) : jerrican.
Pipelinier (n. m.) : pipeliner.
Soutes (n. f. pl.) : bunker oils ou bunkers.
Station libre-service (n. f.) : selfservice station.
Revendeur (n. m.) : dealer.
Bipasse (n. m.) : by pass.
Ingénierie (n. f.) : engineering.
Manifold (n. m.) : manifold.
Amodiation ou cession d'intérêt (n. f.): farm out.

TRANSPORTS.

LISTE No 1

Aéroglisseur (n. m.) : hovercraft.
Billet ouvert : open ticket.

Billetterie (n. f.) : ticketing.
Conteneur (n. m.) : container.
Facilitation (n. f.) : facilitation.
Prépayé (p. p. du verbe prépayer) : prepaid.
Prépayer (v. trans.) : to prepay.
Adac (n. m.) : S.T.O.L.
Adacport (n. m.) : stolport.
Altiport (n. m.) (néologisme.)
Hélistation (n. f.) : helistop.
Héliport (n. m.) : heliport.
Hydrobase (n. f.) : seaplane base.
Aérosurface (n. f.).
Altisurface (n. f.).
Hélisurface (n. f.).
Héligare (n. f.).
Jetée (n. f.) : finger.
Passerelle (n. f.) : jetway.
Satellite (n. m.) : satellite.
Avitailleur (n. m.).
Carrousel (n. m.) : carrousel, turntable.
Dénébulateur (n. m.) : fog dispersal device.
Dénébulation (n. f.) : fog dispersal.
Dénébuler (v. trans.) : to disperse the fog.
Oléoprise (n. f.).
Oléoréseau (n. m.) : hydrant system.
Oléoserveur (n. m.) : servicer.
Bac aérien : air ferry.
Turbotrain (n. m.).
Navire transbordeur (adj.) ou transbordeur (n. m.) : ferry boat, car ferry, train ferry.

LISTE No 2

Boutique franche : duty free shoop ou tax free shop.
Conteneurisable (adj.).
Conteneurisation (n. f.) : containerisation.
Conteneuriser (v. trans.) : to containerise.
Palettisable (adj.) : palletisable.
Palettiser (v. trans.) : to palletise.
Surréservation (n. f.) : surbooking.
Gros-porteur (n. m.) : Jumbo jet.
Aéroportuaire (adj.).
Terminal (n. m.) : city terminal.
Vraquier (n. m.) : bulk carrier.
Diabolo (n. m.) : dolly
Ferroutage (n. m.) : piggy back.
Ferrouter (v. trans.).
Ferroutier, ière (adj.).
Solo (en).
Traminot (n. m.).

AN.

Tableau comparatif de

	commission F. BRUNOT 1906	A. DAUZAT 1940	commission C. BRU et H. PERNO 1946
Consonnes doubles	Conservées si elles sont prononcées.	Unification dans le sens de la simplification à l'intérieur de chaque famille ; mais *charriot*	Simplification de consonnes double
	Les cons. doubles à motifs lexicaux morphologiques restent : futur, condit. *mm* dans homme, femme	idem	
	e qui précédait une cons. double devient è	Verbes en *eler, eter* → èle, ète soner, sifler, trape et quelques autres	
	cqu → qu ; ck → k, etc...		*q* pour *k* et *qu*
« lettres grecques »	i pour y dans les mots grecs d'origine savante	rh → r ch dur → c	rh, th, ph → r, t, f
	h grec facultatif		y → i
	ph → f ; th → t ; ch dur → c		y pour y*od* : p ayeul
	œ tombe dans les mots grecs : écuménique		h muet supprimé
x	les finales en x → s	Supprimer x final sauf s'il y a risque d'homonymie	Pluriel en -s
Accents	Suppression de tous les accents sur (i, u, ai, ei, ou, eu, oi) et sur les voyelles nasales Suppression sur tous les imparfaits du subjonctif	Correction des erreurs (évènement) Conserver les distinctions du type : du/dû Tréma sur la lettre à prononcer, *aigüille*	Positions de F. Br
Mots composés		Maintenir ou rétablir le trait d'union dans les composés quand les éléments composants restent perceptibles.	Soudure de tous les composés, même suppression de finale du 1er terme deuvre, abajour)

le réforme de l'orthographe.

C. Beaulieux 1952	1re commission Beslais 1952	2e commisssion Beslais 1964
ession des consonnes ·s non prononcées ; gar- ·emmener, mourrai, suc-·c. ·ver { -*ill-* pour *l* mouillé / -ss- pour s. dur	Suppression des consonnes non prononcées, mais garder : inno-cent, ad·duction, il·lisible, etc. Unification des verbes en *eler*, *eter* sur *modeler*, *acheter*	Réduction à l'unité sauf : mots préfixés : innocent, illisible, en-nuyer, emmenner futur et conditionnel différenciation homonymique arête / il arrête
	rh → r, th → t, ph → f ch → c (sauf *psychiatre*) y → i dans les mots grecs	rh → r, th → t, ph → f, y → i *ch* : conservé dans choral, chré-tien, archevêque, chimère
·ession des pluriels en ·les pluriels : -s	Suppression des 7 pluriels en -*oux* Suppression de -*x* final non prononcé } id.	
	Tréma sur la lettre à prononcer : *aigüille* Les e ouverts seront notés : *amèr* écrire *zône*	Accent aigu sur e fermé ; grave sur e ouvert, sur *a* et *u* dans : à, là, où, déjà, voilà, celà, delà Pas d'accent grave devant les consonnes finales prononcées : *amer* Accent circonflexe sur les voyel-les longues Tréma sur voyelle prononcée
	Maintien du trait d'union dans *timbre-poste, pot-au-feu*	Maintien du trait d'union pour mots commençant par : après avant, chez, etc. ou quand 1er terme terminé par (e) et 2e par une voyelle : perce-oreille
	fusion des composés sur le verbe (pluriel en -s) : *des videpoches* des arcs en ciel }	id.

	commission F. BRUNOT *1906*	A. DAUZAT *1940*	commission C. BRU et H. PERNO *1946*
e muet	*braque* comme *sac*		
Consonnes « étymologiques »	*pié* pour *pied*	Correction des erreurs (forsené, herce, sier, siure) Conserver groseillier (suffixe) doigt, vingt, legs, etc Écrire pié, ognon, enmener	Cons. muettes int res, et parfois supprimées : inst suspet *Id.* pour voyelles (paon), facil.
en/an œ	ã précédé de i → an cliant) œu → eu : maneuvre, euf, beuf	régularisation des graphies *an, en, in*	*an* pour *en* œ → eu : keur ; *u* p j'us
t = [s] n/m	-tial, -tiel, -tieux → -cial, -ciel, -cieus *n* pour *m* dans tous les composés avec *en* où *en* est suivi de *m.* idem devant b, p		*Id.* Brunot sion, xion pour -ction *n* devant m, b, porter)

ANNEXE III

Les conséquences d'une réforme de l'orthographe.

Horace, acte I, scène 3, v. 235-274.

1º *Texte de l'édition de 1641.*

CVRIACE

235 N'en doutés point, Camille, & reuoyés vn homme
Qui n'est ny le vainqueur, ny l'esclaue de Rome :
Cessés d'aprehender de voir rougir mes mains
Du poids honteux des fers ou du sang des Romains.
I'ay creu que vous aymiez assés Rome & la gloire
240 Pour mepriser ma chaisne & hayr ma victoire,
Et, comme esgalement en cette extrêmité
Ie craignois la victoire & et la captivité.

CAMILLE

Curiace, il suffit, ie deuine le reste,
Tu fuis vne bataille à tes vœus si funeste,
245 Et ton cœur tout à moy pour ne me perdre pas

ANNEXES 235

C. Beaulieux 1952	1ère commission Beslais 1952	2e commission Beslais 1964
		Maintien : pour empêcher le durcissement du *g* devant a, o, u : gageure. Pour conserver le lien avec l'infinitif, au futur et au conditionnel : je jouerai, je louerais
...tion des erreurs (boneur, ...ostume, etc.) ...mer les Co parasites ...s mais non les finales : ..., seau, doit, autone, ...etc.	Correction des erreurs : donteur, chetel, doit, etc. Garder les rapprochements lexicaux : respect(er)	id. Maintien quand l'usage en a imposé la prononciation (présomption) ou pour garder le lien avec les dérivés : *respect(er)*
..., pour [a] de : déçament, prudament, etc.	Aligner l'adjectif sur le participe présent : *différant* Alignement des adverbes : prudament	*ant :* id. *ent :* noms et adj. se rattachant à un participe présent en *geant* ou latin en *gentem*
		-tiaire → -ciaire (terciaire) -tiel → -ciel -qu → -c- : criticable

> Desrobe à ton pays le secours de ton bras.
> Qu'vn autre considère icy ta renommée,
> Et te blasme s'il veut de m'auoir trop aymée,
> Ce n'est point à Camille à t'en mesestimer,
> 250   Plus ton amour paroist, plus elle doit t'aymer,
> Et si tu dois beaucoup aux lieux qui t'ont veu naistre,

2º Texte des éditions scolaires modernes.

CURIACE

235   N'en doutez point, Camille, et revoyez un homme
Qui n'est ni le vainqueur ni l'esclave de Rome ;
Cessez d'appréhender de voir rougir mes mains
Du poids honteux des fers ou du sang des Romains.
J'ai cru que vous aimiez assez Rome et la gloire
240   Pour mépriser ma chaîne et haïr ma victoire ;
Et comme également en cette extrémité
Je craignais la victoire et la captivité...

CAMILLE

Curiace, il suffit, je devine le reste :
Tu fuis une bataille à tes vœux si funeste,

245 Et ton cœur, tout à moi, pour ne me perdre pas.
Dérobe à ton pays le secours de ton bras.
Qu'un autre considère ici ta renommée
Et te blâme, s'il veut, de m'avoir trop aimée ;
Ce n'est point à Camille à t'en mésestimer :
250 Plus ton amour paraît, plus elle doit t'aimer ;
Et si tu dois beaucoup aux lieux qui t'ont vu naître, [...]

3° *Texte en « orthografe réformée »* tel que pourraient le souhaiter les partisans d'une réforme profonde.

CURIASE

235 N'an doutez poin, Camiye, et revoyez un ome
Qui n'êt ni le vinqueur, ni l'esclave de Rome :
Sèsez d'apréander de voir roujir mes mins
Du poi onteu des fers ou du san des Romins.
J'ai cru que vous èmiez asé Rome et la gloire
240 Pour méprizer ma chêne et aïr ma victoire,
Et come égaleman an sète extrémité
Je crègnais la victoire et la captivité.

CAMIYE

Curiase, il sufit, je devine le reste.
Tu fuis une bataye a tes veus si funeste,
245 Et ton ceur tout a moi pour ne me perdre pa
Dérobe a ton pèï le secour de ton bra.
Qu'un ôtre considère isi ta renomée
Et te blâme, s'il veut, de m'avoir trop èmée,
Se n'êt point a Camiye a t'an mézestimer,
250 Plus ton amour parêt, plus èle doit t'èmer,
Et si tu dois bôcou aus lieus qui t'ont vu nêtre,

4° *Remarques sur ce texte* (n° 3).

« On peut constater que ce texte réalise la plupart des simplifications sur lesquelles tous les réformateurs sont d'accord :

suppression des consonnes doubles : renomée, aꜰermi, coᴍe ;
suppression du h muet : ome, oneur, onteux ;
distinction entre s : sèsez, asé, et z : méprizer, mèzon ;
unification du son an : apréander, san, égaleman ;
distinction entre g : gère (=guerre) et j : roujir, jandre ;
unification des pluriels en s : tes veus, aus lieus.

Au contraire, on voit que les terminaisons propres aux grandes catégories grammaticales sont respectées, car il s'agit ici de faits de langue et non d'orthographe :

maintien des formes verbales à l'impératif : ez, à l'infinitif : er, au participe présent : ant ;
l's du pluriel se trouve seulement au pluriel : secour. »

(J. Lafitte-Houssat, *La réforme de l'orthographe, est-elle possible ? est-elle souhaitable ?*, Les édit. Temps futurs, Paris, 1950 (pp. 120-122).

CONCLUSION GÉNÉRALE

Nous avons signalé en introduction combien notre situation au centre même de l'époque sur laquelle nous travaillons constituait un obstacle à l'approche diachronique, à laquelle nous avons voulu nous en tenir. Aussi n'aurons-nous pas l'outrecuidance de proposer ici des réponses aux multiples questions que nous avons pu, à la suite des descripteurs contemporains du français, poser sur l'évolution de celui-ci.

Néanmoins nous pourrions dire que ces questions se rangent, à notre avis, sous une rubrique essentielle déjà formulée par de nombreux linguistes : le français contemporain est-il *un* ou *divers*, son évolution suit-elle les directions rectilignes qu'un Bourciez, analysant l'évolution phonétique des origines à nos jours, pouvait déceler et énoncer sous forme de « lois » ?

Les linguistes de l'an 3000 y verront là-dessus plus clair que nous, mais au terme de cette enquête sur les descriptions du français et les illustrations auxquelles elles recourent, ils nous semble qu'il faut insister sur la diversité comme composante de l'évolution actuelle de notre langue.

Les raisons de cette diversité sont nombreuses et complexes, nous l'avons vu au cours de cet ouvrage. Pour nous, nous les rangeons essentiellement sous l'étiquette de la détermination sociale, à laquelle nous subordonnons tous les facteurs « naturels » (âge, géographie) et culturels des différenciations linguistiques.

Les manifestations en sont également nombreuses et complexes ; nous citerons :

— L'assomption de l'oral, due aux mass-média, la décadence des diversités dialectales compensées en ce domaine par la fixation de ces autres variétés du français que sont les parlers de la francophonie (on commence à peine à les décrire et à les connaître), et par l'installation de « sociolectes » dont les différences sont inégalement réparties suivant les différents niveaux linguistiques : sans doute, du point de vue phonologique, assiste-t-on à certaines simplifications, à certaines déperditions d'oppositions autrefois pertinentes. Mais au niveau de la morphologie verbale par exemple, ou des structures phrastiques interrogatives ou négatives, il serait très imprudent de hiérarchiser en termes de « simplification » les différences que l'on peut observer entre les sociolectes ;

— la fixation de plusieurs types d'écrit, que commence à officialiser encore timidement la production de grammaires spécialisées. Ce n'est pas un hasard si, à côté d'un grand nombre de grammaires scolaires attachées à la norme insuffisamment définie d'un « français standard » homogène, on a vu paraître en 1973 une grammaire exclusivement consacrée au

LES CHANGEMENTS LINGUISTIQUES

français écrit des articles scientifiques (Salkoff, *Une grammaire en chaîne du français*, Dunod, 1973). Les recherches qui sont actuellement en cours sur le français en situation scolaire vont dans le même sens. On connaissait certes depuis longtemps le « français commercial », mais on travaillait sur l'hypothèse que tous les systèmes de sa structure étaient les mêmes que ceux du français standard, à part l'introduction de quelques mots techniques inconnus aux *Fables* de La Fontaine ou aux *Mémoires d'Outre-tombe*. Mais on commence à revenir sur des positions aussi subjectives et il nous reste à souhaiter, pour une meilleure connaissance des divers français contemporains, que le facteur situation de communication et d'action soit davantage pris en considération et que des recherches soient plus systématiquement encore entreprises sur *les* français oraux et écrits de notre temps. Reconnaître ces variétés, ces différences, ce n'est pas, à notre sens, exhiber des failles déplorables, nuisibles à la vision — que nous jugeons, quant à nous, fictive — d'un seul français éternel, c'est reconnaître une partie du réel linguistique, et tenter de travailler aussi objectivement sur notre langue que sur une autre.

BIBLIOGRAPHIE GÉNÉRALE

1. Ouvrages de référence

Arrivé (M.), Chevalier (J. C.), *La grammaire*, Klincksieck, Paris, 1970.
Bibliographie des Chroniques de langage publiées dans la presse française, I, (1950-1965), Centre d'études du français moderne et contemporain, Didier, Paris, 1970.
Bruneau (C.), *Petite histoire de la langue française*, 2 vol., A. Colin, Paris, 1966.
Brunot (F.), *Histoire de la langue française des origines à 1900*, A. Colin, Paris, 1905-1937, 18 vol.
Buyssens (E.), *Linguistique historique*, P.U. de Bruxelles, Belgique/P.U.F., Paris, 1965.
Chaurand (J.), *Histoire de la langue française*, (Que sais-je ?) P.U.F., Paris, 1969.
Chevalier (J. C.), Arrivé (M.), Blanche-Benveniste (C.) et Peytard (J.), *Grammaire Larousse du français contemporain*, Larousse, Paris, 1964.
Cohen (M.), *Histoire d'une langue : le français (des lointaines origines à nos jours)*, Hier et Aujourd'hui, Paris, 1947.
— *Pour une sociologie du langage*, Albin Michel, réimp. Maspero, Paris, 1956.
Damourette (J.) et Pichon (E.), *Essai de grammaire française. Des mots à la pensée*, d'Artrey, Paris, 1927-1950.
Darmesteter (A.), *Cours de grammaire historique de la langue française*, Delagrave, Paris, 1891-1897.
Dauzat (A.), *Histoire de la langue française*, Payot, Paris, 1930.
— (sous la direction de) *Où en sont les études de français ? Manuel général de linguistique française*, d'Artrey, Paris, 1935.
Dubois (J.), Giacomo (M.), Guespin (L.), Marcellesi (C.), Marcellesi (J.-B.) et Mevel (J.-P.), *Dictionnaire de linguistique*, Larousse, Paris, 1973.
Fouché (P.), *Phonétique historique du français*, Klincksieck, Paris, 1952-1961.
— *Traité de prononciation française*, Klincksieck, Paris, 1956.
François (A.), *Histoire de la langue française cultivée*, 2 vol. A. Jullien, Genève, 1959.
Gougenheim (G.), *Système grammatical de la langue française*, d'Artrey, Paris, 1938.
Gougenheim (G.), Michéa (R.), Rivenc (P.) et Sauvageot (A.), *L'élaboration du français élémentaire*, Didier, Paris, 1956.
Grevisse (M.), *Le Bon Usage*, Duculot, Belgique/Hatier, Paris (9e éd.), 1969.
Horluc (P.) et Marinet (G.), *Bibliographie de la syntaxe du français (1840-1905)*, Picard, Paris, 1908.
Kiparsky (P.), « Historical linguistics » in *New Horizons in Linguistics*, Penguin Books, 1970.
Kukenheim (L.), *Esquisse historique de la linguistique française et de ses rapports avec la linguistique générale*, Leyde, P.U., 1966.
Martinet (A.), *Économie des changements phonétiques. Traité de phonologie diachronique*, A. Francke, Berne, 1955.
— (sous la direction de), *La linguistique, guide alphabétique*, Denoël, Paris, 1969.
— (sous la direction de), *Le Langage* (Encyclopédie de la Pléiade), Gallimard, Paris, 1968.
Meillet (A.), *Linguistique historique et linguistique générale*, Champion et Klincksieck, Paris, 1921-1936.
Nyrop (K.), *Grammaire historique de la langue française*, Gyldendal, Copenhague, 1899-1930, réimp. 1967 et suiv.
Rey (A.), *La Lexicologie*, Klincksieck, Paris, 1970.
Rey-Debove (J.), *Étude linguistique et sémiotique des dictionnaires français contemporains*, Mouton, La Haye, 1971.

SANDFELD (K.), *Syntaxe du français contemporain*, Champion, Paris, 1928-1936.
— Droz, Genève ; Minard, Paris, 1965.
WAGNER (R. L.), *Introduction à la linguistique française*, Droz, Genève et Giard, Lille, 1947.
— *Supplément bibliographique*, ibid. 1955.
WAGNER (R. L.) et PINCHON (J.), *Grammaire du français classique et moderne*, Hachette, Paris, 1962.
WARTURG (W. von), *Évolution et Structures de la langue française*, 1e éd. Leipzig, 1934 ; 3e et 5e éd., Francke, Berne, 1946 et 1958.

2. DICTIONNAIRES GÉNÉRAUX

(Les renvois à ces dictionnaires étant donnés dans le texte par des sigles, nous les rangeons ici par ordre alphabétique des sigles, ou, à défaut, des noms d'auteurs.)

Ac.	Dictionnaire de l'Académie (voir éditions citées).
BW	BLOCH et WARTBURG (von), *Dictionnaire étymologique de la langue française*, P.U.F., Paris, 1949.
—	COHEN *et alii, Dictionnaire Bordas*, Bordas, Paris, 1972.
—	DARMESTETER, HATZFELD et THOMAS, *Dictionnaire général de la langue française*, Delagrave, Paris, 1895-1900.
DDM	DAUZAT, DUBOIS, MITTERAND, *Nouveau dictionnaire étymologique et historique*, Larousse, Paris, 1971.
DFC	DUBOIS *et alii, Dictionnaire du français contemporain*, Larousse, Paris, 1966.
—	LITTRÉ, *Dictionnaire de la langue française*, 1863-1877.
PL et NPL	*(Nouveau) Petit Larousse*, éditions annuelles, Larousse.
GR	ROBERT, *Dictionnaire alphabétique et analogique de la langue française* Soc. du Nouveau Littré, 1953-1964, 6 vol.
PR	ROBERT, *ibid. Le Petit Robert*, Soc. du Nouveau Littré, Paris, 1967.

3. REVUES

(Les articles cités dans le texte sont indiqués par un sigle, le mois et l'année de parution : exemple, (LF, 5, 1972) renvoie à *Langue française*, mai 1972. Les revues sont classées ici par ordre alphabétique des sigles.)

BF	Bulletin de français du CRDP de Marseille.
BREF	Bulletin Régional des Enseignants de français (Tours), ancienne série.
BSLP	Bulletin de la Société de Linguistique de Paris.
CL	Cahiers de Lexicologie.
DLF	Défense de la Langue Française.
E	Esprit.
ELA	Études de linguistique appliquée.
FM	Le Français moderne.
IL	L'Information littéraire.
L	La Linguistique.
La	Langages.
LBM	La Banque des mots.
Li	Littérature.
LF	Langue française.
LFM	Le Français dans le monde.
LP	La Pensée.
R2M	Revue des deux mondes.
RDP	Revue de Paris.
RDS	Revue de sociologie.
REES	Revue des études ethnographiques et sociologiques.
REHA	Revue des études historiques et archéologiques.
RGSPA	Revue générale des sciences pures et appliquées.
TM	Les Temps modernes.
VL	Vie et Langage.
W	Word.

BIBLIOGRAPHIES PARTICULIÈRES

1.1 LES CLASSES D'ÂGE

CHAURAND (J.), *Les parlers de la Thiérache et du Laonnois*, Klincksieck, Paris, 1968.
DAUZAT (A.), *La langue française d'aujourd'hui*, A. Colin, Paris, 1908.
GOUGENHEIM (G.), MICHÉA (R.), RIVENC (P.) et SAUVAGEOT (A.), *L'élaboration du français fondamental*, M. Didier, Paris, 1956.
LE BIDOIS (R.), *Les mots trompeurs*, 1970.
MARTINET (A.), *Le français sans fard*, P.U.F, Paris, 1969.
MEILLET (A.), *Les langues dans l'Europe nouvelle*, Payot, Paris, 1918.

1.2 LES DIFFÉRENCIATIONS GÉOGRAPHIQUES

AUB-BUSCHER (G.), *Le parler rural de Ranrupt*, essai de dialectologie vosgienne, Klincksieck, Paris, 1962.
BRUN (A.), *Parlers régionaux, France dialectale et unité nationale*, Didier, Paris, 1946.
CAMPROUX (C.), *Histoire de la littérature occitane*, Payot, Paris, 1953.
CHAURAND (J.), *Les parlers de la Thiérache et du Laonnois*, Klincksieck, Paris, 1968.
— *Introduction à la dialectologie française*, Bordas, Paris, 1972.
DAMOURETTE (J.) et PICHON (E.), *Des mots à la pensée, Essai de grammaire de la langue française*, tome 1, d'Artrey, Paris, 1927, (réédit 1968.)
DAUZAT (A.), *La géographie linguistique*, Flammarion, Paris, 1922.
— *La langue française*, Stock, Paris, 1926.
— *Les patois*, Delagrave, Paris, 1927 et 1943.
FOURQUET (J.), « Langue, dialecte, patois », dans *Le Langage*, (Encyclopédie de la Pléiade), Gallimard, Paris, 1968.
GUIRAUD (P.), *Patois et dialectes français*, P.U.F., Paris, 1968.
LEROND (A.), (sous la direction de), « Les parlers régionaux » dans *Langue française*, mai, 1973.
MONFRIN (J.), « Les parlers en France », dans *La France et les français* (Encyclopédie de la Pléiade), Gallimard, Paris, 1972.
POTTIER (B.), « La situation linguistique en France », dans *Le langage* (Encyclopédie de la Pléiade), Gallimard, Paris, 1968.
SAPIR (E.), *Linguistique*, Éd. de Minuit, Paris, 1968.
SAUSSURE (F. de), *Cours de linguistique générale*, Payot, Paris, 1916.

1.3 et 1.4 LE FRANÇAIS DANS LE MONDE ET LES IMMIGRANTS

BAUDELOT (C.) et ESTABLET (R.), *L'école capitaliste en France*, Maspero, Paris, 1971.
BURNEY (P.), *Les langues internationnales*, P.U.F., Paris, 1962.
CALAME (P.) et (P.), *Les travailleurs étrangers en France*, les Éd. Ouvrières, Paris, 1972.
DAVEZIES (R.), *Le front*, Éd. de Minuit, Paris, 1959.
Esprit, n° spécial, « Le français, langue vivante », novembre, 1962.
GUSDORF (G.), *Les principes de la pensée au siècle des lumières*, Payot, Paris, 1971.
LANLY (A.), *Le français d'Afrique du Nord*, P.U.F., Paris, 1962.
MAKOUTA-MBOUKOU (J. P.), *Le français en Afrique noire*, Bordas, Paris, 1973.
MARTINET (A.), « Les chances du français », dans *Esprit*, 1962, (repris dans) *Le français sans fard*, P.U.F., Paris, 1969.
MAUCO (G.), *Les étrangers en France, leur rôle dans l'activité économique*, A. Colin, Paris, 1932.
RAUVILLE (C. de), *Lexique des mauricianismes à éviter, des barbarismes et des solécismes les plus fréquents à l'île Maurice*, Le Livre Mauricien, Port-Louis, précédé de ADAM-THÉODORE, *Essai sur l'évolution du français à Maurice, du XVIIIᵉ siècle à nos jours*, 1967.

SCHOELL (F.), *La langue française dans le monde*, d'Artrey, Paris, 1936.
TOUGAS (G.), *La francophonie en péril*, Le Cercle du livre de France, Ottawa, 1967.
VIATTE (A.), *La francophonie*, Larousse, Paris, 1969.

1.5 LES DIFFÉRENCIATIONS SOCIALES

Almanach Hachette, 1899.
BAUCHE (H.), *Le langage populaire* (2e édition), Payot, Paris, 1929.
BOLLACK (L.) *La langue française en l'an 2003*, 1903.
COHEN (M.), *Toujours des regards sur la langue française*, Éditions sociales, Paris, 1970.
— *Matériaux pour une sociologie du langage* (2 vol.), Maspero, Paris, 1971.
COUILLAULT, *La méthode philoglotte*, 1906.
FREI (H.), *La grammaire des fautes*, Paul Geuthner, Paris, 1929.
GOURMONT (R. de) *Esthétique de la langue française*, 1899.
GUIRAUD (P.), *Le français populaire*, P.U.F., Paris, 1965.
KRON, *Le petit parisien*, Freiburg, 1909.
MEILLET (A.), *Linguistique générale et linguistique historique* (2 vol.), Champion, Paris, 1921-1926.
NISARD (C.), *Études sur le langage populaire ou patois de Paris et de sa banlieue*, F. Vieweg, Paris, 1872.
SCHARFENORT, *Petit dictionnaire des difficultés grammaticales*.
« Unité et diversité du français contemporain », dans *Le français dans le monde*, Hachette/Larousse, n° spécial, 1965.

1.6 LES ARGOTS

BAUCHE (H.), *Le langage populaire*, Payot, Paris, 1929.
BOUTMY (E.), *Dictionnaire de la langue verte typographique*, I. Liseux, 1878.
BRUHNES-DELAMARRE (J.), « Un mot, une plante, un outil agricole, les fourches en micocoulier de Sauve (Gard) », dans J. M. C. BERBARD et L. BERNOT, *Langues et Techniques, Nature et Société*, tome 2, Klincksieck, Paris, 1972.
BRUANT (A.), et BERGY (L. de) *L'argot au XXe siècle*, chez l'auteur, 1901.
CASSIANI (C.), « Histoire de l'argot » dans J. LA RUE, *Dictionnaire d'argot*, Flammarion, Paris, 1946.
DAUZAT (A.), *La défense de la langue française*, A. Colin, Paris, 1912.
— *Les argots de métiers franco-provençaux*, Champion, Paris, 1917.
— *Les argots*, caractères, évolution, influence, Delagrave, Paris, 1939.
— *L'argot de la guerre*, A. Colin, Paris, 1919.
EUDEL, *L'argot de Saint-Cyr*, 1893.
ESNAULT (G.), *Le poilu tel qu'on le parle*, Bossard, Paris, 1919.
— *Dictionnaire historique des argots*, Larousse Paris, 1965.
FRANÇOIS (D.), « Les argots », dans *Le Langage* (Encyclopédie de la Pléiade), Gallimard, Paris, 1968.
GUIRAUD (P.), *L'argot*, P.U.F. Paris, 1973. (6e éd.),
— *Structures étymologiques du lexique français*, Larousse, Paris, 1967.
LARCHEY (L.), *Dictionnaire historique, étymologique et anecdotique de l'argot parisien*, F. Polo, Paris, 1872.
SANDRY et CARRÈRE, *Dictionnaire de l'argot moderne*, Éd. du Dauphin, Paris, 1951.
SAPIR (E.), *Linguistique*, Éd. de Minuit, Paris, 1968.
VENDRYES (J.), *Le langage*, Albin Michel, Paris, 1923 (réédit. 1968).

2.1 L'ÉCRIT ET LE PARLÉ

DUBOIS (J.), *Grammaire structurale du français, le nom et le pronom*, I, Larousse, Paris, 1965.

2-2 LA LANGUE ET LES NOUVEAUX MOYENS DE COMMUNICATION

DAMAZE (J.), *Révolutions typographiques depuis S. Mallarmé*, Motte, Genève, 1966.
HILLER (B.), *Histoire de l'affiche*, Fayard, Paris, 1970.

Lo Duca, *L'affiche*, P.U.F., Paris, 1969.
Peignot (J.), *De l'écriture à la typographie*, Gallimard, Paris, 1967.
Richaudeau (F.), *La lisibilité*, C.E.P.L., Paris 1969.

2.3 Le français littéraire

Antoine (G.), *Les cinq grandes odes de Claudel* ou *la poésie de la répétition*, Minard, Paris, 1959.
Baudelot (C.) et Establet (R.), *L'école capitaliste en France*, Maspero, Paris, 1971.
Cain, Escarpit et Martin, *Le livre français*, Impr. Nationale, Paris, 1972.
Coquet (J. C.), *Sémiotique littéraire, contribution à l'analyse sémantique du discours*, Mame, Tours, 1973.
Jakobson (R.), *Essais de linguistique générale*, trad de N. Ruwet, Éd. de Minuit, Paris, 1963.
Kesteloot (L.), *Les écrivains noirs de langue française, naissance d'une littérature*, Institut de sociologie de l'Université Libre, Bruxelles, 1963.
Kristeva (J.), « Du sujet en linguistique », dans *Langages*, n° 27, Larousse, Paris, 1971.
— *Semeiotiké, Recherches pour une sémanalyse*, Éd. du Seuil, Paris, 1969.
Salkoff, *Une grammaire en chaîne du français*, distrib. Dunod, Paris, 1973.
Seguin (J. P.), *La langue française au XVIIIe siècle*, Bordas, Paris, 1972.

3.1 Les institutions non-scolaires

Antoine (G.), *Linguistique et langue française aujourd'jui*, Exposition internationale de Bruxelles, Commissariat Général de la Section française, 1958.
Bally (C.), *La crise du français*, Delachaux-Niestlé, 1930.
Bengtsson (S.), *La défense organisée de la langue française*, Uppsala, 1968.
Bollack, *La langue française en l'an 2003*, 1903.
Bonnaffe, *L'anglicisme et l'anglo-américanisme dans la langue française*, Delagrave, Paris, 1920.
Brunot (F.), *L'enseignement de la langue française*, A. Colin, Paris, 1909.
— *Observations sur la grammaire de l'Académie française*, Droz, Genève, 1932.
Clas (A.) et Horguelin (P. A.), *Le français, langue des affaires*, Montréal, 1971.
Cohen (M.), *Grammaire et style*, Éd. Sociales, Paris, 1954.
— *Français élémentaire? non*, Éd. Sociales, Paris, 1955.
— *Regards sur la langue française*, Éd Sociales, Paris, 1950.
— *Nouveaux regards sur la langue française*, Éd. Sociales, Paris, 1963.
— *Encore des regards sur la langue française*, Éd. Sociales, Paris, 1966.
— *Toujours des regards sur la langue française*, Éd. Sociales, Paris, 1970.
Dauzat (A.), *La langue française d'aujourd'hui*, A. Colin, Paris, 1908.
— *La défense de la langue française*, A. Colin, Paris, 1912.
Deschanel (E.), *Les déformations de la langue française*, Calmann-Lévy, Paris, 1898.
Desonay (F.), *Préface à* Grevisse (M.), *Le bon usage*, Duculot, Bruxelles, 1964.
Dupré, *Encyclopédie du bon français*, 3 vol., Éd. de Trévise, Paris, 1972.
Frei (H.) *La grammaire des fautes*, Geuthner, Paris, 1929.
Georgin (R.), *Pour un meilleur français*, A. Bonne, Paris, 1951.
Gourmont (R. de), *Esthétique de la langue française*, Mercure de France, Paris, 1899.
Gourmont (R. de), *Promenades littéraires*, Mercure de France, Paris, 1920.
Guiraud (P.), *La grammaire*, P.U.F., Paris, 1958.
Martinet (A.), *Le français sans fard*, P.U.F., Paris, 1969.
Matoré (G.), *Histoire des dictionnaires*, Larousse, Paris, 1968.
Sauvageot (A.), *Français écrit, français parlé*, Larousse, Paris, 1962.
Thérive (A.), *Le français, langue morte ?* Plon, Paris, 1923.
Vincent (C.), *Le péril de la langue française*, De Gigord, Paris, 1925.
Yvon (H.), « La linguistique et l'enseignement de la grammaire », dans *La Revue pédagogique*, mai, 1925.

3.2 L'institution scolaire

Augé (C.), *Grammaire enfantine*, Larousse, sans date.
Baudelot (C.) et Establet (R.), *L'école capitaliste en France*, Maspero, Paris, 1971.

BRUNOT (F.), *L'enseignement de la langue française*, A. Colin, Paris, 1909.
BUISSON (F.), *Dictionnaire de pédagogie*, Hachette, Paris, 1882.
— *L'enseignement primaire supérieur et professionnel*, Fischbacher, 1887.
GOURMONT (R. de) *Esthétique de la langue française*, Mercure de France, Paris, 1899.
GRÉARD (O.), *La législation de l'instruction primaire en France depuis 1789 jusqu'à nos jours* (7 vol.), Delalain (2e éd.), 1900.
GRIGNON (C.), *L'ordre des choses*, Éd. de Minuit, Paris, 1971.
LETERRIER (L.) *Programmes, instructions, répartitions* de l'enseignement du premier degré, Hachette, Paris, 1956.
MEILLET (A.), *Les langues de l'Europe nouvelle*, Payot, Paris, 1918.
PROST (A.), *L'enseignement de la France 1800-1967*, A. Colin, Paris, 1968.
THÉRIVE (A.), *Le français, langue morte ?*, Plon, Paris, 1923.
Un demi-siècle de pédagogie du français (1923-1972), CREFED, ENS de Saint-Cloud, 1972.

4 PHONOLOGIE ET PHONÉTIQUE

BARBEAU (A.) et RODHE (E.), *Dictionnaire phonétique de la langue française*, Norstedt, Stockholm, 1930.
BUBEN (V.), *Influence de l'orthographe sur la prononciation du français moderne*, Bratislava, 1935.
CARTON (P.), *Introduction à la phonétique du français*, Bordas, Paris, 1974.
CHAURAND (J.), *Introduction à la dialectologie française*, Bordas, Paris, 1972.
COHEN (M.), *Grammaire et style*, Éd. Sociales, Paris, 1954.
DURAND (M.), *Le genre grammatical en français parlé à Paris et dans la région parisienne*, d'Artrey, Paris, 1936.
GRAMMONT (M.), *Traité pratique de prononciation française*, Delagrave (3e éd.), Paris, 1926.
— *Traité de phonétique*, Delagrave, Paris, 1933.
GUIRAUD (P.), rééd. 1973, *L'argot*, P.U.F., Paris, 1956 (rééd. 1973).
LESAINT (M.) et VOGEL (C.), *Traité complet de la prononciation française dans la deuxième moitié du XIXe siècle*, Gesenius, Halle (3e éd.), 1890.
LITTRÉ (E.), *Dictionnaire de la langue française*, 1863-1877.
LÉON (P. R.), *Laboratoire de langue et correction phonétique*, Didier, Paris, 1962.
— « Étude de la prononciation du « e » accentué chez un groupe de jeunes parisiens », in *Papers in linguistics and phonetics in the memory* of P. Delattre, Mouton, La Haye, 1972.
LÉON (M.) et (P. R.), *Prononciation du français standard*, Didier, Paris, 1966.
MARTINET (A.), *La prononciation du français contemporain*, Droz, Genève, 1946.
— *Économie des changements phonétiques*, Francke, Berne, 1955.
— *Le français sans fard*, P.U.F., Paris, 1969.
MARTINON (P.), *Comment on prononce le français*, Larousse, Paris, 1913.
MICHAELIS (H.) et PASSY (P.), *Dictionnaire phonétique de la langue française*, C. Meyer, Hanovre, 1924.
NYROP (C.), *Manuel phonétique du français parlé*, Copenhague, 1923.
PASSY (P.), *Abrégé de prononciation française*, Teubner, Leipzig, 1913.
— *Les sons du français*, Didier, Paris, 1929.
ROSSET (T.) *Les origines de la prononciation française*, A. Colin, Paris, 1911.
ROUSSELOT et LACLOTTE (F.), *Précis de prononciation française*, H. Welter, 1902.
SAUVAGEOT (A.), *Dictionnaire général français-hongrois*, Budapest, 1932.
STRAKA (G.), *La prononciation parisienne, ses divers aspects et ses traits généraux*, in B.F.L., Strasbourg, 1952.

5 SYNTAXE

AUTHIER (J.) et MEUNIER (A.), « Norme, grammaire et niveaux de langue », dans *Langue française*, no 16, Larousse, décembre, 1972.
BAUCHE (H)., *Le langage populaire*, Payot (2e éd.), Paris, 1929.
BENVENISTE (E.), *Problèmes de linguistique générale*, I, Gallimard, Paris, 1966.
BOLLACK (L.), *La langue française en l'an 2003*, 1903.

BONNARD (H.), *Grammaire française des lycées et collèges*, SUDEL, Paris, 1954.
BRUNOT (F.) et BRUNEAU (C.), *Précis de grammaire historique*, Masson, Paris (1re éd. 1887, 3e éd. 1969).
CHEVALIER (J. C.), *Histoire de la syntaxe*, Naissance de la notion de complément dans la grammaire française, Droz, Genève, 1968.
COHEN (M.), *Grammaire et style*, Éd. Sociales, Paris, 1947.
— *Toujours des regards sur la langue française*, Éd. Sociales, Paris, 1970.
COUILLAULT, *La méthode philoglotte*, 1906.
DESCHANEL, *Les déformations de la langue française*, 1898.
DOPPAGNE (A.), *Trois aspects du français contemporain*, Larousse, Paris 1966.
DUBOIS (J.), *Grammaire structurale du français, le nom et le pronom*, I, Larousse, Paris, 1965.
— *Grammaire structurale du français, le verbe*, II. 1967.
— *Grammaire structurale du français, la phrase et les transformations*, III, 1969.
DUBOIS (J.) et (C.), *Introduction à la lexicographie : le dictionnaire*, Larousse, Paris, 1971.
DUMAST (P. G. de), *Le redresseur* : Rectification raisonnée des principales fautes de français, Paris, 1866.
GAATONE (D.), *Étude descriptive du système de la négation en français contemporain*, Droz, Genève, 1971.
GEORGIN, *Pour un meilleur français*, A. Bonne, Paris, 1951.
GILBERT (P.), *Dictionnaire des mots nouveaux*, Tchou, Paris, 1971.
GOUGENHEIM et alii, *L'élaboration du français fondamental*, Didier, Paris, 1956.
GOURMONT (R. de), *Esthétique de la langue française*, Mercure de France, Paris, 1899.
GROSS (M.), *Grammaire transformationnelle du français, syntaxe du verbe*, Larousse, Paris, 1968.
GUIRAUD (P.), *Le français populaire*, P.U.F., Paris, 1965.
JAKOBSON (R.), *Essais de linguistique générale*, Éd. de Minuit, Paris, 1963.
KRON, *Le petit parisien*, Freiburg, 1909.
LOMBARD (A.), *Les constructions nominales dans le français moderne*, Upsala/ Stockholm, 1930.
LYONS (J.), *Linguistique générale*, introduction à la linguistique théorique, Larousse, Paris, 1969.
MARTINET (A.), « De l'économie des formes du verbe en français parlé », dans *Studia phil. et Litter. in honorem L. Spitzer*, Berne, 1958.
MARTY (F.), *Grammaire du français parlé*, Hachette, Paris, 1971.
POHL (J.), « Observations sur les formes d'interrogation dans la langue parlée et dans la langue écrite », dans *Actes du Xe Congrès international de Linguistique et Philologie romanes*, Klincksieck, Paris, 1965.
SAUVAGEOT (A.), *Les procédés expressifs du français contemporain*, Klincksieck, Paris, 1957.
— *Français écrit, français parlé*, Larousse, Paris, 1962.
— *Analyse du français parlé*, Hachette, Paris, 1972.
SCHANE (S.), *French Phonology and Morphology*, Cambridge Mass., M.I.T. Press, 1968.
SEGUIN (J. P.), *La langue française au XVIIIe siècle*, Bordas, Paris, 1972.
« Unité et diversité du français contemporain », dans *Le français dans le monde*, no 69, décembre, 1969.
VINCENT (Abbé Cl.), *Le péril de la langue française*, 1910.

6.2 et 6.3 DÉRIVATION ET COMPOSITION

BENVENISTE (E.), *Problèmes de linguistique générale*, II, Gallimard, Paris, 1974
COHEN (M.), *Toujours des regards sur la langue française*, Éd. Sociales, Paris, 1970.
DARMESTETER (A.), *La vie des mots...* (1re éd.), 1888.
DEROY (L.), *L'emprunt linguistique*, Les Belles Lettres, Paris, 1956.
DUBOIS (J.), *Études sur la dérivation suffixale en français moderne et contemporain*, Larousse, Paris, 1962.
DUBOIS (J.) et (Cl.), *Introduction à la lexicographie : le dictionnaire*, Larousse, Paris, 1971.
GEORGIN, *Pour un meilleur français*, A. Bonne, Paris, 1953.
GILBERT (P.), *Dictionnaire des mots nouveaux*, Tchou, Paris, 1971.

GUILBERT, « Fondements lexicologiques du dictionnaire », dans *Grand Larousse de la langue française*, Larousse, Paris, 1971.
MARTINET (A.), *Éléments de linguistique générale*, A. Colin, Paris, 1967.
MITTERAND (H.), *Les mots français*, P.U.F., Paris, 1953.
SAUVAGEOT (A.), *Portrait du vocabulaire français*, Larousse, Paris, 1964.
TOGEBY (K.), *Structure immanente de la langue française*, Larousse, Paris, 1965.

6.4 LES VOCABULAIRES TECHNIQUES

Comité d'études des Termes techniques français, *Termes techniques français*, Hermann, Paris, 1972.
DARMESTETER (A.), *De la création actuelle des mots nouveaux dans la langue française*, F. Vieweg, 1877.
DUBOIS (J.), *Étude sur le dérivation suffixale en français moderne et contemporain*, Larousse, Paris, 1961.
DUBOIS (J.), GUILBERT (L.), MITTERAND (H.), PIGNON (J.), *Le mouvement général du vocabulaire français de 1949 à 1960 d'après un dictionnaire d'usage* dans DUBOIS (J.) et (Cl.), *Introduction à la lexicographie : le dictionnaire*, Larousse, Paris, 1971.
GILBERT (P.), *Dictionnaire des mots nouveaux*, Tchou, Paris, 1971.
GIRAUD (J.), *Lexique français du cinéma des origines à 1930*, CNRS, Paris, 1958.
GUILBERT (L.), *La formation du vocabulaire de l'aviation*, Larousse, Paris, 1965.
— *Vocabulaire de l'astronautique*, enquête linguistique à travers la presse d'information à l'occasion de cinq exploits de cosmonautes, Larousse, Paris, 1967.
GUIRAUD (P.), *Les mots savants*, P.U.F., Paris, 1968.
Langue française [sous la direction de GUILBERT (L.) et PEYTARD (J.)], « Les vocabulaires techniques et scientifiques », février, 1973.
Le français dans le monde, « Le français, langue des sciences et des techniques », Hachette, Paris, décembre, 1968.
VINAY (J. P.), *Préface* à DUBUC *et alii*, *Dictionnaire anglais-français français-anglais de l'informatique*, Québec, Dunod, Paris, 1971.

6.5 LES EMPRUNTS

BENGTSSON (S.), *La défense organisée de la langue française, étude sur l'activité de quelques organismes*, Almquist et Wiksell, Uppsala, 1968.
CATACH (N.), *Orthographe et lexicographie*, tome I, Didier, Paris, 1971.
CAZAMIAN (L.), *Ce qu'il faut connaître de l'âme anglaise*, Boivin et Cie, 1927.
DARMESTETER (A.), *De la création actuelle des mots nouveaux dans la langue française*, 1877.
DAUZAT (A.), *La langue française*, Stock, Paris, 1926.
DEROY (L.), *L'emprunt linguistique*, Les Belles Lettres, Paris, 1956.
DUBOIS (J.) et (Cl.), *Introduction à la lexicographie : le dictionnaire*, Larousse, Paris, 1971.
ETIEMBLE (R.), *Parlez-vous franglais ?*, Gallimard, Paris, 1964.
GILBERT (P.), *Dictionnaire des mots nouveaux*, Tchou, Paris, 1971.
GIRAUD (J.), *Lexique français du cinéma des origines à 1930*, CNRS.
GOURMONT (R. de), *Esthétique de la langue française*, Mercure de France, Paris, 1899.
GRANDJOUAN (M.), *Les linguicides*, Didier, Paris, 1971.
GUILBERT (L.), « Anglomanie et vocabulaires techniques », in *Le français moderne*, octobre, 1959, d'Artrey.
GUIRAUD (P.), *Les caractères statistiques du vocabulaire*, P.U.F., Paris, 1954.
— *Les mots étrangers*, P.U.F., Paris, 1965.
MACKENZIE (F.), *Les relations de l'Angleterre et de la France d'après le vocabulaire*, tome I, 1939.
MITTERAND (H.), *Les mots français*, P.U.F., Paris, 1963.
ROUSSELOT et LACLOTTE (F.), *Précis de prononciation française*, H. Welter, Paris, 1902.
VANDAELE (M.), *Le néologisme exotique, les emprunts anglais dans le français actuel*, Besançon, 1902.

von PROSCHWITZ (G.), *Introduction à l'étude du vocabulaire de Beaumarchais*, Nizet, Paris, 1956.
WEINREICH (U.), « Unilinguisme et plurilinguisme », in *Le Langage* (Encyclopédie de la Pléiade), Gallimard, Paris, 1968.

6.6 LES ABRÉVIATIONS

BRUANT (A.) et BERGY (L. de), *L'argot du XXᵉ siècle*, chez l'auteur, 1901.
DAUZAT (A.), *L'argot de la guerre*, A. Colin, Paris, 1919.
DUBOIS (J.), *Grammaire structurale du français : Nom et pronom*, I, Larousse, Paris, 1965.
PARTCHEVSKI (sous la direction générale de C.), *Dictionnaire des abréviations de la langue française*, Moscou, 1968.
ZUMTHOR (P.), *Abréviations composées*, North Holland Publishing Company, Amsterdam, 1951.

7 L'ORTHOGRAPHE

BEAULIEUX (C.), *L'orthographe française actuelle, mélange de celle de R. Étienne et de celle de Ronsard*, Taffard, Bordeaux, 1949.
— *Projet de simplification de l'orthographe actuelle et de la langue par le retour au « bel françois » du XIIᵉ siècle*, Didier, Paris, 1952.
BESLAIS (A.), *Rapport général sur les modalités d'une simplification éventuelle de l'orthographe française, élaborée par la Commission ministérielle d'études orthographiques*, Didier, Paris, 1965.
BLANCHE-BENVENISTE (C.) et CHERVEL (A.), *L'orthographe*, Maspero, Paris, 1969.
BOULENGER (M.), *La querelle de l'orthographe*, Sansot, 1906.
BRUNOT (F.), 1905, *Lettre ouverte à Mons. le Ministre de l'Instruction publique*.
— 1906, *Rapport présenté au nom de la Commission chargée de préparer un arrêté relatif à la simplification orthographique*.
— *Observations sur la grammaire de l'Académie française*, Droz, Genève, 1932.
BUBEN (W.), *Influence de l'orthographe sur la prononciation du français moderne*, Bratislava (Travaux de la Faculté des Lettres de l'Université Komensky), 1935.
BURNEY (P.), *L'orthographe*, P.U.F., Paris, 1967.
CATACH (N.), « Un point d'histoire de la langue : la bataille de l'orthographe aux alentours de 1900 », dans *Le français moderne*, avril 1963, octobre 1965, avril 1966, octobre 1967, juillet 1971, d'Artrey.
CATACH (N.), GOLFAND (J.) et DENUX (R.), *Orthographe et lexicographie*, tome I, Didier, Paris, 1971.
COHEN (M.), *Grammaire et style*, Éd. Sociales, Paris, 1954.
COHEN (M.) et CATACH (N.), *La question de l'orthographe*, CERM, 1966.
DAUZAT (A.), « Lettre à l'Académie », dans *Le français moderne*, avril, 1940.
DAUZAT (A.) et FOUCHÉ (P.), « Phonétique et orthographe », in *Où en sont les études de français*, d'Artrey, Paris, 1935.
DERRIDA (J.), *De la grammatologie*, Éd. de Minuit, Paris, 1967.
Documents Pédagogiques, « Un demi-siècle de pédagogie du français, 1923-1972 », CREFED, ENS de Saint-Cloud, 1972.
GILBERT (P.), *Dictionnaire des mots nouveaux*, Tchou, Paris, 1971.
JAKOBSON (R.), *Éléments de linguistique générale*, tome 2, Éd. de Minuit, Paris, 1973.
LAFITTE-HOUSSAT (J.), *La réforme de l'orthographe*, Éd. Temps futurs, Paris, 1950.
LEROI-GOURHAN (A.), *Le geste et la parole*, tome 1, Techniques et langage, Albin Michel, Paris, 1964.
MARTINET (A.), *Le français sans fard*, P.U.F., Paris, 1969.
MEYER (P.), *Sur la simplification de notre orthographe*, Delagrave, Paris, 1905.

TABLE DES MATIÈRES

DEUXIÈME PARTIE :

LES CHANGEMENTS LINGUISTIQUES

Achevé d'imprimer sur les presses de l'Imprimerie Dumas
103, rue Paul-de-Vivie - 42100 Saint-Étienne
Dépôt légal : décembre 1983
Dépôt légal 1re édition : 2e trimestre 1976
Imprimeur N° 26444

Imprimé en France

Extrait de notre catalogue

Série « *Langue française* »

Français médiéval
par JEAN BATANY

Plus qu'un manuel pratique de linguistique, cet ouvrage permet au lecteur d'appréhender des méthodes et des domaines différents (littérature, histoire) qui se rencontrent autour d'un thème unique : le Moyen-Age.
368 p. 13 × 22 broché.

Fiches de philologie française
par ANDRÉ LANLY

Ouvrage pratique, apportant aux étudiants une méthode et des exemples concrets d'application des données les plus sûres de la linguistique.
364 p. 13 × 22 broché.

Introduction à la dialectologie française
par JACQUES CHAURAND

Destiné aux étudiants désireux de s'orienter vers un travail de recherche sur les idiomes régionaux, ce livre leur apporte une vue d'ensemble des problèmes relatifs à l'expression dialectale.
288 p. 13 × 22 broché.

Introduction à la phonétique du français
par FERNAND CARTON

Cette synthèse pédagogique comporte trois éclairages essentiels : la description du phonétisme actuel, l'esquisse de l'évolution des mots et la discussion des problèmes de norme.
252 p. 15,5 × 24 broché.

Histoire de la langue française aux XIVe et XVe siècles
par CHRISTIANE MARCHELLO-NIZIA

Fruits des nombreuses études réalisées depuis trente ans et des recherches personnelles de l'auteur, ce livre apporte une bonne vision synthétique d'une période de la langue française restée longtemps en friche.
384 p. 15,5 × 24 broché.

Série « Vie littéraire »

Introduction à la vie littéraire du Moyen-Age
par PIERRE-YVES BADEL
Situé au point où se rejoignent la synthèse historique et l'analyse critique de texte, cet essai précise le milieu social, l'univers mental et la tradition littéraire qui modèlent toute création poétique au Moyen-Age.
242 p. 13 × 22 broché.

Introduction à la vie littéraire du XVIᵉ siècle
par DANIEL MÉNAGER
Invitation à mieux connaître un siècle qui vécut et pensa avec passion, cet ouvrage est également un outil de travail indispensable à ceux qui désirent explorer les richesses d'une littérature quelque peu oubliée.
204 p. 13 × 22 broché.

Introduction à la vie littéraire du XVIIᵉ siècle
par J.-C. TOURNAND
Cet ouvrage veut réinsérer dans leur contexte social et au sein des courants de pensée constituant la vie profonde de leur époque, les œuvres et les écrivains que la postérité tend inévitablement à isoler.
192 p. 13 × 22 broché.

Introduction à la vie littéraire du XVIIIᵉ siècle
par MICHEL LAUNAY et GEORGES MAILHOS
Analyse des genres et études des thèmes majeurs du siècle des Lumières, cet ouvrage propose au lecteur une interrogation rigoureuse des œuvres étudiées et l'invite à poursuivre le dialogue avec les grands noms littéraires de l'Ancien Régime.
176 p. 13 × 22 broché.

Introduction à la vie littéraire du XIXᵉ siècle
par JEAN-YVES TADIÉ
Ce livre apporte au lecteur des catégories — permettant de saisir les constantes et les variables littéraires d'une époque — ordonnées autour d'une passion : celle de la synthèse, et d'un conflit : entre le réel et l'imaginaire.
146 p. 13 × 22 broché.